Daniel Ch. von Grünigen

Digitale Signalverarbeitung

Daniel Ch. von Grünigen

Digitale Signalverarbeitung

3., neu bearbeitete und erweiterte Auflage

mit 222 Bildern, 91 Beispielen, 80 Aufgaben
sowie einer CD-ROM mit Lösungen sowie Entwurfs- und Simulationsprogrammen

Fachbuchverlag Leipzig
im Carl Hanser Verlag

Prof. Dr. sc. techn. ETH Daniel Ch. von Grünigen lehrt Elektrotechnik und Digitale Signalverarbeitung an der Berner Fachhochschule, Hochschule für Technik und Informatik Burgdorf

Alle in diesem Buch enthaltenen Programme, Verfahren und elektronischen Schaltungen wurden nach bestem Wissen erstellt und mit Sorgfalt getestet. Dennoch sind Fehler nicht ganz auszuschließen. Aus diesem Grund ist das im vorliegenden Buch enthaltene Programm-Material mit keiner Verpflichtung oder Garantie irgendeiner Art verbunden. Autor und Verlag übernehmen infolgedessen keine Verantwortung und werden keine daraus folgende oder sonstige Haftung übernehmen, die auf irgendeine Art aus der Benutzung dieses Programm-Materials oder Teilen davon entsteht.

Die Wiedergabe von Gebrauchsnamen, Handelsnamen, Warenbezeichnungen usw. in diesem Werk berechtigt auch ohne besondere Kennzeichnung nicht zu der Annahme, dass solche Namen im Sinne der Warenzeichen- und Markenschutz-Gesetzgebung als frei zu betrachten wären und daher von jedermann benutzt werden dürften.

Bibliografische Information Der Deutschen Bibliothek
Die Deutsche Bibliothek verzeichnet diese Publikation in der Deutschen Nationalbibliografie; detaillierte bibliografische Daten sind im Internet über <http://dnb.ddb.de> abrufbar.

ISBN 3-446-22861-6

Fachbuchverlag Leipzig
im Carl Hanser Verlag

Internet: http://www.fachbuch-leipzig.hanser.de

Lektorat: Dipl.-Ing. Erika Hotho
Herstellung: Dipl.-Ing. Franziska Kaufmann
Satz: Daniel v. Grünigen
Produktion der DFP-Programme: Ivo Oesch (dipl. El. Ing. FH)
Druck und Bindung: Druckhaus „Thomas Müntzer“ GmbH, Bad Langensalza
Printed in Germany

Vorwort

Die *d*igitale *S*ignal*v*erarbeitung (DSV), d. h. das Verarbeiten von Signalen mittels digitaler Rechner, hat in den letzten zwei Jahrzehnten einen ungeheuren Aufschwung erlebt. Der Grund dafür liegt bei den leistungsfähigen und preiswerten Computern, die seit den Achtzigerjahren zur Verfügung stehen sowie in der fundierten Theorie, die Forscherinnen und Forscher in den letzten Jahrzehnten erarbeitet haben, und in den attraktiven Anwendungen, die je länger je mehr Eingang in unseren Alltag finden. Die digitale Signalverarbeitung wird sich in den Bereichen Software, Technologie, Theorie und Anwendungen rasch weiterentwickeln, so dass es für jeden Ingenieur, Physiker und Informatiker lohnenswert ist, sich in den Grundlagen dieses Fachgebietes auszukennen.

Die digitale Signalverarbeitung ist eine vorwiegend mathematisch orientierte Disziplin und es bereitet deshalb vielen Studenten und Praktikern Mühe, den Einstieg zu finden. Um den Zugang zu erleichtern, verzichte ich unter Angabe von Literaturstellen auf viele Herleitungen und lege das Gewicht auf die Interpretation und Illustration der Resultate. Andererseits ist es mir ein Anliegen, die Ergebnisse mathematisch korrekt und in Übereinstimmung mit der massgebenden Fachliteratur zu präsentieren. Im Gegensatz zu meinem früheren Buch [vG93] lege ich mehr Wert auf die Verwendung der Matrizenrechnung, weil ich glaube, dass sich die DSV in diese Richtung entwickeln wird. Beispiele für die Verwendung der Matrizenrechnung sind MATLAB und LabVIEW, zwei weit verbreitete Programm-Systeme, welche digitale Signale in Form von Zeilen- oder Spaltenmatrizen verarbeiten.

Mein Grundlagenbuch richtet sich an Studenten, Ingenieure, Physiker und Informatiker, die sich für die DSV interessieren oder Probleme aus diesem Aufgabenkreis zu lösen haben. Bezüglich der Mathematik werden Kenntnisse vorausgesetzt, wie sie an Technischen Universitäten, Hoch- und Fachhochschulen in den ersten vier Semestern gelehrt werden. Ich möchte aber auch Leser ohne tiefe Mathematikkenntnisse motivieren, in das zukunftsträchtige Gebiet der digitalen Signalverarbeitung einzusteigen, und bemühe mich daher, den Stoff so anschaulich wie möglich zu präsentieren. Dennoch darf nicht verschwiegen werden, dass die Mathematik für ein gründliches Verstehen unerlässlich ist und vom Studierenden deshalb die Bereitschaft vorausgesetzt wird, sich mit anspruchsvollem, aber faszinierendem Stoff auseinanderzusetzen.

Das Buch gliedert sich in sieben Kapitel: In einer Einführung werden die praktischen Aspekte der DSV aufgezeigt. Im darauf folgenden Kapitel werden kontinuierliche Signale und Systeme im Zeit- und Bildbereich beschrieben. Danach schliesst sich eine Behandlung von zeitdiskreten Signalen und Systemen an, die u. a. die z-Transformation beinhaltet. Das vierte Kapitel führt in die Theorie der stochastischen Signale ein und zeigt, wie Korrelationsfunktionen geschätzt werden. In den drei Kapiteln des zweiten Teils werden die klassischen Anwendungen der DSV präsentiert: die diskrete Fourier-Transformation, die digitalen Filter und schliesslich die digitalen Signalgeneratoren.

Das Buch will mehrere Zwecke erfüllen:

- Es soll ein Lehrbuch für die Grundlagen der angewandten digitalen Signalverarbeitung sein. Deshalb gibt es zu jedem Kapitel Übungen, deren Lösungen sich auf der CD-ROM des Buches befinden. Zum vollständigen Lösen der Aufgaben werden die Studenten- oder Vollversionen von MATLAB 5 [1] (inklusive Signal Processing Toolbox) und LabVIEW 5 [2] oder höher, sowie das Signalprozessor-Starterkit TMS320VC5510-DSK von Texas Instruments[3] vorausgesetzt. Zum Studium des Buches sind die beiden Software-Pakete und das DSP-Starterkit jedoch nicht erforderlich.
- Es soll als Handbuch bei DSV-Aufgabenstellungen aus der Praxis dienen. Es enthält beispielsweise Richtlinien zum Entwurf von Bandbegrenzungs- und Digitalfiltern, Anwendungsmöglichkeiten für Korrelationen, praktische Hinweise zur Durchführung von Fourier-Transformationen sowie Realisierungsvorschläge für Signalgeneratoren.
- Es soll als Nachschlagebuch für grundlegende Begriffe aus der digitalen Signalverarbeitung behilflich sein. Zu diesem Zweck ist ein umfangreiches Verzeichnis von deutschen *und* englischen Stichworten beigefügt.
- Es soll ein Einsteigerbuch sein für Studierende, die sich eine solide Grundausbildung in der digitalen Signalverarbeitung aneignen wollen, um sich später Spezialgebieten der DSV zuzuwenden. Ich denke dabei an die Sprach- und Bildverarbeitung, die adaptiven Filter, die digitale Kommunikation, die digitale Regelungstechnik, etc.
- Es soll als Manual zu einem Signalprozessor-Praktikum einsetzbar sein. Im Anhang sind MATLAB-Programme beschrieben, mit denen man Digitalfilter und Signalgeneratoren entwerfen, simulieren und verwirklichen kann. In der Programmsammlung findet sich zudem ein Codegenerator, der Digitalfilter- und Signalgenerator-Programmcode für den DSP-Starterkit TMS320VC5510-DSK erzeugt.

---

[1] http://www.mathworks.com
[2] http://www.ni.com
[3] http://www.ti.com

Die meisten Simulationen und Berechnungen wurden mit der Studentenversion von MATLAB 5 durchgeführt. Diese Software ist für die digitale Signalverarbeitung sehr geeignet, da sie Aufgabenstellungen aus dem Bereich der numerischen Mathematik zuverlässig und schnell löst und ausserdem eine Signal-Processing-Toolbox zur Bearbeitung von DSV-Aufgaben enthält. Mit Hilfe so genannter M-Files kann der Anwender massgeschneiderte Programme mit MATLAB-Befehlen schreiben, falls er eigene Simulationen und Berechnungen durchführen will. M-Files, LabVIEW-Dateien und weitere Software, welche für das vorliegende Lehrbuch erstellt wurden, sind auf der beiliegenden CD-ROM sowie unter der Internet-Adresse http://labs.hti.bfh.ch/dsv abgespeichert.

An der Entstehung dieses Lehrbuches haben einige Personen mitgewirkt. Allen voran Herr Ivo A. Oesch, dipl. El.Ing. FH, der den Simulator und Codegenerator für Digitalfilter und Signalgeneratoren entworfen und programmiert hat. Die sorgfältigen Zeichnungen wurden von Herrn D. Hadorn erstellt und freundlicherweise gesponsert von der GEFA, der Gesellschaft für Fachpublikationen an der Hochschule für Technik und Informatik Burgdorf. Mitgearbeitet haben auch Studentinnen und Studenten in Form von Projektarbeiten, die von Ivo A. Oesch hervorragend betreut wurden. Ihnen allen möchte ich danken. Ein herzliches Dankeschön geht auch an Frau E. Hotho vom Hanser Verlag für die gute Zusammenarbeit.

Burgdorf, im Juli 2004
Daniel Ch. von Grünigen

Inhaltsverzeichnis

Kapitel 1

Einführung

1.1 Grundlagen

Signale als Träger von Informationen spielen eine wichtige Rolle in unserem Alltag, wie die Beispiele Sprache, Musik, Videobilder, biomedizinische Messdaten etc. zeigen. Liegen Signale in elektrischer Form vor, dann kann man sie elektronisch verarbeiten und man spricht dann von *Signalverarbeitung*. Unter der Verarbeitung von Signalen versteht man beispielsweise das Unterdrücken von Störungen, das Herausholen relevanter Informationen, die Signalumwandlung zwecks Übertragung oder Speicherung, usw.

In der Signalverarbeitung liegen Signale vor allem in drei Erscheinungsweisen vor (Bild 1.1): Erstens als zeitkontinuierliche oder analoge Signale (engl: continuous-time or analog signals), zweitens als Abtast- oder zeitdiskrete Signale (engl: sampled-data or discrete-time signals) und drittens als digitale Signale (engl: digital signals).

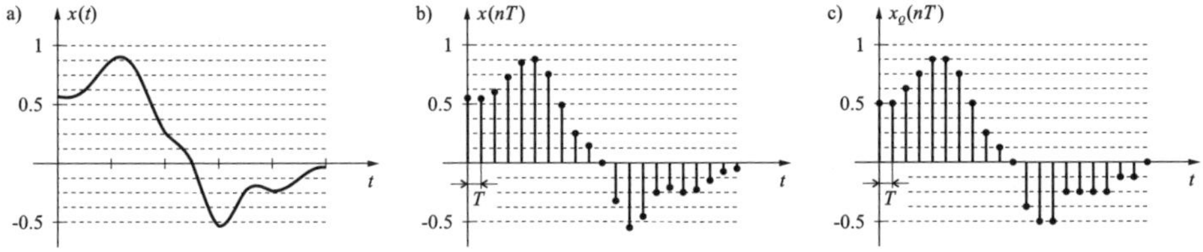

Bild 1.1: a) Zeitkontinuierliches Signal, b) Abtastsignal, c) digitales Signal

Im Gegensatz zum zeitkontinuierlichen Signal ist das *zeitdiskrete Signal* nur für Punkte mit festem Abstand T auf der Zeitachse definiert. T ist die *Abtastperiode* und der Reziprokwert davon heisst *Abtastfrequenz* oder *Abtastrate* (engl: sampling period, sampling frequency and sampling rate). Das *digitale Signal* ist ein zeitdiskretes Signal mit quantisierten Amplitudenwerten. Im Computer werden diese Amplitudenwerte in Form von Nullen und Einsen dargestellt.

Vor der Einführung des digitalen Computers wurden Signale vorwiegend mittels analoger Schaltungen verarbeitet. Das sind Schaltungen, die aus Bauelementen wie Verstärkern, Widerständen, Kondensatoren etc. bestehen und die heute noch eingesetzt werden. Eine analoge Schaltung verarbeitet ein analoges Eingangssignal $x(t)$ zu einem analogen Ausgangssignal $y(t)$. Eine solche Signalverarbeitung wird deshalb *analoge Signalverarbeitung* genannt (Bild 1.2) und die dazugehörige Theorie wird unter dem Titel „kontinuierliche Signale und Systeme" in Kapitel 2 zusammengefasst.

Bild 1.2: Analoge Signalverarbeitung

Seit dem Aufkommen leistungsfähiger und preisgünstiger Digitalrechner geht man je länger je mehr dazu über, Signale digital zu verarbeiten. Das zeitkontinuierliche Signal wird zuerst analog vorverarbeitet und anschliessend im Analog-Digital-Wandler in ein digitales Signal überführt (Bild 1.3). Das digitale Eingangssignal besteht aus einer Folge von Zahlenwerten, die auf dem Digitalrechner zu einer Ausgangsfolge von Zahlenwerten verarbeitet werden. Die Rechenvorschrift, nach der die Eingangsfolge zu einer Ausgangsfolge verarbeitet wird, heisst *Algorithmus*. Dieser ist in Form eines Programms auf dem Digitalrechner (Computer) implementiert. Das digitale Ausgangssignal gelangt auf einen Digital-Analog-Wandler, wo es wiederum in ein analoges Signal umgewandelt wird. Dieses Signal wird schliesslich, falls erforderlich, noch analog nachverarbeitet.

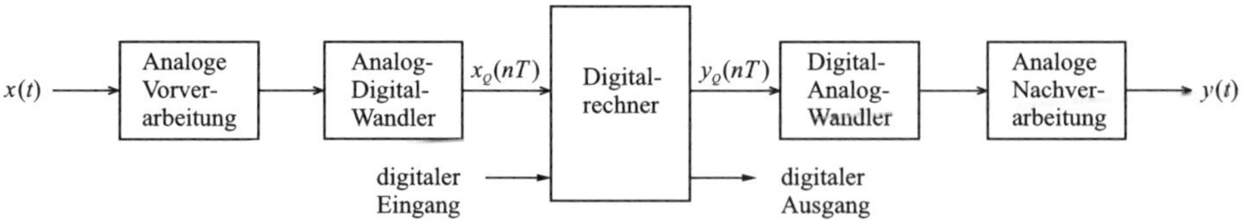

Bild 1.3: Digitale Signalverarbeitung: Beispiel eines Echtzeit-Systems

Das Verarbeiten digitaler Signale nennt man *digitale Signalverarbeitung*, abgekürzt DSV (engl: digital signal processing). Bild 1.3 zeigt ein DSV-Echtzeit-System, dessen Kern der Digitalrechner ist. Im Block „Analoge Vorverarbeitung" wird das analoge Eingangssignal – falls notwendig – verstärkt, amplitudenbegrenzt und gefiltert. Dieser Block und der AD-Wandler entfallen, falls die zu verarbeitenden Signale digital erzeugt werden. Oft sind auch der DA-Wandler und die analoge Nachverarbeitung überflüssig, weil die digitale Signalform für die Speicherung, Darstellung oder Weiterverarbeitung vielfach geeigneter ist. Unter einem *Echtzeit-System* versteht man ein DSV-System, dessen Eingang und Ausgang mit einer festen Taktrate betrieben werden.

In Bild 1.4 ist die praktische Realisierung eines DSV-Echtzeit-Systems abgebildet (es handelt sich um das Signalprozessor-Starterkit TMS320VC5510-DSK von Texas Instruments). Es dient als Evaluations-Kit und eignet sich zur Verarbeitung von Audiosignalen. Es hat vier analoge Eingänge, die je über ein einfaches Bandpassfilter dem Codec angeschlossen sind. Dieser beinhaltet Eingangs- und Ausgangsverstärker sowie je zwei AD- und DA-Wandler. Der Codec liefert vier Ausgangssignale, die bandpassgefiltert den vier Audioausgängen zugeführt werden.

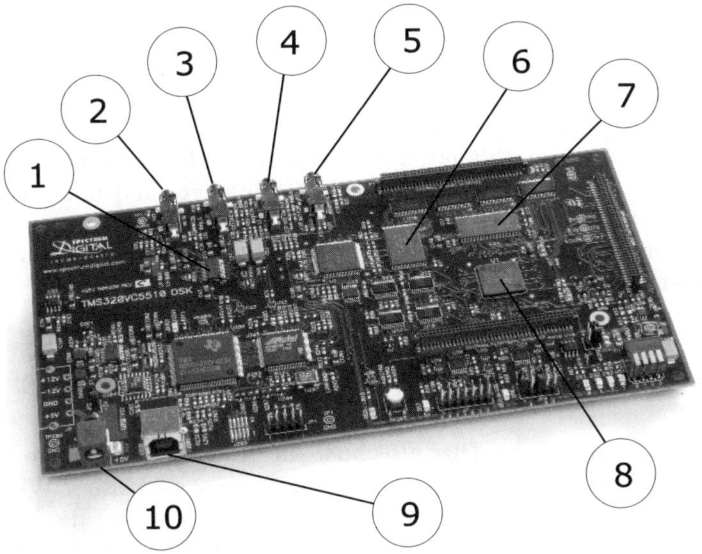

Bild 1.4: Signalprozessor-Starterkit als DSV-Echtzeit-System: 1) Codec 2) Analoger Zweikanal-Eingang für Mikrofon, 3) Analoger Zweikanal-Eingang, 4) Analoger Zweikanal-Ausgang, 5) Analoger Zweikanal-Ausgang für Kopfhörer, 6) Flash-ROM mit Programm, 7) RAM, 8) Digitaler Signalprozessor TMS320VC5510, 9) USB-Schnittstelle 10) Anschluss für Speisung

In Bild 1.5 ist das Blockschaltbild eines weiteren typischen DSV-Systems gezeichnet. Es handelt sich um ein digitales Datenerfassungssystem, das zur Signalanalyse mehrerer Signalquellen eingesetzt wird. Deren Signale werden analog vorverarbeitet und anschliessend einem intern gesteuerten Vielfachschalter, dem so genannten Multiplexer, zugeführt. Der Ausgang des Multiplexers ist über den AD-Wandler mit dem Digitalrechner verbunden. Auf dem Digitalrechner, der beispielsweise aus einem PC besteht, werden die vorverarbeiteten und abgetasteten Signale analysiert, digital gespeichert und auf einem Bildschirm, Drucker oder Schreiber dargestellt. DSV-Datenerfassungssysteme sind meistens Nichtechtzeit-Systeme, d. h. Systeme, die im Offline-Betrieb arbeiten.

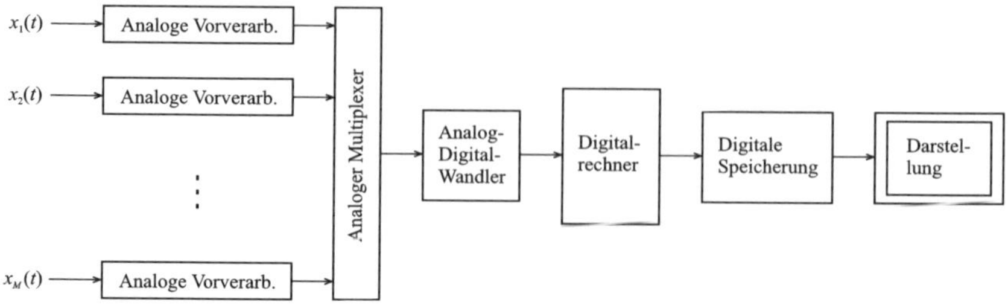

Bild 1.5: Digitale Signalverarbeitung: Beispiel eines Datenerfassungssystems

Es stellen sich hier diverse Fragen, beispielsweise: Wie ist ein Digitalrechner aufgebaut? Welches sind Anwendungen digitaler Signalverarbeitungssysteme? Wozu müssen die analogen Signale gefiltert werden und wie sind die entsprechenden Filter zu dimensionieren? Was heisst 'abtasten' und mit welcher Frequenz muss abgetastet werden? Was versteht man unter Signalanalyse und wie ist sie durchzuführen? Diese und weitere Fragen sollen in den folgenden Kapiteln beantwortet werden.

1.2 Der Signalprozessor als Digitalrechner

Wie bereits erwähnt, hat der Digitalrechner die Aufgabe, eine Folge von Eingangszahlen zu einer Folge von Ausgangszahlen zu verarbeiten. Wir werden später sehen, dass diese Verarbeitung vor allem darin besteht, die Zahlen der Eingangsfolge geeignet mit anderen Zahlen zu multiplizieren und zu addieren. Jeder Computer, der die Multiplikation und die Addition beherrscht, ist deshalb prinzipiell als Digitalrechner zur Signalverarbeitung einsetzbar.

Ein Mikroprozessor ist eine integrierte Schaltung (Chip) mit einem Rechenwerk und einem Steuerwerk. Ergänzt man ihn mit einem Speicher, dann spricht man von einem *Mikrocomputer*. Ein üblicher Mikrocomputer ist in der sogenannten von-Neumann-Architektur aufgebaut, d. h. er besteht aus einem Prozessor und einem Speicher, die über einen Adressbus und einen Datenbus miteinander verbunden sind (Bild 1.6).

Solche Mikrocomputer sind für die DSV zwar einsetzbar, nur sind sie aufwendig zu programmieren und langsam in der Ausführung. Ein Mikrocomputer, der sich für DSV-Aufgaben besser eignet, ist in der so genannten Harvard-Architektur aufgebaut (Bild 1.7). In dieser Rechner-Architektur ist der Speicher in einen Daten- und in einen Programmspeicher aufgeteilt und an zwei separaten Adressbussen angeschlossen. Diese Aufteilung ermöglicht eine gleichzeitige Ausgabe von Daten aus den beiden Speichern und macht den Rechner

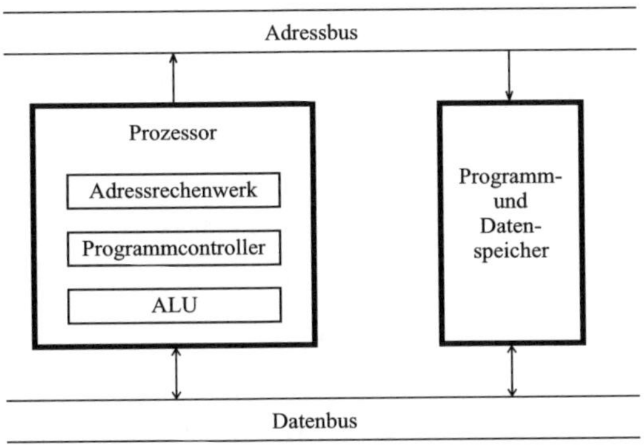

Bild 1.6: Mikrocomputer in von-Neumann-Architektur

schneller. Zudem enthält der Prozessor – auch CPU (engl: central processing unit) genannt – ein spezialisiertes Adressrechenwerk, um die Adressen für typische DSV-Aufgaben wie Filterung und Fourier-Transformation effizienter zu berechnen. Des Weiteren ist das Rechenwerk des Prozessors mit einem Barell-Shifter und einem MAC ergänzt. Der Barell-Shifter kann ein Datum innerhalb eines Registers um beliebig viele Stellen nach links oder nach rechts verschieben und der MAC (engl: Multiply/Accumulate) kann zwei Daten multiplizieren und zum Wert des Ergebnisregisters addieren (Bild 1.8). Wie bereits erwähnt, ist die MAC-Operation *die* typische DSV-Operation und sie sollte deshalb in einem Zyklus abgearbeitet werden. Ein Mikrocomputer mit den aufgeführten Eigenschaften wird *digitaler Signalprozessor* oder kurz DSP (engl: Digital Signal Processor) genannt.

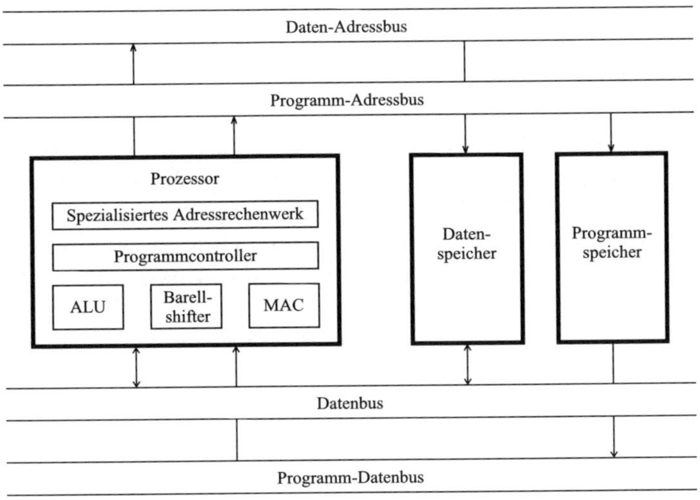

Bild 1.7: Mikrocomputer in Harvard-Architektur

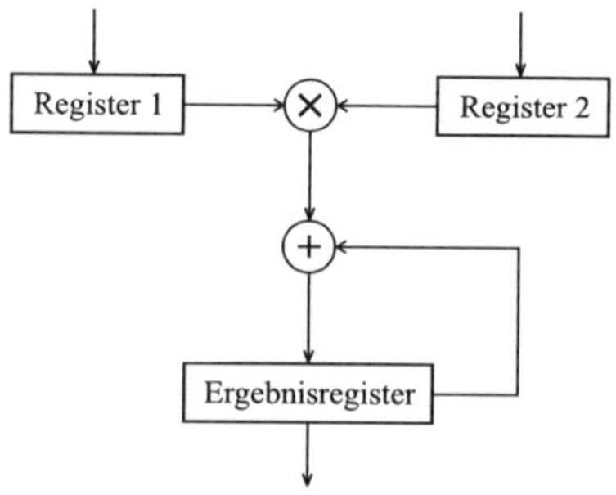

Bild 1.8: Aufbau eines MAC (Multiplizierer/Akkumulator)

Moderne DSPs haben komplexere CPUs und besitzen dementsprechend mehr als vier Busse. Der TMS320VC5510 beispielsweise enthält eine CPU mit drei Adresswerken, zwei ALUs und zwei MACs und sein Bussystem besteht aus sechs Bussen, vier zum Lesen und zwei zum Schreiben. Der DSP TMS320VC5510 wird mit 200 MHz getaktet und kann demzufolge zwei MAC-Operationen in 5 ns durchführen.

Die Forschung bei den Digitalrechnern geht sowohl in Richtung leistungsfähigere Architekturen wie auch in Richtung schnellere und stromsparendere Halbleiter-Technologien. Die Hersteller bemühen sich auch, die Programmierung komfortabel und effizient zu machen. In der Regel werden heute Signalprozessoren mit einfacher Architektur in Assembler und solche mit aufwendiger Architektur in einer Hochsprache wie C programmiert, wobei die Tendex eindeutig zur Hochsprache geht. Mehr über digitale Signalprozessoren kann z. B. in Lit.[Dob00], [KL01] und [Cha02] nachgelesen werden.

1.3 Anwendungen

Zu den vier grundlegenden DSV-Operationen zählen wir die diskrete Korrelation, die diskrete Fourier-Transformation, die digitale Filterung und die digitale Signalerzeugung. Mit diesen vier Grundoperationen lassen sich Anwendungen realisieren, wie: Geschwindigkeitsbestimmung durch Korrelation (Seite 156), Tondetektion mittels diskreter Fourier-Transformation (Seite 183), Sende- und Empfangsfilter für die digitale Kommunikation [Skl01] und Rauschgeneratoren zur Systemidentifikation (Kap. 6.5). Leicht liesse sich diese Auflistung verlängern, beispielsweise durch viele interessante Anwendungen aus der Audiotechnik [Zö02], der digitalen Nachrichtentechnik [GK97] und der Biomedizin [Tom93].

Im Folgenden soll je ein typisches Anwendungsbeispiel aus den vier DSV-Grundgebieten vorgestellt werden. Theorie und Algorithmen werden anschliessend in den Kapiteln 2 bis 7 behandelt.

1.3.1 Korrelation

Eine typische Anwendung der Korrelation ist die Ortung einer Geräuschquelle. Als Beispiel dazu betrachten wir in Bild 1.9 eine Wasserleitung, bei der aus einem Leck Wasser strömt. Das Geräusch, das dabei entsteht, kann bei A und B gemessen und anschliessend korreliert werden. Das Ergebnis der Korrelation ist die Korrelationsfunktion $r_{xy}(\tau)$, die an der Stelle $\tau = \Delta\tau$ ein Maximum aufweist (Bild 1.10). In Kap. 2.3.2 werden wir sehen, dass die Korrelationsfunktion $r_{xy}(\tau)$ ein Mass für die Übereinstimmung des Signals $x(t)$ mit dem Signal $y(t+\tau)$ ist, wobei $y(t+\tau)$ das um τ nach links verschobene Signal $y(t)$ ist.

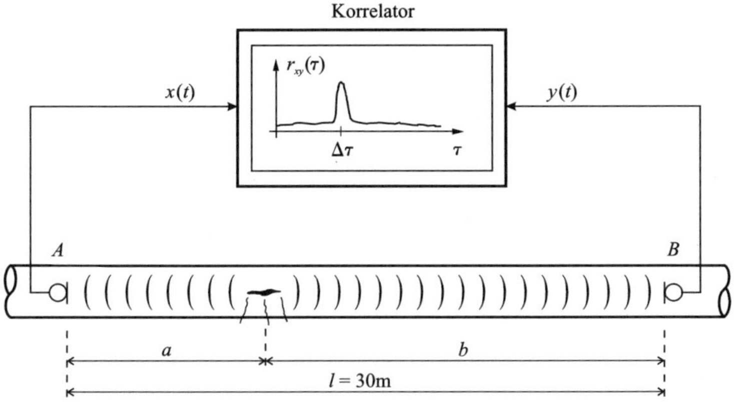

Bild 1.9: Ortung eines Lecks mithilfe eines Korrelators

Aus der Messanordnung in Bild 1.9 können wir folgende Formeln ableiten:

- Die Strecke, die der Schall vom Leck zum Messpunkt A zurücklegt, sei a und die Zeit, die er dafür benötigt, sei τ_a. Daraus folgt die Gleichung: $\nu\tau_a = a$, wobei ν die Schallgeschwindigkeit des Wassers ist (ca. 1300m/s).
- Analog dazu gilt: $\nu\tau_b = b$.
- Die Differenz der beiden Gleichungen ergibt: $\nu(\tau_b - \tau_a) = b - a$.
- $\Delta\tau$ ist die Laufzeitdifferenz $\tau_b - \tau_a$. Die Korrelationsfunktion hat dann ihr Maximum an der Stelle $\tau = \Delta\tau$. (Gemäss Bild 1.10 ist $\Delta\tau = 1.52\,\text{ms}$.)
- Aus Punkt 3 folgt: $\nu\Delta\tau = b - a$.
- Mit $b = l - a$ ergibt sich schliesslich die gesuchte Strecke a zu:
$$a = 0.5(l - \nu\Delta\tau) = 14.01\,\text{m}.$$

Kennt man aus einem Plan die Länge l der Wasserleitung, aus einer physikalischen Tabelle die Schallgeschwindigkeit ν des Wassers und aus der Korrelationsmessung den Laufzeitunterschied $\Delta\tau$ der beiden Schallwellen, dann kann man aus der Formel für a die Position des Lecks berechnen.

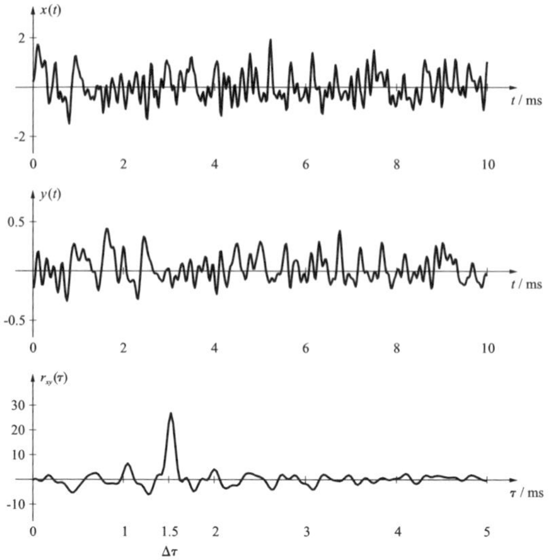

Bild 1.10: Die beiden Körperschallsignale und ihre Korrelationsfunktion

1.3.2 Diskrete Fourier-Transformation

Bei der elektronischen Leistungssteuerung weicht der dem Netz entnommene Verbraucherstrom von der Sinusform ab. Der verzerrte Strom verursacht wegen der endlichen Netzimpedanz Verzerrungen in der Netzspannung. Um diese Netzspannungsverzerrungen unterhalb annehmbarer Grenzen zu halten, dürfen die Oberschwingungen des Stromes gewisse Grenzwerte nicht überschreiten. Die Oberschwingungen des Stromes können als Spektrum dargestellt und mithilfe der FFT (engl: Fast Fourier Transform) berechnet werden. In Bild 1.11 ist als Beispiel ein um 45° angeschnittener Sinusstrom mit der Amplitude von 1 A und der Frequenz von 50 Hz gezeichnet und darunter ist sein Spektrum im Bereich von 0 bis 2000 Hz dargestellt.

Die Linien im Spektrum bei 50 Hz, 150 Hz, 250 Hz etc. bedeuten Folgendes: Der angeschnittene Sinusstrom in Bild 1.11 oben besteht aus einer Summe von Sinusströmen mit den Frequenzen 50 Hz, 150 Hz, 250 Hz etc. und den Effektivwerten von 0.66 A, 0.11 A, 0.08 A etc. Man kann auch sagen: Der angeschnittene Sinusstrom setzt sich zusammen aus einer Grundschwingung von 50 Hz mit dem Effektivwert von 0.66 A, einer Oberschwingung von 150 Hz mit dem Effektivwert von 0.11 A, einer Oberschwingung von 250 Hz mit dem Effektivwert von 0.08 A usw. Das Linienspektrum ist somit eine Information über die sinusförmige Zusammensetzung einer periodischen Grösse.

Es stellt sich die Frage, was das Spektrum mit einem unserer Grundthemen, der DFT (Diskrete Fourier-Transformation), zu tun hat. Wir werden sehen, dass das Spektrum hier nichts anderes ist als der Betrag der DFT multipliziert mit einem Skalierungsfaktor.

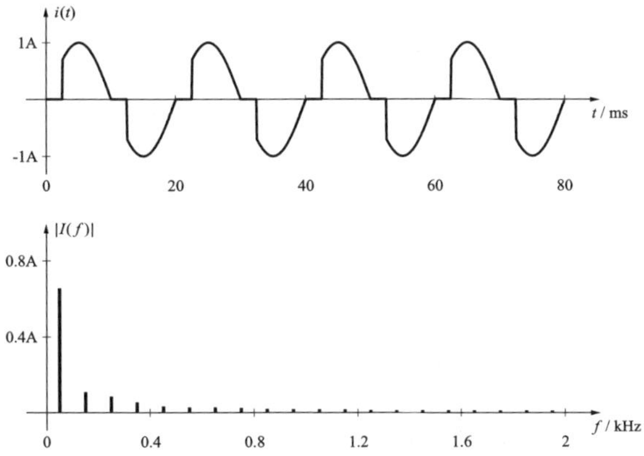

Bild 1.11: Angeschnittener Sinusstrom und sein Spektrum

Wie bereits erwähnt, besteht wegen der unerwünschten Verzerrung der Netzspannung ein Interesse daran, das Spektrum und damit den Oberwellengehalt eines nichtsinusförmigen Verbraucherstroms zu analysieren. Ein solcher Analysator, dargestellt als Blockschaltbild in Bild 1.12, kann verhältnismässig einfach mit Mitteln der digitalen Signalverarbeitung aufgebaut werden [CSC98].

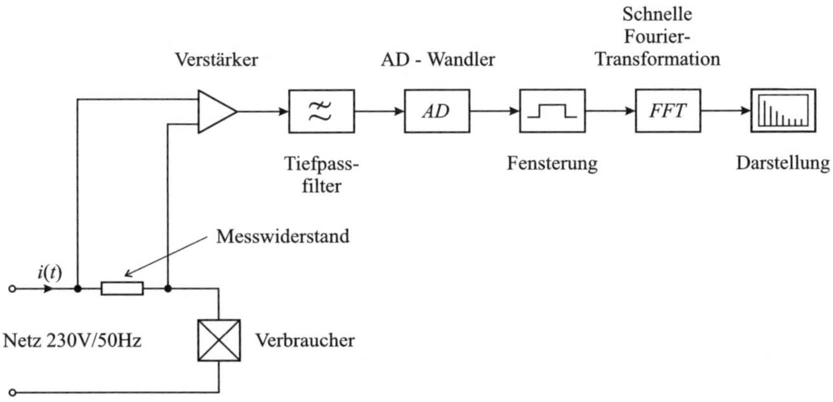

Bild 1.12: Blockschaltbild eines Spektrum- oder Oberschwingungs-Analysators

Der zu analysierende Netzstrom $i(t)$ fliesst über einen Messwiderstand zum Verbraucher. Der Spannungsabfall am Widerstand wird verstärkt, damit der AD-Wandler voll ausgesteuert werden kann. Der AD-Wandler tastet das tiefpassgefilterte Signal mit einer Abtastfrequenz von beispielsweise $f_s = 6.4\,\text{kHz}$ ab und wandelt die analogen Abtastwerte in Dualzahlen um. Das Tiefpassfilter verhindert sogenannte Rückfaltungsverzerrungen (engl: aliasing), d. h. Verzerrungen, die entstehen, wenn die Abtastbedingung verletzt wird. Dieses Filter wird deshalb häufig auch als Antialiasingfilter bezeichnet. Nach der AD-Wandlung wird eine bestimmte Anzahl (beispielsweise 1024) zeitlich aufeinanderfolgender Abtastwerte abgespeichert. Dieses „Herausschneiden“ einer bestimmten Anzahl von Abtastwerten nennt man *Rechteckfensterung*. Die gespeicherten Abtastwerte werden nach der Methode der Schnellen Fourier-Transformation FFT (engl: Fast Fourier Transform) fouriertransformiert und nach einigen geringfügigen mathematischen Anpassungen als Spektrum dargestellt.

1.3.3 Digitale Filterung

Das EKG (Elektrokardiogramm) ist ein elektrisches Signal, welches durch die Aktivität des Herzes verursacht wird. Es kann in Form einer kleinen elektrischen Spannung mithilfe von Elektroden am Körper eines Patienten abgegriffen werden (Bild 1.13). Die Analyse des Elektrokardiogramms befähigt den Arzt, eine Diagnose über die Funktionsfähigkeit des Herzes zu stellen.

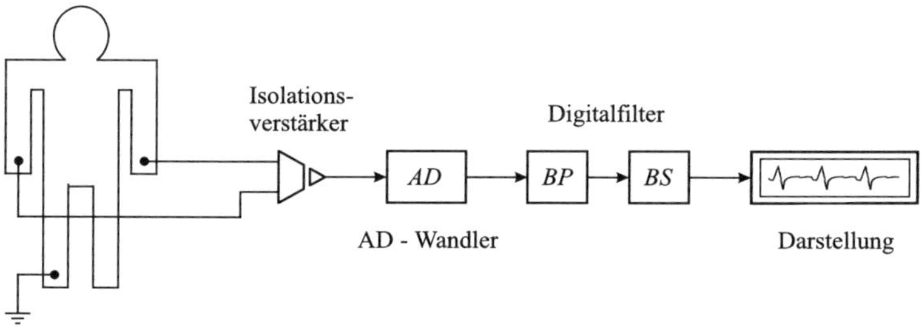

Bild 1.13: Blockschaltbild eines EKG-Analysators

Die EKG-Spannung im Bereich von $\pm 1\,\mathrm{mV}$ muss zuerst verstärkt werden, bevor sie dem AD-Wandler zugeführt wird. Würde man nun das verstärkte und abgetastete EKG direkt darstellen, dann erhielte man ein Diagramm, wie es in Bild 1.14 oben ersichtlich ist. Das dargestellte Signal besteht aus einem EKG, welches durch verschiedene Störquellen verunreinigt und deshalb für eine Diagnose untauglich ist. Die tieffrequenten Störungen werden verursacht durch die mechanischen Bewegungen der Elektroden und die höherfrequenten Störungen durch die elektrische Aktivität der Muskeln. Zur Beseitungung dieser Störungen schaltet man deshalb ein digitales Bandpass-Filter BP ein, das die Frequenzbereiche unterhalb von $0.05\,\mathrm{Hz}$ und oberhalb von $100\,\mathrm{Hz}$ unterdrückt [Tom93]. Eine weitere, sehr gravierende Störung ist der 50Hz-Brumm, welcher elektrisch und magnetisch über das Stromversorgungsnetz einkoppelt. Diese Störung wird durch ein schmalbandiges Bandsperr-Filter BS unterdrückt (Bild 1.13). Das gefilterte und somit störfreie Signal ist im Bild 1.14 unten dargestellt. Aufgrund dieses sauberen Signals kann der Arzt nun seine Diagnose stellen.

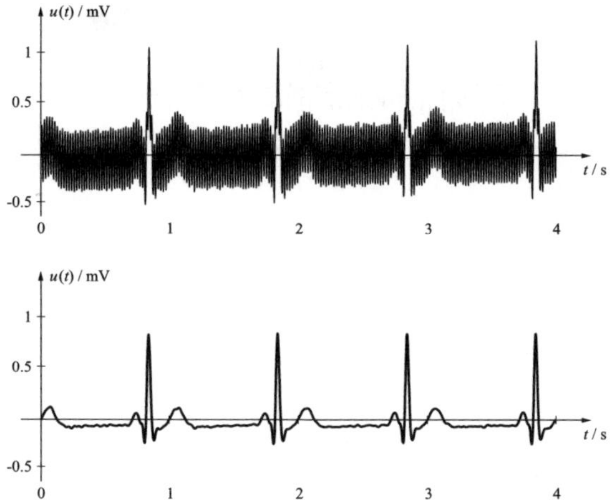

Bild 1.14: EKG ohne und mit Filterung

1.3.4 Signalerzeugung

Das heute übliche Signalisierungsverfahren in der Telefonie ist das DTMF-Verfahren (*D*oppel*t*on-*M*ehr*f*requenz-Verfahren). Beim DTMF-Verfahren wird durch das Drücken einer Nummerntaste die Summe zweier Sinusschwingungen während 70 ms ausgesendet. In Bild 1.15 ist ein solches DTMF-Signal für die Ziffer 1 dargestellt. Es setzt sich aus zwei Sinusschwingungen mit den Frequenzen 697 Hz und 1209 Hz und den Effektivwerten 0.31 V und 0.39 V zusammen, wie das Spektrum in Bild 1.15 zeigt.

Jeder Taste des Telefontastenfeldes sind derart zwei Frequenzen zugeordnet, wie aus Bild 1.16 ersichtlich ist. Da die beiden Frequenzen im hörbaren Frequenzbereich liegen, sagt man auch, dass beim Drücken einer Taste ein Tonpaar ausgesendet wird.

Das Erzeugen von Sinusschwingungen ist eine typische Aufgabe der digitalen Signalverarbeitung und kommt in vielen Aufgabenstellungen vor. Es wird deshalb in Kapitel 7 „Signalgeneratoren“ eingehend beschrieben.

Der DTMF-Empfänger besteht grundsätzlich aus zwei Blöcken: einem Frequenzselektionsteil und einem Auswerteteil. Im Frequenzselektionsteil wird festgestellt, welches Tonpaar gesendet wurde und im Auswerteteil wird geprüft, ob das Tonpaar ein gültiges Zeichen darstellt oder ob es sich um Sprache oder eine Störung handelt. Die Frequenzselektion wird entweder mittels digitaler Filterung oder mithilfe des Goertzel-Algorithmus durchgeführt. Beides sind klassische DSV-Operationen, die ebenfalls im Buch behandelt werden.

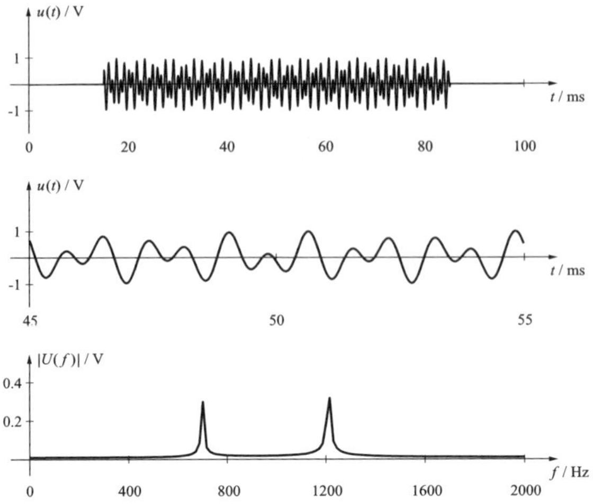

Bild 1.15: DTMF-Signal für die Ziffer 1: a) vollständiges Signal, b) Ausschnitt daraus, c) Spektrum

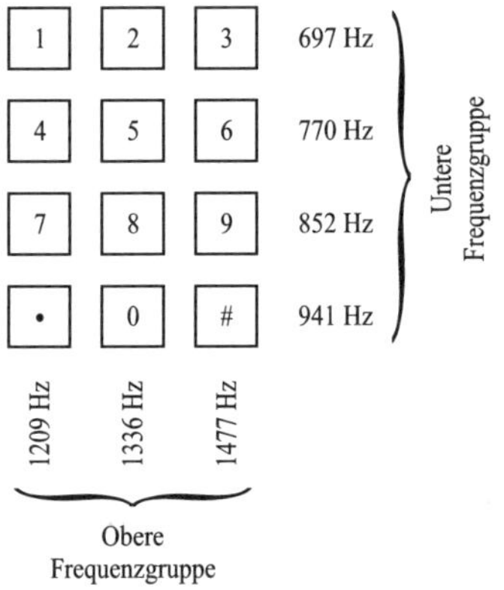

Bild 1.16: Telefontastatur mit den dazugehörigen DTMF-Tonpaaren

1.4 Vorteile und Nachteile der DSV

Systeme der digitalen Signalverarbeitung weisen gegenüber analogen Systemen Vor- und Nachteile auf, die im Folgenden etwas näher beleuchtet werden sollen.

1.4.1 Vorteile der digitalen Signalverarbeitung

Vorteile der Digitaltechnik

Die klassischen Vorteile der DSV sind die Vorteile, welche allen digitalen Systemen zu Eigen sind:

- Langzeit- und Temperaturstabilität.
- Hohe Genauigkeit bei grosser Wortbreite.
- Reproduzierbarkeit, d. h. alle produzierten Hardwaresysteme mit gleichen Baukomponenttypen haben dieselben Eigenschaften.
- Wegfall von Abgleichmassnahmen.
- Hohe Zuverlässigkeit.
- Geringe Störempfindlichkeit.

Spezielle Signalverarbeitung

Viele Aufgaben aus dem Bereich der Signalverarbeitung können ausschliesslich oder vorwiegend mittels der DSV gelöst werden. Beispiele dafür sind:

- Filter mit linearem Phasengang (Kap. 6.2.1).
- Adaptive Filter, d. h. Filter, die ihre Koeffizienten automatisch einstellen. Anwendungsbeispiele sind adaptive Leitungentzerrer, Echo-Kompensatoren, ADPCM (engl: Adaptive Differential Pulse Code Modulation) etc. [Far03], [vG06].
- Sprach- und Bildverarbeitung [VHH98], [Jae01].
- Diskrete Korrelatoren und Spektrumanalysatoren (Kap. 4.5.2 und Kap. 5).
- Datenkompressionsverfahren wie MP3 etc. [Nol97], [Say01], [Wis99].
- Musiksynthese [Ste96].
- Datenfeld-Signalverarbeitung [Nai01].
- Multimedia-Signale und -Systeme [Man02].
- etc.

Programmierbarkeit

DSV-Systeme lassen sich für unterschiedliche Anforderungen programmieren. Als Beispiel steht der DTMF-Sender, der in Kap. 1.3.4 beschrieben wurde. Die Sendebedingungen können je nach Land, in dem ein solcher Sender eingesetzt wird, variieren. Um den unterschiedlichen Sendebedingungen gerecht zu werden, muss nur die Software, nicht hingegen die Hardware, angepasst werden.

Mehrfachausnutzung

Ein digitales Signalverarbeitungs-System lässt sich mehrfach ausnutzen. Als Beispiel dafür sei ein Echtzeit-System erwähnt, das die Ausgangssignale mehrerer Sensoren filtern soll. Müsste man diese Aufgabe analog lösen, so wäre die Anzahl benötigter Filter gleich der Anzahl Sensoren. Ein Digitalfilter hingegen lässt sich aufgrund seiner Programmierfähigkeit mehrfach ausnutzen (multiplexen). Dank dieser Multiplex-Technik genügt *ein* Digitalfilter und somit i. Allg. *ein* DSV-System.

Tiefer Frequenzbereich

DSV-Systeme eignen sich hervorragend zur Verarbeitung von langsamen Signalen, da einzig die Abtastfrequenz tief genug gewählt werden muss.

Ersetzen eines Mikroprozessors

Vielfach werden Mikroprozessoren in Kombination mit analogen Schaltungen eingesetzt. In solchen Fällen ist überprüfenswert, ob nicht ein Signalprozessor die Funktion des Mikroprozessors und der analogen Schaltung übernehmen könnte. Eine solche Lösung bietet nicht nur die erwähnten Vorteile der DSV, sondern kann darüber hinaus auch kostengünstiger sein.

1.4.2 Nachteile der digitalen Signalverarbeitung

Zusätzlicher Schaltungsaufwand

DSV-Systeme, die analoge Signale verarbeiten, benötigen einen AD-Wandler. Zusätzlich sind diesem vielfach noch ein oder mehrere Filter und Verstärker vorzuschalten. Da diese Bausteine in Analogtechnik ausgeführt sind, fallen für sie die Vorteile der Digitaltechnik natürlich weg. Je nach Aufgabe und Ausführung des Signalprozessors muss dieser mit RAMs, Digitalports, Timern, Multiplexern und weiteren digitalen Komponenten ergänzt werden. Diese Bauelemente benötigen Raum, konsumieren Strom und verursachen Kosten. Bei vielen Anwendungen muss der Digitalrechner ausserdem mit einem DA-Wandler und einem analogen Glättungsfilter versehen werden, die wiederum die erwähnten Nachteile mit sich bringen.

Tiefer Frequenzbereich

Signale im Frequenzbereich oberhalb von etwa 20 MHz können heute noch kaum mit Signalprozessoren bearbeitet werden, da die Zykluszeit eines DSPs im Bereich von 5 ns liegt und somit verhältnismässig gross ist. Für die Bearbeitung hochfrequenter Signale muss die Hardware aus schnellen Bausteinen gebaut sein, was vielfach einen hohen Aufwand erfordert und den Verlust der Programmierfähigkeit mit sich bringt. Im Frequenzbereich oberhalb von etwa 100 MHz wird die DSV deshalb noch selten eingesetzt.

Verursachung von Störungen

Wie jedes digitale System verursacht auch ein DSV-System Störungen, die durch das schnelle Umschalten von Spannungen und Strömen bedingt sind. Diese Störungen können insbesondere dann problematisch sein, wenn im Analogteil kleine Signale verarbeitet werden.

Weniger bekannt ist, dass auch DSV-Systeme rauschen und unerwünschte Schwingungen erzeugen können. Beides sind nichtideale Effekte, die auf die endliche Zahlengenauigkeit des Digitalrechners zurückzuführen sind.

Neuartige Programmierung und Theorie

Die Programmierung eines Signalprozessors unterscheidet sich von derjenigen eines Mikroprozessors oder eines PCs und verlangt etlichen Einarbeitungsaufwand. Die Theorie ist anspruchsvoll und erfordert ein intensives Studium und einige Angewöhnungszeit.

Die theoretischen Grundlagenkenntnisse können in den nachfolgenden sechs Kapiteln erworben werden. Vorausgesetzt wird die Mathematik, wie sie an Hochschulen in den ersten vier Semestern gelehrt wird. Zum erfolgreichen Üben des Stoffes ist zudem ein Arbeiten mit MATLAB 5[1] oder höher inklusive Signal-Processing–Toolbox erforderlich. Als Übungsergänzung empfehlen sich Experimente mit LabVIEW[2] (Version 4.1 oder höher) und dem Signalprozessor-Starterkit TMS320VC5510-DSK von Texas Instruments[3]. Der Anhang dient als Manual zum Entwurf, zur Simulation und zum Testen von Digitalfiltern und Signalgeneratoren auf dem DSP-Starterkit.

[1] http://www.mathworks.com
[2] http://www.ni.com
[3] http://www.ti.com

Kapitel 2

Kontinuierliche Signale und Systeme

Gegenstand der DSV ist die digitale Verarbeitung von Signalen. Vor und nach ihrer digitalen Verarbeitung werden Signale jedoch vielfach analog verarbeitet und es ist daher sinnvoll, sich in den Grundlagen kontinuierlicher Signale und Systeme auszukennen. Zudem erleichtern Grundlagenkenntnisse in analoger Signalverarbeitung das Verständnis der DSV, so dass es zweckmässig ist, den Studierenden zunächst in die Theorie kontinuierlicher Signale und Systeme einzuführen.

2.1 Charakterisierung von Signalen

Zuerst wollen wir definieren, was ein Signal ist, und zeigen, wie Signale charakterisiert und eingeteilt werden können.

2.1.1 Elementarsignale

Unter einem *Elementarsignal* wollen wir eine Funktion $x(t)$ verstehen[1], die für die Theorie von grundlegender Bedeutung ist und die über eine Formel exakt definiert werden kann.

---

[1] Die Mathematiker unterscheiden zwischen einer Funktion x und deren Funktionswert $x(t)$ in einem Punkt t [Hub97]. Signalverarbeiter nehmen es hier weniger genau: Wenn sie $x(t)$ schreiben, meinen sie i. Allg. die Funktion x und wollen mit der Schreibweise $x(t)$ sagen, dass sie eine Funktion der Zeitvariablen t ist, wobei t alle Werte auf der reellen Zeitachse annehmen kann.

Die in der Signalverarbeitung wohl wichtigste Funktion ist die Cosinusfunktion oder Cosinusschwingung

$$x(t) = \hat{X}\cos(2\pi f_0 t)\,, \tag{2.1}$$

wobei $\hat{X}$ die Amplitude oder der Scheitelwert und f_0 die Frequenz ist.

Die Cosinusfunktion um $\pi/2$ nach rechts verschoben ergibt die Sinusfunktion. Multipliziert man die Sinusschwingung mit der imaginären Zahl j und addiert dazu die Cosinusschwingung, so erhält man gemäss Euler[2] die komplexe Sinusschwingung oder komplexe Exponentialfunktion

$$\begin{aligned} x(t) &= \hat{X}\cos(2\pi f_0 t) + j\hat{X}\sin(2\pi f_0 t)\,, \\ &= \hat{X}e^{j2\pi f_0 t}\,. \end{aligned} \tag{2.2}$$

$x(t)$ kann man sich als Drehzeiger (engl: phasor) mit der Länge $\hat{X}$ und dem Winkel $2\pi f_0 t$ vorstellen, der mit der Winkelgeschwindigkeit $2\pi f_0$ in der komplexen Ebene rotiert (Bild 2.1). Ist f_0 positiv, dann rotiert der Zeiger mit der Frequenz f_0 im Gegenuhrzeigersinn, ist f_0 negativ, dann rotiert er mit der Frequenz $|f_0|$ im Uhrzeigersinn.

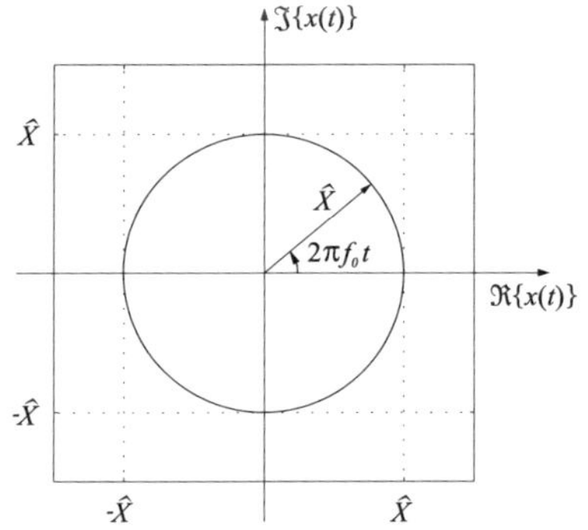

Bild 2.1: Die komplexe Exponentialfunktion als Drehzeiger

Zwei weitere Funktionen, die in der Signalverarbeitung häufig vorkommen, sind die Rechteckfunktion

$$\mathrm{rect}(\frac{t}{T_0}) = \begin{cases} 0 & : \quad |t| > T_0/2 \\ 1 & : \quad |t| < T_0/2 \end{cases} \tag{2.3}$$

und die Sinc- oder Spaltfunktion

$$\mathrm{sinc}(\frac{t}{T_0}) = \frac{\sin(\pi t/T_0)}{\pi t/T_0}\,, \tag{2.4}$$

die beide in Bild 2.2 dargestellt sind.

[2]Leonhard Euler, Schweizer Mathematiker, 1707–1783

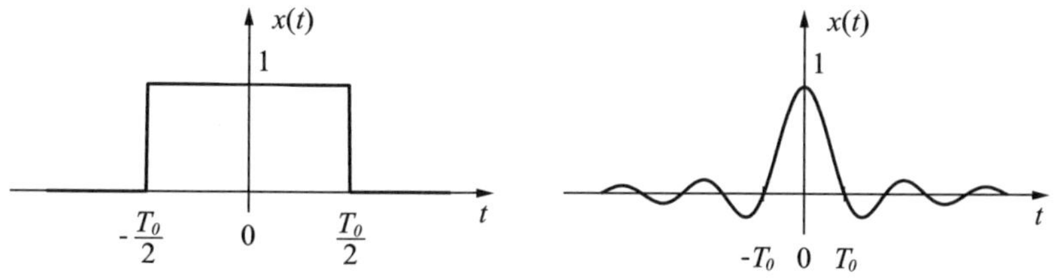

Bild 2.2: Die Rechteck- und die Sinc-Funktion

Die Rechteckfunktion hat die Höhe 1 und die Breite T_0. Multipliziert man sie mit $\frac{1}{T_0}$ und lässt man T_0 gegen null gehen, so entsteht daraus ein Reckteckpuls $\delta(t)$, der unendlich hoch und unendlich dünn ist, der aber eine endliche Fläche von 1 hat: $\int_{-\infty}^{\infty} \delta(t)\, dt = 1$. Aus mathematischer Sicht stellt dieser Puls eigentlich keine Funktion dar, sondern eine Distribution oder eine verallgemeinerte Funktion [Fli91], die über das Integral

$$\int_{-\infty}^{\infty} x(t) \cdot \delta(t)\, dt = x(0) \tag{2.5}$$

definiert ist. Dabei ist $x(t)$ ein beliebiges Signal, dessen Wert zum Zeitpunkt Null $x(0)$ beträgt. Den so definierten Impuls $\delta(t)$ nennt man Dirac-Impuls, Dirac-Puls, Dirac-Stoss oder Dirac-Funktion und stellt ihn, wie Bild 2.3 links zeigt, mit einem Pfeil dar. Die neben dem Pfeil stehende Zahl gibt das *Gewicht*, d. h. die Fläche des Dirac-Impulses an. Multipliziert man ein Signal $x(t)$ mit einem t_0-verschobenen Dirac-Puls $\delta(t - t_0)$ und integriert anschliessend, dann erhält man analog zu Gl.(2.5):

$$\int_{-\infty}^{\infty} x(t) \cdot \delta(t - t_0)\, dt = x(t_0)\,. \tag{2.6}$$

Man sagt, dass der Dirac-Impuls $\delta(t - t_0)$ das Signal $x(t)$ an der Stelle $t = t_0$ abtastet und spricht von der *Abtasteigenschaft* des Dirac-Impulses.

Mit Hilfe des Dirac-Impulses lässt sich die so genannte Abtastfunktion oder Dirac-Impulsreihe konstruieren. Man addiert zum Dirac-Impuls seine um ganze

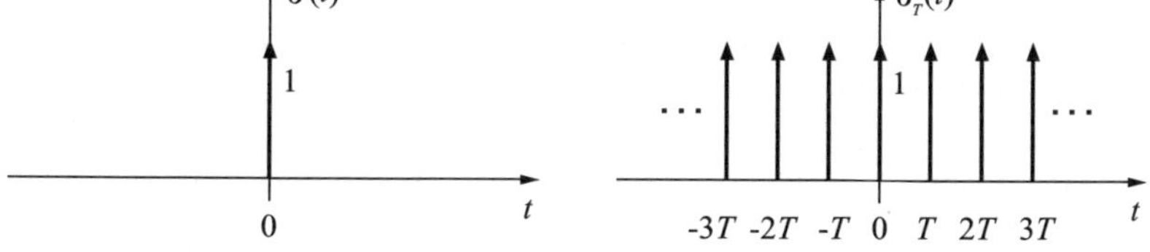

Bild 2.3: Der Dirac-Impuls und die Abtastfunktion

Vielfache von T verschobenen Duplikate gemäss der Formel

$$\delta_T(t) = \sum_{n=-\infty}^{+\infty} \delta(t - nT) \tag{2.7}$$

und erhält so das in Bild 2.3 rechts dargestellte Signal mit dem Parameter T als Abtastintervall.

2.1.2 Kontinuierliche und diskrete Signale

Unter einem *kontinuierlichen* oder *analogen Signal* $x(t)$ versteht man eine Funktion der kontinuierlichen Zeitvariablen t. Sämtliche Elementarsignale, inklusive der Distributionen, zählen wir zu dieser Kategorie. Das zeitdiskrete oder kurz das diskrete Signal unterscheidet sich vom analogen Signal darin, dass es nur zu diskreten Zeitpunkten definiert ist. Zur Illustration zeigt Bild 2.4 links ein analoges und Bild 2.4 rechts das dazugehörige zeitdiskrete Signal.

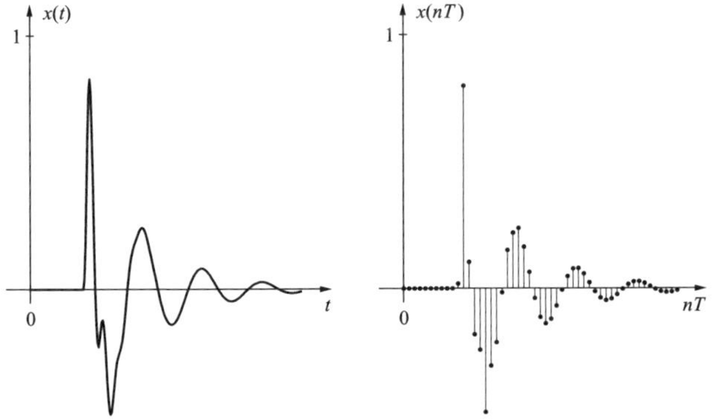

Bild 2.4: Beispiel für ein analoges und ein diskretes Signal

In der Praxis wird ein zeitkontinuierliches Signal durch eine physikalische Grösse repräsentiert. Beispiele dafür sind: der Schalldruck $p(t)$ in einem Mikrofon, die Drehzahl $r(t)$ einer rotierenden Maschine, die Geschwindigkeit $v(t)$ eines Körpers, usw. Eine physikalische Grösse wird in der Signalverarbeitung durch einen Sensor erfasst, elektrisch umgewandelt, wenn nötig amplitudenbeschränkt, eventuell verstärkt und gefiltert, so dass sie in Form einer zeitabhängigen Spannung $x(t)$ vorliegt. Diese Spannung wird an einen Analog-Digital-Wandler gelegt, der sie in ein zeitdiskretes Signal $x(nT)$ umwandelt und dem Computer zur digitalen Verarbeitung zuführt.

Ab Kap. 3 werden wir uns ausschliesslich mit dieser Art von Signalen beschäftigen.

2.1.3 Deterministische und stochastische Signale

Deterministische Signale sind Funktionen, deren Funktionswerte durch einen mathematischen Ausdruck oder eine bekannte Regel bestimmt (determiniert) sind. Eines der bekanntesten deterministischen Signale ist die schon erwähnte Cosinusfunktion $x(t) = \hat{X}\cos(2\pi f_0 t)$. Ein Beispiel dafür ist die Cosinusschwingung mit $\hat{X} = 1.41$ und $f_0 = 5\,\mathrm{Hz}$ in Bild 2.5 links. Auch das Signal in Bild 2.4 links ist deterministisch, da es sich um die Schrittantwort eines Bandpassfilters handelt.

Ein stochastisches Signal ist ein Zufallssignal und kann nur mit Mitteln der Statistik beschrieben werden. Seine Amplitude, d. h. sein Funktionswert zu einem bestimmten Zeitpunkt, hängt von einem Zufallsprozess ab und kann nicht durch eine Formel oder eine Regel bestimmt werden. Vielfach jedoch sind sein Mittelwert, seine Varianz und seine Autokorrelationsfunktion bestimmbar, alles Grössen, die wir im übernächsten Kapitel erklären werden. Ein Ausschnitt aus einem stochastischen Signal ist in Bild 2.5 rechts gezeigt. Es handelt sich um ein Rauschsignal, das den gleichen Mittelwert und die gleiche Varianz hat wie das Sinussignal daneben, nämlich 0 und 1.

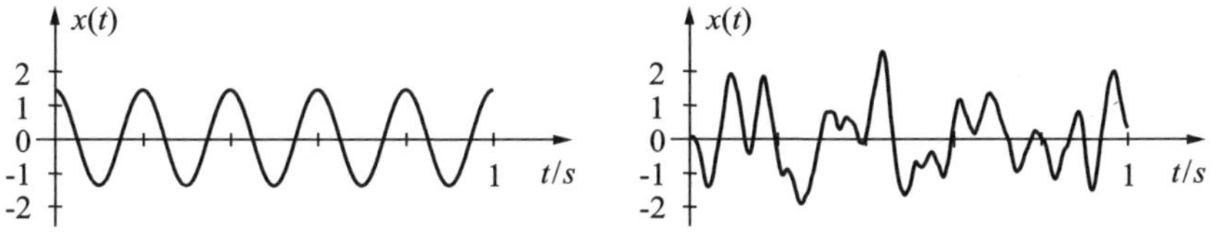

Bild 2.5: Beispiel für ein deterministisches und ein stochastisches Signal

Allein stochastische Signale, wie z. B. Sprach- oder Bildsignale, sind Träger von Information. Es gibt aber auch stochastische Signale, die keine Information enthalten, oder genauer gesagt, keine erwünschte Information. Beispiele dafür sind Geräusche, unerwünschte Musik, Störimpulse usw.

Streng genommen sind alle realen Signale stochastisch, da sie immer mit unbekannten Fehlern behaftet sind. Man ersetzt sie in der Theorie jedoch vielfach durch idealisierte Signale, oder wie man auch sagt, durch Modelle, da diese eine einfachere mathematische Handhabung erlauben. Beispiele dafür sind: Beschreibung der Netzspannung durch eine Sinusfunktion, Modellierung eines Impulses mit endlicher Flankensteilheit durch einen Rechteckimpuls usw.

2.1.4 Periodische, kausale, gerade und ungerade Signale

Ein Signal $x_p(t)$ heisst *periodisch* mit der Periode T_0, wenn es folgende Bedingung erfüllt:

$$x_p(t) = x_p(t + T_0)\,. \tag{2.8}$$

Die fundamentale Periode (engl: fundamental period) ist der kleinste positive Wert T_0, welcher die Bedingung (2.8) erfüllt. Im Allgemeinen ist mit dem Begriff Periode dieser Wert gemeint. Bei periodischen Signalen genügt die Kenntnis der Funktion während einer einzigen Periode, um das ganze Signal zu kennen. Beispiele für periodische Signale sind die Abtastfunktion in Bild 2.3, das Cosinussignal in Bild 2.5 und die Sägezahnschwingung in Bild 2.6.

Eine weitere wichtige Klasse von Signalen sind die kausalen Signale. Ein Signal $x_{cs}(t)$ nennt man *kausal* (engl: causal), wenn es auf der negativen Zeitachse Null ist:

$$x_{cs}(t) = \begin{cases} x(t) & : \ t \geq 0 \\ 0 & : \ t < 0 \end{cases} , \tag{2.9}$$

mit $x(t)$ als beliebiges Signal. Das bekannteste kausale Signal ist die Schrittfunktion $u(t)$ (engl: unit step), die wie folgt definiert ist (Bild 2.6 rechts):

$$u(t) = \begin{cases} 1 & : \ t \geq 0 \\ 0 & : \ t < 0 \end{cases} . \tag{2.10}$$

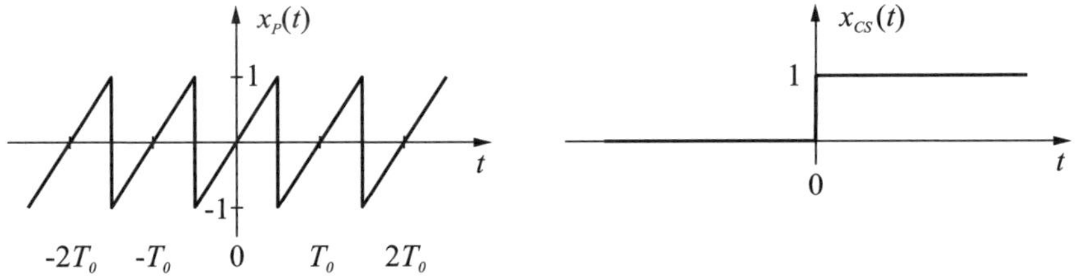

Bild 2.6: Beispiel für ein periodisches und ein kausales Signal

Ein gerades Signal $x_e(t)$ (engl: even), resp. ein ungerades Signal $x_o(t)$ (engl: odd) ist wie folgt definiert:

$$x_e(t) = x_e(-t) , \qquad x_o(t) = -x_o(-t) . \tag{2.11}$$

Ein gerades Signal ist spiegelsymmetrisch zur y-Achse, wie beipielsweise die Cosinusfunktion oder die Rechteckfunktion, und ein ungerades Signal ist punktsymmetrisch bezüglich des Ursprungs, wie z.B. die Sinusfunktion oder die Sägezahnfunktion in Bild 2.6.

Mit Hilfe der unten stehenden Gleichung lässt sich jedes beliebige Signal in ein gerades und in ein ungerades Teilsignal zerlegen:

$$x(t) = \underbrace{\frac{x(t)}{2} + \frac{x(-t)}{2}}_{x_e(t)} + \underbrace{\frac{x(t)}{2} - \frac{x(-t)}{2}}_{x_o(t)} . \tag{2.12}$$

2.1.5 Reelle und komplexe Signale

Die meisten Signale, sowohl in der Theorie wie in der Praxis, sind reelle Signale:

$$x_r(t) = x(t)\,, \qquad \text{wobei } x(t) \text{ reell ist.} \tag{2.13}$$

Ein reelles Zeitsignal ist eine Funktion, die der unabhängigen reellen Zeitvariablen t einen reellen Funktionswert $x_r(t)$ zuordnet. In mathematischer Notation: $x_r : \mathbb{R} \rightarrow \mathbb{R}$.

Hin und wieder haben wir es in der Signalverarbeitung auch mit komplexen Signalen zu tun. Analog zum reellen Signal ist dieses wie folgt definiert:

$$x_c(t) = x(t)\,, \qquad \text{wobei } x(t) \text{ komplex ist.} \tag{2.14}$$

In mathematischer Notation $x_c : \mathbb{R} \rightarrow \mathbb{C}$.

Die komplexe Sinusschwingung (2.2) ist das klassische Beispiel eines komplexen Signals. Alle anderen bis jetzt betrachteten Signale sind reelle Signale.

Ein komplexes Signal kann man aus zwei reellen Signalen, dem Realteil $x_r(t)$ und dem Imaginärteil $x_i(t)$, zusammensetzen:

$$x_c(t) = x_r(t) + jx_i(t)\,, \tag{2.15}$$

wobei j die imaginäre Einheit ist. Das zu $x_c(t)$ konjugiert komplexe Signal $x_c^*(t)$ ist dann wie folgt definiert:

$$x_c^*(t) = x_r(t) - jx_i(t)\,. \tag{2.16}$$

2.1.6 Energie- und Leistungssignale

Signale lassen sich auch nach ihrer Energie, bzw. nach ihrer Leistung einteilen. Ist die Energie W eines Signals $x(t)$ definiert als

$$W = \int_{-\infty}^{\infty} |x(t)|^2\,dt \tag{2.17}$$

endlich, dann spricht man von einem *Energiesignal*. Beispiele dafür sind die Rechteck- und die Sinc-Funktion.

In der Praxis sind letztlich alle Signale Energiesignale, da physikalische Signale immer eine endliche Energie haben. Dennoch ist es sinnvoll, Signale $x(t)$ anzunehmen, welche eine unendliche Energie, aber eine endliche mittlere Leistung

$$P = \lim_{T\rightarrow\infty} \frac{1}{T} \int_{-T/2}^{T/2} |x(t)|^2\,dt \tag{2.18}$$

haben. Signale, deren mittlere Leistung P endlich und ungleich null ist, nennt man Leistungssignale. Beispiele für Leistungssignale sind die Cosinusschwingung und die Schrittfunktion.

2.1.7 Orthogonale Signale

Zur Definition orthogonaler Signale braucht es den Begriff des Skalarprodukts. Dieses ist für zwei Energiesignale $x(t)$ und $y(t)$ wie folgt definiert [Bla98]:[3]

$$\langle x, y\rangle = \int_{-\infty}^{\infty} x(t) y^*(t)\, dt\,. \tag{2.19}$$

Analog dazu definiert man das Skalarprodukt zweier T_0-periodischer Leistungssignale $x_p(t)$ und $y_p(t)$:

$$\langle x_p, y_p\rangle_{T_0} = \int_{-T_0/2}^{T_0/2} x_p(t) y_p^*(t)\, dt\,. \tag{2.20}$$

Damit sind wir in der Lage, die Orthogonalität zweier Signale zu erklären: Zwei Energiesignale $x(t)$ und $y(t)$, respektive zwei T_0-periodische Signale $x_p(t)$ und $y_p(t)$, sind orthogonal zueinander, wenn ihre Skalarprodukte null sind:

$$\langle x, y\rangle = 0\,, \quad \text{respektive} \quad \langle x_p, y_p\rangle_{T_0} = 0\,. \tag{2.21}$$

Beispiel: Gegeben sind zwei komplexe Sinusschwingungen $\varphi_k(t) = e^{j2\pi k f_0 t}$ und $\varphi_l(t) = e^{j2\pi l f_0 t}$ mit den Frequenzen kf_0 und lf_0, wobei k und l ganze Zahlen sind. Für das Skalarprodukt zweier komplexer Sinusschwingungen $\varphi_k(t)$ und $\varphi_l(t)$ gilt:

$$\begin{aligned} \langle \varphi_k, \varphi_l\rangle_{T_0} &= \int_{-T_0/2}^{T_0/2} e^{j2\pi(k-l)f_0 t} dt\,, \\ &= \begin{cases} \int_{-T_0/2}^{T_0/2} e^{j0} dt = T_0 & \text{für } k = l \\ \left.\frac{e^{j2\pi(k-l)f_0 t}}{j2\pi(k-l)f_0}\right|_{-T_0/2}^{T_0/2} = 0 & \text{für } k \neq l \end{cases}. \end{aligned} \tag{2.22}$$

Das heisst, komplexe Sinusschwingungen sind orthogonal zueinander, falls ihre Frequenzen unterschiedlich sind. Wir werden später sehen, dass uns diese Eigenschaft bei der Herleitung der Fourier-Reihe wichtige Dienste leisten wird.

Das Skalarprodukt ist eine sehr nützliche Grösse in der Signalverarbeitung. Mit ihm lässt sich nicht nur die Orthogonalität zweier Funktionen definieren, sondern ebenso die Norm $\|x\|$ eines Energiesignals, respektive die Norm $\|x_p\|$ eines periodischen Signals:

$$\|x\| = \sqrt{\langle x, x\rangle}\,, \quad \text{respektive} \quad \|x_p\| = \sqrt{\langle x_p, x_p\rangle_{T_0}}\,. \tag{2.23}$$

[3] Diese Definition des Skalarprodukts entstammt der Vorstellung von einem Signal als Vektor, der aus unendlich vielen Punkten besteht [Hub97], [VK95].

In Anlehnung an die Vektorrechnung kann man unter der Norm die Länge oder die Stärke eines Signals verstehen.

Mit der Definition (2.17) können wir für die Energie W eines Energiesignals schreiben:

$$W = \|x\|^2 = \langle x, x \rangle \tag{2.24}$$

und analog dazu für die Energie eines periodischen Signals während der Periode T_0:

$$W = \|x_p\|^2 = \langle x_p, x_p \rangle_{T_0} \,. \tag{2.25}$$

Daraus ergibt sich für die mittlere Leistung P des T_0-periodischen Signals:

$$P = \frac{1}{T_0}\|x_p\|^2 = \frac{1}{T_0}\langle x_p, x_p \rangle_{T_0} \,. \tag{2.26}$$

Der Stern, d. h. die Bildung des konjugiert komplexen Wertes in den Definitionen (2.19) und (2.20), sorgt dafür, dass die Energie W und die Leistung P auch für komplexe Signale positiv reell wird. Stellt x einen Strom durch einen Widerstand R bzw. eine Spannung an einem Widerstand R dar, dann müssen die Formeln (2.24) bis (2.26) noch mit R bzw. mit $\frac{1}{R}$ multipliziert werden, um sinnvolle physikalische Ergebnisse zu erzielen (siehe dazu Aufgabe 1).

Im nächsten Unterkapitel werden wir sehen, wie man mit Hilfe orthogonaler Elementarsignale beliebige periodische Signale zusammensetzen kann.

2.2 Fourier-Reihe und Fourier-Transformation

2.2.1 Fourier-Reihe

1807 hat Jean Baptiste J. Fourier herausgefunden, dass sich eine reellwertige, T_0-periodische Funktion $x_p(t)$ als Linearkombination von Sinus- und Cosinusschwingungen ausdrücken lässt:

$$x_p(t) = \frac{a_0}{2} + \sum_{k=1}^{\infty} \left[a_k \cos(2\pi k f_0 t) + b_k \sin(2\pi k f_0 t)\right] \,. \tag{2.27}$$

Die Koeffizienten a_k und b_k heissen Fourier-Koeffizienten und der Parameter f_0 Grundfrequenz (engl: fundamental frequency) der Fourier-Reihe. Die Grundfrequenz ist gleich dem Inversen der Periode T_0:

$$f_0 = \frac{1}{T_0} \,. \tag{2.28}$$

Fasst man Sinus- und Cosinusschwingungen gleicher Frequenz zusammen, so erhält man die Fourier-Reihe in der anschaulichen Form:

$$x_p(t) = A_0 + \sum_{k=1}^{\infty} A_k \cos(2\pi k f_0 t + \alpha_k) \,. \tag{2.29}$$

Eine Cosinusschwingung der Frequenz $f = kf_0$ heisst Harmonische der Ordnungszahl k oder einfach k-te Harmonische. Die erste Harmonische nennt man auch Grundschwingung, die zweite Harmonische erste Oberschwingung, die dritte Harmonische zweite Oberschwingung etc. Der Term A_0 wird in Anlehnung an die Elektrotechnik DC-Term oder DC-Wert genannt. Zusammengefasst:

> *Ein periodisches Signal setzt sich aus einem DC-Anteil, aus einer Grundschwingung und aus Oberschwingungen zusammen.*

In der Praxis können die Oberschwingungen bei hohen Frequenzen meistens vernachlässigt werden.

Beispiel : Die Rechteckschwingung in Bild 2.7 links kann man wie folgt in eine Fourier-Reihe zerlegen [OW97]: $x_p(t) = \frac{1}{2} + \frac{2}{\pi 1}\cos(2\pi f_0 t) - \frac{2}{\pi 3}\cos(2\pi 3 f_0 t) + \frac{2}{\pi 5}\cos(2\pi 5 f_0 t) - \cdots$. In Worten: Die Rechteckschwingung setzt sich zusammen aus einem DC-Anteil von 0.5, einer Grundschwingung mit der Amplitude von $\frac{2}{\pi}$, einer 3. Harmonischen mit der Amplitude von $\frac{2}{\pi 3}$ etc. Bemerkenswert ist, dass alle ungeraden Oberschwingungen des periodischen Rechtecks null sind.

Im Bild 2.7 rechts ist die Approximation der Rechteckschwingung durch die ersten fünfzehn Harmonischen dargestellt. Das Überschwingen bei den Flanken um ca. 9 % ist eine unerwünschte Eigenschaft der Fourier-Reihe und wird Gibbs'sches Phänomen genannt.

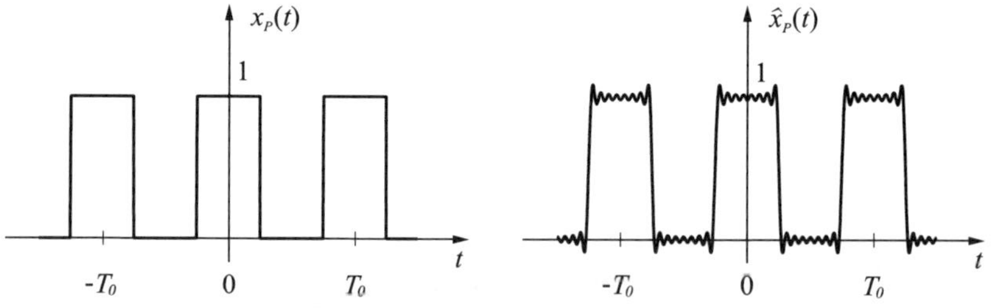

Bild 2.7: Rechteckschwingung und ihre Approximation durch eine Fourier-Reihe

Ersetzt man in Gl.(2.27) die Cosinus- und Sinusfunktionen durch die Ausdrücke $\frac{1}{2}e^{j2\pi k f_0 t} + \frac{1}{2}e^{-j2\pi k f_0 t}$ und $\frac{1}{2j}e^{j2\pi k f_0 t} - \frac{1}{2j}e^{-j2\pi k f_0 t}$, dann erhält man die mathematisch eleganteste Form der Fourier-Reihe:

$$x_p(t) = \sum_{k=-\infty}^{\infty} c_k e^{jk2\pi f_0 t} \,. \tag{2.30}$$

Diese Form heisst komplexe Fourier-Reihe und die Koeffizienten c_k nennt man komplexe Fourier-Koeffizienten. Über einen Koeffizientenvergleich lassen sich daraus die Amplituden und Phasen der Harmonischen wie folgt berechnen:[4]

$$A_0 = c_0 \,, \quad A_k = 2|c_k| \quad \text{und} \quad \alpha_k = \angle c_k \,. \tag{2.31}$$

Um die komplexen Fourier-Koeffizienten eines T_0-periodischen Signals zu bestimmen, gehen wir wie folgt vor: Zuerst multiplizieren wir beide Seiten der Gl.(2.30) mit der komplexen Exponentialfunktion $e^{-jn2\pi f_0 t}$:

$$x_p(t)e^{-jn2\pi f_0 t} = \sum_{k=-\infty}^{\infty} c_k e^{jk2\pi f_0 t} e^{-jn2\pi f_0 t} \,.$$

Anschliessend integrieren wir beide Seiten von $-T_0/2$ bis $T_0/2$:

$$\begin{aligned}
\int_{-T_0/2}^{T_0/2} x_p(t)e^{-jn2\pi f_0 t}\,dt &= \int_{-T_0/2}^{T_0/2} \sum_{k=-\infty}^{\infty} c_k e^{jk2\pi f_0 t} e^{-jn2\pi f_0 t}\,dt \,, \\
&= \sum_{k=-\infty}^{\infty} c_k \int_{-T_0/2}^{T_0/2} e^{jk2\pi f_0 t} e^{-jn2\pi f_0 t}\,dt \,, \\
&= \sum_{k=-\infty}^{\infty} c_k \int_{-T_0/2}^{T_0/2} e^{j(k-n)2\pi f_0 t}\,dt \,, \\
&= c_n T_0 \,.
\end{aligned}$$

Der letzte Schritt wird auf Grund der Orthogonalität (2.22) verständlich: Alle Integrale auf der rechten Seite mit $k \neq n$ sind gleich Null, das Integral für $k = n$ hingegen ist gleich T_0. Als Bestimmungsgleichung für den k-ten komplexen Fourier-Koeffizienten erhalten wir somit:

$$c_k = \frac{1}{T_0} \int_{-T_0/2}^{T_0/2} x_p(t)e^{-jk2\pi f_0 t}\,dt \,. \tag{2.32}$$

Diese Bestimmungsgleichung wird häufig als Analyse-Gleichung bezeichnet, währenddem Gl.(2.30) Synthese-Gleichung heisst. Die Synthese-Gleichung besagt, dass man jedes[5] T_0-periodische Signal durch eine gewichtete Summe von orthogonalen, komplexen Sinusschwingungen zusammensetzen kann, deren Gewichte c_k durch die Analyse-Gleichung gegeben sind. (Eine gewichtete Summe von Funktionen oder Vektoren nennt man in der Mathematik *Linearkombination*.)

In der Praxis ist es sehr mühsam, die komplexen Fourier-Koeffizienten c_k über eine Integration zu bestimmen. Wir werden später sehen, dass die FFT (Fast Fourier Transform) eine viel einfachere und effizientere Methode zur Berechnung dieser Koeffizienten ist.

---

[4] Das Zeichen $\angle$ bedeutet Winkel der komplexen Zahl.

[5] Es gibt Ausnahmen, siehe dazu Lit [OW97].

2.2.2 Fourier-Transformation

Die Anwendung der Fourier-Reihe ist auf periodische Signale beschränkt. Wie wir in Kap. 2.1.1 gesehen haben, gibt es viele Signale, die nicht periodisch sind und deshalb aperiodisch genannt werden. Um auch von einem aperiodischen Signal $x(t)$ die „frequenzmässige“ Zusammensetzung zu finden, definiert man die Fourier-Transformation. Diese lässt sich herleiten, indem man zunächst in der Synthese-Gleichung (2.30) $x_p(t)$ durch $x(t)$ und c_k durch das Integral aus der Analyse-Gleichung (2.32) ersetzt:

$$\begin{aligned} x(t) &= \sum_{k=-\infty}^{\infty} \left[\frac{1}{T_0} \int_{-T_0/2}^{T_0/2} x(t) e^{-jk2\pi f_0 t}\, dt \right] e^{jk2\pi f_0 t} , \\ &= \sum_{k=-\infty}^{\infty} \left[\int_{-T_0/2}^{T_0/2} x(t) e^{-j2\pi k f_0 t}\, dt \right] e^{j2\pi k f_0 t} \frac{1}{T_0} . \end{aligned} \tag{2.33}$$

Man kann unter einem aperiodischen Signal eine Funktion verstehen, deren Periode T_0 unendlich ist. Die Grundfrequenz $f_0 = 1/T_0$ wird demzufolge unendlich klein und wird deshalb durch df ersetzt; kf_0 entspricht einem Punkt auf der Frequenzachse und wird daher als f geschrieben. Aus der Summation entsteht dann eine Integration:

$$x(t) = \int_{-\infty}^{\infty} \left[\int_{-\infty}^{\infty} x(t) e^{-j2\pi f t}\, dt \right] e^{j2\pi f t} df . \tag{2.34}$$

Das Integral in den eckigen Klammern ist eine Funktion von f und wird Fourier-Transformierte $X(f)$ genannt:

$$X(f) = \int_{-\infty}^{\infty} x(t) e^{-j2\pi f t}\, dt . \tag{2.35}$$

Eingesetzt in Gl.(2.34) führt dies zur Bestimmungsgleichung für $x(t)$:

$$x(t) = \int_{-\infty}^{\infty} X(f) e^{j2\pi f t}\, df . \tag{2.36}$$

Diese Transformation heisst *inverse Fourier-Transformation.* $X(f)$ und $x(t)$ bilden ein so genanntes Transformationspaar, d.h. $X(f)$ ist die Fourier-Transformierte von $x(t)$ und $x(t)$ wiederum ist die inverse Fourier-Transformierte von $X(f)$. Grafisch verdeutlicht man diese Paarbeziehung durch das Transformationssymbol $\circ\!\!-\!\!\bullet$:

$$x(t) \quad \circ\!\!-\!\!\bullet \quad X(f) . \tag{2.37}$$

Gl.(2.35) bezeichnet man als Analyse-Gleichung und Gl.(2.36) heisst Synthese-Gleichung. Gemäss dem Integral (2.36) kann man sich das Signal $x(t)$ aus einem Continuum von komplexen Sinusschwingungen $e^{j2\pi f t}$ mit der komplexen „Amplitude“ $X(f)df$ zusammengesetzt denken. $X(f)$ sagt aus, mit welcher

Stärke und mit welcher Phase im Signal $x(t)$ eine komplexe Sinusschwingung mit der Frequenz f vorhanden ist.

$X(f)$ nennt man auch das Spektrum des Signals $x(t)$. $X(f)$ ist eine komplexwertige Funktion der reellen Variablen f und kann folglich in ein reelles und imaginäres Spektrum, respektive in ein Betrags- und Phasenspektrum aufgeteilt werden:

$$X(f) = \Re\{X(f)\} + j\Im\{X(f)\} = |X(f)|\, e^{j\angle X(f)} . \tag{2.38}$$

Um dem Leser ein Gefühl für die Fourier-Transformierte zu vermitteln, sollen im Folgenden einige Beispiele präsentiert werden. Die Spektren können über die Definitionsgleichung (2.35) und die Eigenschaften der Fourier-Transformation hergeleitet werden.

Beispiel 1: DC-Funktion

Eine Funktion, deren Wert für alle Punkte auf der Zeitachse eins ist, nennt man DC-Funktion (engl: Direct Current) und bezeichnet sie mit $1(t)$. Für die skalierte DC-Funktion findet man:

$$x(t) = K1(t) \quad \circ\!\!-\!\!\bullet \quad X(f) = K\delta(f) . \tag{2.39}$$

Das Spektrum eines DC-Signals mit dem Wert K ist ein Dirac-Impuls mit dem Gewicht K. Dieses Ergebnis stimmt mit unserem Gefühl überein, das uns sagt, dass die DC-Funktion eine „Schwingung“ mit der Frequenz null ist. Das Spektrum ist somit überall null, ausser bei der Frequenz $f = 0$.

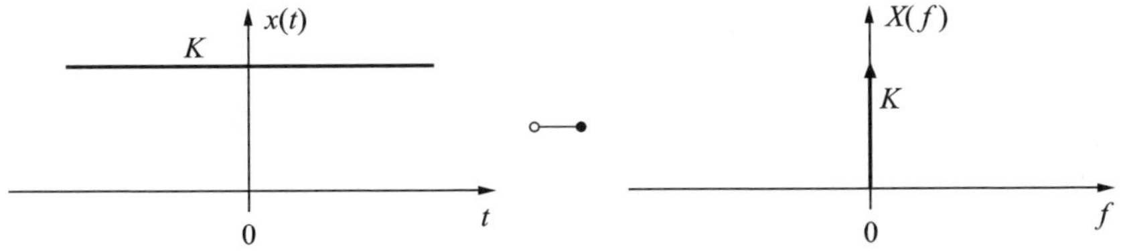

Bild 2.8: DC-Funktion mit Spektrum

Beispiel 2: Dirac-Impuls

Das Gegenstück zur DC-Funktion ist der Dirac-Impuls, der den Extremfall für einen sehr kurzen und sehr hohen Impuls darstellt. Seine Fourier-Transformierte sagt aus, welche Frequenzen in einem solchen blitzartigen Impuls vorhanden sind. Mit Gl.(2.35) und Gl.(2.5) finden wir:

$$x(t) = K\delta(t) \quad \circ\!\!-\!\!\bullet \quad X(f) = K1(f) . \tag{2.40}$$

Das Spektrum des Dirac-Pulses mit dem Gewicht K ist eine DC-Funktion mit dem Wert K, d. h. der Dirac-Puls enthält alle Frequenzen mit konstanter Amplitude. Man sagt deshalb auch, dass der Dirac-Impuls ein weisses Spektrum hat.

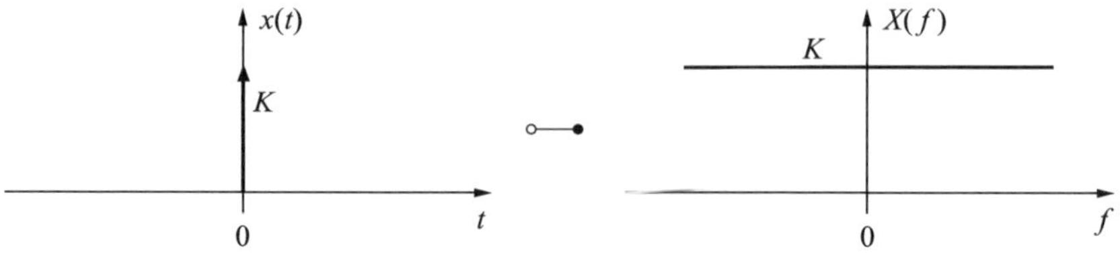

Bild 2.9: Dirac-Impuls mit Spektrum

Beispiel 3: Rechteckimpuls

Ein Mittelding zwischen DC-Funktion und Dirac-Impuls ist der Rechteckimpuls, auch Rechteckfunktion genannt. Sein Spektrum ist die Sinc-Funktion:

$$x(t) = A\text{rect}(\frac{t}{T_0}) \quad \circ\!\!-\!\!\bullet \quad X(f) = AT_0\text{sinc}(\frac{f}{1/T_0})\,. \tag{2.41}$$

Bild 2.10 zeigt das Spektrum $X(f)$ und das Betragsspektrum $|X(f)|$ in linearer und in logarithmischer Darstellung (in der logarithmischen Darstellung wurde das Maximum auf eins normiert).

Aus Bild 2.10 ist ersichtlich, dass der Hauptlappen des Spektrums schmäler wird, wenn der Rechteckimpuls breiter wird. Macht man den Rechteckimpuls schmäler, dann wird sein Spektrum breiter. Allgemein lässt sich folgende Aussage machen: Breite Signale haben schmale Spektren und schmale Signale haben breite Spektren. Diese Aussage sieht man bestätigt bei Betrachtung der Bilder 2.8 und 2.9. Wie wir später sehen werden, lässt sich dieser Sachverhalt durch das Zeitgesetz der Nachrichtentechnik präziser formulieren.

Beispiel 4: Komplexe Exponentialfunktion

Wie wir bereits wissen, besteht die komplexe Exponentialfunktion aus einer Cosinusschwingung als Realteil und einer Sinuschwingung als Imaginärteil. Dies ist der Grund, weshalb die komplexe Exponentialfunktion auch komplexe Sinusschwingung genannt wird. Ihr Spektrum besteht aus einem Dirac-Stoss an der Stelle $f = f_0$, wobei f_0 die Frequenz der komplexen Sinusschwingung ist.

$$x(t) = \hat{X}e^{j2\pi f_0 t} \quad \circ\!\!-\!\!\bullet \quad X(f) = \hat{X}\delta(f - f_0)\,. \tag{2.42}$$

Die komplexe Sinusschwingung hat das gleiche Spektrum wie die DC-Funktion, nur tritt die Spektrallinie nicht bei null sondern bei f_0 auf. Gl.(2.42) bestätigt

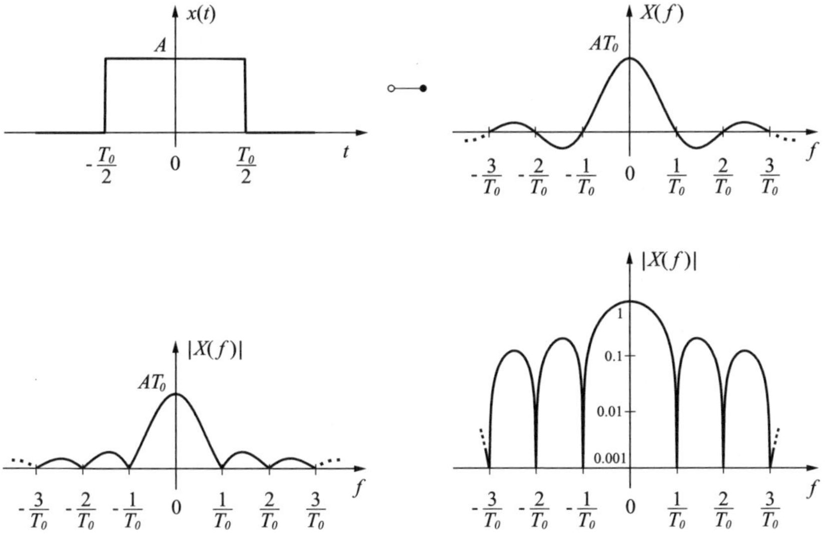

Bild 2.10: Rechteckimpuls mit Spektrum

somit, dass eine DC-Funktion nichts anderes ist als eine komplexe Exponentialfunktion mit der Frequenz null.

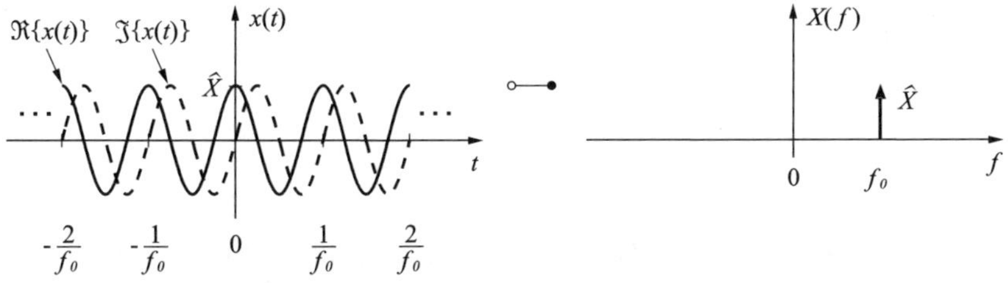

Bild 2.11: Komplexe Exponentialfunktion mit Spektrum

Die komplexe Exponentialfunktion ist ein analytisches Signal. Darunter versteht man ein komplexwertiges Signal, dessen Spektrum auf der negativen Frequenzachse null ist.

Beispiel 5: Phasenverschobene Cosinusschwingung

Ein in der Praxis häufig vorkommendes Signal ist die phasenverschobene Cosinusschwingung. Als Beispiel denke man an die Netzspannung mit der Amplitude $\hat{X} = 325\,\text{V}$, der Frequenz $f_0 = 50\,\text{Hz}$ und der Phase φ. Von einer sinusförmigen Schwingung mit der Frequenz f_0 erwartet man natürlich, dass sie im Spektrum ebenfalls bei $f = f_0$ eine Linie hat. Erstaunlicherweise hat sie aber sowohl bei

$+f_0$ wie auch bei $-f_0$ eine Spektrallinie (Bild 2.12):

$$x(t) = \hat{X}\cos(2\pi f_0 t + \varphi) \quad \circ\!\!-\!\!\bullet \quad X(f) = \frac{\hat{X}}{2}e^{j\varphi}\delta(f - f_0) + \frac{\hat{X}}{2}e^{-j\varphi}\delta(f + f_0)\,. \tag{2.43}$$

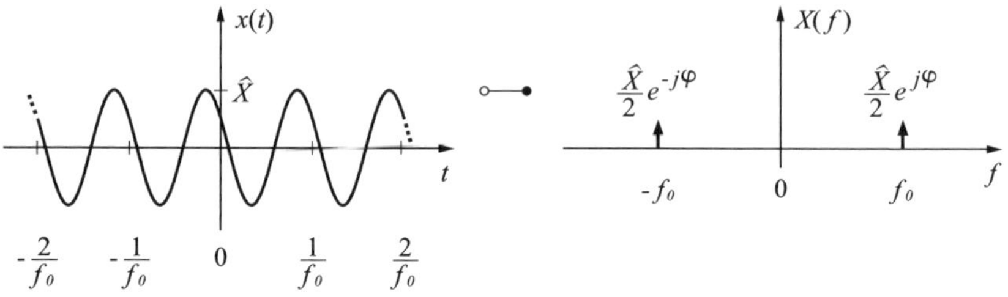

Bild 2.12: Phasenverschobene Cosinusschwingung mit Spektrum

Eine Spektrallinie (siehe Bild 2.11 rechts) repräsentiert eben nicht eine Cosinusschwingung, sondern – wie wir in Bild 2.11 gesehen haben – eine komplexe Eponentialfunktion, auch Drehzeiger oder komplexe Sinusfunktion genannt. Die Linie auf der positiven Frequenzachse steht für einen Drehzeiger, der mit der Frequenz f_0 in positiver Richtung dreht, und die Linie auf der negativen Frequenzachse steht für einen Drehzeiger, der mit der Frequenz f_0 in negativer Richtung dreht. Die Gewichte der Dirac-Stösse sind komplex und entsprechen den komplexen Amplituden der Drehzeiger. Verständlich wird der Sachverhalt, wenn wir mit Hilfe von Euler die Cosinusfunktion in zwei phasenbehaftete Drehzeiger zerlegen:

$$\hat{X}\cos(2\pi f_0 t + \varphi) = \frac{\hat{X}}{2}e^{j\varphi}e^{j2\pi f_0 t} + \frac{\hat{X}}{2}e^{j(-\varphi)}e^{j2\pi(-f_0)t}\,. \tag{2.44}$$

Teilen wir das Spektrum gemäss Gl.(2.38) auf in ein Betrags- und Phasenspektrum, respektive in ein reelles und imaginäres Spektrum, so erhalten wir die Darstellungen in Bild 2.13.

Beispiel 6: Rechteckimpulsmodulierte Cosinusschwingung

Ein weiterer interessanter Fall tritt ein, wenn wir die Cosinusschwingung mit dem Rechteckimpuls kombinieren, indem wir die beiden Funktionen miteinander multiplizieren. Ein solches Signal heisst rechteckimpulsmodulierte Cosinusschwingung (Bild 2.14) und tritt z. B. in der Tonpulsübertragung auf.

$$x(t) = A\mathrm{rect}(\frac{t}{T_r})\cos(2\pi f_c t) \quad \circ\!\!-\!\!\bullet \quad X(f) = A\frac{T_r}{2}\mathrm{sinc}(\frac{f - f_c}{1/T_r}) + A\frac{T_r}{2}\mathrm{sinc}(\frac{f + f_c}{1/T_r}). \tag{2.45}$$

Hier erwarten wir als Spektrum ein Mittelding zwischen dem Sinc-Spektrum des Rechteckimpulses und dem Linienspektrum der Cosinusschwingung. Tatsächlich

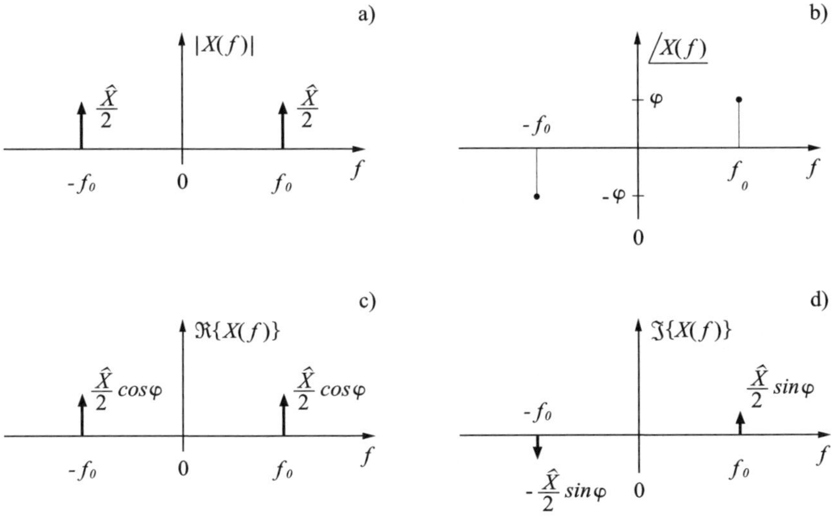

Bild 2.13: Spektren der phasenverschobenen Cosinusschwingung: a) Betragsspektrum, b) Phasenspektrum, c) Realteil und d) Imaginärteil des Spektrums

kann man das Resultat in Bild 2.14 interpretieren als zwei Dirac-Pulse, einer bei $f = f_c$ und der andere bei $f = -f_c$, die mit dem Sinc-Spektrum verschmiert sind.

Das Spektrum der rechteckimpulsmodulierten Cosinusschwingung ist kontinuierlich. Ein Signal mit einem kontinuierlichen Spektrum kann man sich gemäss dem Integral (2.36) aus einer Summe von unendlich vielen Drehzeigern der Form

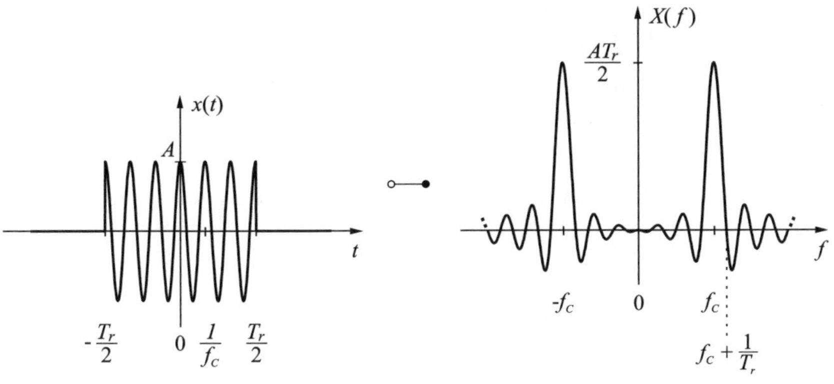

Bild 2.14: Rechteckimpulsmodulierte Cosinusschwingung mit Spektrum

$X(f)df\, e^{j2\pi ft}$ zusammengesetzt denken. Da das Frequenzintervall df unendlich klein ist, sind auch die Drehzeiger $X(f)df\, e^{j2\pi ft}$ unendlich kurz. Dividiert man die komplexe Amplitude $X(f)df$ durch das Frequenzintervall df, dann bekommt man die Grösse $X(f)$, die man als Amplituden*dichte* des Drehzeigers interpretieren kann und der entsprechend die Einheit 1/Hz zugeordnet wird. Es wäre deshalb im Allgemeinen genauer, bei der Fourier-Transformierten von einem Dichtespektrum[6] an Stelle eines Spektrums zu sprechen.

Machen wir den Tonimpuls unendlich lang, dann werden die beiden Sinc-Impulse unendlich hoch und unendlich dünn. Von Beispiel 5 wissen wir, dass man ein solches Spektrum mittels zweier Dirac-Pulse mit den Gewichten $A/2$ darstellt und dass das dazugehörige Signal eine Cosinusschwingung mit der Amplitude A, der Frequenz f_c und der Phase 0 ist.

Beispiel 7: Abtastfunktion

Für die Herleitung und das Verständnis des Abtasttheorems ist das Spektrum der Abtastfunktion (periodischer Dirac-Puls) von entscheidender Bedeutung. Das Fourier-Transformationspaar lautet:

$$x(t) = \sum_{n=-\infty}^{+\infty} \delta(t - nT) \quad \circ\!\!-\!\!\bullet \quad X(f) = \frac{1}{T} \sum_{k=-\infty}^{+\infty} \delta(f - k\frac{1}{T})\,. \tag{2.46}$$

Das Spektrum eines periodischen Dirac-Pulses ist wiederum ein periodischer Dirac-Puls, wobei folgende Unterschiede zu beachten sind: 1. Im Zeitbereich ist die Periode T und im Frequenzbereich ist sie $1/T$. 2. Das Gewicht der einzelnen Dirac-Pulse im Zeitbereich ist eins und im Frequenzbereich $1/T$.

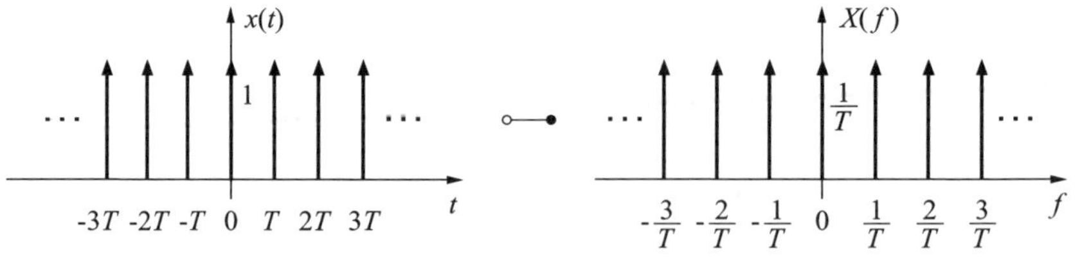

Bild 2.15: Abtastfunktion mit Spektrum

Häufig wird der periodische Dirac-Puls im Zeitbereich mit $\delta_T(t)$ und im Frequenzbereich mit $\Delta_T(f)$ bezeichnet.

---

[6] Ein Analogie-Beispiel dazu aus der Mechanik: Wenn wir in Gedanken eine Eisenstange in unendlich dünne Scheiben aufteilen, so ist die Masse einer einzelnen Scheibe unendlich klein, d.h. null. Was hingegen ungleich null bleibt, ist die Dichte jeder einzelnen Scheibe.

2.2.3 Eigenschaften der Fourier-Transformation

Wir wollen in diesem Abschnitt die wichtigsten Eigenschaften der Fourier-Transformation kennen lernen und sie anhand von Beispielen überprüfen. Die Herleitungen beruhen auf der Definition der Fourier- und der inversen Fourier-Transformation und können z. B. in Lit.[OW97], [Bri88] oder [Fli91] nachgelesen werden.

Linearität

Die Fourier-Transformation ist eine lineare Transformation, d.h. sind $x_1(t) \circ\!\!-\!\!\bullet X_1(f)$ und $x_2(t) \circ\!\!-\!\!\bullet X_2(f)$ zwei Fourier-Transformationspaare und sind k_1 und k_2 zwei Konstanten, dann gilt:

$$k_1 x_1(t) + k_2 x_2(t) \quad \circ\!\!-\!\!\bullet \quad k_1 X_1(f) + k_2 X_2(f)\,. \tag{2.47}$$

In Worten: Die Fourier-Transformierte einer Linearkombination von Signalen ist gleich der Linearkombination ihrer Fourier-Transformierten.

Beispiel: Mit Hilfe des Linearitätstheorems lässt sich sofort die Fourier-Transformierte der phasenverschobenen Cosinusschwingung herleiten.
Aus Gl.(2.42) wissen wir:

$$\begin{aligned} x_1(t) &= e^{j2\pi f_0 t} & \circ\!\!-\!\!\bullet \quad & X_1(f) = \delta(f - f_0)\,, \\ x_2(t) &= e^{j2\pi(-f_0)t} & \circ\!\!-\!\!\bullet \quad & X_2(f) = \delta(f + f_0)\,. \end{aligned}$$

Aus

$$x(t) = \hat{X}\cos(2\pi f_0 t + \varphi) = \frac{\hat{X}}{2} e^{j\varphi} x_1(t) + \frac{\hat{X}}{2} e^{-j\varphi} x_2(t)$$

folgt dann:

$$X(f) = \frac{\hat{X}}{2} e^{j\varphi}\delta(f - f_0) + \frac{\hat{X}}{2} e^{-j\varphi}\delta(f + f_0)\,.$$

Dualität

Unter *Dualität* – auch als Symmetrie bezeichnet – verstehen wir folgende Beziehung:

$$X(t) \quad \circ\!\!-\!\!\bullet \quad x(-f)\,. \tag{2.48}$$

In Worten: Ersetzt man in der Frequenzfunktion $X(f)$ die Frequenzvariable f durch die Zeitvariable t, und umgekehrt in der Zeitfunktion $x(t)$ die Zeitvariable t durch die negative Frequenzvariable $-f$, so erhält man wiederum ein Transformationspaar.

Beispiel: Mit Hilfe der Dualität lässt sich leicht die Fourier-Transformierte der DC-Funktion herleiten.
Aus Gl.(2.40) wissen wir: $x(t) = K\delta(t) \circ\!\!-\!\!\bullet\ X(f) = K1(f)$. Aus der Dualität folgt dann: $K1(t) \circ\!\!-\!\!\bullet\ K\delta(-f)$. Da der Dirac-Puls eine gerade Funktion ist, folgt: $K1(t) \circ\!\!-\!\!\bullet\ K\delta(f)$.

Zeit- und Frequenzskalierung

Wird bei einer Zeitfunktion die Zeitachse mit einer reellen Konstanten k skaliert, dann resultiert folgendes Transformationspaar:

$$x(kt) \quad \circ\!\!-\!\!\bullet \quad \frac{1}{|k|}X(\frac{f}{k})\,. \tag{2.49}$$

Beispiel: Schaltet man ein Kassettengerät auf Schnellgang, dann tönt der Lautsprecher höher, verlangsamt man das Gerät, dann tönt er tiefer. Oder mit anderen Worten: Beim Schnellgang ($k > 1$) wird die Zeitfunktion gestaucht und damit die Frequenzfunktion gedehnt, beim langsamen Betrieb ($0 < k < 1$) wird die Zeitfunktion gedehnt und die Frequenzfunktion gestaucht.

Das Skalierungstheorem macht auch die Aussage verständlich, dass „breite“ Signale „schmale“ Spektren und „schmale“ Signale „breite“ Spektren haben. Diese Aussage werden wir später bei der Diskussion der Unschärferelation präzisieren.

Zeit- und Frequenzverschiebung

Verschiebt man die Zeitfunktion $x(t)$ um t_0, dann erhält man folgendes Transformationspaar:

$$x(t - t_0) \quad \circ\!\!-\!\!\bullet \quad X(f)e^{-j2\pi f t_0}\,. \tag{2.50}$$

Bei einer zeitlichen Verschiebung des Signals verändert sich der Betrag $|X(f)|$ des Spektrums nicht, die Phase $\angle X(f)$ hingegen erfährt eine zusätzliche Phasenverschiebung mit dem Winkel $\theta = -2\pi f t_0$.

Beispiel: Wie wir später sehen werden, kann die Digital-Analog-Umwandlung mit der Halte-Funktion (engl: zero order hold function) beschrieben werden. Unter dieser Funktion versteht man den kausalen Rechteckimpuls (Bild 2.16), der aus dem symmetrischen Rechteckimpuls durch Verzögerung um $T_0/2$ entsteht. Seine Fourier-Transformierte und daraus das Betrags- und Phasenspektrum findet man leicht über das Zeitverschiebungstheorem.

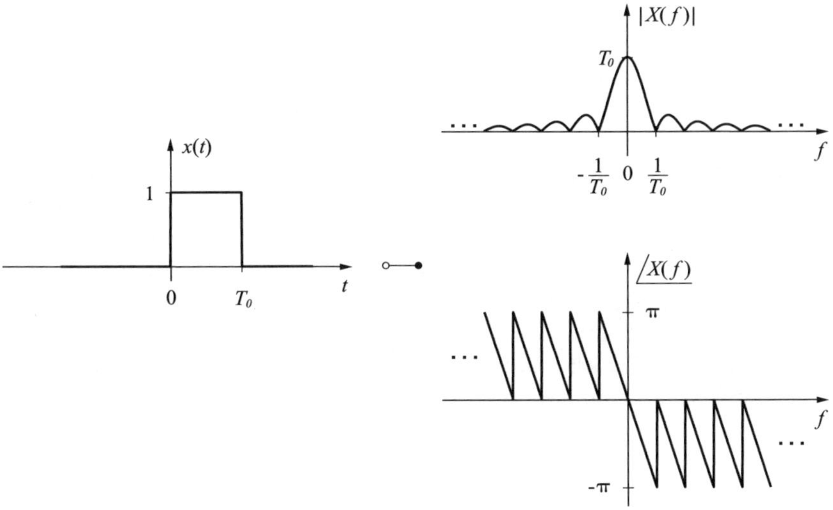

Bild 2.16: Kausaler Rechteckimpuls mit Betrags- und Phasenspektrum

Verschiebt man die Frequenzfunktion $X(f)$ um f_0, dann ergibt sich das Transformationspaar

$$x(t)e^{j2\pi f_0 t} \quad \circ\!\!-\!\!\bullet \quad X(f - f_0)\,. \tag{2.51}$$

Die Multiplikation – oder wie man auch sagt – die Modulation der komplexen Sinusschwingung $e^{j2\pi f_0 t}$ mit $x(t)$ verschiebt das Spektrum $X(f)$ auf der Frequenzachse um f_0. Ein klassisches Anwendungsbeispiel dafür ist die Amplitudenmodulation (AM).

Beispiel: Bei der Amplitudenmodulation [Tre03] wird die Amplitude $\hat{U}_T$ einer Trägerschwingung $u_T(t) = \hat{U}_T \cos(2\pi f_T t)$ von einem Modulationssignal $mx(t)$ überlagert ($0 < m < 1$):

$$s(t) = \hat{U}_T[1 + mx(t)]\cos(2\pi f_T t)\,.$$

Die Trägerschwingung lässt sich nach Euler folgendermassen zerlegen:

$$u_T(t) = \frac{\hat{U}_T}{2}e^{j2\pi f_T t} + \frac{\hat{U}_T}{2}e^{-j2\pi f_T t}\,.$$

Die modulierte Trägerschwingung schreibt sich dann wie folgt:

$$s(t) = \frac{\hat{U}_T}{2}e^{j2\pi f_T t} + \frac{\hat{U}_T}{2}e^{-j2\pi f_T t} + \frac{m\hat{U}_T}{2}x(t)e^{j2\pi f_T t} + \frac{m\hat{U}_T}{2}x(t)e^{-j2\pi f_T t}\,.$$

Durch Anwendung des Linearitäts- und Frequenzverschiebungs-Theorems erhalten wir daraus das Spektrum $S(f)$:

$$S(f) = \frac{\hat{U}_T}{2}\delta(f - f_T) + \frac{\hat{U}_T}{2}\delta(f + f_T) + \frac{m\hat{U}_T}{2}X(f - f_T) + \frac{m\hat{U}_T}{2}X(f + f_T)\,.$$

In Bild 2.17 links ist das Spektrum eines Signals $x(t)$ dargestellt und rechts davon das zugehörige Spektrum des amplitudenmodulierten Signals $s(t)$ (aus Gründen der einfachen Darstellung wurde angenommen, dass das Spektrum des Signals $x(t)$ reell und dreieckförmig ist).

Das AM-Spektrum ist sozusagen der praktische Beweis, dass negative Frequenzen existieren. Hätte das Basissignal $x(t)$ nämlich keine negativen Frequenzen, dann wäre das AM-Spektrum $S(f)$ null im Frequenzbereich von 0 bis f_T und man würde von einem Einseitenband-AM-Spektrum sprechen. Dass dies nicht der Fall ist, kann jeder Mittelwellenkenner bestätigen: Das Audiosignal hat eine Grenzfrequenz von 4.5 kHz, der Mittelwellensender hingegen belegt 9 kHz Bandbreite auf der Frequenzskala. Man spricht daher auch von einem Zweiseitenband-AM-Spektrum.

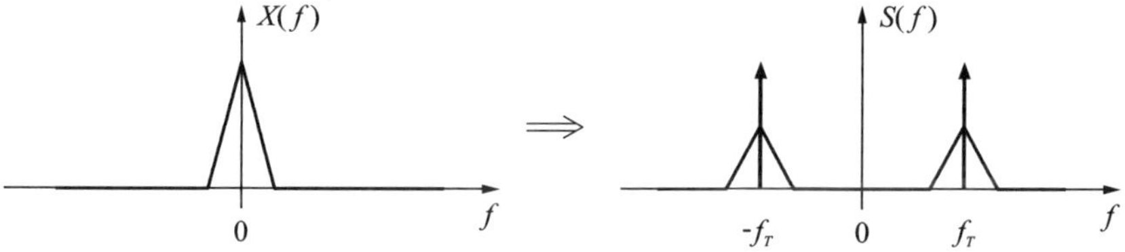

Bild 2.17: Signal- und AM-Spektrum

Symmetrieeigenschaften

Das Spektrum eines reellen Signals ist symmetrisch:

$$x(t) \quad : \quad \text{reell} \quad \circ\!\!-\!\!\bullet \quad \left\{ \begin{array}{ccccccc} |X(f)| & : & \text{gerade}, & \angle X(f) & : & \text{ungerade} \\ \Re\{X(f)\} & : & \text{gerade}, & \Im\{X(f)\} & : & \text{ungerade} \end{array} \right. . \tag{2.52}$$

Anschaulich ausgedrückt: Das Betragsspektrum und der Realteil des Spektrums sind spiegelsymmetrisch, das Phasenspektrum und der Imaginärteil des Spektrums hingegen sind punktsymmetrisch. Ein Beispiel dafür ist das Spektrum der phasenverschobenen Cosinusschwingung in Bild 2.13.

Wegen der Symmetrieeigenschaft wird das Spektrum vielfach nur auf der positiven Frequenzachse dargestellt. Dies verleitet dann hin und wieder zur irrtümlichen Ansicht, dass das Spektrum reeller Signale nur auf der positiven Frequenzachse existiert.

Ist ein Signal nicht nur reell, sondern zusätzlich gerade oder ungerade, dann gilt:

$$x(t) \text{ reell und gerade} \quad \circ\!\!-\!\!\bullet \quad X(f) \text{ reell und gerade} \tag{2.53}$$

$$x(t) \text{ reell und ungerade} \quad \circ\!\!-\!\!\bullet \quad X(f) \text{ imaginär und ungerade} \tag{2.54}$$

Beispiel: Das Bild unten zeigt ein Sägezahnsignal $x(t)$ als Beispiel eines reellen, ungeraden Signals. Sein Spektrum ist imaginär und ungerade, d.h., $\Re\{X(f)\} = 0$ und $\Im\{X(-f)\} = -\Im\{X(f)\}$.

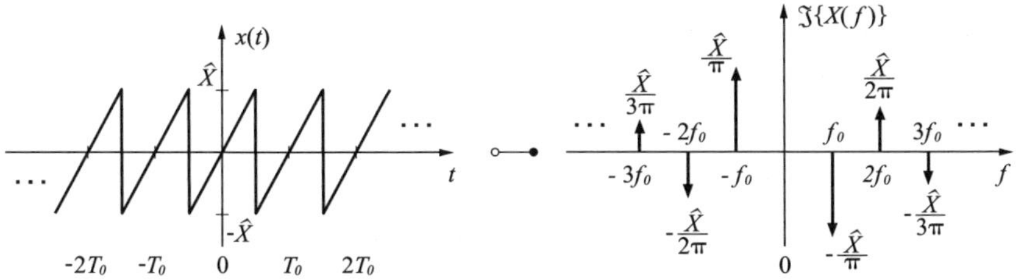

Bild 2.18: Ungerades Sägezahnsignal mit imginärem Spektrum

Gemäss Gl.(2.12) lässt sich jedes Signal in ein gerades und in ein ungerades Teilsignal zerlegen: $x(t) = x_e(t) + x_o(t)$. Aus den Theoremen (2.53) und (2.54) folgt dann, dass $\Re\{X(f)\}$ das Spektrum des geraden Teilsignals und $\Im\{X(f)\}$ das Spektrum des ungeraden Teilsignals ist:

$$\Re\{X(f)\} = X_e(f) \quad \text{und} \quad \Im\{X(f)\} = X_o(f)\,. \tag{2.55}$$

Aus der Zerlegung der Fourier-Transformierten

$$\begin{aligned} X(f) &= \int_{-\infty}^{\infty} x(t)e^{-j2\pi ft}\,dt\,, \\ &= \int_{-\infty}^{\infty} x(t)\cos(2\pi ft)\,dt - j\int_{-\infty}^{\infty} x(t)\sin(2\pi ft)\,dt \end{aligned} \tag{2.56}$$

wird ersichtlich, dass ein nur aus Cosinusschwingungen bestehendes Signal $x(t)$ ein reelles Spektrum hat. Sinus- und Cosinusschwingungen sind nämlich orthogonal zueinander, woraus folgt, dass das rechte Integral null ist. Analog dazu hat ein nur aus Sinusschwingungen bestehendes Signal ein imaginäres Spektrum, weil das linke Integral null ist.

Ein gerades Signal besteht demnach nur aus Cosinusschwingungen und ein ungerades nur aus Sinusschwingungen.

Fourier-Transformierte eines periodischen Signals

Wir haben gesehen, dass man jedes periodische Signal in eine Summe von komplexen Exponentialfunktionen zerlegen kann, und wir wissen aus Gl.(2.42), dass die komplexe Exponentialfunktion einen Dirac-Stoss als Fourier-Transformierte hat. Aus der Linearität folgt dann für das Spektrum eines periodischen Signals $x_p(t)$:

$$x_p(t) = \sum_{k=-\infty}^{\infty} c_k e^{jk2\pi f_0 t} \quad \circ\!\!-\!\!\bullet \quad X_p(f) = \sum_{k=-\infty}^{\infty} c_k \delta(f - kf_0)\,. \tag{2.57}$$

Die Fourier-Transformierte eines periodischen Signals ist ein *Linienspektrum*, d. h. es besteht aus Dirac-Pulsen, deren Gewichte gleich den komplexen Fourier-Koeffizienten sind. Ein Beispiel dafür ist in Bild 2.18 dargestellt.

Periodizität und Diskretizität

Ein Linienspektrum nennt man auch ein diskretes Spektrum, da es nur in diskreten Punkten auf der Frequenzachse existiert. Wie wir gerade gesehen haben, gilt:

$$x(t) \quad \text{periodisch} \quad \circ\!\!-\!\!\bullet \quad X(f) \quad \text{diskret}\,. \tag{2.58}$$

Aufgrund der Dualität gilt auch das Umgekehrte:

$$x(t) \quad \text{diskret} \quad \circ\!\!-\!\!\bullet \quad X(f) \quad \text{periodisch}\,. \tag{2.59}$$

Drei Beispiele zu diesen Theoremen sind die Bilder 2.9, 2.15 und 2.18.

Parseval-Theorem

Das Parseval-Theorem besagt, dass die Energie eines Signals im Zeitbereich gleich der Energie des Signals im Frequenzbereich ist:

$$\int_{-\infty}^{\infty} |x(t)|^2\, dt = \int_{-\infty}^{\infty} |X(f)|^2\, df\,. \tag{2.60}$$

Die Funktion $|X(f)|^2$ wird als Energiedichtespektrum des Signals $x(t)$ bezeichnet.

Das Parseval-Theorem in der obigen Form ist nur gültig für Energiesignale. Für T_0-periodische Signale gilt:

$$\frac{1}{T_0} \int_{-T_0/2}^{T_0/2} |x(t)|^2\, dt = \sum_{k=-\infty}^{\infty} |c_k|^2\,. \tag{2.61}$$

Das heisst, die Leistung eines periodischen Signals ist gleich der Summe der Leistungen seiner harmonischen Komponenten.

Beispiel: Ein Strom $i(t) = I_{DC} + \hat{I}\cos(2\pi f_0 t)$ fliesse durch einen ohmschen Widerstand R. Wir zerlegen den Strom in eine komplexe Fourier-Reihe $x(t) = \frac{\hat{I}}{2}e^{j2\pi f_0 t} + I_{DC} + \frac{\hat{I}}{2}e^{-j2\pi f_0 t}$ und erhalten durch Anwendung des Parseval-Theorems: $P = R(|\hat{I}/2|^2 + |I_{DC}|^2 + |\hat{I}/2|^2) = R(I_{DC}^2 + \hat{I}^2/2)$.

Zeitgesetz der Nachrichtentechnik

Schon vielfach war die Rede davon, dass „breite" Signale „schmale" Spektren und umgekehrt „schmale" Signale „breite" Spektren haben. Diese Aussage werden wir im Folgenden präzisieren.

Zunächst wollen wir den Schwerpunkt (Mittelpunkt) t_0 eines Energiesignals erklären. Dieser wird analog zum Erwartungswert in der Wahrscheinlichkeitsrechnung (siehe dazu Kap. 4.2) wie folgt definiert:

$$t_0 = \int_{-\infty}^{\infty} t|\acute{x}(t)|^2\,dt\,, \qquad \text{wobei:} \quad \acute{x}(t) = \frac{x(t)}{\|x\|}\,. \tag{2.62}$$

$\acute{x}(t)$ ist das normierte Signal und hat demnach (Gl. 2.24) die Energie 1.

Analog dazu definieren wir den Schwerpunkt f_0 des dazugehörigen Spektrums:

$$f_0 = \int_{-\infty}^{\infty} f|\acute{X}(f)|^2\,df\,, \qquad \text{wobei:} \quad \acute{X}(f) = \frac{X(f)}{\|X\|}\,. \tag{2.63}$$

Damit können wir – entsprechend zur Standardabweichung in der Wahrscheinlichkeitsrechnung (siehe dazu ebenfalls Kap. 4.2) – die Dauer Δt eines Energiesignals und die Bandbreite Δf des dazugehörigen Spektrums wie folgt definieren:

$$\Delta t = \left(\int_{-\infty}^{\infty} (t-t_0)^2|\acute{x}(t)|^2\,dt\right)^{\frac{1}{2}}\,, \tag{2.64}$$

$$\Delta f = \left(\int_{-\infty}^{\infty} (f-f_0)^2|\acute{X}(f)|^2\,df\right)^{\frac{1}{2}}\,. \tag{2.65}$$

Man kann nun zeigen [Mer96], dass das Produkt aus Zeitdauer Δt und Bandbreite Δf, das so genannte *Zeit-Bandbreite-Produkt*, eine Konstante ist, die die Grenze von $\frac{1}{4\pi}$ nicht unterschreitet:

$$\Delta t \cdot \Delta f = \mathit{const}\,, \qquad \text{wobei:} \quad \mathit{const} \geq \frac{1}{4\pi}\,. \tag{2.66}$$

Dieses Theorem heisst Zeitgesetz der Nachrichtentechnik [Lue99] oder Unschärferelation (engl: uncertainty principle); es hat in der Signalverarbeitung und Telekommunikation eine ähnliche Bedeutung wie der Energiesatz in der Energietechnik. Seine Quintessenz lautet:

Energiesignale langer Dauer sind schmalbandig und Energiesignale kurzer Dauer sind breitbandig.

Beispiel: Ein kausales Energiesignal $x(t)$ und sein Spektrum $X(f)$ sind wie folgt gegeben:

$$x(t) = e^{-akt}\sin(\beta kt)u(t) \quad \circ\!\!-\!\!\bullet \quad X(f) = \frac{1}{k}\frac{\beta}{(j2\pi f/k + a)^2 + \beta^2} \tag{2.67}$$

In Bild 2.19 oben ist ein Beispiel für $k = 1.5$ dargestellt. Der Schwerpunkt des Signals liegt bei $t_0 = 0.35\,\text{s}$ und die Dauer beträgt $\Delta t = 0.33\,\text{s}$. Der Schwerpunkt des Spektrums liegt aus Symmetriegründen bei $f_0 = 0$ und die Bandbreite hat den Wert $\Delta f = 1.47\,\text{Hz}$. Das Zeit-Bandbreite-Produkt hat demnach den Betrag von $\Delta t\Delta f = 0.48$ und ist somit ca. 6-mal grösser als die untere Grenze von $\frac{1}{4\pi}$. In Bild 2.19 unten ist das gleiche Beipiel für $k = \frac{1}{1.5}$ dargestellt. Sein Schwerpunkt liegt bei $t_0 = 0.79\,\text{s}$, seine Dauer hat den Wert $\Delta t = 0.74\,\text{s}$ und seine Bandbreite beträgt $\Delta f = 0.65\,\text{Hz}$. Da es sich, abgesehen von der Zeitachsenskalierung, um das gleiche Signal handelt, hat es dasselbe Zeit-Bandbreite-Produkt, nämlich $\Delta t\Delta f = 0.48$.

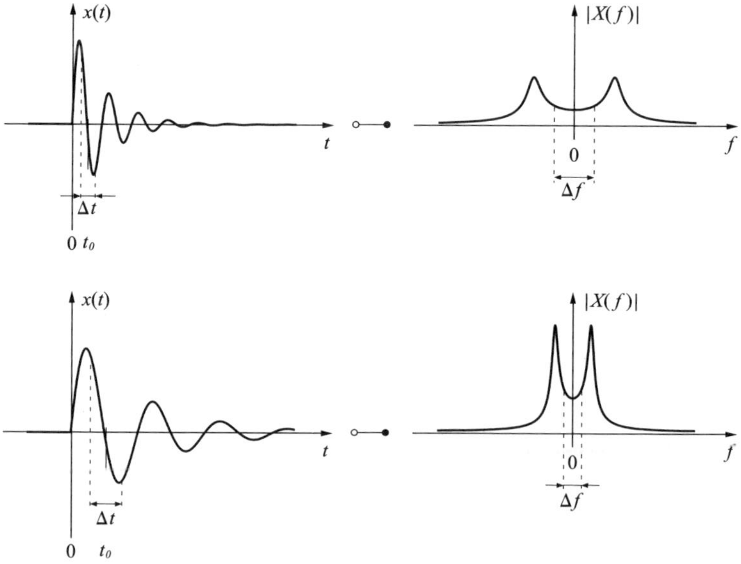

Bild 2.19: Dauer und Bandbreite eines Signals

Sehr schön sehen wir hier den Sachverhalt illustriert, dass ein „schmales“ Signal ein „breites“ Spektrum und ein „breites“ Signal ein „schmales“ Spektrum hat.

Für pulsförmige Signale der Pulslänge T_p existiert in Übereinstimmung mit der Unschärferelation eine einfache Formel zur Abschätzung der Bandbreite B [BB99]. Sie lautet:

$$B \approx \frac{2}{T_p}\,, \tag{2.68}$$

wobei die Bandbreite B hier grob als Frequenzintervall definiert ist, in dem sich der vorwiegende Teil der Signalenergie befindet.

Beispiel: In der digitalen Übertragungstechnik hat man es vielfach mit pulsförmigen Signalen zu tun, deren Bandbreitebedarf eine wichtige Kenngrösse ist. Ein Beispiel dafür ist der Cosinuspuls mit der Pulsdauer T_p:

$$x(t) = \mathrm{rect}(\frac{t}{T_p})\cos(\pi\frac{t}{T_p})$$

$$\circ\!\!-\!\!\bullet \tag{2.69}$$

$$X(f) = \frac{T_p}{2}\mathrm{sinc}(T_p f - 0.5) + \frac{T_p}{2}\mathrm{sinc}(T_p f + 0.5)\,.$$

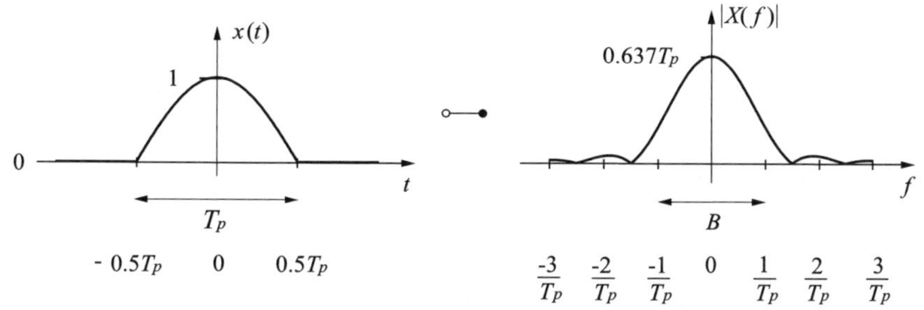

Bild 2.20: Der Cosinuspuls mit seinem Betragsspektrum

Formel (2.68) liefert für die Bandbreite einen Schätzwert von $B = 2/T_p$, woraus aus Symmetriegründen die Grenzen $-\frac{1}{T_p}$ und $+\frac{1}{T_p}$ auf der Frequenzachse resultieren. Aus Bild 2.20 rechts ist ersichtlich, dass innerhalb der beiden Frequenzgrenzen cirka 90 % der Signalenergie liegen und dass B somit eine taugliche Schätzung darstellt.

Differentiation im Zeitbereich

Ein weiteres Theorem der Fourier-Transformation, das vor allem im Zusammenhang mit linearen Systemen interessiert, ist das Ableitungstheorem. Es besagt, dass eine Differentiation im Zeitbereich in eine Multiplikation mit $j2\pi f$ im Frequenzbereich übergeht. Allgemein gilt, dass die n-te Ableitung im Zeitbereich einer Multiplikation mit der n-ten Potenz von $j2\pi f$ im Frequenzbereich entspricht:

$$\frac{d^n}{dt^n}x(t) \quad \circ\!\!-\!\!\bullet \quad (j2\pi f)^n X(f)\,. \tag{2.70}$$

Beispiel:

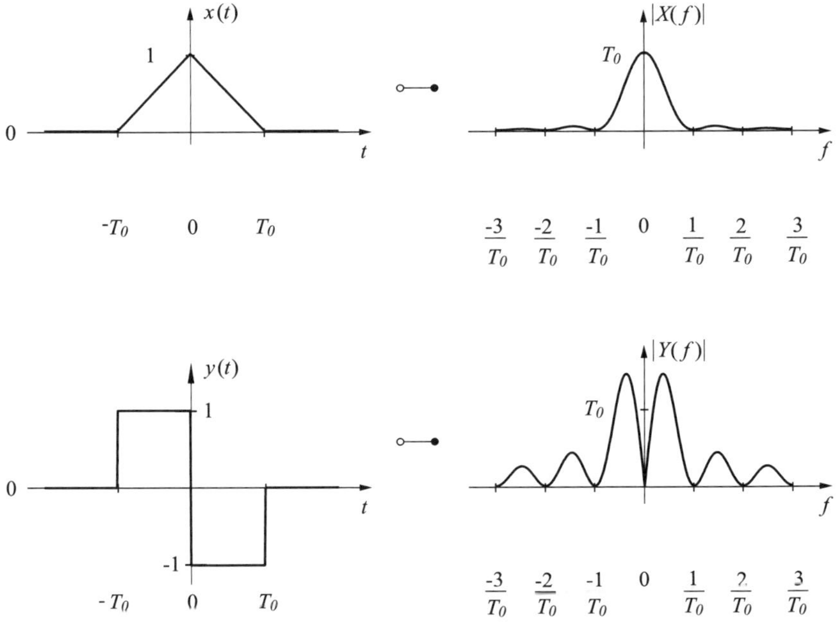

Bild 2.21: Oben: Dreieckpuls mit Spektrum. Unten: Doppelrechteckpuls mit Spektrum

Der Dreieckpuls lässt sich im Zeit- und Frequenzbereich wie folgt beschreiben:

$$x(t) = \begin{cases} \frac{t}{T_0}+1 & : \quad -T_0 \le t \le 0 \\ 1-\frac{t}{T_0} & : \quad 0 \le t \le T_0 \\ 0 & : \quad |t| \ge T_0 \end{cases} \quad \circ\!\!-\!\!\bullet \quad X(f) = \frac{\sin^2(\pi f T_0)}{\pi^2 f^2 T_0}\,. \tag{2.71}$$

Leiten wir ihn gemäss der Vorschrift

$$y(t) = T_0 \frac{d}{dt} x(t) \tag{2.72}$$

ab, dann erhalten wir durch Anwendung der Ableitungsregeln den punktsymmetrischen Doppelrechteckpuls $y(t)$ und durch Anwenden des Ableitungstheorems das Spektrum $Y(f)$ (Bild 2.21):

$$y(t) = \begin{cases} 1 & : \; -T_0 < t < 0 \\ -1 & : \; 0 < t < T_0 \\ 0 & : \; |t| > T_0 \end{cases} \quad \circ\!\!-\!\!\bullet \quad Y(f) = j2\frac{\sin^2(\pi f T_0)}{\pi f} . \tag{2.73}$$

2.3 Faltung und Korrelation von Signalen

2.3.1 Faltung von Signalen

Wir werden im übernächsten Unterkapitel sehen, dass das Ausgangssignal eines linearen Systems gleich dem Eingangssignal ist gefaltet mit der Impulsantwort des Systems. Die Faltung (engl: convolution) zweier Signale $x(t)$ und $h(t)$ ist deshalb eine sehr wichtige Operation. Sie ist eine Integraloperation, die wie folgt definiert ist:

$$y(t) = \int_{-\infty}^{\infty} x(\tau)h(t-\tau)\, d\tau . \tag{2.74}$$

Da die Faltungsoperation in der Signalverarbeitung häufig vorkommt, hat man für sie ein spezielles Symbol eingeführt. Man schreibt: [7]

$$y(t) = x(t) * h(t) . \tag{2.75}$$

In Worten: *Das Signal $y(t)$ ist gleich $x(t)$ gefaltet mit $h(t)$.*

Die Faltung ist kommutativ, d. h. es gilt:

$$x(t) * h(t) = h(t) * x(t) . \tag{2.76}$$

[7] In moderner Notation [Por97] schreibt man $y(t) = \{x * h\}(t)$ und will damit sagen: y an der Stelle t ist gleich der Faltung der beiden Signale x und h ausgewertet an der Stelle t. Da sich diese Notation nicht durchgesetzt hat, bleiben wir bei der alten, aber nicht ganz korrekten Schreibweise.

Eine wichtige Beziehung ergibt sich, wenn wir die Faltung (2.74) in den Frequenzbereich transformieren:

$$\begin{aligned} Y(f) &= \int_{-\infty}^{\infty} \left[\int_{-\infty}^{\infty} x(\tau) h(t-\tau)\, d\tau \right] e^{-j2\pi f t}\, dt\,, \\ &= \int_{-\infty}^{\infty} x(\tau) \left[\int_{-\infty}^{\infty} h(t-\tau) e^{-j2\pi f t}\, dt \right] d\tau\,. \end{aligned}$$

Die eckige Klammer in der zweiten Zeile erkennen wir als Fourier-Transformierte des Signals $h(t-\tau)$. Gemäss dem Zeitverschiebungs-Theorem (2.50) ist die Fourier-Transformierte eines um τ verzögerten Signals $h(t)$ gleich $H(f)$ multipliziert mit dem Phasenfaktor $e^{-j2\pi f\tau}$:

$$\begin{aligned} Y(f) &= \int_{-\infty}^{\infty} x(\tau) \left[H(f) e^{-j2\pi f \tau} \right] d\tau \\ &= H(f) \int_{-\infty}^{\infty} x(\tau) e^{-j2\pi f\tau}\, d\tau \end{aligned}$$

Das Integral identifizieren wir als Fourier-Transformierte von $x(t)$, somit:

$$Y(f) = H(f)X(f)\,. \tag{2.77}$$

Wendet man die inverse Fourier-Transformation auf das Produkt $H(f)X(f)$ an, so erhält man wiederum die Faltung. Das heisst, die Faltung und die Multiplikation bilden ein Transformationspaar:

$$h(t) * x(t) \quad \circ\!\!-\!\!\bullet \quad H(f) \cdot X(f)\,. \tag{2.78}$$

Daraus folgt aus der Dualität (2.48):

$$h(t) \cdot x(t) \quad \circ\!\!-\!\!\bullet \quad H(f) * X(f)\,. \tag{2.79}$$

Die beiden Theoreme (2.78) und (2.79), Faltungstheoreme genannt, stellen zwei grundlegende Beziehungen in der Systemtheorie dar. In Worten:

> *Eine Faltung im Zeitbereich entspricht einer Multiplikation im Frequenzbereich und eine Multiplikation im Zeitbereich entspricht einer Faltung im Frequenzbereich.*

Die beiden Theoreme erlauben, die aufwändige Faltungsoperation im einen Bereich durch eine einfache Multiplikation im anderen Bereich zu ersetzen. Bild 2.22 zeigt schematisch die beiden Möglichkeiten, zwei Signale miteinander zu falten.

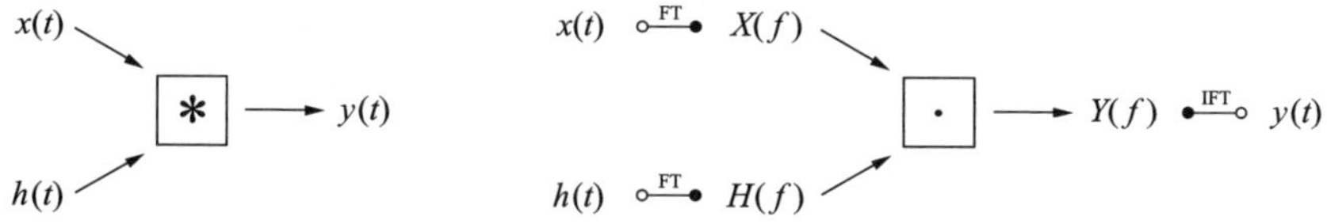

Bild 2.22: Direkte und indirekte Methode zur Durchführung der Faltung

Beispiel

Das RC-Glied in Bild 2.23 ist ein lineares System und hat gemäss Gl.(2.156) die Impulsantwort

$$h(t) = \frac{1}{RC} e^{-\frac{t}{RC}} u(t)\,,$$

wobei $u(t)$ die Schrittfunktion und RC die Zeitkonstante ist. An den Eingang des RC-Gliedes legen wir einen kausalen Spannungs-Rechteckimpuls

$$x(t) = \hat{U} \mathrm{rect}(\frac{t - T_0/2}{T_0})$$

mit dem Scheitelwert $\hat{U}$ und der Impulsdauer $T_0 = 2RC$. Das RC-Glied ist ein lineares System, demnach ist – wie wir in Kap. 2.5.2 sehen werden – das Ausgangssignal $y(t)$ gleich dem Eingangssignal $x(t)$ gefaltet mit der Impulsantwort $h(t)$.

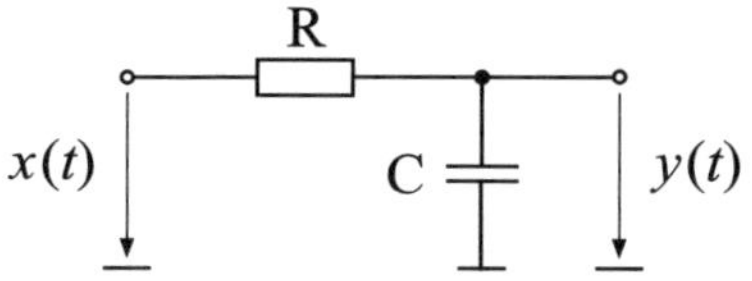

Bild 2.23: RC-Glied

Der Prozess der Faltung lässt sich grafisch für einen Zeitpunkt $t = t_1$ wie folgt erläutern (Bild 2.24):

1. Ersetze die Zeitvariable t durch die Integrationsvariable τ.
2. Falte $h(\tau)$ um die Ordinate, dies ergibt das gespiegelte Signal $h(-\tau)$. [8]
3. Verschiebe $h(-\tau)$ um t_1 nach rechts: Dies ergibt $h(t_1 - \tau)$.
4. Multipliziere $x(\tau)$ mit $h(t_1 - \tau)$: Dies ergibt $x(\tau)h(t_1 - \tau)$.
5. Integriere die Funktion $x(\tau)h(t_1 - \tau)$ über die ganze τ-Achse: Dies ergibt den Wert $y(t_1)$ als Flächeninhalt des schraffierten Bereichs.

[8] Es ist dieses Falten, das dem Prozess den Namen Faltung gegeben hat.

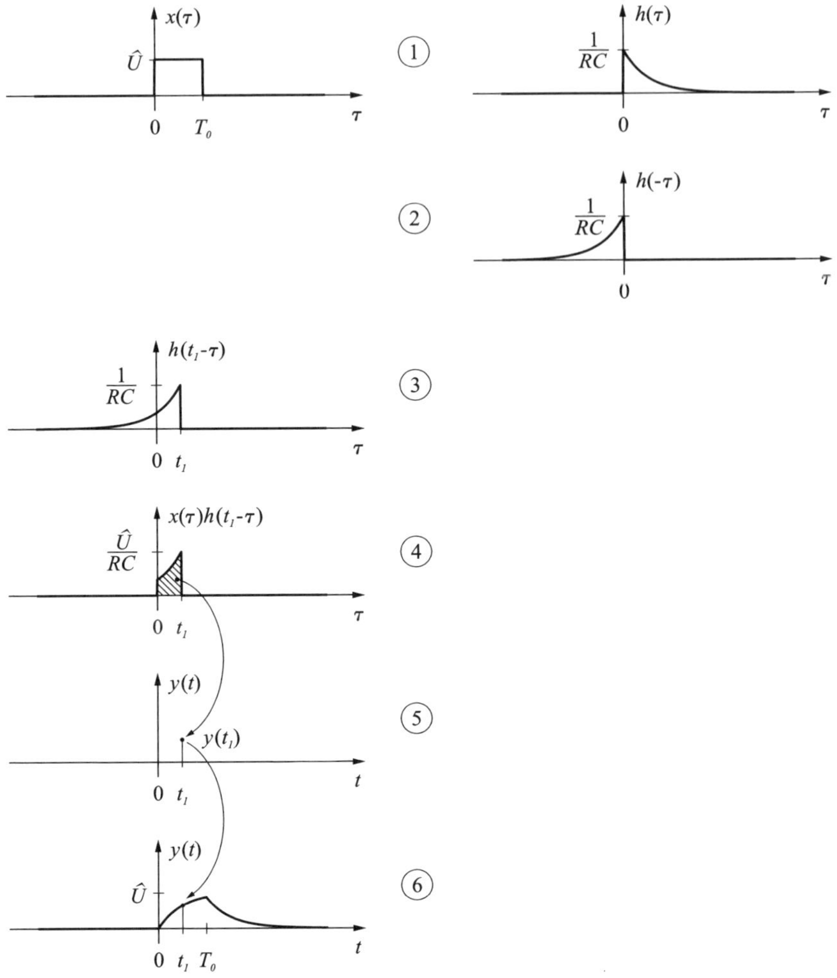

Bild 2.24: Illustration des Faltungsprozesses

6. Führe die Schritte 1. bis 5. für alle Punkte auf der Zeitachse t aus: Dies ergibt die Faltung $y(t) = x(t) * h(t)$.

In Bild 2.25 ist der Faltungsprozess zusammengefasst.

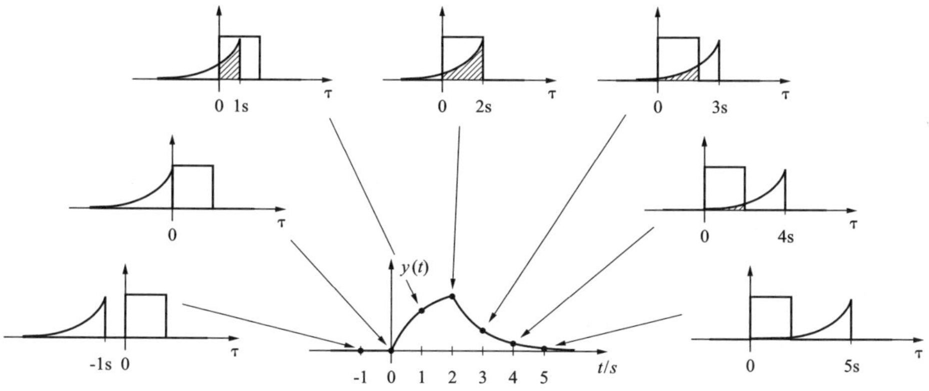

Bild 2.25: Zusammenfassung des Faltungsprozesses

Analytisch finden wir das Ausgangssignal $y(t)$ wie folgt:

$$y(t) = x(t) * h(t) = \int_{-\infty}^{\infty} \hat{U}\mathrm{rect}(\frac{\tau - T_0/2}{T_0})\frac{1}{RC}e^{-\frac{t-\tau}{RC}}u(t-\tau)\,d\tau\,.$$

Wie man in Bild 2.25 sieht, überlappen sich die beiden Funktionen $x(\tau)$ und $h(t-\tau)$ für $t < 0$ nicht, daher:

$$y(t) = 0 \quad \text{für} \quad t < 0\,.$$

Im Bereich $0 \leq t \leq T_0$ ist die Produktefunktion $x(\tau)h(t-\tau)$ nur im Intervall $0 < \tau < t$ ungleich null, wie aus Bild 2.25 ersichtlich ist. Die Integrationsgrenzen sind deshalb durch 0 und t gegeben. Ausserdem sind in diesem Intervall die Rechteckfunktion $\mathrm{rect}(\frac{\tau-T_0/2}{T_0})$ und die Schrittfunktion $u(t-\tau)$ konstant gleich eins und man kann deshalb schreiben:

$$\begin{aligned} y(t) &= \int_0^t \hat{U}\frac{1}{RC}e^{-\frac{t-\tau}{RC}}\,d\tau = \left[\hat{U}e^{-\frac{t-\tau}{RC}}\right]_0^t\,, \\ &= \hat{U}[1-e^{-\frac{t}{RC}}] \quad \text{für} \quad 0 \leq t \leq T_0\,. \end{aligned}$$

Im Bereich $T_0 < t$ ist die Produktefunktion $x(\tau)h(t-\tau)$ oberhalb von $\tau = T_0$ Null (siehe Bild 2.25 mit $T_0 = 2\,\mathrm{s}$).

Die obere Integrationsgrenze ist infolgedessen durch T_0 gegeben. Die Rechteckfunktion und die Schrittfunktion bleiben im Intervall $0 < \tau < T_0$ konstant gleich eins und man kann daher schreiben:

$$\begin{aligned} y(t) &= \int_0^{T_0} \hat{U}\frac{1}{RC}e^{-\frac{t-\tau}{RC}}\,d\tau = \left[\hat{U}e^{-\frac{t-\tau}{RC}}\right]_0^{T_0} = \hat{U}[e^{-\frac{t-T_0}{RC}} - e^{-\frac{t}{RC}}]\,, \\ &= \hat{U}[e^{\frac{T_0}{RC}} - 1]e^{-\frac{t}{RC}} \quad \text{für} \quad T_0 < t\,. \end{aligned}$$

2.3.2 Korrelation von Signalen

Eine Operation, die sowohl in der Mess- wie auch in der Übertragungstechnik vorkommt, ist die Korrelation. Unter der Korrelation zweier reeller Energiesignale $x(t)$ und $y(t)$ versteht man die Integraloperation

$$r_{xy}(\tau) = \int_{-\infty}^{\infty} x(t)y(t+\tau)\,dt\,. \tag{2.80}$$

Das Ergebnis der Korrelation ist die Korrelationsfunktion $r_{xy}(\tau)$, welche die *Übereinstimmung* der beiden Signale in Abhängigkeit der Verschiebungszeit τ beschreibt. Der Betrag von τ ist die Zeit, mit der das zweite Signal gegenüber dem ersten nach links ($\tau > 0$) bzw. nach rechts ($\tau < 0$) zu verschieben ist, bevor das Produkt der beiden Signale integriert wird.

In Bild 2.26 ist der Korrelationsprozess grafisch dargestellt. Er lässt sich für einen Verschiebungszeitpunkt $\tau_1 > 0$ wie folgt erläutern:

1. Verschiebe $y(t)$ um τ_1 nach links: Dies ergibt $y(t+\tau_1)$.
2. Multipliziere $x(t)$ mit $y(t+\tau_1)$: Dies ergibt $x(t)y(t+\tau_1)$.
3. Integriere die Produktefunktion $x(t)y(t+\tau_1)$ über die ganze t-Achse: Dies ergibt den Wert $r_{xy}(\tau_1)$ als Flächeninhalt des schraffierten Bereichs.
4. Führe die Schritte 1. bis 3. für alle Punkte auf der τ-Achse aus: Daraus resultiert die Korrelationsfunktion $r_{xy}(\tau)$.

Die Korrelationsfunktion $r_{xy}(\tau)$ des Beispiels in Bild 2.26 hat an der Stelle $\tau_{max} = T_1$ ihr Maximum. Folglich stimmen die beiden Signale $x(t)$ und $y(t)$ am besten überein, wenn das zweite gegenüber dem ersten um $|T_1|$ nach rechts verschoben wird. Durch Ermittlung des Maximalpunktes τ_{max} lässt sich so die Verzögerungszeit T_1 des zweiten gegenüber dem ersten Signal herausfinden. Ist τ_{max} positiv, dann eilt $y(t)$ dem Signal $x(t)$ nach, ist τ_{max} negativ, dann eilt $y(t)$ dem Signal $x(t)$ vor.

Die Korrelation ist verwandt mit der Faltung und unterscheidet sich von ihr nur durch die Integrationsvariable und ein positives Vorzeichen. Wegen des positiven Vorzeichens vor der Integrationsvariable entfällt im Korrelationsprozess die Spiegelung der zweiten Funktion an der Ordinate.

Die Verwandtschaft zwischen Korrelation und Faltung lässt sich durch folgende Beziehung ausdrücken (siehe Aufgabe 7):

$$r_{xy}(\tau) = x(-t) * y(t)\big|_{t=\tau}\,. \tag{2.81}$$

In Worten: Die Korrelationsfunktion zweier Signale erhalten wir, indem wir das erste Signal spiegeln, danach mit dem zweiten Signal falten und anschliessend die Zeitvariable t durch die Zeitverschiebungsvariable τ substituieren.

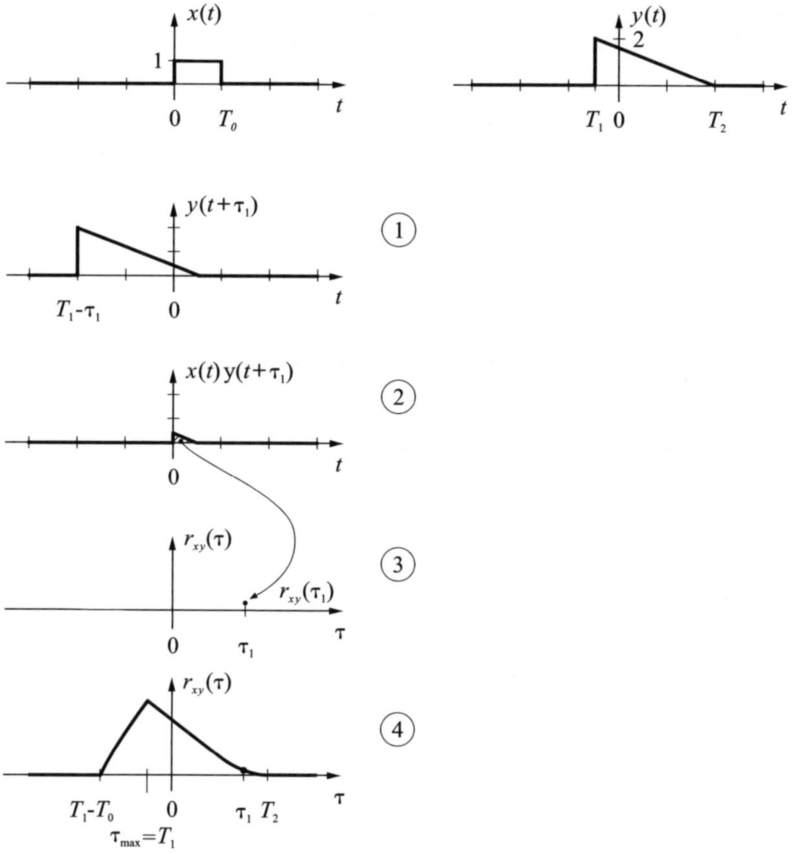

Bild 2.26: Illustration des Korrelationsprozesses

Im Gegensatz zur Faltung ist die Korrelation nicht kommutativ. Aus $r_{xy}(\tau) = x(-t) * y(t)|_{t=\tau} = y(t) * x(-t)|_{t=\tau}$ folgt:

$$r_{xy}(\tau) = r_{yx}(-\tau)\,. \tag{2.82}$$

Wird ein Signal $x(t)$ mit sich selbst korreliert, dann spricht man von der *Autokorrelationsfunktion* $r_{xx}(\tau)$, abgekürzt AKF. Aus Gl.(2.82) folgt, dass die AKF eine gerade Funktion ist:

$$r_{xx}(\tau) = r_{xx}(-\tau)\,. \tag{2.83}$$

Der Wert der AKF bei $\tau = 0$ ist gleich der Energie W des Signals $x(t)$:

$$W = r_{xx}(0)\,. \tag{2.84}$$

Dies folgt sofort aus der Definition (2.17) für die Energie.

Sind die beiden Signale $x(t)$ und $y(t)$ voneinander verschieden, dann spricht man von der Kreuzkorrelationsfunktion $r_{xy}(\tau)$, abgekürzt mit KKF.

Ein zum Faltungstheorem analoges Theorem, das so genannte Korrelationstheorem, kann aus Gl.(2.81) hergeleitet werden:

$$r_{xy}(\tau) = x(-\tau) * y(\tau) \quad \circ\!\!-\!\!\bullet \quad X^*(f) \cdot Y(f)\,, \tag{2.85}$$

wobei $X^*(f)$ das zu $X(f)$ konjugiert komplexe Spektrum ist.

Mehr zum Thema der Korrelation wird in Kap. 4 berichtet.

2.4 Die Laplace-Transformation

2.4.1 Definition und Beispiele

Wir haben in Kap. 2.2.2 die Fourier-Transformierte $X(f)$ eines Signals $x(t)$ wie folgt definiert:

$$X(f) = \int_{-\infty}^{\infty} x(t)e^{-j2\pi ft}\,dt\,. \tag{2.86}$$

Ersetzen wir die Kreisfrequenz $2\pi f$ durch das Symbol ω, dann schreibt man das Fourier-Integral (2.86) folgendermassen:

$$X(j\omega) = \int_{-\infty}^{\infty} x(t)e^{-j\omega t}\,dt\,. \tag{2.87}$$

Mit dieser Schreibweise will man ausdrücken, dass die Fourier-Transformierte eine Funktion der Variablen $j\omega$ ist.

Analog dazu erhalten wir aus Gl.(2.36) für die inverse Fourier-Transformierte:

$$x(t) = \frac{1}{2\pi}\int_{-\infty}^{\infty} X(j\omega)e^{j\omega t}\,d\omega\,. \tag{2.88}$$

Es gibt nun Signale, beispielsweise die Schrittfunktion $u(t)$, deren Fourier-Integrale (2.87) nicht konvergieren. Um Konvergenz zu erreichen, beschränkt man sich auf kausale Signale (d. h. auf Signale mit $x(t) = 0$ für $t < 0$) und multipliziert sie mit einer abfallenden Exponentialfunktion $e^{-\sigma t}$ $(\sigma > 0)$. Das Fourier-Integral (2.87) schreibt sich dann wie folgt:

$$X(\sigma+j\omega) = \int_{0}^{\infty} x(t)e^{-\sigma t}e^{-j\omega t} = \int_{0}^{\infty} x(t)e^{-(\sigma+j\omega)t}\,dt\,. \tag{2.89}$$

Wir bezeichnen die komplexe Variable $\sigma+j\omega$ mit s, d. h. wir setzen $s = \sigma+j\omega$ und erhalten so die bekannte Form der Laplace-Transformation:

$$X(s) = \int_{0}^{\infty} x(t)e^{-st}\,dt\,. \tag{2.90}$$

$X(s)$ ist die Laplace-Transformierte des kausalen Signals $x(t)$. Sie ist eine Funktion von s, wobei die Variable s komplexe Frequenz, Laplace-Operator oder Bildvariable im Laplace-Bereich (engl: variable in the Laplace transform domain) genannt wird.

Gemäss Gl.(2.89) ist die Laplace-Transformierte $X(\sigma+j\omega)$ die Fourier-Transformierte des kausalen Signals $x(t)e^{-\sigma t}$. Demnach ist $x(t)e^{-\sigma t}$ die inverse Fourier-Transformierte von $X(\sigma+j\omega)$:

$$x(t)e^{-\sigma t} = \frac{1}{2\pi} \int_{-\infty}^{\infty} X(\sigma+j\omega)e^{j\omega t}\, d\omega\,. \tag{2.91}$$

Multiplizieren wir beide Seiten dieser Gleichung mit $e^{\sigma t}$ und ersetzen wir $\sigma+j\omega$ durch s, dann erhalten wir:

$$\begin{aligned} x(t) &= \frac{1}{2\pi} \int_{-\infty}^{\infty} X(\sigma+j\omega)e^{\sigma t}e^{j\omega t}\, d\omega\,, \\ &= \frac{1}{2\pi} \int_{-\infty}^{\infty} X(\sigma+j\omega)e^{(\sigma+j\omega)t}\, d\omega\,, \\ &= \frac{1}{2\pi} \int_{-\infty}^{\infty} X(s)e^{st}\, d\omega\,. \end{aligned} \tag{2.92}$$

Gehen wir von der Integrationsvariable ω zur Integrationsvariable s über, dann bekommen wir:

$$\begin{aligned} x(t) &= \frac{1}{2\pi} \int_{\sigma-j\infty}^{\sigma+j\infty} X(s)e^{st}\, \frac{ds}{j}\,, \\ &= \frac{1}{2\pi j} \int_{\sigma-j\infty}^{\sigma+j\infty} X(s)e^{st}\, ds\,. \end{aligned} \tag{2.93}$$

Hier findet die Integration in der komplexen s-Ebene statt, und zwar entlang einer Geraden, die im Abstand σ parallel zur $j\omega$-Achse verläuft.

Damit bilden $x(t)$ und $X(s)$ wiederum ein Transformationspaar, deren Beziehung durch das Transformationssymbol ausgedrückt wird:

$$x(t) \quad \circ\!\!-\!\!\bullet \quad X(s)\,. \tag{2.94}$$

Das Umkehrintegral (2.93) wird in der Praxis nur selten ausgewertet. Viel üblicher ist es, die Rücktransformierte mit Hilfe der Partialbruchzerlegung [Fli91] oder mittels Tabellen [SH94] zu bestimmen. Eine kleine Auswahl häufiger Laplace-Transformationspaare bieten die folgenden Beispiele.

Beispiele

Für die in Bild 2.27 dargestellten Signale finden wir mit Hilfe der Definitionsgleichung (2.90) folgende Transformationspaare:

a)

$$x(t) = \delta(t) \quad \circ\!\!-\!\!\bullet \quad X(s) = 1\,, \tag{2.95}$$

b)

$$x(t) = u(t) \quad \circ\!\!-\!\!\bullet \quad X(s) = \frac{1}{s}\,, \tag{2.96}$$

c)

$$x(t) = e^{-\frac{t}{\tau}} u(t) \quad \circ\!\!-\!\!\bullet \quad X(s) = \frac{\tau}{1 + s\tau}\,, \tag{2.97}$$

d)

$$x(t) = e^{-\frac{t}{\tau}} \sin(\omega_0 t) u(t) \quad \circ\!\!-\!\!\bullet \quad X(s) = \frac{\omega_0}{(s + 1/\tau)^2 + \omega_0^2}\,. \tag{2.98}$$

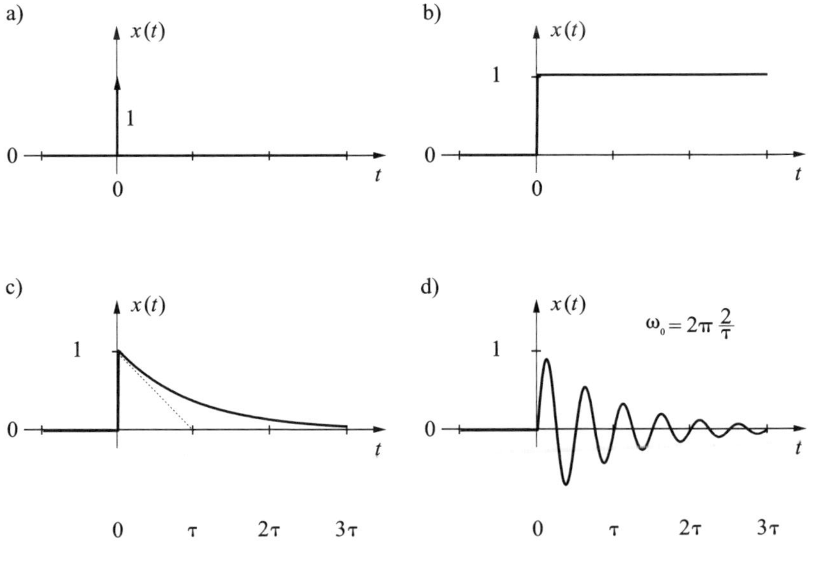

Bild 2.27: a) Dirac-Impuls (Impulsfunktion), b) Einheitsschritt (Sprungfunktion) c) Exponentialpuls (kausale reelle Exponentialfunktion), d) gedämpfte Sinusschwingung (kausale gedämpfte Sinusfunktion)

2.4.2 Vergleich der Laplace- mit der Fourier-Transformation

Wir wollen im Folgenden Gemeinsamkeiten und Unterschiede der beiden Transformationen herausarbeiten.

Definitionen

Die Definitionen lauten:

$$X(j\omega) = \int_{-\infty}^{\infty} x(t)e^{-j\omega t}\,dt\,, \tag{2.99}$$

$$X(s) = \int_{0}^{\infty} x(t)e^{-st}\,dt\,. \tag{2.100}$$

$X(j\omega)$ ist eine Funktion im Frequenzbereich (Fourier-Bereich) und $X(s)$ ist eine Funktion im Laplace-Bereich. Beides sind Funktionen in einem Bildbereich (engl: transform domain) und werden deshalb auch als Bildfunktionen bezeichnet. Die Laplace-Transformierte hat folgende Beziehung zur Fourier-Transformierten:

1. Sie ist eine Verallgemeinerung der Fourier-Transformierten mit der Einschränkung, dass sie nur für kausale Signale definiert ist.
2. Für kausale Energiesignale ist die Laplace-Transformierte mit $\sigma = 0$ gleich der Fourier-Transformierten.

Beispiel 1: Der Exponentialpuls $x(t) = e^{-\frac{t}{\tau}}u(t)$ mit der Laplace-Transformierten $X(s) = \frac{\tau}{1+s\tau}$ ist kausal und hat endliche Energie (siehe dazu Aufgabe 3). Daraus folgt für die Fourier-Transformierte:

$$X(j\omega) = \frac{\tau}{1 + j\omega\tau}\,. \tag{2.101}$$

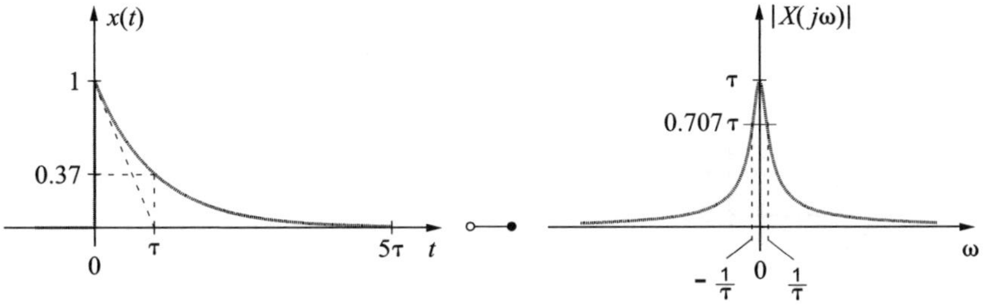

Bild 2.28: Abklingende Exponentialfunktion mit Betragsspektrum

In Bild 2.28 ist das Signal mit dazugehörigem Spektrum dargestellt. Den Parameter τ nennt man Zeitkonstante. Nach der Zeit $t = \tau$ ist das Signal auf ca. 37 % und nach $t = 5\tau$ auf unter 1 % des Anfangwertes abgeklungen. Die Signaldauer beträgt deshalb ca. 5τ. τ ist auch die Stelle, wo die Tangente im Startpunkt die Zeitachse schneidet. Ein Abfall im Betragsspektrum von 1τ auf 0.707τ entspricht einem Abfall von 3 dB. Die 3-dB-Punkte des Exponentialpuls-Spektrums treten bei $\omega = \pm\frac{1}{\tau}$ auf, woraus sich eine 3-dB-Bandbreite von $\frac{2}{\tau}$ ergibt.

Beispiel 2: Die Sprung- oder Schrittfunktion $x(t) = u(t)$ ist ein kausales Signal, dessen Fourier-Integral nicht konvergiert, weil die Energie dieses Signals unendlich gross ist. Um das Spektrum der Sprungfunktion zu bestimmen, darf deshalb die Laplace-Variable s in der Transformierten $X(s) = \frac{1}{s}$ nicht gleich $j2\pi f$ gesetzt werden. Vielmehr muss die Schrittfunktion in eine DC- und in eine Signum-Funktion wie folgt zerlegt (Bild 2.29 links):

$$u(t) = \frac{1}{2}1(t) + \frac{1}{2}\mathrm{sgn}(t)\,, \qquad \text{wobei:} \quad \mathrm{sgn}(t) = \begin{cases} -1 & : \quad t < 0 \\ 1 & : \quad t > 0 \end{cases} \tag{2.102}$$

und anschliessend Fourier-transformiert werden [Fli91]:

$$x(t) = u(t) \quad \circ\!\!-\!\!\bullet \quad X(f) = \frac{1}{2}\delta(f) + j\frac{-1}{2\pi f}\,. \tag{2.103}$$

Der Dirac-Impuls $\delta(f)$ ist eine so genannte verallgemeinerte Funktion – auch Distribution genannt – die eingeführt wurde, um trotz fehlender Konvergenz des Fourier-Integrals einen sinnvollen Ausdruck für das Spektrum zu erhalten. Den Dirac-Impuls kann man sich als eine Linie bei $f = 0$ vorstellen. Das Spektrum des Einheitspulses $u(t)$ setzt sich somit aus einem reellen Linienspektrum und einem imaginären kontinuierlichen Spektrum gemäss Bild 2.29 rechts zusammen.

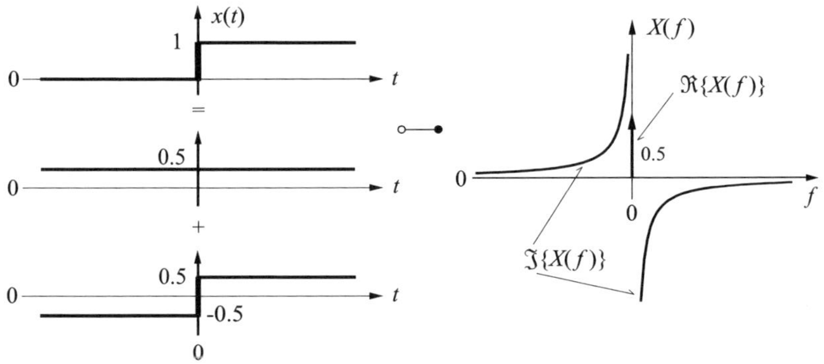

Bild 2.29: Sprungfunktion (als Summe einer DC- und einer Signum-Funktion) mit zugehörigem Spektrum

Beispiel 3: Ein periodisches Signal ist ein nichtkausales Leistungssignal, dessen Laplace-Transformierte nicht existiert. Sein Spektrum ist ein Linienspektrum, das aus Dirac-Impulsen bei ganzzahligen Vielfachen der Grundfrequenz f_0 besteht, wobei die Gewichte der Dirac-Impulse durch die komplexen Fourier-Koeffizienten c_k gegeben sind. Als Beispiel ist in Bild 2.30 das T_0-periodische Rechtecksignal $x_p(t)$ der Pulsbreite $\tau = 0.25T_0$ mit seinem Linienspektrum $X_p(f)$ dargestellt.

$$x_p(t) = \sum_{n=-\infty}^{+\infty} \mathrm{rect}(\frac{t-nT_0}{\tau}) \quad \circ\!\!-\!\!\bullet \quad X_p(f) = \sum_{k=-\infty}^{\infty} c_k \delta(f - kf_0), \tag{2.104}$$

wobei:

$$f_0 = \frac{1}{T_0} \qquad \text{und} \qquad c_k = \begin{cases} \frac{\tau}{T_0} & : \; k = 0 \\ \frac{1}{k\pi}\sin(k\pi f_0 \tau) & : \; k \neq 0 \end{cases} . \tag{2.105}$$

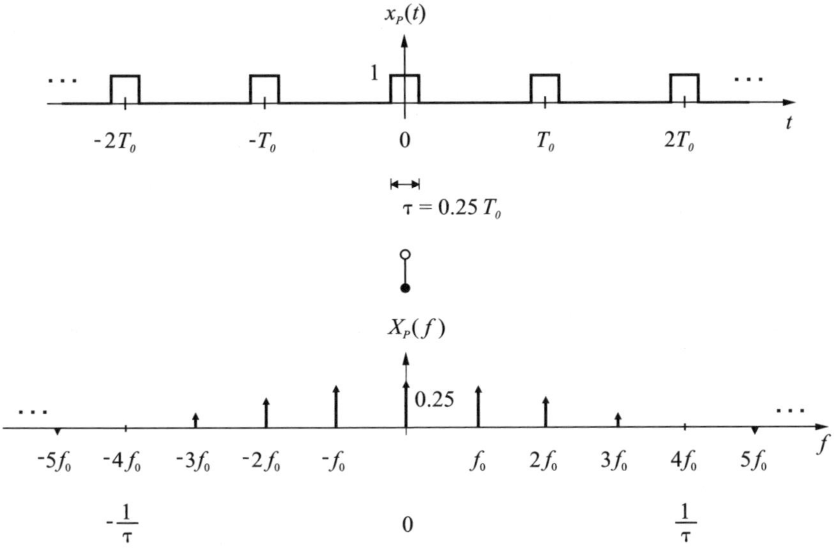

Bild 2.30: Periodisches Rechtecksignal mit Spektrum

Ein Dirac-Stoss bei der Frequenz kf_0 und dem Gewicht c_k steht dabei für einen Drehzeiger $c_k e^{j2\pi kf_0 t}$ mit der Länge $|c_k|$, dem Nullphasenwinkel $\angle c_k$ und der Drehfrequenz kf_0. Ist die Drehfrequenz kf_0 positiv, dann dreht sich der Zeiger im Gegenuhrzeigersinn, ist die Drehfrequenz kf_0 negativ, dann dreht er im Uhrzeigersinn. Da bei einem reellen periodischen Signal die Fourier-Koeffizienten konjugiert komplex sind,

$$c_{-k} = c_k^* \, , \tag{2.106}$$

summieren sich zwei gegensinnig drehende Zeiger gemäss Gl.(2.44) zu einer Cosinusschwingung:

$$c_k e^{j2\pi kf_0 t} + c_{-k} e^{j2\pi(-kf_0)t} = 2|c_k|\cos(2\pi kf_0 t + \angle c_k) \, . \tag{2.107}$$

Ein T_0-periodisches Signal mit der Grundfrequenz $f_0 = \frac{1}{T_0}$ besteht demnach aus einer Summe von konjugiert komplexen Drehzeigern, die mit positiver Frequenz kf_0 $(k > 0)$ und negativer Frequenz kf_0 $(k < 0)$ drehen und sich derart zu einem reellen periodischen Signal summieren.

Interpretation der Fourier- und Laplace-Transformierten

In diesem Abschnitt wollen wir die Frage abklären, wie wir die Fourier-Transformierte $X(f)$ und die Laplace-Transformierte $X(s)$ eines aperiodischen Signals $x(t)$ deuten können. Ausgangspunkt unserer Betrachtungen ist die Fourier-Reihe eines periodischen Signals $x_p(t)$:

$$x_p(t) = \sum_{k=-\infty}^{\infty} c_k e^{j2\pi k f_0 t} . \tag{2.108}$$

Diese Gleichung sagt aus, dass sich ein T_0-periodisches Signal in eine Summe von harmonischen Drehzeigern zerlegen lässt:

> *Die Fourier-Reihe ist die Zerlegung eines periodischen Signals in harmonische Drehzeiger. Der Betrag $|c_k|$ der Fourier-Koeffizienten gibt die Amplitude und die Phase $\angle c_k$ gibt den Nullphasenwinkel der Drehzeiger an.*

Unter einem harmonischen Drehzeiger verstehen wir einen Drehzeiger, dessen Frequenz ein ganzzahliges Vielfaches der Grundfrequenz f_0 beträgt, wobei f_0 der Reziprokwert der fundamentalen Periode T_0 ist.

Wir betrachten nun die inverse Fourier-Transformierte eines aperiodischen Signals $x(t)$ und vergleichen sie mit der Fourier-Reihe des periodischen Signals $x_p(t)$:

$$x(t) = \int_{-\infty}^{\infty} X(f) e^{j2\pi f t} \, df . \tag{2.109}$$

Anstelle der Summe (2.108) steht hier ein Integral. Das Integral (2.109) können wir als eine Summe verstehen, die aus unendlich vielen Summanden der Form $X(f_i)\Delta f \, e^{j2\pi f_i t}$ besteht :

$$x(t) \approx \sum_{i=-\infty}^{\infty} X(f_i)\Delta f \, e^{j2\pi f_i t} . \tag{2.110}$$

Wählen wir den Abstand Δf zwischen zwei Frequenzpunkten f_{i+1} und f_i unendlich klein, d. h. machen wir den Grenzübergang $\Delta f \to df$, dann geht die Approximation (2.110) wieder in das Integral (2.109) über. In Analogie zur Fourier-Reihe können wir jetzt sagen:

> *Die inverse Fourier-Transformierte ist die Zerlegung eines Signals in eine unendliche Summe (Integral) von Drehzeigern der Form $X(f)df \, e^{j2\pi f t}$. Der Betrag der Fourier-Transformierten $|X(f)|$ gibt die Stärke und der Winkel $\angle X(f)$ gibt den Nullphasenwinkel des Drehzeigers mit der Frequenz f an.*

Da die Fourier-Transformierte eines reellen Signals konjugiert-komplex symmetrisch ist, d. h. $X(-f) = X^*(f)$, addieren sich ein Drehzeiger $X(f)df\, e^{j2\pi ft}$ mit der positiven Drehfrequenz f und ein Drehzeiger $X(-f)df\, e^{j2\pi(-f)t}$ mit der negativen Drehfrequenz $-f$ zu einer reellen Cosinusschwingung mit der positiven Frequenz f:

$$X(f)df\, e^{j2\pi ft} + X(-f)df\, e^{j2\pi(-f)t} = 2|X(f)|df\, \cos(2\pi ft + \angle X(f))\,. \quad (2.111)$$

Das Spektrum eines reellen Signals umfasst also auch die negative Frequenzachse. Aus der Symmetrie $X(-f)=X^*(f)$ folgt jedoch, dass die Fourier-Transformierte auf der negativen Frequenzachse durch die Fourier-Transformierte auf der positiven Frequenzachse gegeben ist. Dies ist der Grund, weshalb das Spektrum meistens nur auf der positiven Frequenzachse gezeichnet wird, was dann zur falschen Annahme verleitet, dass es auf der negativen Frequenzachse verschwindet.

Die inverse Laplace-Transformierte können wir gemäss Gl.(2.92) wie folgt schreiben:

$$x(t) = \frac{1}{2\pi} \int_{-\infty}^{\infty} X(s)|_{s=\sigma+j\omega} e^{\sigma t} e^{j\omega t}\, d\omega\,. \quad (2.112)$$

In diesem Integral ist $X(s)$ die Laplace-Transformierte, die beim Integrieren auf einer Parallelen zur $j\omega$-Achse im Abstand σ in der komplexen s-Ebene ausgewertet wird. In Form einer Approximation analog zu Gl.(2.110) finden wir für $x(t)$:

$$x(t) \approx \frac{1}{2\pi} \sum_{i=-\infty}^{\infty} X(\sigma+j\omega_i)\Delta\omega\, e^{\sigma t} e^{j\omega_i t}\,. \quad (2.113)$$

Wählen wir den Abstand $\Delta\omega$ zwischen zwei Kreisfrequenzpunkten ω_{i+1} und ω_i unendlich klein, d. h. machen wir den Grenzübergang $\Delta\omega \to d\omega$, dann geht die Approximation (2.113) wieder in das Integral (2.112) über. In Analogie zur Fourier-Transformation können wir sagen:

> *Die inverse Laplace-Transformierte ist die Zerlegung eines Signals in eine unendliche Summe (Integral) von abklingenden ($\sigma < 0$) oder anwachsenden ($\sigma > 0$) Drehzeigern der Form $\frac{1}{2\pi}X(\sigma+j\omega)d\omega\, e^{\sigma t}e^{j\omega t}$. Der Betrag der Laplace-Transformierten $|X(\sigma+j\omega)|$ gibt die Stärke und der Winkel $\angle X(\sigma+j\omega)$ gibt den Nullphasenwinkel des abklingenden oder anwachsenden Drehzeigers mit der Kreisfrequenz ω an.*

In der Mathematik und in der Signalverarbeitung haben Signalzerlegungen eine grosse theoretische wie auch praktische Bedeutung. In Kap. 2.5.2 werden wir zwei weitere Zerlegungen kennen lernen (siehe dazu auch Aufgabe 11).

Linearität

Integraloperationen sind lineare Operationen, deshalb ist die Fourier- wie auch die Laplace-Transformation eine lineare Transformation:

$$k_1 x_1(t) + k_2 x_2(t) \quad \circ\!\!-\!\!\bullet \quad k_1 X_1(s) + k_2 X_2(s)\,. \tag{2.114}$$

Ähnlichkeit und Verschiebung

Wie bei der Fourier-Transformation existieren auch bei der Laplace-Transformation ein Ähnlichkeits- und zwei Verschiebungstheoreme. Das Ähnlichkeits- respektive das Skalierungstheorem lautet:

$$x(kt) \quad \circ\!\!-\!\!\bullet \quad \frac{1}{k} X(\frac{s}{k})\,, \qquad \text{wobei:} \quad k > 0\,. \tag{2.115}$$

Das Zeitverschiebungs-Theorem hat das Aussehen

$$x(t - t_0) \quad \circ\!\!-\!\!\bullet \quad X(s) e^{-st_0} \tag{2.116}$$

und das Frequenzverschiebungs-Theorem schreibt sich:

$$x(t) e^{at} \quad \circ\!\!-\!\!\bullet \quad X(s - a)\,. \tag{2.117}$$

Differentiation im Zeitbereich

Bei der Fourier-Transformation geht die n-te Ableitung im Zeitbereich in eine Multiplikation mit der n-ten Potenz von $j\omega$ im Frequenzbereich über:

$$\frac{d^n}{dt^n} x(t) \quad \circ\!\!-\!\!\bullet \quad (j\omega)^n X(j\omega)\,. \tag{2.118}$$

Wegen der Einseitigkeit des Laplace-Integrals muss das entsprechende Theorem im Bildbereich mit Anfangsbedingungen ergänzt werden:

$$\frac{d^n}{dt^n} x(t) \quad \circ\!\!-\!\!\bullet \quad s^n X(s) - \sum_{i=1}^{n} s^{n-i} x^{(i-1)}(0)\,, \tag{2.119}$$

wobei unter $x^{(i-1)}(0)$ die $(i-1)$-te Ableitung von $x(t)$ an der Stelle $t = 0$ zu verstehen ist.

Für die erste Ableitung erhalten wir daraus:

$$\frac{d}{dt} x(t) \quad \circ\!\!-\!\!\bullet \quad sX(s) - x(0)\,. \tag{2.120}$$

Faltungstheoreme

Für die Laplace-Transformation existieren ebenfalls zwei Faltungstheoreme [Fri85], wobei das wichtigere wie folgt lautet:

$$h(t) * x(t) \quad \circ\!\!-\!\!\bullet \quad H(s) \cdot X(s)\,. \tag{2.121}$$

Fazit

1. Auf Grund des Differentiationssatzes (2.119) eignet sich die Laplace-Transformation zur Lösung linearer Differentialgleichungen, deren Anfangsbedingungen ungleich null sind. Wegen der einfachen Transformierbarkeit kausaler Signale wendet man die Laplace-Transformation ebenfalls an, um Einschwingvorgänge wie beispielsweise die Schrittantwort zu berechnen. Unter der Schrittantwort eines Systems versteht man das Ausgangssignal, wenn an den Eingang eine Schrittfunktion $u(t)$ angelegt wird.

2. In vielen Gebieten der Technik, beispielsweise in der Signalverarbeitung, in der Nachrichtentechnik, in der Regelungstechnik, in der Messtechnik, in der Elektronik etc., ist das Spektrum $X(f)$, d. h. die Fourier-Transformierte eines Signals $x(t)$ von grossem Interesse. Das Spektrum beschreibt ein Signal im Frequenzbereich und gibt dessen frequenzmässige Zusammensetzung an. In der Praxis wird die Fourier-Transformierte meistens mit der FFT (engl: Fast Fourier Transform) berechnet, einem Algorithmus, den wir in Kap. 5.4 kennen lernen werden.

3. Sowohl die Laplace- wie auch die Fourier-Transformierte dienen dazu, zeitkontinuierliche lineare zeitinvariante Systeme – so genannte kontinuierliche LTI-Systeme – im Bildbereich zu beschreiben. Diese Systeme sind Gegenstand des nächsten Unterkapitels.

2.5 Kontinuierliche Systeme

2.5.1 Grundlagen

Unter einem kontinuierlichen System verstehen wir ein System, welches ein zeitkontinuierliches Eingangssignal $x(t)$ zu einem zeitkontinuierlichen Ausgangssignal $y(t)$ verarbeitet[9] (Bild 2.31).

Die wichtigste Klasse unter den kontinuierlichen Systemen ist die Klasse der zeitkontinuierlichen linearen zeitinvarianten Systeme, kurz *kontinuierliche LTI-Systeme* genannt (engl: continuous *l*inear *t*ime *i*nvariant systems). Beispiele solcher Systeme sind elektrische Netzwerke mit linearen Bauelementen wie Widerständen, Kondensatoren, Spulen, Operationsverstärkern etc.

[9] Mathematisch gesehen ist ein System eine Transformation $\mathcal{T}$, die dem Eingangssignal $x(t)$ das Ausgangssignal $y(t)$ zuordnet: $y(t) = \mathcal{T}\{x(t)\}$, wobei i. Allg. angenommen wird, dass das Eingangs- und das Ausgangssignal reell sind.

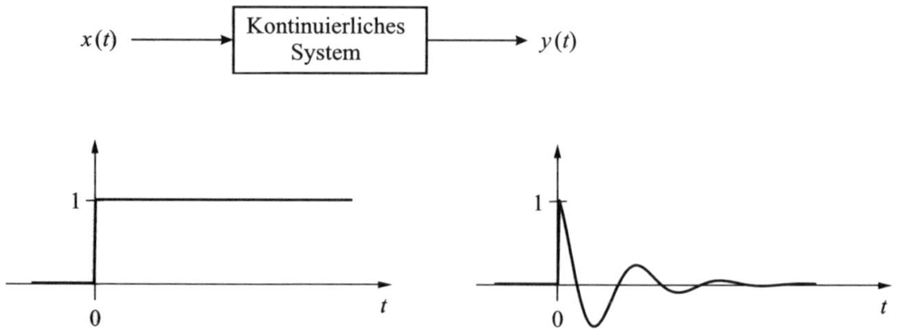

Bild 2.31: Kontinuierliches System mit Eingangs- und Ausgangssignal

Ein System heisst linear, falls es eine Summe von gewichteten Eingangssignalen[10] zu einer Summe von gleich gewichteten Ausgangssignalen verarbeitet:

$$x(t) = k_1 x_1(t) + k_2 x_2(t) \quad \Rightarrow \quad y(t) = k_1 y_1(t) + k_2 y_2(t)\,. \qquad (2.122)$$

Dabei sind k_1 und k_2 zwei Konstanten, $x_1(t)$ und $x_2(t)$ beliebige Eingangssignale und $y_1(t)$ und $y_2(t)$ die dazugehörigen Ausgangssignale.

Zeitinvariante Systeme sind Systeme, deren Eigenschaften zeitunabhängig sind. Ein um die Zeit τ verzögertes Eingangssignal bewirkt dann ebenfalls ein um τ verzögertes Ausgangssignal:

$$x(t-\tau) \quad \Rightarrow \quad y(t-\tau)\,. \qquad (2.123)$$

2.5.2 Impulsantwort und Faltung

Legt man an den Eingang eines kontinuierlichen LTI-Systems einen Dirac-Impuls, dann erzeugt das System ein Ausgangssignal, das man Impulsantwort $h(t)$ nennt (Bild 2.32):

$$x(t) = \delta(t) \quad \Rightarrow \quad y(t) = h(t)\,. \qquad (2.124)$$

Die Impulsantwort ist eine wichtige Beschreibungsmöglichkeit eines kontinuierlichen LTI-Systems. Die praktische Bedeutung der Impulsantwort liegt darin, dass sie das Verhalten des Systems bei starken Impulsen kurzer Dauer aufzeigt. Das System in Bild 2.32 beispielsweise (es handelt sich um ein Hochpass-Filter) reagiert auf einen kurzzeitigen Puls ebenfalls mit einem kurzzeitigen Puls, gefolgt von einem Ausschwingen in Form einer gedämpften und phasenverschobenen Sinusfunktion.

[10] Eine Summe von gewichteten Signalen oder Vektoren wird auch als Linearkombination von Signalen oder Vektoren bezeichnet.

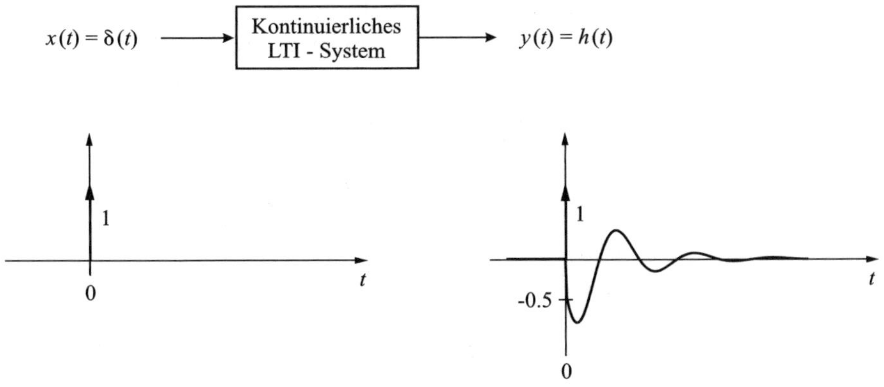

Bild 2.32: Kontinuierliches LTI-System mit Impulsantwort

Mit Hilfe der Impulsantwort kann man Kausalität und Stabilität eines kontinuierlichen LTI-Systems definieren. Ein kontinuierliches LTI-System heisst *kausal*, wenn seine Impulsantwort kausal ist:

$$h(t) = 0 \quad \text{für} \quad t < 0\,. \tag{2.125}$$

Alle physikalischen Systeme gehören zur Kategorie der kausalen Systeme. Nicht kausale Systeme kommen nur in der Theorie oder in der Simulationstechnik vor.

Ein kontinuierliches LTI-System heisst *stabil*, wenn seine Impulsantwort abklingt oder genauer, wenn das Integral der Betragsfunktion endlich ist:

$$\int_{-\infty}^{\infty} |h(t)| < \infty\,. \tag{2.126}$$

Stabile Systeme sind der Normalfall, Ausnahmen bilden Oszillatoren oder Systeme bei falscher Dimensionierung.

Die Impulsantwort $h(t)$ eines kontinuierlichen LTI-Systems finden wir, indem wir seine Übertragungsfunktion bestimmen und diese in den Zeitbereich zurücktransformieren. Was die Übertragungsfunktion ist und wie sie bestimmt werden kann, wird in Kap. 2.5.3 erläutert.

Messtechnisch kann die Impulsantwort mit Hilfe der Kreuzkorrelationsfunktion bestimmt werden, einer Methode, die in Kap. 4.5.2 auf Seite 154 vorgestellt wird.

Bild 2.33 zeigt, wie sich ein Signal durch Rechteckpulse der Breite $\Delta\tau$, der Höhen $x(\tau_i)$ und der Positionen $t = \tau_i$ approximieren lässt:

$$x(t) \approx \sum_{i=-\infty}^{\infty} x(\tau_i)\mathrm{rect}\left(\frac{t-\tau_i}{\Delta\tau}\right) . \tag{2.127}$$

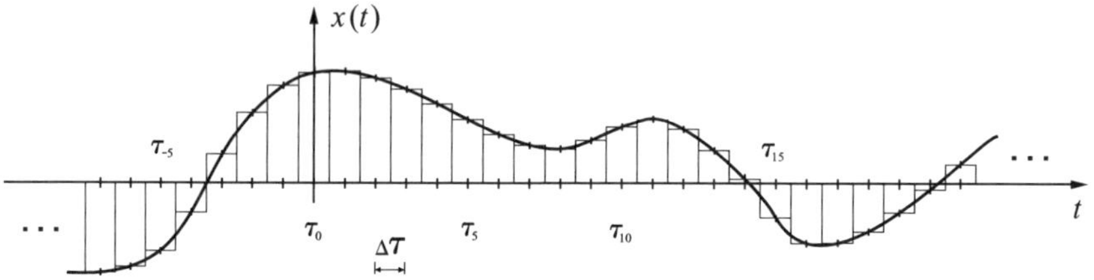

Bild 2.33: Zerlegung eines Signals in Rechteckpulse

Durch Erweitern mit $\Delta\tau$ erhalten wir:

$$x(t) \approx \sum_{i=-\infty}^{\infty} x(\tau_i)\frac{1}{\Delta\tau}\mathrm{rect}\left(\frac{t-\tau_i}{\Delta\tau}\right)\Delta\tau . \tag{2.128}$$

Die Funktion $\frac{1}{\Delta\tau}\mathrm{rect}\left(\frac{t-\tau_i}{\Delta\tau}\right)$ ist ein Rechteckimpuls der Höhe $\frac{1}{\Delta\tau}$, der Breite $\Delta\tau$ und der Fläche eins. Machen wir den Abstand zwischen zwei Abtastwerten infinitesimal klein, d. h. machen wir den Grenzübergang $\Delta\tau \to d\tau$, dann geht der Rechteckimpuls in einen Dirac-Impuls über und die Summe wird zu einem Integral:

$$x(t) = \int_{-\infty}^{\infty} x(\tau)\delta(t-\tau)\,d\tau . \tag{2.129}$$

In diesem Integral kann man die „Funktion“ $x(\tau)\delta(t-\tau)d\tau$ als Rechteckpuls der Breite $d\tau$, der Höhe $x(\tau)\frac{1}{d\tau}$ und der Position $t = \tau$ interpretieren. Infolgedessen können wir uns das Signal $x(t)$ als eine Zerlegung in unendlich viele und unendlich dünne Rechteckpulse vorstellen.

Das Ausgangssignal $y(t)$ eines LTI-Systems mit der Impulsantwort $h(t)$ bei Anregung mit $x(t)$ finden wir dann durch folgende Überlegungen:

1. Der Dirac-Impuls $\delta(t)$ als Eingangssignal erzeugt das Ausgangssignal $h(t)$.

2. Der mit $x(\tau)$ gewichtete und um τ verschobene Dirac-Impuls $x(\tau)\delta(t-\tau)$ erzeugt auf Grund der Linearität und Zeitinvarianz die mit $x(\tau)$ gewichtete und um τ verschobene Impulsantwort $x(\tau)h(t-\tau)$.

3. Die Summe (Integral) $\int_{-\infty}^{\infty} x(\tau)\delta(t-\tau)\,d\tau$ erzeugt auf Grund der Linearität die Summe (Integral) $\int_{-\infty}^{\infty} x(\tau)h(t-\tau)\,d\tau$.

Zusammengefasst: Das Eingangssignal $x(t) = \int_{-\infty}^{\infty} x(\tau)\delta(t-\tau)\,d\tau$ erzeugt das Ausgangssignal

$$y(t) = \int_{-\infty}^{\infty} x(\tau)h(t-\tau)\,d\tau. \qquad (2.130)$$

Dieses Integral heisst gemäss Gl.(2.74) Faltungsintegral. Es stellt eine fundamentale Beziehung bei LTI-Systemen dar, die in Worten wie folgt lautet:

Das Ausgangssignal $y(t)$ eines LTI-Systems ist gleich dem Eingangssignal $x(t)$ gefaltet mit der Impulsantwort $h(t)$: $y(t) = x(t) * h(t)$.

In Analogie zur Approximation (2.128) kann man das Ausgangssignal als gewichtete Summe von Impulsantworten

$$y(t) \approx \sum_{i=-\infty}^{\infty} x(\tau_i)h(t-\tau_i)\Delta\tau \qquad (2.131)$$

auffassen, die beim Grenzübergang $\Delta\tau \to d\tau$ in das Faltungsintegral übergeht.

2.5.3 Frequenzgang und Übertragungsfunktion

Frequenzgang

Erregt man ein LTI-System mit der komplexen Exponentialfunktion $x(t) = e^{j\omega t}$, dann erhalten wir für das Ausgangssignal $y(t)$:

$$\begin{aligned} y(t) &= h(t) * x(t)\,, \\ &= h(t) * e^{j\omega t}\,, \\ &= \int_{-\infty}^{\infty} h(\tau)e^{j\omega(t-\tau)}\,d\tau\,, \\ &= e^{j\omega t}\int_{-\infty}^{\infty} h(\tau)e^{-j\omega\tau}\,d\tau\,. \end{aligned} \qquad (2.132)$$

Das heisst, das Ausgangssignal $y(t)$ ist gleich dem Eingangssignal $e^{j\omega t}$ multipliziert mit dem komplexen Faktor

$$H(j\omega) = \int_{-\infty}^{\infty} h(t)e^{-j\omega t}\,dt\,. \qquad (2.133)$$

Den komplexen Faktor $H(j\omega)$ nennt man *Frequenzgang* (engl: frequency response) des kontinuierlichen LTI-Systems. Er ist gemäss Definition (2.87) gleich der Fourier-Transformierten der Impulsantwort $h(t)$:

Der Frequenzgang $H(j\omega)$ eines LTI-Systems ist gleich der Fourier-Transformierten seiner Impulsantwort $h(t)$.

Die inverse Fourier-Transformierte liefert aus dem Frequenzgang wiederum die Impulsantwort, d. h. $h(t)$ und $H(j\omega)$ bilden ein Transformationspaar:

$$h(t) \quad \circ\!\!-\!\!\bullet \quad H(j\omega)\,. \tag{2.134}$$

Vielfach zieht man es vor, den Frequenzgang in Abhängigkeit der anschaulicheren Frequenzvariable f auszudrücken. Man setzt $\omega = 2\pi f$ und sollte dann korrekterweise $H(j2\pi f)$ schreiben. Die übliche Schreibweise hingegen lautet $H(f)$:

$$H(f) = H(j\omega)|_{\omega=2\pi f}\,. \tag{2.135}$$

Amplituden- und Phasengang

Der Frequenzgang $H(f)$ ist eine komplexe Grösse und kann demnach in der Polar- bzw. Betrags-Phasenform geschrieben werden:

$$H(f) = |H(f)|e^{j\angle H(f)}\,. \tag{2.136}$$

Den Betrag $|H(f)|$ nennt man *Amplitudengang* (engl: amplitude response or magnitude response) und den Winkel $\angle H(f)$ *Phasengang* (engl: phase response).

Mit Hilfe der Gleichungen (2.132) und (2.133) und des Theorems (2.44) lässt sich zeigen, dass ein kontinuierliches LTI-System ein sinusförmiges Eingangssignal zu einem sinusförmigen Ausgangssignal verarbeitet:

$$x(t) = \cos(2\pi f t) \quad \Rightarrow \quad y(t) = |H(f)|\cos(2\pi f t + \angle H(f))\,. \tag{2.137}$$

Das Ausgangssignal unterscheidet sich demnach nur in der Amplitude $|H(f)|$ und in der Phase $\angle H(f)$ vom Eingangssignal.

Beispiel: Gl.(2.137) ist Grundlage einer Standardmethode zur Messung des Frequenzgangs eines LTI-Systems. Bild 2.34 illustriert diese Messmethode anhand eines linearen elektrischen Netzwerkes.

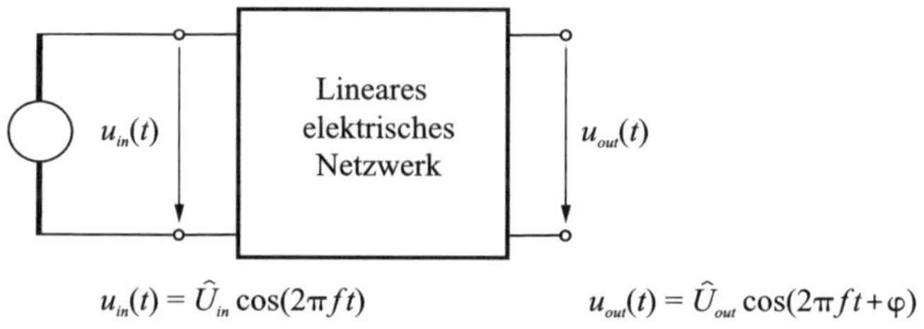

Bild 2.34: Messung des Frequenzgangs

Die Frequenz f einer sinusförmigen Eingangsspannungsquelle bekannter Amplitude $\hat{U}_{in}$ wird in kleinen Schritten erhöht und am Ausgang Amplitude $\hat{U}_{out}$ und Phasenverschiebung φ gemessen. Daraus kann der Amplituden- und Phasengang einfach konstruiert werden.[11]

Der Amplitudengang wird häufig in dB angegeben:

$$|H(f)| \text{ in dB } = 20\log\left(|H(f)|\right) . \tag{2.138}$$

Beim Phasengang sind zwei Einheiten gebräuchlich: rad und °. Wenn nichts anderes gesagt wird, versteht man unter $\angle H(f)$ immer den Phasengang in rad.[12] Wünscht man den Phasengang in °, muss folgende Umrechnungsformel angewandt werden:

$$\angle H(f) \text{ in } ° = \frac{180}{\pi}\angle H(f) . \tag{2.139}$$

Eine übliche grafische Darstellung des Frequenzgangs ist das Bodediagramm. Es stellt bei einer logarithmischen Einteilung der Frequenzachse den Amplitudengang in dB und den Phasengang in Grad oder rad dar.

Beispiel: Bild 2.35 illustriert das Frequenzverhalten eines Hochpass-Systems. Links zeigt es den doppelt logarithmisch dargestellten Amplitudengang, in der Mitte den Phasengang und rechts die Gruppenlaufzeit.

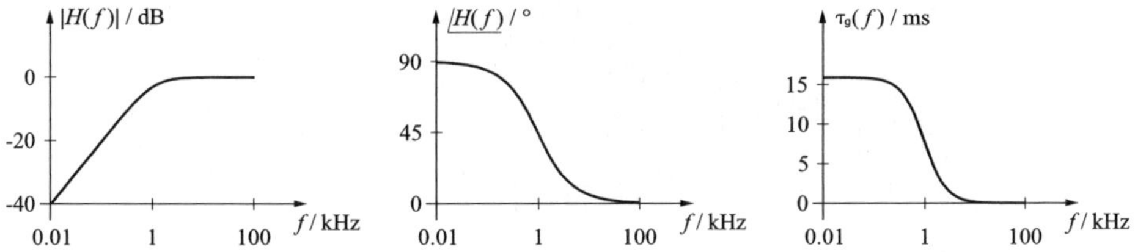

Bild 2.35: Bodediagramm und Gruppenlaufzeit eines Hochpass-Systems

Dämpfung, Phasen- und Gruppenlaufzeit

Insbesondere im Zusammenhang mit Filtern wird manchmal an Stelle des Amplitudengangs die *Dämpfung* $A(f)$ (engl: attenuation) verwendet. Diese wird meistens in dB angegeben und wie folgt definiert:

$$A(f) \text{ in dB } = 20\log\left(\frac{1}{|H(f)|}\right) = -20\log\left(|H(f)|\right) . \tag{2.140}$$

[11] Eine weitere Frequenzgang-Messmethode wird im Beispiel auf Seite 154 vorgestellt.

[12] Eigentlich handelt es sich bei dB, rad und ° um Pseudoeinheiten, die nur aussagen, wie die betreffende einheitslose Grösse definiert wurde.

Die Zeit, mit der ein LTI-System das Eingangssignal verzögert, wird üblicherweise durch die *Gruppenlaufzeit* (engl: group delay) gekennzeichnet. Die Gruppenlaufzeit ist diejenige Zeit, mit der die Hüllkurve des Eingangssignals (Bild 2.36, [Lue99]) verzögert wird. Sie ist wie folgt definiert:

$$\tau_g(f) = -\frac{1}{2\pi} \frac{d\angle H(f)}{df} \,. \tag{2.141}$$

Beispiel: Ein LTI-System mit Bandpasscharakteristik wird mit dem Signal

$$x(t) = (\sin(2\pi f_1 t) + \sin(2\pi f_2 t))u(t)$$

beaufschlagt ($f_1 = 98\,\mathrm{Hz}$ und $f_2 = 102\,\mathrm{Hz}$). Da die beiden Frequenzen sehr nahe beieinander liegen, entsteht eine aus Wellengruppen bestehende Schwebung gemäss Bild 2.36 oben. Nach abgeschlossenem Einschwingvorgang antwortet das System ebenfalls mit einer Schwebung, dessen Wellengruppen um $\tau_g = 45\,\mathrm{ms}$ verzögert sind. Diese Zeit ist gleich der Gruppenlaufzeit des LTI-Systems im Durchlassbereich.

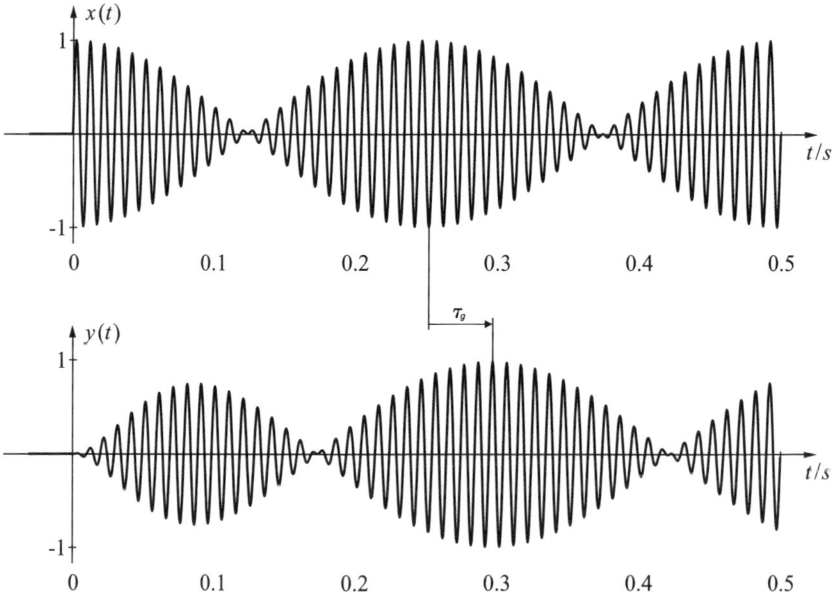

Bild 2.36: Illustration der Gruppenlaufzeit eines LTI-Systems. Oben: Eingangssignal, unten: Ausgangssignal

Übertragungsfunktion

Analog zum Frequenzgang $H(f)$ definieren wir die Übertragungsfunktion $H(s)$ eines kontinuierlichen LTI-Systems:

$$H(s) = \int_{-\infty}^{\infty} h(t) e^{-st} \, dt \,. \tag{2.142}$$

Die *Übertragungsfunktion* (engl: transfer function) – auch als Systemfunktion bezeichnet – ist demnach die Laplace-Transformierte der Impulsantwort $h(t)$. Die Impulsantwort und die Übertragungsfunktion eines Systems bilden ein Laplace-Transformationspaar:

$$h(t) \quad \circ\!\!-\!\!\bullet \quad H(s) \,. \tag{2.143}$$

Ersetzen wir in Gl.(2.142) s durch $j2\pi f$, dann erhalten wir den Frequenzgang $H(f)$. Mit anderen Worten: Der Frequenzgang ist gleich der Übertragungsfunktion ausgewertet auf der imaginären Achse der s-Ebene:

$$H(f) = H(s)|_{s=j2\pi f} \,, \tag{2.144}$$

wobei das LTI-System als stabil und kausal vorausgesetzt wird. Für solche Systeme sind die Übertragungsfunktion und der Frequenzgang äquivalente Beschreibungen. Es gibt daher Autoren [Fli91], die auf Grund dieser Äquivalenz auch den Frequenzgang $H(f)$ als System- oder Übertragungsfunktion bezeichnen.

Wie wir gesehen haben, ist das Ausgangssignal $y(t)$ eines kontinuierlichen LTI-Systems gleich der Impulsantwort $h(t)$ gefaltet mit dem Eingangssignal $x(t)$. Aus dem Faltungstheorem (2.121) folgt dann:

$$y(t) = h(t) * x(t) \quad \circ\!\!-\!\!\bullet \quad Y(s) = H(s) \cdot X(s) \,. \tag{2.145}$$

Gl.(2.145) beschreibt den fundamentalen Zusammenhang zwischen dem Eingangs- und Ausgangssignal eines kontinuierlichen LTI-Systems. Seiner Wichtigkeit wegen stellen wir ihn noch grafisch dar:

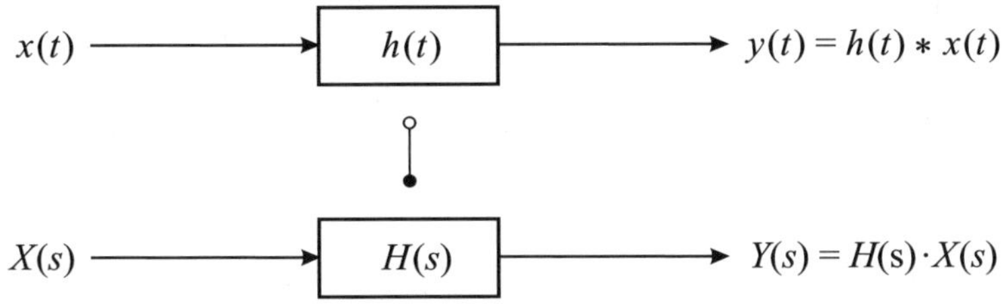

Bild 2.37: Übertragungsverhalten eines kontinuierlichen LTI-Systems im Zeit- und im Bildbereich

Ersetzen wir s durch $j2\pi f$, dann erhalten wir aus $Y(s) = H(s)X(s)$:

$$Y(f) = H(f)X(f) \,. \tag{2.146}$$

In Worten:

> *Das Spektrum am Ausgang eines LTI-Systems ist gleich dem Eingangsspektrum multipliziert mit dem Frequenzgang.*

Der Frequenzgang des LTI-Systems verformt demnach das Spektrum des Eingangssignals (engl: spectral shaping). Dies ist der Grund, weshalb man ein LTI-System auch als lineares Filter bezeichnet.

Wir haben die Übertragungsfunktion $H(s)$ des kontinuierlichen LTI-Systems als Laplace-Transformierte der Impulsantwort $h(t)$ definiert. Durch Auflösung der Gleichung $Y(s) = H(s)X(s)$ nach $H(s)$ kann man sie auch als Quotient der Laplace-Transformierten des Ausgangssignals und der Laplace-Transformierten des Eingangssignals definieren:

$$H(s) = \frac{Y(s)}{X(s)} \,. \tag{2.147}$$

Beispiel 1: Die Impedanz $Z(s)$ und die Admittanz $Y(s)$ eines linearen, elektrischen Zweipols sind wie folgt definiert:

$$Z(s) = \frac{U(s)}{I(s)} \quad \text{und} \quad Y(s) = \frac{I(s)}{U(s)} \,. \tag{2.148}$$

Beide Grössen sind demnach Übertragungsfunktionen. $Z(s)$ ist die Übertragungsfunktion mit dem Strom als Eingangs- und der Spannung als Ausgangssignal (Bild 2.38 a) und $Y(s)$ ist die Übertragungsfunktion mit der Spannung als Eingangs- und dem Strom als Ausgangssignal (Bild 2.38 b).

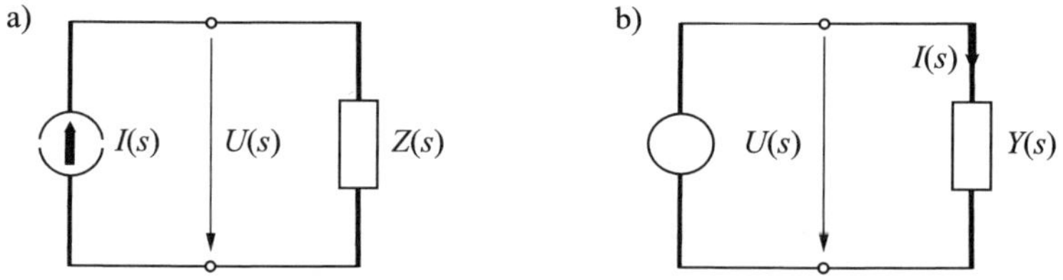

Bild 2.38: Impedanz $Z(s)$ und Admittanz $Y(s)$ als Übertragungsfunktionen

Beispiel 2: Die Impedanz einer Spule mit der Induktivität L und die Admittanz eines Kondensators mit der Kapazität C sind wie folgt gegeben:

$$Z(s) = sL \quad \text{und} \quad Y(s) = sC \,. \tag{2.149}$$

Diese Funktionen erhalten wir, indem wir die Differentialgleichung der Spule und des Kondensators (Bild 2.39) mit Hilfe des Ableitungstheorems (2.120) in den Laplace-Bereich transformieren, die Anfangsbedingungen null setzen und nach $U(s)$ bzw. $I(s)$ auflösen.

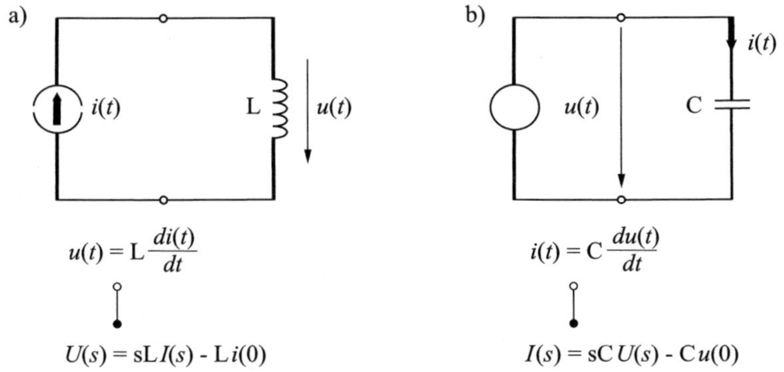

Bild 2.39: Spule und Kondensator mit ihren Strom-Spannungs-Gleichungen im Zeit- und Bildbereich

Die Übertragungsfunktion eines elektrischen Netzwerks mit linearen Bauelementen berechnet sich folgendermassen (für Details siehe z. B. Lit.[FHN03a]):

1. An den Eingang eine Spannungsquelle $U_{in}(s)$ oder Stromquelle $I_{in}(s)$ anschliessen und die Ausgangsgrösse mit $U_{out}(s)$ oder $I_{out}(s)$ bezeichnen.

2. Ein Knotengleichungssystem aufstellen und dieses nach $U_{out}(s)$ oder $I_{out}(s)$ auflösen.

Beispiel 1: Eine aktive RC-Schaltung ist eine lineare Schaltung mit aktiven Elementen, Widerständen und Kondensatoren. Üblich als aktives Element ist ein Operationsverstärker, der bei der Analyse i. Allg. als ideal angenommen wird. Am idealen, gegengekoppelten Operationsverstärker ist die Differenzen-Eingangsspannung Null [TSG02], woraus folgt, dass die Knotenspannungen an seinen Eingängen gleich gross sind. Das Aufstellen der Knotengleichungen führt demnach zum Gleichungssystem in Bild 2.40.

Aktive RC-Schaltungen werden in der Praxis vorwiegend als Filter eingesetzt. Von Interesse ist deshalb i. Allg. die Spannungsübertragungsfunktion (engl: voltage transfer function), die wie folgt definiert ist:

$$H(s) = \frac{U_{out}(s)}{U_{in}(s)} . \tag{2.150}$$

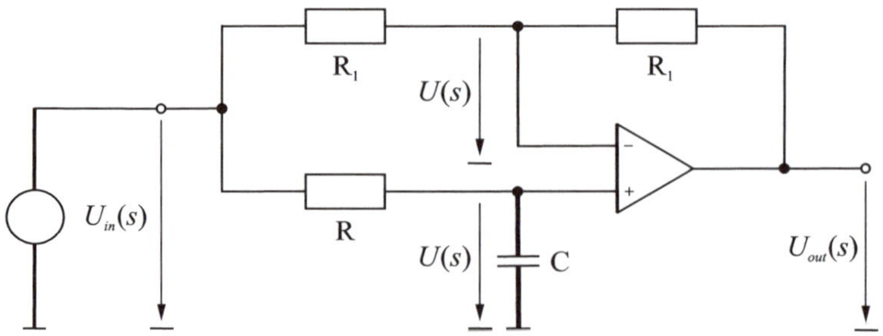

$$\frac{U(s) - U_{in}(s)}{R_1} + \frac{U(s) - U_{out}(s)}{R_1} = 0$$

$$\frac{U(s) - U_{in}(s)}{R} + sCU(s) = 0$$

Bild 2.40: Beispiel einer aktiven RC-Schaltung mit dazugehörigem Knotengleichungssystem

Lösen wir das Knotengleichungssystem in Bild 2.40 nach $U_{out}(s)$ auf, dann bekommen wir:

$$U_{out}(s) = \frac{1 - sRC}{1 + sRC} U_{in}(s) \tag{2.151}$$

und somit:

$$H(s) = \frac{1 - sRC}{1 + sRC} . \tag{2.152}$$

Daraus erhalten wir für den Amplitudengang, den Phasengang und die Gruppenlaufzeit:

$$|H(f)| = 1 , \quad \angle H(f) = -2 \arctan(2\pi f RC) , \quad \tau_g(f) = \frac{2RC}{1 + (2\pi f RC)^2} . \tag{2.153}$$

Der Amplitudengang ist konstant, der Phasengang und die Gruppenlaufzeit hingegen sind frequenzabhängig. Ein LTI-System mit diesen Eigenschaften heisst Allpass und wird als Phasenschieber oder Signalverzögerer eingesetzt.

Beispiel 2: Eine Serieschaltung aus einem Widerstand und einem Kondensator bezeichnet man als RC-Glied. Wir schliessen eine Spannungsquelle $U_{in}(s)$ an das RC-Glied, bezeichnen die Kondensatorspannung als $U_{out}(s)$ und stellen die Knotengleichung auf (Bild 2.41).

Die Knotengleichung nach $U_{out}(s)$ aufgelöst ergibt:

$$U_{out}(s) = \frac{1}{1 + sRC} U_{in}(s) . \tag{2.154}$$

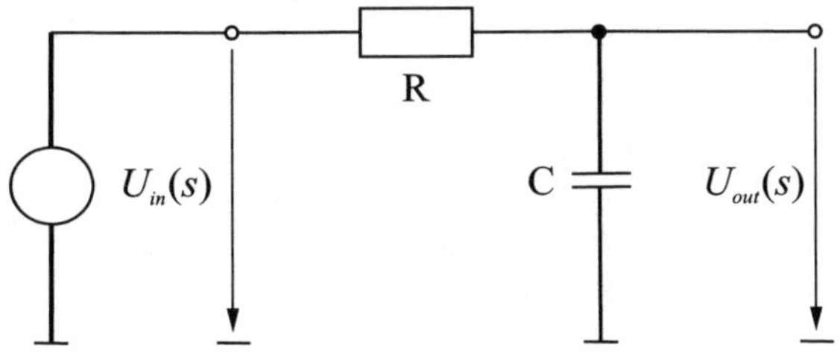

$$\frac{U_{out}(s) - U_{in}(s)}{R} + sC\,U_{out}(s) = 0$$

Bild 2.41: RC-Glied mit zugehöriger Knotengleichung

Der Faktor vor $U_{in}(s)$ ist gemäss Definition (2.147) gleich der Spannungsübertragungsfunktion

$$H(s) = \frac{1}{1 + s\tau}\,, \quad \text{wobei: } \tau = RC\,. \tag{2.155}$$

Der Parameter τ heisst Zeitkonstante des RC-Glieds.

Mit Hilfe von Gl.(2.97) finden wir daraus folgendes Laplace-Transformationspaar:

$$H(s) = \frac{1}{1 + s\tau} \quad \bullet\!\!-\!\!\circ \quad h(t) = \frac{1}{\tau} e^{-\frac{t}{\tau}} u(t)\,. \tag{2.156}$$

Der Frequenzgang lautet somit:

$$H(f) = \frac{1}{1 + j2\pi f\tau}\,. \tag{2.157}$$

Für tiefe Frequenzen ($|2\pi f| \ll 1/\tau$) ist der Amplitudengang $|H(f)|$ ungefähr eins und für hohe Frequenzen ($|2\pi f| \gg 1/\tau$) ist er annähernd null. Das RC-Glied ist demnach ein Tiefpass.

Der Multiplikation im Frequenzbereich (spectral shaping, Filterung) entspricht die Faltung (Verschmierung) im Zeitbereich:

$$U_{out}(f) = H(f) \cdot U_{in}(f) \quad \bullet\!\!-\!\!\circ \quad u_{out}(t) = h(t) * u_{in}(t)\,. \tag{2.158}$$

Bild 2.42 illustriert diesen Zusammenhang anhand eines Rechteckpulses als Eingangssignal (siehe dazu Aufgabe 5).

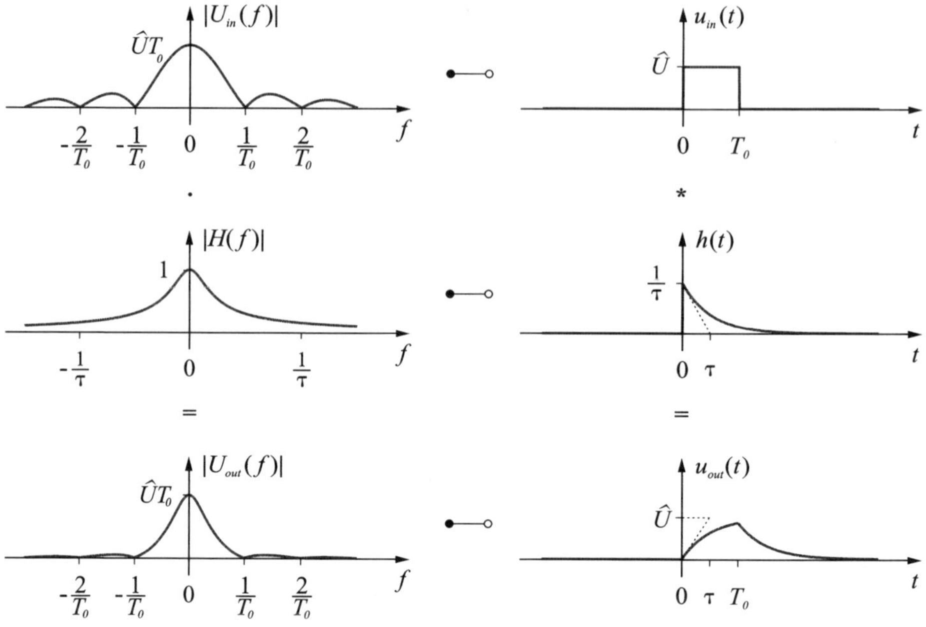

Bild 2.42: RC-Glied: Filterung und Faltung eines Rechteckpulses

2.5.4 Differentialgleichung und Übertragungsfunktion

Differentialgleichung

Eine ausserordentlich wichtige Klasse kontinuierlicher LTI-Systeme sind Systeme, deren Ausgangsgrösse $y(t)$ mit der Eingangsgrösse $x(t)$ über eine lineare Differentialgleichung mit konstanten Koeffizienten verknüpft ist:

$$\sum_{i=0}^{M} a_i \frac{d^i y(t)}{dt^i} = \sum_{i=0}^{N} b_i \frac{d^i x(t)}{dt^i} \,. \tag{2.159}$$

Unter der Ordnung eines solchen Systems versteht man die Ordnung der höchsten Ableitung. Da M meistens grösser oder ebenso gross ist wie N, bezeichnet normalerweise M die Systemordnung. Die Parameter a_i und b_i nennt man die Koeffizienten des Systems.

Die Differentialgleichung eines Systems finden wir durch Anwendung der physikalischen Gesetze im Zeitbereich. Für elektrische Netzwerke mit linearen Elementen wenden wir dazu meistens das Knotengesetz an.

Beispiel: In Figur 2.43 ist das RC-Glied mit seiner Knotengleichung im Zeitbereich abgebildet.

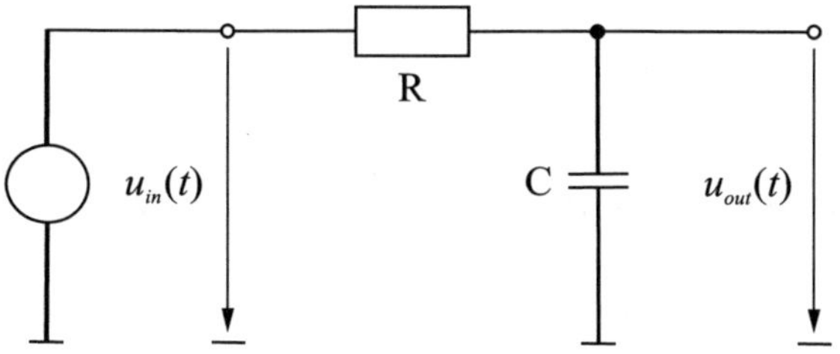

$$\frac{u_{out}(t) - u_{in}(t)}{\mathrm{R}} + \mathrm{C}\,\frac{du_{out}(t)}{dt} = 0$$

Bild 2.43: RC-Glied mit Knotengleichung im Zeitbereich

Durch Erweitern mit R und anschliessendes Ordnen erhalten wir aus der Knotengleichung:

$$u_{out}(t) + RC\frac{du_{out}(t)}{dt} = u_{in}(t)\ . \tag{2.160}$$

Das RC-Glied ist demnach ein kontinuierliches LTI-System 1. Ordnung mit den Koeffizienten $a_0 = 1$, $a_1 = RC$ und $b_0 = 1$.

Lineare Differentialgleichungen mit konstanten Koeffizienten löst man, indem man die Differentialgleichung in den Laplace-Bereich transformiert, die Gleichung im Laplace-Bereich löst und die Lösung in den Zeitbereich zurücktransformiert. Analog dazu löst man lineare Differentialgleichungssysteme.

Beispiel: Wir schliessen eine Gleichspannungsquelle U_{DC} an das RC-Glied und schalten sie zum Zeitpunkt $t = 0$ ein. Gesucht ist die Ausgangsspannung $u_{out}(t)$.

In einem ersten Schritt transformieren wir die Differentialgleichung (2.160) durch Anwendung des Ableitungstheorems (2.120) in den s-Bereich:

$$U_{out}(s) + sRCU_{out}(s) - RCu_{out}(0) = U_{in}(s)\ .$$

$u_{out}(0)$ ist die Anfangsbedingung. Sie ist gleich der Spannung am Kondensator unmittelbar vor dem Einschaltzeitpunkt. Wir lösen die Gleichung nach $U_{out}(s)$ auf:

$$U_{out}(s) = \frac{1}{1 + sRC}U_{in}(s) + \frac{RCu_{out}(0)}{1 + sRC}\ .$$

$U_{in}(s)$ ist durch U_{DC}/s gegeben, da die Eingangsspannung $u_{in}(t)$ eine Schrittfunktion mit der Schritthöhe U_{DC} ist. Die Lösung im Laplace-Bereich lautet demnach:

$$U_{out}(s) = \frac{1}{1+sRC} \cdot \frac{U_{DC}}{s} + \frac{RCu_{out}(0)}{1+sRC} \,.$$

Wir transformieren die beiden Summanden in den Zeitbereich, indem wir das Linearitätstheorem (2.114) und eine Tabelle ([FHN03b] oder [SH94]) anwenden:

$$u_{out}(t) = U_{DC}(1 - e^{-\frac{t}{RC}}) + u_{out}(0)e^{-\frac{t}{RC}} \,. \tag{2.161}$$

Differentialgleichung und Übertragungsfunktion

Die Übertragungsfunktion $H(s)$ eines kontinuierlichen LTI-Systems, dessen Differentialgleichung

$$\sum_{i=0}^{M} a_i \frac{d^i y(t)}{dt^i} = \sum_{i=0}^{N} b_i \frac{d^i x(t)}{dt^i} \tag{2.162}$$

bekannt ist, lässt sich in zwei Schritten einfach bestimmen. Im ersten Schritt transformieren wir die Differentialgleichung (2.162) mit Hilfe des Differentiationstheorems (2.119) in den Laplace-Bereich, wobei wir alle Anfangsbedingungen null setzen:

$$\sum_{i=0}^{M} a_i s^i Y(s) = \sum_{i=0}^{N} b_i s^i X(s) \,.$$

Im zweiten Schritt lösen wir die Gleichung nach $Y(s)$ auf:

$$Y(s) = \frac{b_0 + b_1 s + \cdots + b_N s^N}{a_0 + a_1 s + \cdots + a_M s^M} X(s)$$

und erhalten so die Übertragungsfunktion $H(s) = \frac{Y(s)}{X(s)}$:

$$H(s) = \frac{b_0 + b_1 s + \cdots + b_N s^N}{a_0 + a_1 s + \cdots + a_M s^M} \,. \tag{2.163}$$

Die Übertragungsfunktion eines Systems mit der Differentialgleichung (2.162) ist eine rationale Funktion in s. Sie besteht aus einem Zählerpolynom der Ordnung N und aus einem Nennerpolynom der Ordnung M und hat die Ordnung des höheren Polynom-Grads. Sie beschreibt das Übertragungsverhalten eines LTI-Systems, dessen Anfangsbedingungen null sind.

Beispiel: Bild 2.44 zeigt einen aktiven RC-Integrator mit zugehöriger Knotengleichung (die Knotenspannung am invertierenden Operationsverstärker-Eingang ist null, weil wir einen idealen Operationsverstärker voraussetzen).

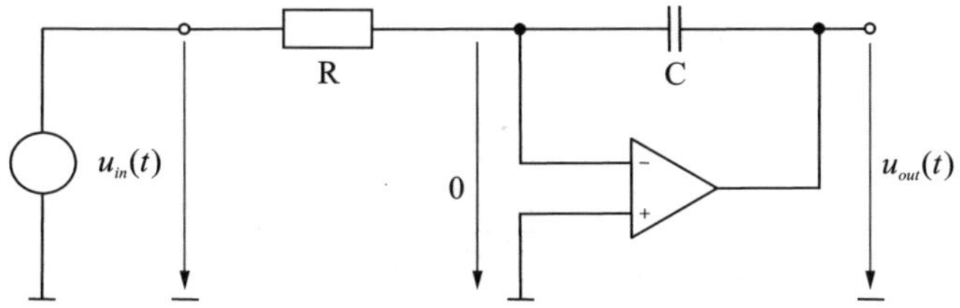

$$\frac{0 - u_{in}(t)}{R} + C\,\frac{d(0 - u_{out})}{dt} = 0$$

Bild 2.44: Integrator-Schaltung mit Knotengleichung

Wir bringen die Knotengleichung in die Form von Gl.(2.162):

$$-RC\frac{du_{out}(t)}{dt} = u_{in}(t)\,,$$

transformieren sie anschliessend in den Laplace-Bereich:

$$-RCsU_{out}(s) = U_{in}(s)$$

und bestimmen daraus die Übertragungsfunktion $H(s) = \frac{U_{out}(s)}{U_{in}(s)}$:

$$H(s) = \frac{-1}{RCs}\,. \tag{2.164}$$

Der aktive RC-Integrator ist ein LTI-System 1. Ordnung mit dem Zählerpolynom-Koeffizient $b_0 = -1$ und den Nennerpolynom-Koeffizienten $a_0 = 0$ und $a_1 = RC$. Es handelt sich um einen invertierenden Integrator, weil er das Vorzeichen invertiert und die Eingangsspannung gemäss der Vorschrift

$$u_{out}(t) = \frac{-1}{RC}\int_0^t u_{in}(\tau)\,d\tau + u_{out}(0) \tag{2.165}$$

integriert.

Pole und Nullstellen einer Übertragungsfunktion

Gemäss dem Fundamentalsatz der Algebra kann man ein Polynom N-ter Ordnung

$$P(x) = c_0 + c_1 x + \cdots + c_N x^N \tag{2.166}$$

wie folgt in Faktoren zerlegen:

$$P(x) = c_N (x - z_1)(x - z_2) \cdots (x - z_N)\,. \tag{2.167}$$

Die komplexen Zahlen z_i – in MATLAB bestimmbar mit dem Befehl `roots` – heissen Wurzeln bzw. Nullstellen von $P(x)$, weil an diesen Stellen das Polynom Null ist:

$$P(z_i) = 0 \quad \text{für} \quad i = 1, 2, \ldots, N\,. \tag{2.168}$$

Die Übertragungsfunktion kann man daher wie folgt schreiben:

$$\begin{aligned} H(s) &= \frac{b_0 + b_1 s + \cdots + b_N s^{-N}}{a_0 + a_1 s + \cdots + a_M s^M}\,, \\ &= H_0 \frac{(s - z_1)(s - z_2) \cdots (s - z_N)}{(s - p_1)(s - p_2) \cdots (s - p_M)}\,. \end{aligned} \tag{2.169}$$

Der Faktor

$$H_0 = \frac{b_N}{a_M} \tag{2.170}$$

heisst Skalierungskonstante, die Wurzeln z_i des Zählerpolynoms werden als Nullstellen (engl: zeros) und die Wurzeln p_i des Nennerpolynoms als Pole (engl: poles) bezeichnet.

Die Verteilung der Pole und Nullstellen in der komplexen s-Ebene heisst Pol-Nullstellen-Diagramm (abgekürzt PN-Diagramm), wobei die Pole mit einem Kreuz und die Nullstellen mit einem Kreis gekennzeichnet werden.

Bei einem stabilen, kausalen LTI-System gilt [SH94]:

1. Pole und Nullstellen sind reell und/oder konjugiert komplex.

2. Die Pole liegen in der linken s-Ebene.

3. Pole bzw. Nullstellen in der Nähe der $j\omega$-Achse bewirken im Amplitudengang Erhöhungen bzw. Vertiefungen.

4. Das konjugiert komplexe Polpaar, das sich am nächsten zur $j\omega$-Achse befindet, nennt man *dominant*. Es verursacht bei Einschaltvorgängen Schwingungen, die umso länger dauern, je näher das Polpaar bei der $j\omega$-Achse ist.

Beispiel: Ein Serieschwingkreis, an dessen Widerstand die Ausgangsspannung abgegriffen wird, funktioniert als Bandpassfilter. Die Parameter ω_0 und q der Übertragungsfunktion heissen Resonanzkreisfrequenz und Güte und sind durch die Formeln in Bild 2.45 gegeben.

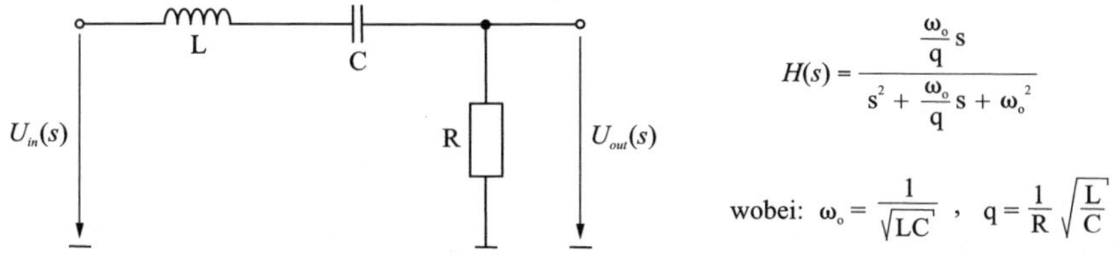

Bild 2.45: RLC-Glied als Bandpassfilter

Das Filter dimensionieren wir für eine Güte von $q = 5$ und eine Resonanzfrequenz von $f_0 = 1\,\mathrm{Hz}$, was einer Resonanzkreisfrequenz von $\omega_0 = 2\pi \cdot 1\,\mathrm{s}^{-1}$ entspricht. Aus der Übertragungsfunktion $H(s)$ leiten wir das Pol-Nullstellen-Diagramm, den Amplitudengang und die Schrittantwort her (Aufgabe 4) und stellen sie in Bild 2.46 dar.

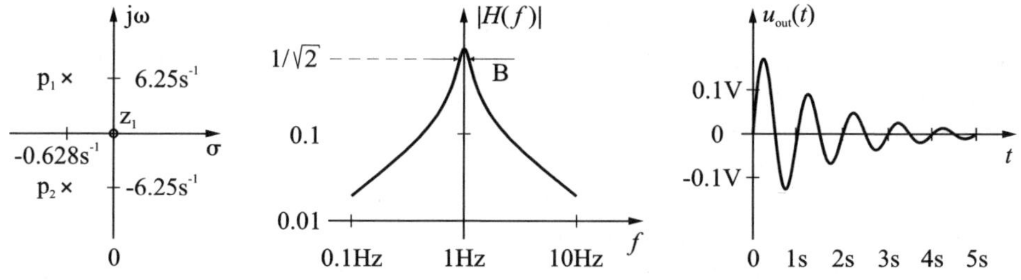

Bild 2.46: PN-Diagramm, Amplitudengang und Schrittantwort des BP-Filters

Wir stellen nach einigen Rechnungen fest (Aufgabe 4):

1. Der Bandpass ist 2. Ordnung, hat zwei konjugiert komplexe Pole p_1, p_2 und eine Nullstelle z_1 im Ursprung. Der Realteil der beiden Pole beträgt $-0.628\,\mathrm{s}^{-1}$ und die Imaginärteile betragen $\pm 6.252\,\mathrm{s}^{-1}$.

2. Die beiden Pole liegen in der linken s-Ebene und ihr Betrag $|p_1|$ und $|p_2|$ ist gleich der Resonanzkreisfrequenz ω_0.

3. Der Amplitudengang ist null bei $f = 0$ und $f = \infty$ und maximal an der Stelle der Resonanzfrequenz $f_0 = 1\,\mathrm{Hz}$. Die 3-dB-Bandbreite beträgt $B = f_0/q = 0.2\,\mathrm{Hz}$.

4. Die Oszillationsfrequenz der Schrittantwort $u_{out}(t)$ – Eigenfrequenz (engl: natural frequency) genannt – ist gleich dem Imaginärteil $6.252\,\mathrm{s}^{-1}$ des oberen Poles geteilt durch 2π, was einen Wert von 0.995 Hz ergibt. Die Eigenfrequenz ist somit kleiner als die Resonanzfrequenz, eine Feststellung, die allgemein gilt für stabile Systeme zweiter Ordnung mit einem konjugiert komplexen Polpaar.

2.5.5 Bandbreite und Zeitspezifikationen

Ein wichtiger Parameter eines LTI-Systems mit Tiefpass- oder Bandpass-Charakteristik ist die *Bandbreite.* Ebenfalls von grossem Interesse sind Parameter, welche ein System im Zeitbereich charakterisieren. Wir wollen im Folgenden diskutieren, wie diese Parameter definiert sind und welche Bedeutung sie haben.

Bandbreite

Bereits in einem früheren Abschnitt wurde die Bandbreite definiert und erwähnt, dass es eine Vielzahl von Bandbreite-Definitionen gibt. Im Gegensatz zu Kap. 2.2.3, wo die Bandbreite eines Signals zur Diskussion stand, geht es hier um die Bandbreite eines Systems.

Bild 2.47 zeigt den Amplitudengang eines Tiefpass- (links) und eines Bandpass-Systems (rechts). Schraffiert eingezeichnet ist ein Toleranzband, dessen obere Begrenzungslinie durch den Maximalwert A und dessen untere Begrenzungslinie durch den Wert $A/\sqrt{2}$ des Amplitudengangs geht ($\sqrt{2}$ entspricht einem Verhältnis von 3 dB). Den Schnittpunkt der unteren Begrenzungslinie mit dem Amplitudengang des Tiefpasses bezeichnen wir mit f_1 und die entsprechenden Schnittpunkte beim Bandpass mit f_1 und f_2. In diesen Frequenzpunkten ist die Ausgangsleistung nur halb so gross wie die maximale Ausgangsleistung. Als 3 dB-Bandbreite oder „half power bandwidth" B definiert man nun den $A/\sqrt{2}$-Punkt f_1 beim Tiefpass und den Abstand der beiden $A/\sqrt{2}$-Punkte $(f_2 - f_1)$ beim Bandpass.

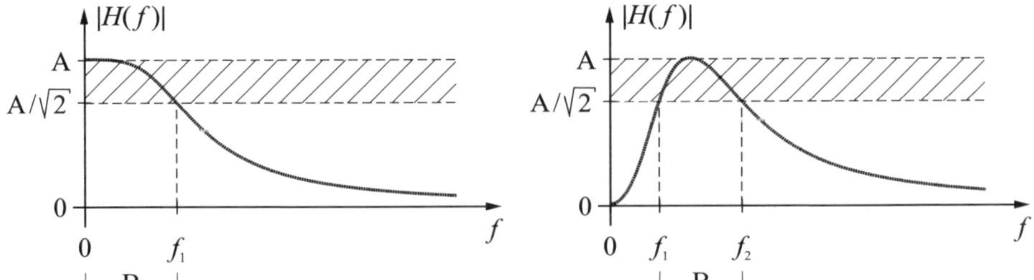

Bild 2.47: Tiefpass und Bandpass: Definition der Bandbreite B

Zeitspezifikationen

Die Geschwindigkeit eines Systems wird gewöhnlich anhand seiner Schrittantwort beurteilt und mit Hilfe der Parameter *Anstiegszeit* T_r (engl: rise time), *Spitzenzeit* T_p (engl: peak time) und *Einschwingzeit* T_s (engl: settling time) charakterisiert.

Bild 2.48 illustriert anhand eines Tiefpass-Systems 2. Ordnung die Definitionen der drei Zeitparameter: Die Anstiegszeit T_r ist die Zeit, die das System benötigt, um 90 % seines Endwertes zu erreichen. Die Spitzenzeit T_p ist diejenige Zeit, die zum Erreichen des Spitzenwertes verstreicht. Der Zeitpunkt, bei dem die Schrittantwort in das ±1 %-Endwert-Toleranzband übergeht, heisst Einschwingzeit T_s.

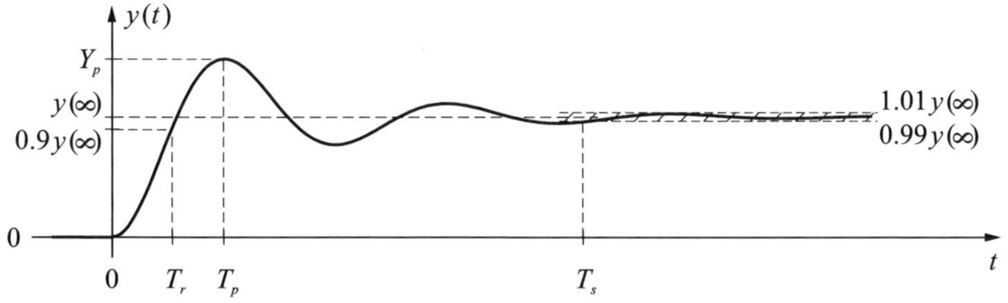

Bild 2.48: Schrittantwort eines Tiefpass-Systems: Definition der Zeitspezifikationsparameter

Nicht alle Systeme überschiessen und oszillieren wie das Tiefpass-System 2. Ordnung in Bild 2.48. Ein einfaches Gegenbeispiel ist das unten beschriebene RC-Glied mit kriechender Schrittantwort.

Beispiel: Das RC-Glied (Bild 2.41) ist ein Tiefpass-System 1. Ordnung mit der Übertragungsfunktion $H(s) = \frac{1}{1+RCs}$ und der Schrittanwort $y(t) = 1 - e^{-\frac{t}{RC}}$. Es hat eine 3-dB-Bandbreite von $B = 1/(2\pi RC)$, eine Anstiegszeit von $T_r = RC\ln(10)$ und eine Einschwingzeit von $T_s = RC\ln(100)$ (Aufgabe 5). Das Bandbreite-Anstiegszeitprodukt $B \cdot T_r$ ist unabhängig von der Zeitkonstanten RC und beträgt 0.367.

Bild 2.49 zeigt links den Amplitudengang und rechts die Schrittantwort des RC-Glieds. Das obere RC-Glied hat eine Zeitkonstante RC von 3 Sekunden und das untere von 0.6 Sekunden. Das breitbandige System hat in Übereinstimmung mit dem Zeitgesetz der Nachrichtentechnik die schnellere Schrittantwort. Allgemein gilt:

Ein System ist umso schneller, je grösser seine Bandbreite ist.

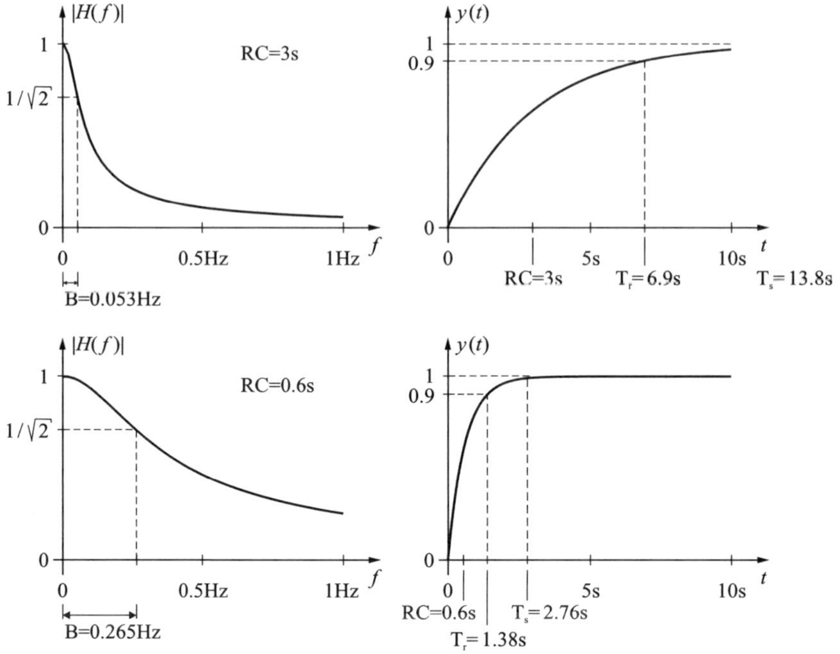

Bild 2.49: Amplitudengang und Schrittantwort zweier RC-Glieder mit verschiedenen Zeitkonstanten $\tau = RC$. Oben: Zeitkonstante $RC = 3\,\text{s}$, unten: Zeitkonstante $RC = 0.6\,\text{s}$

2.6 Abtastung und Rekonstruktion

Dieses Unterkapitel schliesst die einführende Theorie der kontinuierlichen Signale und Systeme ab und leitet über zu den diskreten Signalen und Systemen.

2.6.1 Abtastung

Um ein kontinuierliches Signal digital zu verarbeiten, muss es zuerst abgetastet werden. Ein idealer Abtaster besteht aus einem Multiplizierer, der das zeitkontinuierliche Signal $x(t)$ mit der Abtastfunktion $\delta_T(t)$ multipliziert:

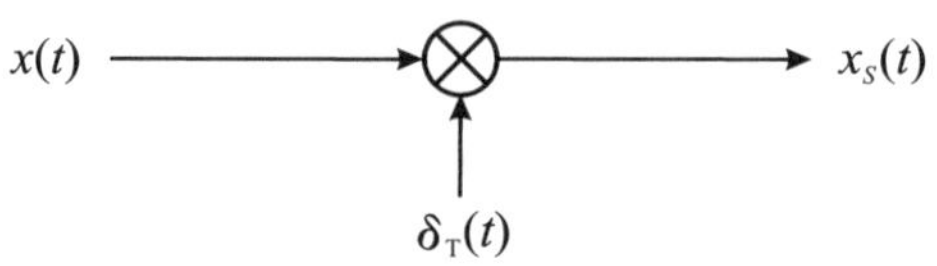

Bild 2.50: Idealer Abtaster

Für das abgetastete (engl: sampled) Signal $x_s(t)$ erhalten wir dann:

$$\begin{aligned} x_s(t) &= x(t) \cdot \delta_T(t) , \\ &= x(t) \sum_{n=-\infty}^{+\infty} \delta(t - nT) , \\ &= \sum_{n=-\infty}^{+\infty} x(nT)\delta(t - nT) . \end{aligned} \tag{2.171}$$

Das abgetastete Signal $x_s(t)$ besteht demnach aus einer zeitkontinuierlichen Dirac-Impulsfolge, deren Gewichte gleich den Abtastwerten $x(nT)$ sind. T ist die Abtastperiode oder das Abtastintervall und

$$f_s = \frac{1}{T} \tag{2.172}$$

ist die Abtastfrequenz oder die Abtastrate.

Wir stellen uns nun die Frage, wie das Spektrum $X_s(f)$ des abgetasteten Signals $x_s(t)$ aussieht. Zu diesem Zweck transformieren wir Gl.(2.171) in den Frequenzbereich, indem wir das Faltungstheorem (2.79) anwenden:

$$x_s(t) = x(t) \cdot \delta_T(t) \quad \circ\!\!-\!\!\bullet \quad X_s(f) = X(f) * \Delta_T(f) .$$

Wir erinnern uns, dass die Fourier-Transformierte $\Delta_T(f)$ des periodischen Dirac-Pulses $\delta_T(t)$ gemäss Gl.(2.46) ebenfalls ein periodischer Dirac-Puls ist. Daraus folgt:

$$X_s(f) = X(f) * \frac{1}{T} \sum_{k=-\infty}^{+\infty} \delta(f - kf_s) .$$

Nach Gl.(2.74) ist die Faltung definiert als

$$X_s(f) = \int_{-\infty}^{\infty} X(\nu) \cdot \frac{1}{T} \sum_{k=-\infty}^{+\infty} \delta(f - kf_s - \nu)\, d\nu ,$$

wobei ν die Integrationsvariable bezeichnet.

Integration und Summation dürfen vertauscht werden:

$$X_s(f) = \frac{1}{T} \sum_{k=-\infty}^{+\infty} \int_{-\infty}^{\infty} X(\nu)\delta(f - kf_s - \nu)\, d\nu .$$

Wegen der Abtasteigenschaft (2.6) des Dirac-Pulses lässt sich das Integral leicht auswerten und wir erhalten:

$$X_s(f) = \frac{1}{T} \sum_{k=-\infty}^{+\infty} X(f - kf_s) . \tag{2.173}$$

Das Spektrum des mit der Abtastfrequenz f_s abgetasteten Signals besteht somit aus dem Spektrum des Originalsignals ($k=0$) und aus ganzen Vielfachen von f_s-verschobenen Kopien:

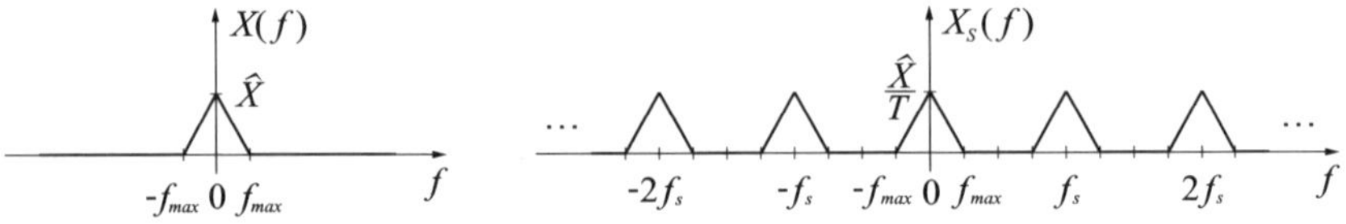

Bild 2.51: Ursprüngliches Spektrum und Spektrum des abgetasteten Signals

Das Spektrum des abgetasteten Signals in Abhängigkeit der Abtastwerte $x(nT)$ finden wir wie folgt:

$$\begin{aligned}
X_s(f) &= \int_{-\infty}^{\infty} x_s(t) e^{-j2\pi ft}\, dt\,, \\
&= \int_{-\infty}^{\infty} \sum_{n=-\infty}^{+\infty} x(nT)\delta(t-nT) e^{-j2\pi ft}\, dt\,, \\
&= \sum_{n=-\infty}^{+\infty} x(nT) \int_{-\infty}^{\infty} \delta(t-nT) e^{-j2\pi ft}\, dt\,, \\
&= \sum_{n=-\infty}^{+\infty} x(nT) e^{-j2\pi fnT}\,, \\
&= \sum_{n=-\infty}^{+\infty} x(nT) e^{-j2\pi n\frac{f}{f_s}}\,.
\end{aligned} \tag{2.174}$$

Die Funktion $e^{-j2\pi n\frac{f}{f_s}}$ und somit auch $X_s(f)$ ist f_s-periodisch. Diese Periodizität, die in Einklang mit Eigenschaft (2.59) steht, ist ein fundamentales Resultat:

Das Spektrum eines mit der Frequenz f_s abgetasteten Signals ist f_s-periodisch.

2.6.2 Rekonstruktion und Abtasttheorem

Hier geht es um die Frage, unter welchen Bedingungen das ursprüngliche Signal aus dem abgetasteten Signal rekonstruiert werden kann. Diese Frage ist einfach zu beantworten, wenn wir Bild 2.52 betrachten. Das ursprüngliche Signal mit dem Spektrum $X(f)$ erhalten wir, indem wir das abgetastete Signal mit einem idealen Tiefpass $H_{rec}(f)$ der Höhe T und der Bandbreite $0.5f_s$ filtern. Dieses Filter liefert das Ausgangssignal $y(t)$ mit dem Spektrum $Y(f) = X(f)$. Ein solches Filter, in Bild 2.52 gestrichelt eingezeichnet, nennt man ideales Rekonstruktions-Tiefpassfilter.

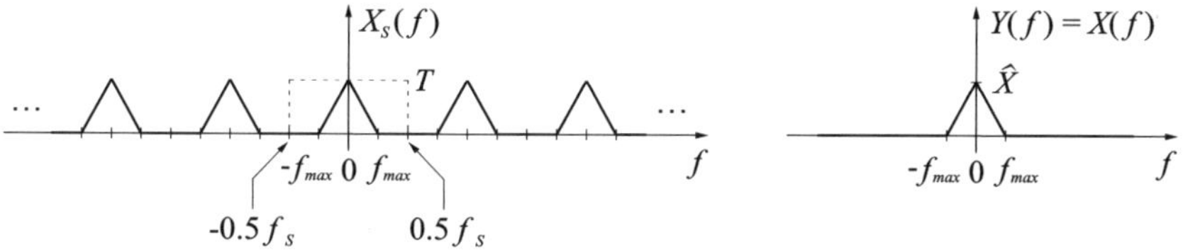

Bild 2.52: Spektrum des abgetasteten und Spektrum des rekonstruierten Signals

Mathematisch:

$$
\begin{aligned}
Y(f) &= H_{rec}(f) X_s(f) \,, \\
&= T\mathrm{rect}(\frac{f}{f_s}) X_s(f) \,, \\
&= T\mathrm{rect}(\frac{f}{f_s}) \cdot \frac{1}{T} \sum_{k=-\infty}^{+\infty} X(f - k f_s) \,, \\
&= X(f) \,.
\end{aligned}
\tag{2.175}
$$

Der letzte Schritt wird verständlich bei Betrachtung von Bild 2.52: Die Rechteckfunktion schneidet aus der Summe der f_s-verschobenen Spektren das Grundspektrum heraus (das Grund- oder Basisspektrum ist das Spektrum mit $k=0$).

Aus Bild 2.52 ist ersichtlich, dass eine korrekte Rekonstruktion nur möglich ist, wenn sich die einzelnen Teilspektren nicht überlappen. Überlappen sie sich wie in Bild 2.53, d. h. ist die Grenzfrequenz f_{max} grösser als die halbe Abtastfrequenz, dann ist eine fehlerfreie Rekonstruktion nicht möglich. Daher muss die Abtast- oder Nyquistbedingung

$$f_s > 2 f_{max} \tag{2.176}$$

erfüllt sein. Aus ihr folgt das *Abtasttheorem* (engl: sampling theorem), ein zentrales Theorem der Signalverarbeitung:

> *Ein Signal ist eindeutig durch seine Abtastwerte $x(nT)$ bestimmt, wenn die Abtastfrequenz f_s grösser ist als das Doppelte der Grenzfrequenz f_{max}.*

Die Grenzfrequenz f_{max} ist die höchste im ursprünglichen Signal $x(t)$ vorkommende Frequenz (Bild 2.51 links), d. h. :

$$X(f) = 0 \quad \text{für} \quad |f| > |f_{max}| \,. \tag{2.177}$$

Die Grenzfrequenz f_{max} wird vielfach auch als *Nyquist-Frequenz* bezeichnet und die Frequenz $2f_{max}$, die von der Abtastfrequenz überschritten werden muss, heisst *Nyquist-Rate*. Der Begriff der Nyquist-Frequenz ist leider nicht eindeutig, da auch die halbe Abtastfrequenz als Nyquistfrequenz bezeichnet wird [Mit02].

Den Frequenzbereich von $-0.5f_s$ bis $0.5f_s$ nennt man *Basisband* oder *Nyquist-Bereich*.

Wenn die Abtastfrequenz höher ist als die Nyquist-Rate, spricht man von Überabtastung (engl: oversampling) und sonst von Unterabtastung (engl: undersampling). Eine Abtastung mit der Nyquist-Rate wird als kritische Abtastung bezeichnet. In der Praxis ist die Überabtastung üblich. In der digitalen Telefonie beispielsweise, wo $f_{max} = 3.4\,\text{kHz}$ beträgt, wird mit $f_s = 8\,\text{kHz}$ abgetastet.

Bild 2.53 zeigt das Spektrum eines unterabgetasteten Signals: Die periodischen Spektren überlappen sich. Diese Bandüberlappung wird im Englischen *Aliasing* genannt, ein Wort, das sich auch im Deutschen eingebürgert hat. Wegen dieser Bandüberlappung kann das ursprüngliche Signal nicht mehr fehlerlos rekonstruiert werden und es entsteht ein so genannter Unterabtastfehler.

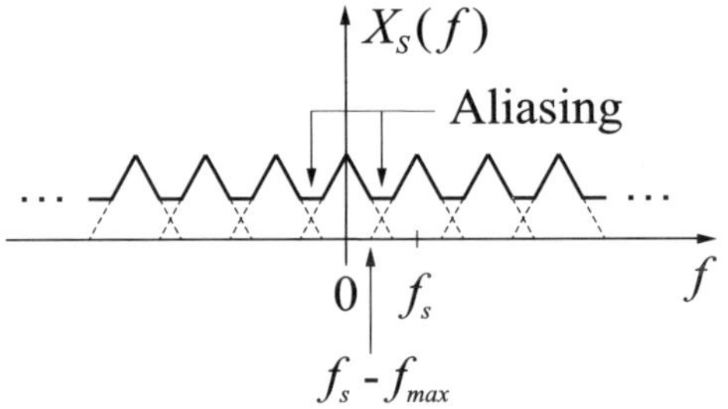

Bild 2.53: Spektrum eines unterabgetasteten Signals

Wie sich das Aliasing im Zeitbereich auswirkt, ist in Bild 2.54 anhand einer unterabgetasteten Cosinusschwingung der Frequenz $\frac{2}{3}f_s$ dargestellt.

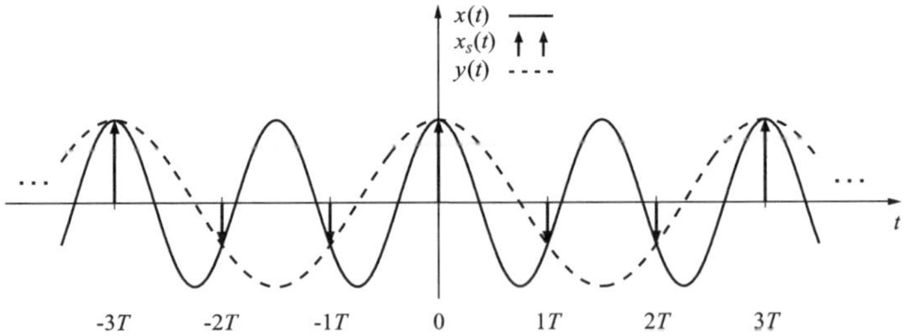

Bild 2.54: Aliasing im Zeitbereich: $x(t)$: ursprüngliches Signal, $x_s(t)$: abgetastetes Signal, $y(t)$: rekonstruiertes Signal

Das rekonstruierte Signal ist zwar wiederum eine Cosinusschwingung, aber nicht der ursprünglichen Frequenz $\frac{2}{3}f_s$, sondern der Frequenz $\frac{1}{3}f_s$. Warum gerade diese Frequenz auftritt, kann anhand des Spektrums $X_s(f)$ überlegt werden (siehe Aufgabe 9).

Durch Anwenden der inversen Fourier-Transformation auf Gl.(2.175) finden wir für das Ausgangssignal im Zeitbereich (siehe dazu Aufgabe 8):

$$\begin{aligned} y(t) &= h_{rec}(t) * x_s(t) , \\ &= \operatorname{sinc}(\frac{t}{T}) * x_s(t) , \\ &= \sum_{n=-\infty}^{+\infty} x(nT)\operatorname{sinc}(\frac{t-nT}{T}) , \\ &= x(t) . \end{aligned} \tag{2.178}$$

Die rechte Seite von Gl.(2.178) wird Interpolations- oder Rekonstruktionsfunktion genannt. Demnach kann jedes bandbeschränkte Signal $x(t)$ durch eine Linearkombination von T-verschobenen und mit Abtastwerten gewichteten Sinc-Funktionen dargestellt werden.

2.6.3 Antialiasingfilter und Abtastfrequenz

Aliasingfehler sind Fehler, welche sich nicht korrigieren lassen. Signale müssen vor ihrer Abtastung deshalb bandbeschränkt sein, wenn man Unterabtastfehler vermeiden will. Ist ein Signal nicht genügend bandbeschränkt, dann muss es vor seiner Abtastung mit einem so genannten Antialiasingfilter (AAF) tiefpass- oder bandpassgefiltert werden, um die hohen Frequenzanteile im Eingangsspektrum zu unterdrücken. Nach der Filterung wird das Signal auf einen Analog-Digital-Wandler geführt, dessen Eingangsteil mit einer Kaskade aus idealem Abtaster und Halteglied (engl: hold) modelliert werden kann (Bild 2.55).

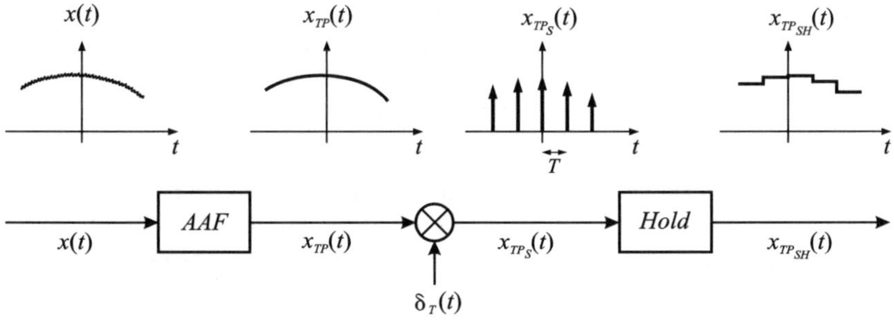

Bild 2.55: Antialiasingfilter mit Abtast-Halteglied

Wir wollen uns nun anhand einer Tiefpassfilterung überlegen, wie man die Durchlassfrequenz f_{pass} (engl: passband frequency) und die Sperrfrequenz f_{stop} (engl: stop frequency) des Antialiasingfilters festlegen kann.

Wir nehmen an, dass das Eingangssignal eine Grenzfrequenz von f_{max} hat und ein Nutzspektrum von 0 bis f_u aufweist (Bild 2.56 oben). Der Nutzfrequenzbereich ist definiert als der Frequenzbereich, in dem sich die interessierenden Frequenzanteile des zu verarbeitenden Signals befinden (bei einem Gesprächssignal in der Telefonie erstreckt sich dieser Bereich beispielsweise von 300 Hz bis 3400 Hz). Der Frequenzbereich von f_u bis f_{max} enthalte unerwünschte Frequenzkomponenten wie z. B. Rauschen oder andere Störungen. Er ist in Bild 2.56 oben schraffiert gezeichnet.

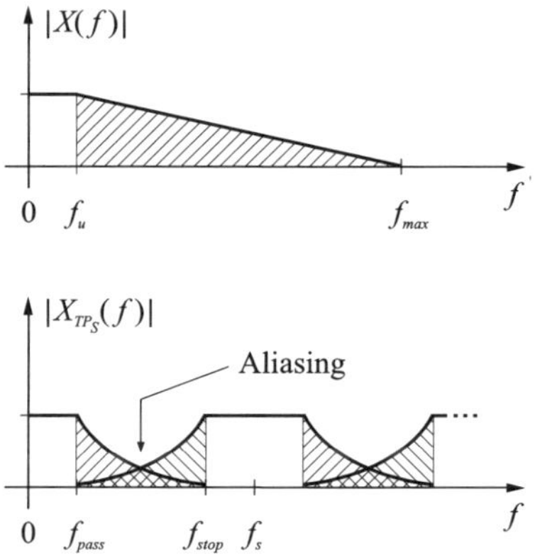

Bild 2.56: Spektrum des Eingangssignals und Spektrum des bandbeschränkten und abgetasteten Eingangssignals

Bild 2.56 unten zeigt das Spektrum des tiefpassgefilterten und f_s-abgetasteten Eingangssignals. Wählen wir die Durchlassfrequenz $f_{pass} = f_u$ und die Sperrfrequenz $f_{stop} = f_s - f_u$, dann bleibt das Nutzfrequenzspektrum von 0 bis f_u gerade noch aliasfrei, wie das Bild 2.56 unten zeigt. Allgemein gilt daher für die Wahl der Parameter f_{pass} und f_{stop} des Antialiasingfilters:

$$f_{pass} \geq f_u \quad \text{und} \quad f_{stop} \leq f_s - f_u \, . \tag{2.179}$$

Über die erforderliche Dämpfung im Sperrbereich und die zulässige Dämpfung im Durchlassbereich lässt sich hier nichts aussagen. Die Wahl dieser Parameter hängt vom Eingangsspektrum und den Erfordernissen der betreffenden Anwendung ab (siehe dazu Aufgabe 10).

Selbstverständlich können wir auf ein Antialiasingfilter verzichten, wenn man die Abtastfrequenz grösser als das Doppelte von f_{max} wählt. Da in praktischen Anwendungen die Grenzfrequenz f_{max} eines Signals sehr hoch sein kann, muss dann auch die Abtastfrequenz f_s sehr hoch gewählt werden. Wir werden später sehen, dass eine hohe Abtastfrequenz für die digitale Verarbeitung von Signalen im Allgemeinen ungünstig ist, unter anderem deshalb, weil damit die Geschwindigkeitsanforderungen an den digitalen Rechner und an den AD- und

DA-Wandler unzulässig hoch werden können. Wählt man andererseits die Abtastfrequenz tief, dann muss entsprechend Ungleichung (2.179) auch die Sperrfrequenz f_{stop} des Antialiasingfilters tief gewählt werden. Daraus resultiert ein steilflankiges Filter, das, wie jeder Analogtechniker weiss [MH83], nur schwer zu realisieren ist. Die Wahl der Abtastfrequenz ist deshalb ein Kompromiss, der von der betreffenden Anwendung und der vorhandenen Hardware abhängt.

2.6.4 Rekonstruktion und Glättungsfilter

Ein klassisches Echtzeit-System zur digitalen Verarbeitung zeitkontinuierlicher Signale besteht aus 5 Blöcken:

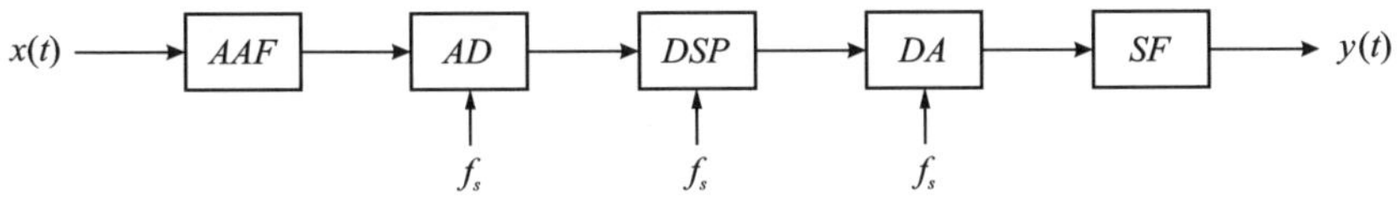

Bild 2.57: DSV-System zur zeitkontinuierlichen Signalverarbeitung

Der erste Block ist ein Antialiasingfilter, an dessen Ausgang ein AD-Wandler angeschlossen ist. Die Abtastwerte des AD-Wandlers werden in einem digitalen Signalprozessor (DSP) verarbeitet und auf einen DA-Wandler geführt. Den Ausgangsteil des DA-Wandlers kann man sich als Halteglied vorstellen, das Dirac-Pulse in rechteckförmige Pulse überführt, deren Höhe durch die Gewichte der Dirac-Pulse und deren Breite durch das Abtastintervall T gegeben sind (Bild 2.58 oben). Der DA-Wandler liefert demnach ein zeitkontinuierliches, treppenförmiges Ausgangssignal, dessen Treppenstufen mit einem Glättungsfilter (engl: *s*moothing *f*ilter oder reconstruction filter) SF geglättet werden.

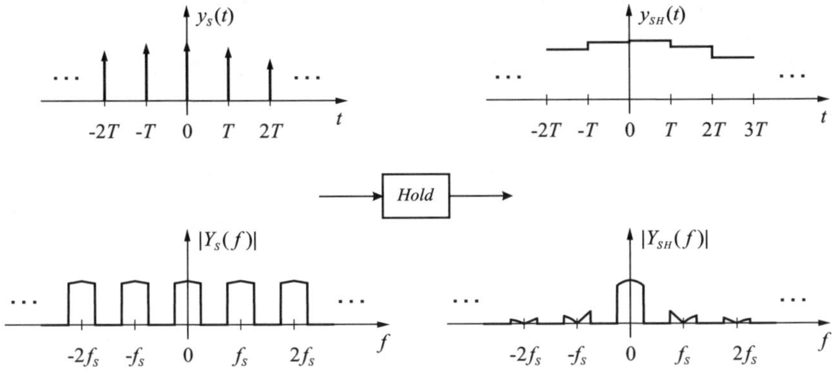

Bild 2.58: Halte-Glied 'Hold' mit Eingangs- und Ausgangssignal

Der Frequenzgang $H_{Hold}(f)$ des Halte-Gliedes ist gemäss Gl.(2.133) gleich der Fourier-Transformierten der Impulsantwort. Da diese rechteckförmig ist, erhalten wir aus Anwendung der Gleichungen (2.41) und (2.50):

$$H_{Hold}(f) = T\text{sinc}(\frac{f}{f_s})e^{-j\pi fT} . \qquad (2.180)$$

Der Amplitudengang des Halte-Gliedes hat die Tiefpass-Charakteristik der Sinc-Funktion, was das Ausgangsspektrum in Bild 2.58 unten erklärbar macht. In der Praxis ist dem DA-Wandler vielfach noch ein Glättungsfilter *SF* gemäss Bild 2.57 angeschlossen. Wie der Name sagt, hat dieses Filter die Aufgabe, das treppenförmige Signal zu glätten. In der Treppenform stecken hochfrequente Signalanteile, die durch die Restspektren bei $f = \cdots, -2f_s, -f_s, f_s, 2f_s, \cdots$ repräsentiert werden (Bild 2.58 unten rechts). Das Basisspektrum zwischen $-0.5f_s$ und $0.5f_s$ wird durch das Halte-Glied ebenfalls abgeschwächt. Einem Glättungsfilter können deshalb zwei Aufgaben übertragen werden: 1. Es soll die Restspektren bei ganzen Vielfachen der Abtastfrequenz unterdrücken und 2. es soll die Abschwächung des Basisspektrums durch eine entsprechende Verstärkung kompensieren. Das Glättungsfilter ist deshalb i. Allg. wie das Antialiasingfilter ein Tiefpassfilter. Selbstverständlich kann man auf den Einsatz eines Glättungsfilters verzichten, wenn die erwähnte Abschwächung und die Restspektren toleriert werden können. Dies ist insbesondere dann der Fall, wenn der DA-Wandler mit einer hohen Abtastfrequenz betrieben wird. Bei einer hohen Abtastfrequenz werden die Treppenstufen des Signals sehr klein, so dass sie vielfach toleriert oder beispielsweise mit einem einfachen RC-Glied geglättet werden können. Auch hier gilt der Grundsatz, dass eine hohe Abtastfrequenz die Anforderungen an das zeitkontinuierliche Filter herabsetzt.

Aufgaben

1. **Leistungsberechnung an einem Widerstand**

   Ein Widerstand R wird vom periodischen Strom $i_p = \hat{I}\sin(2\pi f_0 t)$ durchflossen. Bestimmen Sie die mittlere Leistung P in diesem Widerstand, indem Sie die modifizierte Formel (2.26) anwenden: $P = R\frac{1}{T_0}\|i_p\|^2$.

2. **Spektrum eines periodischen Rechtecksignals**

   Gegeben ist ein T_0-periodisches Rechtecksignal $x_p(t)$ gemäss Bild 2.59 mit einem Tastverhältnis (engl: duty cycle) von T_1/T_0.

   (a) Bestimmen Sie das Spektrum $X_p(f)$.

   (b) Zeichnen Sie das Spektrum im Frequenzbereich von -10 Hz bis $+10$ Hz für $T_0 = 1$ s und $T_1 = 0.25$ s und bestimmen Sie das Gewicht des Dirac-Pulses bei $f = 0$.

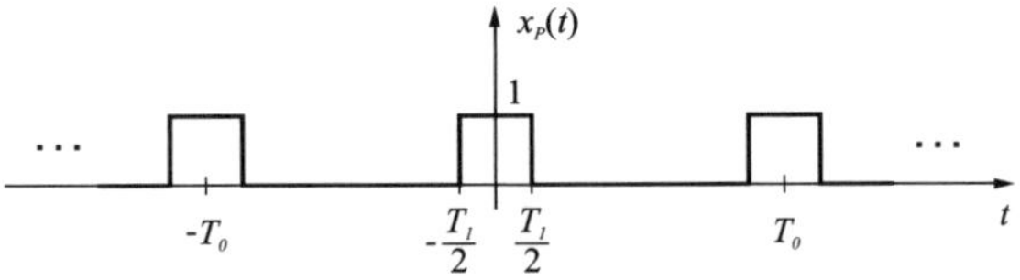

Bild 2.59: Periodisches Rechtecksignal mit dem Tastverhältnis T_1/T_0

3. **Energie und Laplace-Transformierte des Exponentialpulses**

   Berechnen Sie a) die Energie und b) die Laplace-Transformierte des Exponentialpulses $x(t) = e^{-\frac{t}{\tau}}u(t)$ (Bild 2.27 c).

4. **LCR-Bandpass**

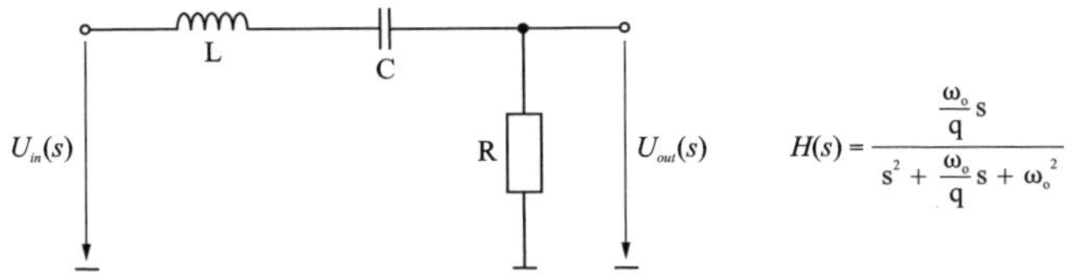

Bild 2.60: LCR-Bandpass mit zugehöriger Übertragungsfunktion

(a) Bestimmen Sie die Übertragungsfunktion $H(s)$ des LCR-Bandpasses und leiten Sie daraus die Dimensionierungsgleichungen

$$\omega_0 = \frac{1}{\sqrt{LC}} \quad \text{und} \quad q = \frac{1}{R}\sqrt{\frac{L}{C}}$$

her.

(b) Berechnen Sie die Skalierungskonstante sowie die Pole und Nullstellen der Übertragungsfunktion in Bild 2.60 (Annahme: $q > 0.5$). Zeigen Sie, dass der Betrag der Pole gleich ω_0 ist.

(c) Bestimmen Sie den Amplitudengang $|H(f)|$. Zeigen Sie, dass er an der Stelle $f = f_0 = \frac{\omega_0}{2\pi}$ den Wert eins hat und dass die 3-dB-Bandbreite $B = \frac{f_0}{q}$ ist.

(d) Legen Sie eine 1-Volt-Sprungfunktion an den LCR-Bandpass und bestimmen Sie die Schrittantwort $u_{out}(t)$, indem Sie das Laplace-Transformationspaar

$$\frac{1}{\sqrt{1-\zeta^2}\omega_0} e^{-\zeta\omega_0 t} \sin(\sqrt{1-\zeta^2}\omega_0 t)u(t) \quad \circ\!\!-\!\!\bullet \quad \frac{1}{s^2 + 2\zeta\omega_0 s + \omega_0^2}$$

verwenden (Annahme: $q > 0.5$).

(e) Spulen in Form einer schraubenförmig aufgewickelten Drahtleitung lassen sich nur schlecht für hohe Induktivitätswerte L realisieren. Eine Alternative bilden elektronische Spulen [vGRM86], deren äquivalente Induktivität L_{aeq} eine Funktion von Widerstands- und Kondensatorwerten ist.

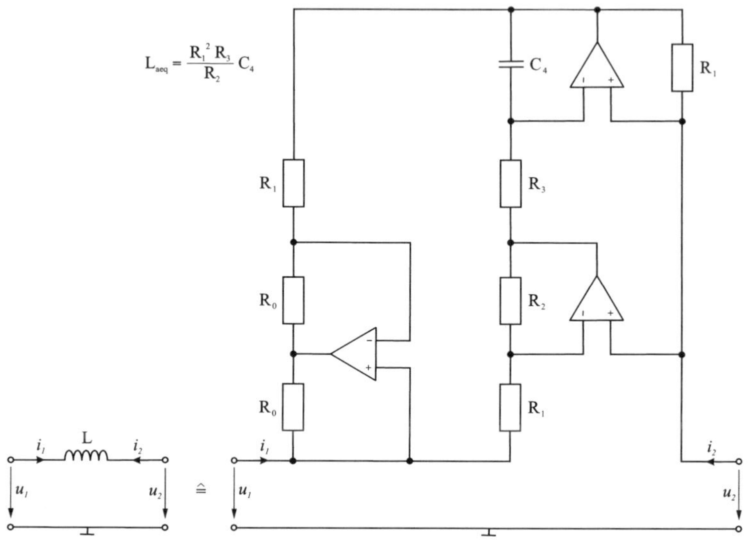

Bild 2.61: Schwimmende Spule und ihre elektronische Realisierung in Form einer aktiven RC-Schaltung

Schliessen wir an einen elektrischen, linearen Zweitor zwei Spannungsquellen und berechnen wir die beiden Klemmenströme im Laplace-Bereich, dann erhalten wir folgendes Gleichungssystem:

$$\begin{bmatrix} I_1(s) \\ I_2(s) \end{bmatrix} = \begin{bmatrix} Y_{11}(s) & Y_{12}(s) \\ Y_{21}(s) & Y_{22}(s) \end{bmatrix} \begin{bmatrix} U_1(s) \\ U_2(s) \end{bmatrix} .$$

Die Matrix mit den Elementen $Y_{11}(s), \cdots, Y_{22}(s)$ heisst Admittanz-Matrix des Zweitors. Zeigen Sie durch Anwenden der Kirchhoff'schen Gesetze, dass für die schwimmende Spule und ihre elektronische Realisierung in Bild 2.61 die Admittanz-Matrix wie folgt gegeben ist:

$$\begin{bmatrix} Y_{11}(s) & Y_{12}(s) \\ Y_{21}(s) & Y_{22}(s) \end{bmatrix} = \begin{bmatrix} Y(s) & -Y(s) \\ -Y(s) & Y(s) \end{bmatrix} ,$$

wobei:

$$Y(s) = \begin{cases} \frac{1}{sL} & : \text{ Drahtspule} \\ \frac{1}{s\frac{R_1^2 R_3}{R_2} C_4} & : \text{ elektronische Spule} \end{cases} .$$

(f) Das M-File `bandpass` berechnet und plottet das Pol-Nullstellen-Diagramm, den Amplitudengang und die Schrittantwort eines Bandpasses 2. Ordnung. Experimentieren Sie mit dem M-File, indem Sie verschiedene Resonanzkreisfrequenzen und Güten eingeben.

5. **RC-Glied als Tiefpass-System 1. Ordnung**

Das RC-Glied ist ein Tiefpass-System 1. Ordnung mit der Übertragungsfunktion $H(s) = \frac{1}{1+s\tau}$, wobei die Zeitkonstante τ durch das Produkt RC gegeben ist.

(a) An das RC-Glied wird ein kausaler Rechteckpuls $u_{in}(t)$ der Höhe $\hat{U}$ und der Dauer T_0 gelegt.

i. Zerlegen Sie ihn in zwei geeignete Sprungfunktionen und bestimmen Sie daraus seine Laplace-Transformierte $U_{in}(s)$:

$$u_{in}(t) = \hat{U}\mathrm{rect}(\frac{t - T_0/2}{T_0}) \quad \circ\!\!-\!\!\bullet \quad U_{in}(s) = \hat{U}\frac{1 - e^{-sT_0}}{s} \ .$$

ii. Berechnen Sie das Ausgangsspektrum $U_{out}(f)$ und ermitteln Sie das Ausgangssignal $u_{out}(t)$, indem Sie das Laplace-Transformationspaar

$$\frac{1}{s(s+a)} \quad \bullet\!\!-\!\!\circ \quad \frac{1}{a}(1 - e^{-at})u(t)$$

verwenden.

(b) Bestimmen Sie die 3-dB-Bandbreite B, die Anstiegszeit T_r und die Einschwingzeit T_s des RC-Gliedes.

6. **Verzögerungsglied als LTI-System**

Ein Verzögerungsglied (engl: delay) ist ein LTI-System, dessen Ausgangssignal gleich dem um Δt verzögerten Eingangssignal ist (Bild 2.62).

Bestimmen Sie die Übertragungsfunktion $H(s)$, den Amplitudengang $|H(f)|$, den Phasengang $\angle H(f)$ und die Impulsantwort $h(t)$ des Verzögerungsgliedes.

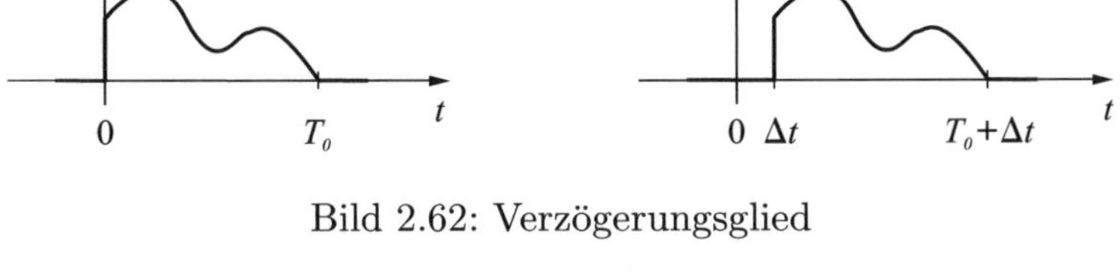

Bild 2.62: Verzögerungsglied

7. **Korrelation als Faltung**

   Beweisen Sie die Formel $r_{xy}(\tau) = x(-t) * y(t)|_{t=\tau}$ für die Korrelation, indem Sie in der Definition (2.80) t durch $\acute{t} - \tau$ substituieren und nachher die Definition (2.74) für die Faltung anwenden.

8. **Herleitung des rekonstruierten Ausgangssignals**

   Leiten Sie die Rekonstruktionsformel (2.178) analog zu Gl.(2.173) und Gl. (2.174) her.

9. **Aliasing einer Cosinusschwingung**

   Erklären Sie, wie die Cosinusschwingung $y(t)$ mit der Frequenz $f_s/3$ in Bild 2.54 zu Stande kommt. Hinweis: Spektrum des Originalsignals $x(t)$, des abgetasteten Signals $x_s(t)$ und des ideal rekonstruierten Signals $y(t)$ skizzieren.

10. **Dimensionierung eines Antialiasingfilters**

    Ein reelles Nutzsignal $x_1(t)$ mit einem rechteckförmigen Betragsspektrum $|X_1(f)| = U_1 T_1 \mathrm{rect}(\frac{f}{2f_{max}})$ und ein sägezahnförmiges Störsignal mit der Fourier-Reihe $x_2(t) = -\Sigma_{k=1}^{\infty}(-1)^k U_2 \sin(2\pi k f_0 t)/(\pi k)$ bilden das Eingangssignal $x(t) = x_1(t) + x_2(t)$ des Systems in Bild 2.55.

    (a) Unter der Annahme, dass der Amplitudengang des Antialiasingfilters stückweise gerade gemäss Bild 2.63 ist, skizziere man die Spektren $|X(f)|$, $|X_{TP}(f)|$, $|X_{TP_S}(f)|$ und $|X_{TP_{SH}}(f)|$ für folgende Parameter: $f_0 = 1\,\mathrm{kHz}$, $f_{max} = 0.5\,\mathrm{kHz}$ und $f_s = 3.25\,\mathrm{kHz}$.

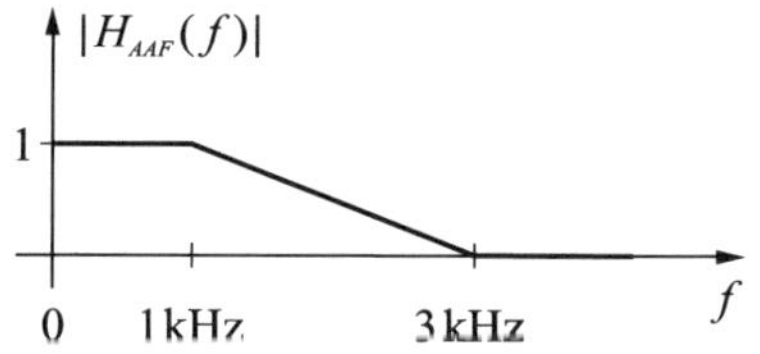

Bild 2.63: Antialiasingfilter zu Aufgabe 10a

    (b) Als Antialiasingfilter werde ein RC-Glied eingesetzt. Bestimmen Sie dessen Zeitkonstante RC so, dass die Dämpfung bei f_{max} 0.5 dB ist.

    Hinweis: Der Amplitudengang in dB ist definiert als $|H(f)|_{in\,dB} = 20\log(|H(f)|)$, wobei $H(f)$ der Frequenzgang des Filters ist. Die Dämpfung (engl: attenuation) ist definiert als das Reziproke des Amplitudengangs: $A(f) = \frac{1}{|H(f)|}$. Daraus folgt für die Dämpfung in dB: $A(f)_{in\,dB} = -20log(|H(f)|)$.

    (c) Überprüfen Sie den Amplitudengang des RC-Gliedes mit Hilfe des MATLAB-Befehls `freqs` .

(d) Bei einer Abtastfrequenz von $f_s = 1\,\mathrm{MHz}$ und einer Sägezahnfrequenz von $f_0 = 10.10\,\mathrm{kHz}$ tritt im Nutzfrequenzbereich von $0\ldots$ 500 Hz Aliasing auf. Bei welcher Frequenz f_a tritt der Alias auf und wie gross ist seine Amplitude $\hat{U}_a$? ($U_2 = 12\,\mathrm{V}$ und $RC = 111\,\mu\mathrm{s}$.)

11. **Liste der Signalzerlegungen**

    Listen Sie alle Signalzerlegungen im Zeitbereich auf, die Sie in Kapitel 2 kennen gelernt haben.

12. **Demonstration des Aliasingeffekts**

    Für diese Aufgabe benötigen Sie LabVIEW, eine analoge Datenerfassungs-Einsteckkarte und einen Sinus-Generator.

    Starten Sie das Vi `Signal and Spectrum`, variieren Sie die Frequenz des Sinus-Generators und beobachten Sie den Aliasingeffekt.

Kapitel 3

Zeitdiskrete Signale und Systeme

In diesem Kapitel wollen wir uns mit den theoretischen Grundlagen der zeitdiskreten Signalverarbeitung auseinander setzen.

3.1 Zeitdiskrete Signale

Unter einem *diskreten* oder *zeitdiskreten* Signal versteht man eine Folge (engl: sequence) von reellen oder komplexen Zahlen:

$$\{x[n]\}_{n\in\mathbb{Z}} = \{\ldots, x[-2], x[-1], x[0], x[1], x[2], \ldots\} . \tag{3.1}$$

Mit $n \in \mathbb{Z}$ (sprich n in $\mathbb{Z}$) will man ausdrücken, dass n eine ganze Zahl ist und den Bereich von minus bis plus unendlich durchläuft: $-\infty < n < \infty$. Da dies als Selbstverständlichkeit betrachtet wird, lässt man die Mengenbezeichnung meistens weg, so dass alleine die geschweiften Klammern eine Folge charakterisieren.

Eine Folge oder eine Sequenz entsteht in der Praxis beispielsweise durch die Abtastung eines zeitkontinuierlichen Signals $x(t)$:

$$x[n] = x(t)\big|_{t=nT} . \tag{3.2}$$

Der n-te Abtastwert $x[n]$ ist identisch mit dem Gewicht $x(nT)$ des abgetasteten Signals in Gl.(2.171). Der Wert $x[n]$ wird aber auch dann Abtastwert genannt, wenn er durch Generierung auf einem Digitalrechner gewonnen wurde. T ist das Abtastintervall und gleich dem Reziproken der Abtastfrequenz f_s:

$$T = \frac{1}{f_s} . \tag{3.3}$$

Da die Schreibweise mit den geschweiften Klammern unhandlich ist, hat sich eingebürgert, mit $x[n]$ nicht nur den n-ten Abtastwert zu bezeichnen, sondern *auch* die ganze Sequenz. Dies in Analogie zum zeitkontinuierlichen Signal, wo man unter $x(t)$ entweder den Signalwert zum Zeitpunkt t oder den Signalverlauf auf der ganzen Zeitachse versteht. Es wird dann jeweils aus dem Zusammenhang klar, ob mit $x[n]$ ein Abtastwert oder die ganze Sequenz gemeint ist. Auf alle Fälle ist daran zu denken, dass $x[n]$ nur für ganzzahlige Werte von n definiert ist. Dies im Gegensatz zum abgetasteten Signal $x_s(t)$, das zwischen den Abtastzeitpunkten Null ist. Um ein diskretes Signal von einem kontinuierlichen Signal unterscheiden zu können, hat sich zudem eingebürgert, die unabhängige Variable n – Zeitindex oder diskrete Zeitvariable genannt – zwischen eckige Klammern [ ] zu setzen.

Will man betonen, dass eine Folge eine endliche Anzahl von Abtastwerten umfasst, dann kann man dafür die Notation $\{x[n]\}_{n=0}^{N-1}$ verwenden. Darunter versteht man eine Sequenz der Länge N, die wie folgt definiert ist:

$$\{x[n]\}_{n=0}^{N-1} = \{x[0], x[1], \ldots, x[N-1]\} \ . \tag{3.4}$$

Zeitdiskrete Signale lassen sich ähnlich einteilen wie zeitkontinuierliche Signale. Wir können die Klassifizierung kontinuierlicher Signale auf die Klassifizierung diskreter Signale übertragen und betrachten im Folgenden deshalb nur diejenigen Beispiele, bei denen diese Übertragung nicht trivial ist.

3.1.1 Zeitdiskrete Elementarsignale

Zu den zeitdiskreten Elementarsignalen zählen wir die Impulsfolge, die Sprungfolge und die komplexe Exponentialfolge.

Die Impulsfolge (Einheitspuls, diskreter Diracpuls) ist wie folgt definiert:

$$\delta[n] = \begin{cases} 0 & : \quad n \neq 0 \\ 1 & : \quad n = 0 \end{cases} \ . \tag{3.5}$$

Analog zur Schrittfunktion definieren wir die Sprungfolge oder den Einheitsschritt:

$$u[n] = \begin{cases} 0 & : \quad n < 0 \\ 1 & : \quad n \geq 0 \end{cases} \ . \tag{3.6}$$

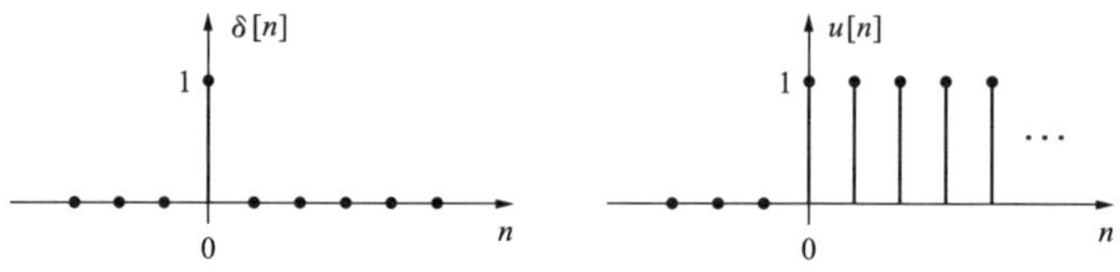

Bild 3.1: Einheitspuls und Einheitsschritt

Unter $\delta[n-i]$ versteht man den um i Abtastintervalle verschobenen Einheitspuls. Mit seiner Hilfe lässt sich jedes diskrete Signal $x[n]$ wie folgt zerlegen:

$$x[n] = \sum_{i=-\infty}^{\infty} x[i]\delta[n-i]\,. \tag{3.7}$$

Wir werden sehen, dass uns diese Zerlegung bei der Herleitung der zeitdiskreten Faltung dienlich sein wird. Zur Illustration ist in Bild 3.2 die Zerlegung eines Sägezahnimpulses dargestellt.

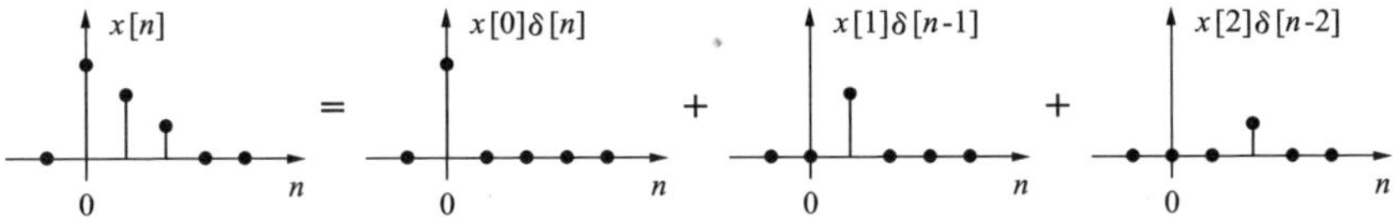

Bild 3.2: Zerlegung eines Sägezahnimpulses in zeitverschobene Einheitspulse

Die komplexe Exponentialfolge, auch unter dem Namen „diskrete, komplexe Sinusschwingung“ bekannt, definiert sich als Abtastung der komplexen Exponentialfunktion:

$$x[n] = \hat{X}e^{j2\pi f_0 nT}\,, \tag{3.8}$$

wobei $\hat{X}$ der Scheitelwert und f_0 die Frequenz der komplexen Exponentialfunktion ist.[1] $x[n]$ kann man sich als einen Zeiger der Länge $\hat{X}$ in der komplexen Ebene vorstellen, der sich – gleichsam wie der Zeiger einer Bahnhofuhr – schrittweise mit dem Winkel $2\pi f_0 T$ in Gegenuhrzeigerrichtung bewegt

Bildet man den Real- und den Imaginärteil der komplexen Exponentialfolge, so erhält man die Cosinus- und die Sinusfolge:

$$\Re\{\hat{X}e^{j2\pi f_0 nT}\} = \hat{X}\cos(2\pi f_0 nT) \quad \text{und} \quad \Im\{\hat{X}e^{j2\pi f_0 nT}\} = \hat{X}\sin(2\pi f_0 nT)\,. \tag{3.9}$$

[1] Viele Autoren definieren die komplexe Exponentialfolge mit $x[n] = \hat{X}e^{j\omega_0 n}$ und bezeichnen ω_0 als Frequenz. Diese Bezeichnung ist irreleitend, weil ω_0 ein Winkel ist und deshalb besser „Winkel pro Abtastwert“ oder normierte Kreisfrequenz heissen sollte.

3.1.2 Periodische und kausale diskrete Signale

Ein diskretes Signal $x_p[n]$ heisst periodisch mit der Periode N, wenn es folgende Bedingung erfüllt:

$$x_p[n] = x_p[n+N]\,. \tag{3.10}$$

N ist eine natürliche Zahl, d. h. $N \in \mathbb{N}$. Die fundamentale Periode (engl: fundamental period) ist die kleinste natürliche Zahl N, die die Bedingung (3.10) erfüllt. I. Allg. ist mit dem Begriff Periode die fundamentale Periode gemeint.

Beispiel 1 : Die diskrete Sinusschwingung $x[n] = \sin(2\pi f_0 nT)$ ist i. Allg. kein periodisches diskretes Signal, wie das Bild 3.3 links ($f_0 = 95\,\text{Hz}$, $T = 1\,\text{ms}$) zeigt. Hingegen ist die Sinusschwingung $x_p[n]$ rechts ($f_0 = 100\,\text{Hz}$, $T = 1\,\text{ms}$) periodisch mit der Periode $N = 10$, da die Bedingung für die Periodizität erfüllt ist (siehe dazu Aufgabe 1).

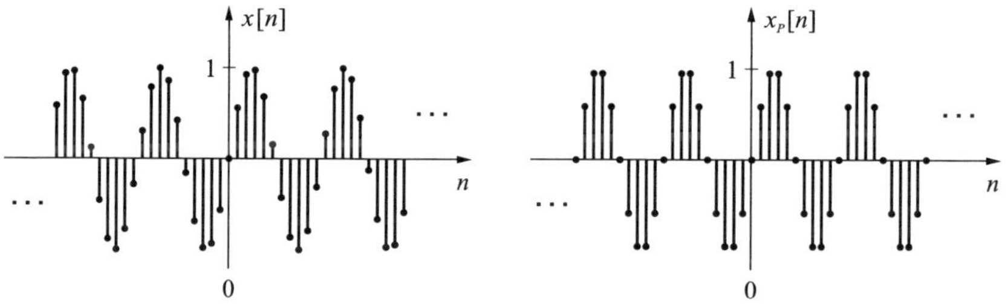

Bild 3.3: Nichtperiodische und periodische diskrete Sinusschwingung

Beispiel 2 : Ein weiteres diskretes Signal, das periodisch ist und im Zusammenhang mit der diskreten Fourier-Transformation eine wichtige Rolle spielt, ist die N-periodische Exponentialfolge:

$$x_p[n] = W_N^{kn}, \qquad \text{wobei:} \quad W_N = e^{-j2\pi/N}\,. \tag{3.11}$$

W_N heisst Drehfaktor und k ist eine ganze Zahl, d. h. $k \in \mathbb{Z}$.

Unter einem kausalen diskreten Signal $x_{cs}[n]$ verstehen wir ein diskretes Signal, das auf der negativen Zeitachse Null ist:

$$x_{cs}[n] = \begin{cases} x[n] & : \quad n \geq 0 \\ 0 & : \quad n < 0 \end{cases}\,. \tag{3.12}$$

Das bekannteste kausale diskrete Signal ist der Einheitsschritt $u[n]$ (Bild 3.1). Mit ihm kann man mittels Multiplikation jedes Signal kausal machen.

3.1.3 Diskrete Energie- und Leistungssignale

Wie in der Definitionsgleichung (3.1) angedeutet, können wir ein zeitdiskretes Signal auch als Vektor betrachten. Vektoren können endlich oder unendlich viele Elemente enthalten und in Form einer Zeile oder Spalte dargestellt werden. Wenn nichts anderes gesagt wird, versteht man unter einem Vektor $\boldsymbol{x}$ oder $\boldsymbol{y}$ immer einen Spaltenvektor. Das Umwandeln eines Zeilenvektors in einen Spaltenvektor und umgekehrt nennt man Transponierung und braucht dafür das Symbol ^{T}. Für die diskreten Signale $\boldsymbol{x}$ und $\boldsymbol{y}$ in Vektorform kann man daher schreiben:

$$\begin{aligned} \boldsymbol{x} &= [\cdots, x[-1], x[0], x[1], \cdots]^T , \\ \boldsymbol{y} &= [\cdots, y[-1], y[0], y[1], \cdots]^T . \end{aligned} \tag{3.13}$$

Für zwei Signale können wir jetzt ein Skalarprodukt $\langle \boldsymbol{x}, \boldsymbol{y} \rangle$ wie folgt definieren:

$$\langle \boldsymbol{x}, \boldsymbol{y} \rangle = \sum_{n=-\infty}^{\infty} x[n] y^*[n] , \tag{3.14}$$

wobei $y^*[n]$ der konjugiert komplexe Wert von $y[n]$ ist. Für reelle Signale, wie sie in der Praxis meistens vorkommen, sind die beiden Werte identisch, d. h. es gilt: $y^*[n] = y[n]$.

Bei Signalen endlicher Dauer, d. h. bei Signalen, welche Null sind unterhalb einer Grenze n_1 und oberhalb einer Grenze n_2, besteht das Skalarprodukt aus einer Summe mit endlich vielen Summanden:

$$\langle \boldsymbol{x}, \boldsymbol{y} \rangle = \sum_{n=n_1}^{n_2} x[n] y^*[n] . \tag{3.15}$$

Das Skalarprodukt lässt sich eleganter als Produkt eines Zeilenvektors mit einem Spaltenvektor ausdrücken:

$$\langle \boldsymbol{x}, \boldsymbol{y} \rangle = \boldsymbol{y}^H \boldsymbol{x} . \tag{3.16}$$

Darin ist $\boldsymbol{y}^H$ der Hermitische Vektor, d. h. ein Vektor, der durch Konjugation und Transponierung aus $\boldsymbol{y}$ entstanden ist:

$$\boldsymbol{y}^H = [\boldsymbol{y}^*]^T . \tag{3.17}$$

Bei reellen Signalen ist der Imaginärteil Null und es gilt daher $\boldsymbol{y}^H = \boldsymbol{y}^T$.

Beispiel 1: $\boldsymbol{x} = [1-j,\ \ 1+j]^T$ und $\boldsymbol{y} = [1,\ \ j]^T$.

$$\begin{aligned}
\langle \boldsymbol{x}, \boldsymbol{y} \rangle &= \boldsymbol{y}^H \boldsymbol{x}\,, \\
&= [1,\ \ -j] \begin{bmatrix} 1-j \\ 1+j \end{bmatrix}, \\
&= (1-j) + (-j)(1+j)\,, \\
&= 2 - j2\,.
\end{aligned}$$

Beispiel 2: $\boldsymbol{x} = [1,\ \ -1]^T$ und $\boldsymbol{y} = [-1,\ \ 1]^T$.

$$\begin{aligned}
\langle \boldsymbol{x}, \boldsymbol{y} \rangle &= \boldsymbol{y}^T \boldsymbol{x}\,, \\
&= [-1,\ \ 1] \begin{bmatrix} 1 \\ -1 \end{bmatrix}, \\
&= (-1) + (-1) \\
&= -2
\end{aligned}$$

Die Energie W eines diskreten Signals $x[n]$ ist definiert als

$$W = \sum_{n=-\infty}^{\infty} |x[n]|^2\,. \tag{3.18}$$

In Vektorform:

$$W = \langle \boldsymbol{x}, \boldsymbol{x} \rangle = \boldsymbol{x}^{\boldsymbol{H}} \boldsymbol{x}\,. \tag{3.19}$$

Ist die Energie W endlich, d. h. $0 < W < \infty$, dann spricht man von einem *Energiesignal*. Ein Beispiel dafür ist der Einheitspuls in Bild 3.1.

Viele Signale mit unendlicher Energie haben eine endliche mittlere Leistung P, definiert als:

$$P = \lim_{N \to \infty} \frac{1}{2N+1} \sum_{n=-N}^{N} |x[n]|^2\,. \tag{3.20}$$

Für periodische Signale $x_p[n]$ mit der Periode N folgt daraus:

$$P = \frac{1}{N} \sum_{n=0}^{N-1} |x_p[n]|^2\,. \tag{3.21}$$

Wenn die mittlere Leistung endlich und ungleich Null ist, spricht man von einem diskreten *Leistungssignal*. Beispiele dafür sind die Sprungfolge (Bild 3.1) und die diskrete Sinusschwingung (Bild 3.3).

Die Energie eines Signals kann man auch durch seine Norm ausdrücken. Unter der Norm eines diskreten Energiesignals versteht man folgenden Ausdruck:

$$\|\boldsymbol{x}\| = \sqrt{\langle \boldsymbol{x}, \boldsymbol{x} \rangle}\,. \tag{3.22}$$

Aus Gl.(3.19) folgt damit:

$$W = \|\boldsymbol{x}\|^2 \,. \tag{3.23}$$

Die Norm ist somit gleich der Wurzel aus der Energie eines Signals und kann als Mass seiner Stärke oder Länge aufgefasst werden, wie das folgende Beispiel illustriert.

Beispiel: $\boldsymbol{x} = [3,\ 4]^T \implies \|\boldsymbol{x}\| = 5$. Dieses Resultat kann man sich wie folgt veranschaulichen: ein Vektor mit den Komponenten 3 und 4 entspricht der Hypotenuse eines rechtwinkligen Dreiecks mit den Kathetenlängen 3 und 4. Die Hypotenuse eines solchen Dreiecks hat aufgrund des pythagoräischen Lehrsatzes die Länge 5.

Mit Hilfe der Norm lässt sich auch der Abstand $d(\boldsymbol{x},\boldsymbol{y})$ zweier Signale definieren [Mer96]:

$$d(\boldsymbol{x},\boldsymbol{y}) = \|\boldsymbol{x}-\boldsymbol{y}\| \,. \tag{3.24}$$

Die Definitionen (3.23) und (3.24) führen auf eine elegante Darstellung des Signal-Geräusch-Verhältnisses, (engl: signal to noise ratio, SNR), einem wichtigen Qualitätsmass in der Nachrichtentechnik:

$$\text{SNR} = \frac{\|\boldsymbol{x}\|}{\|\hat{\boldsymbol{x}}-\boldsymbol{x}\|} \,. \tag{3.25}$$

Dabei verstehen wir unter $\boldsymbol{x}$ das Nutzsignal und unter $\hat{\boldsymbol{x}}$ das gestörte Nutzsignal. Die Differenz $\boldsymbol{e} = \hat{\boldsymbol{x}} - \boldsymbol{x}$ der beiden Signale kann man dann als Fehlersignal (engl: error signal) $\boldsymbol{e}$ interpretieren und die Norm $\|\hat{\boldsymbol{x}}-\boldsymbol{x}\|$ als Abstand des gestörten zum ungestörten Nutzsignal.

Für das SNR in dB folgt daraus:

$$\text{SNR in dB} = 10\,\log(\frac{\boldsymbol{x}^H\boldsymbol{x}}{\boldsymbol{e}^H\boldsymbol{e}}) \,. \tag{3.26}$$

Die Darstellung zeitdiskreter Signale in Form von Vektoren bringt eine Reihe von Vorteilen mit sich:

- Signale und Operationen mit Signalen lassen sich kompakt und elegant darstellen.
- Programmsysteme, welche in der DSV verwendet werden, wie z. B. MATLAB und LabVIEW, stellen diskrete Signale in Form von Vektoren dar.
- Das ganze Instrumentarium der linearen Algebra (das Rechnen mit Vektoren und Matrizen) kann für die DSV eingesetzt werden [Dob01].
- Der Trend in der DSV – sowohl in der Theorie wie in der Praxis – geht eindeutig in Richtung Matrizenrechnung [SN96].

3.2 Lineare zeitinvariante diskrete Systeme

3.2.1 Grundlagen

Digitalfilter sind Realisierungen linearer zeitinvarianter diskreter Systeme. Diese Klasse von Systemen, kurz zeitdiskrete LTI-Systeme (engl: *l*inear *t*ime *i*nvariant discrete-time systems) genannt, stellen deshalb die wichtigste Klasse zeitdiskreter Systeme dar. Unter einem zeitdiskreten System wollen wir ein System verstehen, das ein zeitdiskretes Eingangssignal $x[n]$ zu einem zeitdiskreten Ausgangssignal $y[n]$ verarbeitet (Bild 3.4). Ein zeitdiskretes LTI-System ist ein diskretes System, das zusätzlich die Bedingungen der Linearität und der Zeitinvarianz erfüllt.

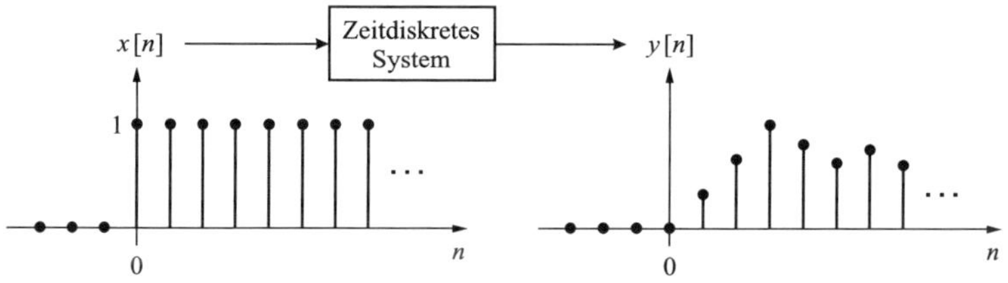

Bild 3.4: Beispiel eines zeitdiskreten Systems

Die Linearitätsbedingung lautet:

$$x[n] = k_1 x_1[n] + k_2 x_2[n] \quad \Rightarrow \quad y[n] = k_1 y_1[n] + k_2 y_2[n]\,. \tag{3.27}$$

In Worten:

> *Ein System ist linear, falls das Eingangssignal $x[n] = k_1 x_1[n] + k_2 x_2[n]$ das Ausgangssignal $y[n] = k_1 y_1[n] + k_2 y_2[n]$ bewirkt.*

Dabei sind $x_1[n]$ und $x_2[n]$ zwei beliebige Eingangssignale und $y_1[n]$ und $y_2[n]$ die dazugehörigen Ausgangssignale. Die Grössen k_1 und k_2 sind zwei Konstanten.

Die Zeitinvarianzbedingung lautet:

$$x[n-i] \quad \Rightarrow \quad y[n-i]\,. \tag{3.28}$$

In Worten:

> *Ein System ist zeitinvariant, falls ein um i Abtastintervalle verzögertes Eingangssignal $x[n-i]$ ein um i Abtastintervalle verzögertes Ausgangssignal $y[n-i]$ bewirkt.*

Dabei ist i eine beliebige ganze Zahl und $y[n]$ das zum Eingangssignal $x[n]$ zugehörige Ausgangssignal.

3.2.2 Impulsantwort

Ein LTI-System können wir durch seine Impulsantwort $h[n]$ charakterisieren. Darunter versteht man das Ausgangssignal $y[n]$ eines LTI-Systems, wenn an seinen Eingang der Einheitpuls $x[n] = \delta[n]$ angelegt wird (siehe Bild 3.5):

$$x[n] = \delta[n] \quad \Rightarrow \quad y[n] = h[n]\,. \tag{3.29}$$

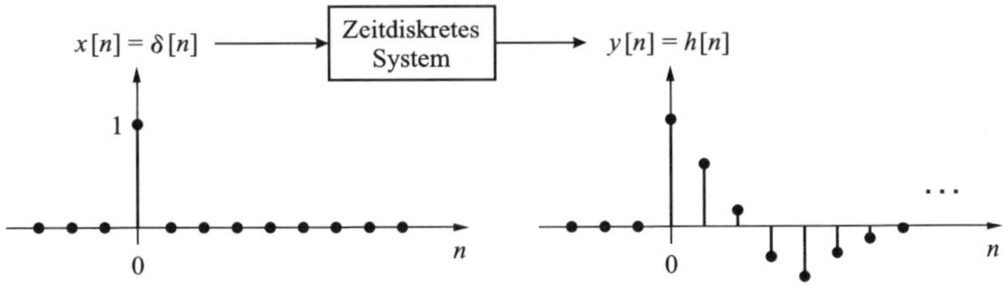

Bild 3.5: Impulsantwort $h[n]$ eines zeitdiskreten LTI-Systems

Die Impulsantwort ist eine Beschreibungsmöglichkeit eines zeitdiskreten LTI-Systems. Sie hat darüber hinaus eine praktische Bedeutung: Die Form und die Dauer eines Einschwing- oder eines Übergangvorgangs hat Ähnlichkeit mit der Impulsantwort. Zur Illustration dieser Aussage ist in Bild 3.6 oben links die Impulsantwort $h[n]$ und rechts davon die Schrittantwort eines LTI-Systems dargestellt. Der untere Teil des Bildes zeigt links ein Eingangssignal und rechts davon das zugehörige Ausgangssignal.

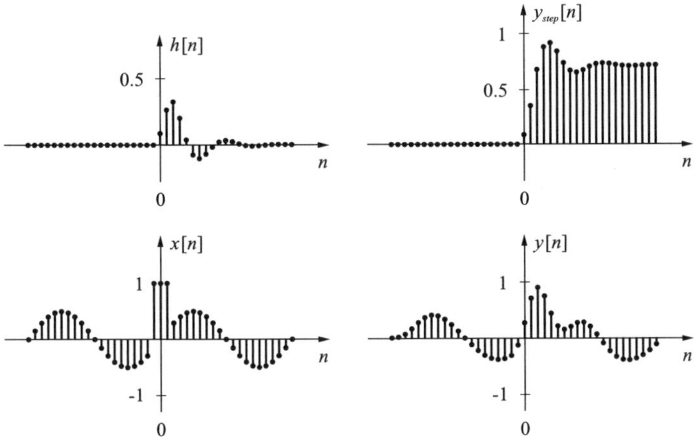

Bild 3.6: Impulsantwort, Schrittantwort und Übergangsvorgang bei einem LTI-System

Mit Hilfe der Impulsantwort lässt sich die Kausalität und Stabilität eines zeitdiskreten LTI-Systems definieren. Ein zeitdiskretes LTI-System heisst *kausal*, wenn seine Impulsantwort kausal ist:

$$h[n] = 0 \quad \text{für} \quad n < 0\,. \tag{3.30}$$

Alle Echtzeitsysteme in der DSV sind kausal und sie kommen in der Praxis deshalb am häufigsten vor. Ein nichtkausales System ist ein hellseherisches System, weil sein Ausgang auf einen Impuls antwortet, der erst in der Zukunft liegt. Nichtkausale Systeme spielen vor allem in der Theorie der linearen Systeme eine Rolle, in der Praxis hingegen trifft man sie nur in Form von Offline-Anwendungen an (siehe dazu Aufgabe 4).

Ein zeitdiskretes LTI-System heisst *stabil*, wenn seine Impulsantwort absolut summierbar ist:

$$\sum_{n=-\infty}^{\infty} |h[n]| < \infty\,. \tag{3.31}$$

Alle Digitalfilter, die als zeitdiskrete LTI-Systeme realisiert werden, müssen stabil sein. Gegenbeispiele dazu sind LTI-Systeme als Signalgeneratoren, wie wir sie im letzten Kapitel kennenlernen werden.

3.2.3 Die diskrete Faltung

Gegeben sei ein zeitdiskretes LTI-System mit der Impulsantwort $h[n]$. Gemäss Definition verursacht dann ein Einheitspuls $\delta[n]$ an seinem Eingang die Impulsantwort $h[n]$ an seinem Ausgang:

$$\delta[n] \quad \Rightarrow \quad h[n]\,.$$

Aufgrund der Zeitinvarianz folgt daraus:

$$\delta[n-i] \quad \Rightarrow \quad h[n-i]\,.$$

Gewichten wir den Einheitspuls, der zum Zeitpunkt $n = i$ auftritt, mit dem dazugehörigen Abtastwert $x[i]$, dann folgt aus der Linearität:

$$x[i]\delta[n \quad i] \quad \Rightarrow \quad x[i]h[n-i]\,.$$

Legen wir eine gewichtete Summe von zeitverschobenen Einheitsimpulsen an, dann folgt ebenfalls aufgrund der Linearität:

$$\underbrace{\sum_{i=-\infty}^{\infty} x[i]\delta[n-i]}_{x[n]} \quad \Rightarrow \quad \underbrace{\sum_{i=-\infty}^{\infty} x[i]h[n-i]}_{y[n]}\,.$$

Wir haben in Gl.(3.7) und in Bild 3.2 gesehen, dass die Summe links nichts anderes als das Eingangssignal $x[n]$ ist. Das zeitdiskrete Ausgangssignal $y[n]$ des LTI-Systems ist somit durch die Summe rechts

$$y[n] = \sum_{i=-\infty}^{\infty} x[i]h[n-i] \tag{3.32}$$

gegeben. Diese Summe heisst Faltungssumme oder diskrete Faltung (engl: discrete convolution) und man stellt sie in abgekürzter Form wie folgt dar:

$$y[n] = x[n] * h[n] \, . \tag{3.33}$$

In Worten:

> *Das Ausgangsignal eines linearen zeitinvarianten Systems ist gleich dem Eingangsignal, gefaltet mit der Impulsantwort des Systems.*

Die diskrete Faltung ist wie die kontinuierliche Faltung kommutativ:

$$x[n] * h[n] = h[n] * x[n] \, . \tag{3.34}$$

Um den Faltungsprozess zu verstehen, ist es wichtig, zwischen einem Signal und einem Abtastwert unterscheiden zu können. Für ein Signal y, das auf der diskreten n-Achse definiert ist, schreiben wir im Folgenden der Klarheit wegen $\{y[n]\}$ und für den n-ten Abtastwert schreiben wir $y[n]$. Analog dazu verfahren wir mit den restlichen Signalen. Der Faltungsprozess kann dann durch folgende sechs Schritte veranschaulicht werden (Bild 3.7):

1. Ersetze die diskrete Zeitvariable n durch die Summationsvariable i.

2. Falte, d. h. klappe $\{h[i]\}$ um die Ordinate: Dies ergibt das gespiegelte Signal $\{h[-i]\}$.

3. Verschiebe $\{h[-i]\}$ um n_2 Abtastpunkte nach rechts: Dies ergibt $\{h[n_2 - i]\}$. (In Bild 3.7 ist $n_2 = 2$.)

4. Multipliziere $\{x[i]\}$ mit $\{h[n_2 - i]\}$: Dies ergibt $\{x[i]h[n_2 - i]\}$.

5. Addiere für $i = -\infty$ bis $i = +\infty$ alle Werte $x[i]h[n_2 - i]$ zusammen: Dies ergibt $y[n_2]$.

6. Führe die Schritte 3 bis 5 für alle Punkte n auf der diskreten Zeitachse aus: Dies ergibt das zeitdiskrete Ausgangssignal $\{y[n]\}$.

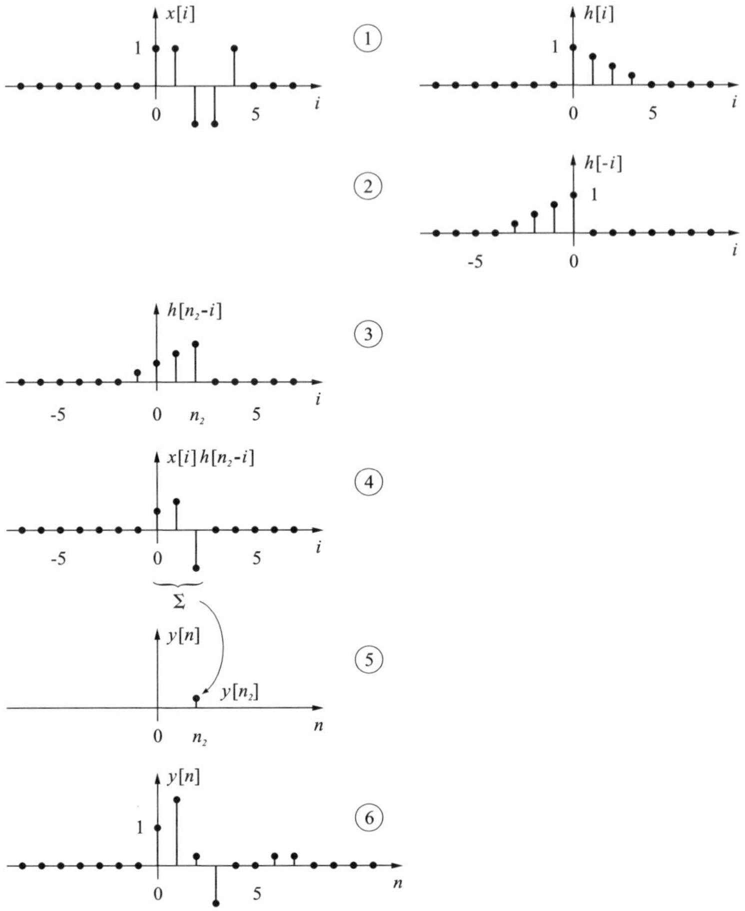

Bild 3.7: Illustration des Faltungsprozesses

Wenn wir das Ausgangssignal in Bild 3.7 betrachten, könnte man etwas salopp sagen, dass das Eingangssignal mit der Impulsantwort des LTI-Systems verschmiert worden ist. Diese Ausdrucksweise begründet sich auch durch die Tatsache, dass das Ausgangsignal um $(N_h - 1)$ Abtastintervalle länger geworden ist. Allgemein gilt für die Faltung zweier endlich langer, zeitdiskreter Signale:

$$N_y = N_x + N_h - 1\,. \tag{3.35}$$

In Worten: Die Länge N_y des Ausgangssignals ist gleich der Länge N_x des Eingangssignals plus die Länge N_h der Impulsantwort minus 1.

Die Faltungssumme (3.32) kann auch als Rechenvorschrift zur Bestimmung des Ausgangssignals betrachtet werden. Wir werden im übernächsten Unterkapitel allerdings sehen, dass es i. Allg. effizientere Verfahren gibt, um das Ausgangssignal eines LTI-Systems zu berechnen.

3.3 Die z-Transformation

3.3.1 Von der Fourier- zur z-Transformation

Für die Fourier-Transformierte eines abgetasteten Signals haben wir auf Seite 84 gefunden:

$$X_s(f) = \sum_{n=-\infty}^{+\infty} x(nT)e^{-j2\pi n\frac{f}{f_s}} . \tag{3.36}$$

Da gemäss Gl.(3.2) die Werte $x[n]$ des zeitdiskreten Signals gleich den Abtastwerten $x(nT)$ sind, kann man $X_s(f)$ auch als die Fourier-Transformierte des zeitdiskreten Signals bezeichnen. Dabei wird normalerweise der Index $_s$ weggelassen und die normierte Kreisfrequenzvariable

$$\Omega = 2\pi\frac{f}{f_s} \tag{3.37}$$

eingeführt, die etwa auch als digitale Frequenz bezeichnet wird. Die Bezeichnung „normierte Kreisfrequenz" ist jedoch sinnvoller, da Ω die bezüglich der Abtastfrequenz f_s normierte Kreisfrequenz $2\pi f$ ist. Wir erhalten dann:

$$X(e^{j\Omega}) = \sum_{n=-\infty}^{+\infty} x[n]e^{-j\Omega n} . \tag{3.38}$$

Dies ist die übliche Definition der Fourier-Transformierten eines zeitdiskreten Signals.[2] Sie wird auch *zeitdiskrete Fourier-Transformierte* DTFT (Discrete-Time Fourier-Transform) genannt. Ihre wichtigsten Eigenschaften lauten:

> *Die zeitdiskrete Fourier-Transformierte (DTFT) beschreibt das zeitdiskrete Signal im Frequenzbereich. Sie ist eine kontinuierliche und 2π-periodische Funktion von Ω.*

Aus Gl.(3.38) findet man wiederum $x[n]$ (siehe Aufgabe 6):

$$x[n] = \frac{1}{2\pi}\int_{-\pi}^{\pi} X(e^{j\Omega})e^{j\Omega n}\, d\Omega . \tag{3.39}$$

Diese Transformation heisst *inverse zeitdiskrete Fourier-Transformation* (IDTFT) und wird im Gegensatz zur Analyse-Gleichung (3.38) als Synthese-Gleichung bezeichnet. Zusammen bilden das zeitdiskrete Signal $x[n]$ und seine Fourier-Transformierte $X(e^{j\Omega})$ ein Transformationspaar:

$$x[n] \quad \circ\!\!-\!\!\bullet \quad X(e^{j\Omega}) . \tag{3.40}$$

---

[2] Um zu betonen, dass die Fourier-Transformierte eines diskreten Signals eine Funktion von $e^{j\Omega}$ und damit 2π-periodisch ist, hat sich die Schreibweise $X(e^{j\Omega})$ gegenüber der Schreibweise $X(\Omega)$ durchgesetzt.

Zur zeitdiskreten Fourier-Transformation gibt es eine ganze Reihe von Eigenschaften und Theoremen. Da wir diese bei der zeitkontinuierlichen Fourier-Transformation schon diskutiert haben, verzichten wir hier auf ihre Aufzählung und verweisen den interessierten Leser auf die Literatur [OSB04]. Intensiver hingegen wollen wir uns im Folgenden mit der z-Transformation beschäftigen, die für die Theorie der diskreten LTI-Systeme die grössere Bedeutung als die zeitdiskrete Fourier-Transformation hat.

Es gibt zeitdiskrete Signale, wie z. B. der Einheitschritt, die keine Fourier-Transformierte haben, weil die unendliche Summe in Gl.(3.38) nicht konvergiert. Multipliziert man solche Signale mit der Exponentialfolge r^{-n}, dann kann man durch eine geeignete Wahl von r dafür sorgen, dass die unendliche Summe

$$\sum_{n=-\infty}^{+\infty} x[n]r^{-n}e^{-j\Omega n}$$

konvergiert. Wir vereinfachen diesen Ausdruck, indem wir $re^{j\Omega}$ durch die komplexe Variable z ersetzen:

$$\sum_{n=-\infty}^{+\infty} x[n]r^{-n}e^{-j\Omega n} = \sum_{n=-\infty}^{+\infty} x[n](re^{j\Omega})^{-n} = \sum_{n=-\infty}^{+\infty} x[n]z^{-n} .$$

Die Summe rechts ist eine komplexwertige Funktion von z und wird z-*Transformierte* $X(z)$ des diskreten Signals $x[n]$ genannt:

$$X(z) = \sum_{n=-\infty}^{+\infty} x[n]z^{-n} . \tag{3.41}$$

Der Bereich von r, in dem die unendliche Summe konvergiert, heisst Konvergenzgebiet ROC (Region of Convergence).

Mit Hilfe des Cauchy Integral Theorems [PM96] kann aus $X(z)$ das zeitdiskrete Signal $x[n]$ zurückgewonnen werden:

$$x[n] = \frac{1}{2\pi j}\oint X(z)z^{n-1}dz . \tag{3.42}$$

Diese Transformation heisst inverse z-Transformation.

Das zeitdiskrete Signal $x[n]$ und die komplexe Funktion $X(z)$ bilden ein Transformationspaar. D. h. aus $x[n]$ findet man über Gl.(3.41) $X(z)$ und aus $X(z)$ findet man über Gl.(3.42) wiederum $x[n]$. Graphisch drücken wir diese Beziehung bekanntlich durch das Transformationssymbol aus:

$$x[n] \quad \circ\!\!-\!\!\bullet \quad X(z) . \tag{3.43}$$

Die z-Transformation verallgemeinert die Fourier-Transformation. Sie spielt für zeitdiskrete Signale und Systeme die gleiche Rolle, wie die Laplace-Transformation für zeitkontinuierliche Signale und Systeme.

Um ein Gefühl für die z-Transformation zu bekommen, betrachten wir im Folgenden einige Beispiele.

Beispiel 1: z-Transformierte des Einheitspulses $\delta[n]$

$$\Delta(z) = \sum_{n=-\infty}^{\infty} \delta[n] z^{-n} = z^0 = 1\,. \tag{3.44}$$

Die z-Transformierte des Einheitspulses lautet somit gleich wie die Laplace-Transformierte des Diracstosses $\delta(t)$.

Beispiel 2: z-Transformierte des Einheitsschrittes $u[n]$

$$U(z) = \sum_{n=-\infty}^{\infty} u[n] z^{-n} = \sum_{n=0}^{\infty} z^{-n}\,.$$

Der Ausdruck $\sum_{n=0}^{\infty} z^{-n}$ heisst unendliche geometrische Reihe. Für $|z| > 1$ konvergiert sie zu folgendem Wert [Fli91]:

$$U(z) = \frac{1}{1 - z^{-1}}\,, \qquad \text{ROC: } |z| > 1\,. \tag{3.45}$$

Die z-Transformierte des Einheitsschrittes unterscheidet sich somit wesentlich von der Laplace-Transformierten $\frac{1}{s}$ der Schrittfunktion $u(t)$.

Beispiel 3: z-Transformierte der komplexen Exponentialfolge
Die z-Transformierte der komplexen Exponentialfolge $x[n] = e^{j\Omega n}$ existiert nicht, da die Reihe $\sum_{n=-\infty}^{+\infty} e^{j\Omega n} z^{-n}$ nicht konvergiert. Hingegen existiert die z-Transformierte der kausalen komplexen Exponentialfolge $x[n] = e^{j\Omega n} u[n]$ und damit der kausalen Cosinus- und Sinusschwingung (siehe Aufgabe 7).

Beispiel 4: z-Transformierte der kausalen Exponentialfolge
Die kausale Exponentialfolge $x[n] = k a^n u[n]$ ist ein diskretes Signal, das recht häufig in der DSV vorkommt. Ihre z-Transformierte finden wir analog zur z-Transformierten des Einheitsschrittes:

$$X(z) = \frac{k}{1 - a z^{-1}}\,, \qquad \text{ROC: } |z| > |a|\,. \tag{3.46}$$

Beispiel 5: Inverse z-Transformierte eines Polynoms
Gemäss der Definitionsgleichung der z-Transformierten existiert folgendes Transformationspaar:

$$\cdots + b_{-2} z^2 + b_{-1} z^1 + b_0 + b_1 z^{-1} + b_2 z^{-2} + \cdots$$

$$\bullet\!\!-\!\!\circ$$

$$\{\ldots, b_{-2}, b_{-1}, \underset{\substack{\uparrow \\ n=0}}{b_0}, b_1, b_2, \ldots\}\,.$$

Daraus folgt für die inverse z-Transformierte des Polynoms $H(z) = \sum_{n=0}^{N} b_n z^{-n}$:

$$\{h[n]\} = \{b_0, b_1, \ldots, b_N\} . \tag{3.47}$$

Anstatt in Sequenzschreibweise können wir unter Verwendung von Gl.(3.7) $h[n]$ auch als Linearkombination von zeitverschobenen Einheitspulsen schreiben:

$$h[n] = b_0\delta[n] + b_1\delta[n-1] + \cdots + b_N\delta[n-N] . \tag{3.48}$$

In der Praxis werden die z- und die inversen z-Transformierten nicht über die Definitionsgleichungen (3.41) und (3.42) bestimmt. Vielmehr verwendet man dazu Tabellen [SH94] oder Programme für symbolisches Rechnen (siehe dazu Aufgabe 7). Zur Bestimmung der inversen z-Transformierten wird $X(z)$ häufig auch in einen Partialbruch mit Termen der Form $\frac{k_i}{z-p_i}$ zerlegt, die dann einfach in den diskreten Zeitbereich zurücktransformiert werden können. Dafür gibt es den MATLAB-Befehl `residuez`, der uns die Zerlegungsarbeit abnimmt.

Im nächsten Unterkapitel wollen wir die wichtigsten Eigenschaften der z-Transformation beschreiben. Der vollständige Satz von Eigenschaften inklusive ihrer Herleitung können z. B. in Lit.[OSB04], [PM96] oder [Fli91] nachgelesen werden.

3.3.2 Eigenschaften der z-Transformation

Linearität

Die z-Transformation ist eine lineare Transformation, d. h. sind $x_1[n]$, $X_1(z)$ und $x_2[n]$, $X_2(z)$ zwei z-Transformationspaare und sind k_1 und k_2 zwei Konstanten, dann gilt:

$$k_1x_1[n] + k_2x_2[n] \quad \circ\!\!-\!\!\bullet \quad k_1X_1(z) + k_2X_2(z) . \tag{3.49}$$

In Worten: Die z-Transformierte einer Linearkombination von Signalen ist gleich der Linearkombination ihrer z-Transformierten.

Zeitverschiebung

Verzögert man das zeitdiskrete Signal $x[n]$ um i-Abtastintervalle, dann erhält man folgendes z-Transformationspaar:

$$x[n-i] \quad \circ\!\!-\!\!\bullet \quad z^{-i}X(z) . \tag{3.50}$$

Die Multiplikation mit z^{-i} entspricht somit einer Verzögerung um i Abtastintervalle.

Faltung

Die Faltung im diskreten Zeitbereich geht über in eine Multiplikation im z-Bereich:

$$h[n] * x[n] \quad \circ\!\!-\!\!\bullet \quad H(z)X(z)\,. \tag{3.51}$$

Diese Eigenschaft heisst *Faltungstheorem*.

Fourier-Transformierte

Gemäss Gl.(3.38) gilt:

$$X(e^{j\Omega}) = X(z)|_{z=e^{j\Omega}}\,. \tag{3.52}$$

Die Gleichung $z = e^{j\Omega}$ mit Ω als Variable beschreibt einen Kreis mit dem Radius 1 in der komplexen z-Ebene. Die Fourier-Transformierte eines zeitdiskreten Signals ist demnach gleich der z-Transformierten, ausgewertet auf dem Einheitskreis.

Beispiel: Der kausale diskrete Rechteckpuls $\mathrm{crect}[\frac{n}{N}]$ der Länge N setzt sich aus zwei Einheitsschritten zusammen:

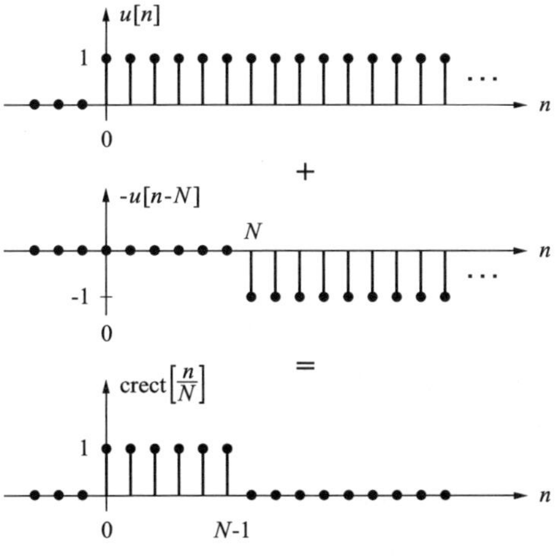

Bild 3.8: Zusammensetzung des diskreten Rechteckpulses

$$\mathrm{crect}[\frac{n}{N}] = u[n] - u[n-N]\,. \tag{3.53}$$

Bei Anwendung des Linearitäts- und Zeitverschiebungs-Theorems finden wir daraus für die z-Transformierte:

$$CRECT(z) = \frac{1}{1-z^{-1}} - \frac{z^{-N}}{1-z^{-1}} = \frac{1-z^{-N}}{1-z^{-1}}\,. \tag{3.54}$$

Aus dem Rechteckpuls der Länge N kann man einen symmetrischen Dreieckpuls der Länge $2N-1$ erzeugen (Bild 3.9 links), indem man den Rechteckpuls mit sich selber faltet und durch N dividiert:

$$x[n] = \frac{1}{N}\mathrm{crect}[\frac{n}{N}] * \mathrm{crect}[\frac{n}{N}]\,. \tag{3.55}$$

Faltungstheorem und Auswertung auf dem Einheitskreis führen zur Fourier-Transformierten des Dreieckpulses:

$$X(e^{j\Omega}) = \frac{1}{N}\left(\frac{1-e^{-j\Omega N}}{1-e^{-j\Omega}}\right)^2\,. \tag{3.56}$$

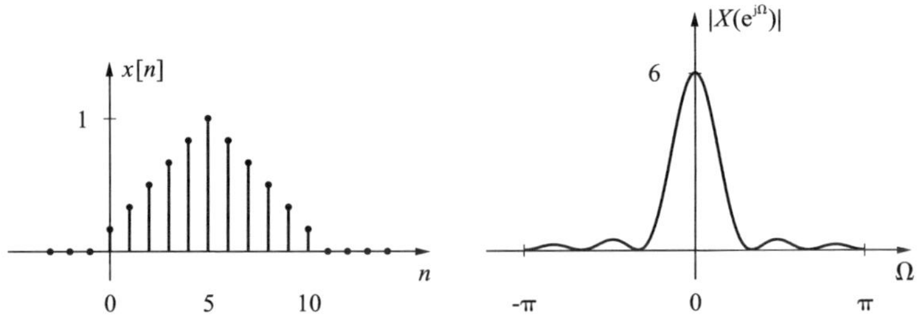

Bild 3.9: Diskreter Dreieckpuls der Länge 11 und dazugehöriges Betrags-Spektrum

3.3.3 Frequenzgang und Übertragungsfunktion

Frequenzgang

Wir haben in Kap. 3.2.3 gesehen, dass das Ausgangssignal eines zeitdiskreten LTI-Systems durch die Faltung der Impulsantwort mit dem Eingangssignal gegeben ist:

$$y[n] = h[n] * x[n]\,. \tag{3.57}$$

Ist das Eingangssignal eine komplexe Exponentialfolge mit der normierten Kreisfrequenz Ω, so folgt daraus:

$$\begin{aligned} y[n] &= h[n] * e^{j\Omega n}\,, \\ &= \sum_{i=-\infty}^{\infty} h[i]e^{j\Omega(n-i)}\,, \\ &= \left[\sum_{i=-\infty}^{\infty} h[i]e^{-j\Omega i}\right] e^{j\Omega n}\,, \\ &= H(e^{j\Omega})e^{j\Omega n}\,. \end{aligned} \tag{3.58}$$

Die Funktion

$$H(e^{j\Omega}) = \sum_{i=-\infty}^{\infty} h[i]e^{-j\Omega i} \tag{3.59}$$

heisst *Frequenzgang* (engl: frequency response) des LTI-Systems. Wir stellen fest, dass er gleich der Fourier-Transformierten der Impulsantwort $h[n]$ ist. Die Impulsantwort und der Frequenzgang bilden daher ein Fourier-Transformationspaar:

$$h[n] \quad \circ\!\!-\!\!\bullet \quad H(e^{j\Omega}) \,. \tag{3.60}$$

Die Funktion $e^{j\Omega}$ ist 2π-periodisch. Daraus folgt, dass der Frequenzgang ebenfalls 2π-periodisch ist:

$$H(e^{j\Omega}) = H(e^{j(\Omega+2\pi)}) \,. \tag{3.61}$$

Diese Eigenschaft deckt sich mit der Aussage (2.59), die besagt, dass zeitdiskrete Signale immer ein periodisches Spektrum haben.

Amplituden- und Phasengang

Der Frequenzgang eines zeitdiskreten LTI-Systems ist eine komplexe Grösse und kann daher in der Betrags-Phasenform geschrieben werden:

$$H(e^{j\Omega}) = |H(e^{j\Omega})|e^{j\angle H(e^{j\Omega})} \,. \tag{3.62}$$

Den Betrag $|H(e^{j\Omega})|$ des Frequenzgangs nennt man *Amplitudengang* (engl: amplitude response oder magnitude response) und das Argument $\angle H(e^{j\Omega})$ des Frequenzgangs heisst *Phasengang* (engl: phase response).

Reelle LTI-Systeme, d. h. LTI-Systeme mit einer reellen Impulsantwort, haben die typische Eigenschaft, dass ein sinusförmiges Eingangssignal zu einem sinusförmigen Ausgangssignal verarbeitet wird (siehe Aufgabe 8):

$$x[n] = \cos(\Omega n) \quad \Rightarrow \quad y[n] = |H(e^{j\Omega})| \cos(\Omega n + \angle H(e^{j\Omega})) \,. \tag{3.63}$$

Dabei erfährt das sinusförmige Ausgangssignal eine Amplitudenänderung mit dem Faktor $|H(e^{j\Omega})|$ und eine Phasenverschiebung um den Wert $\angle H(e^{j\Omega})$. Mit Hilfe eines Sinus-Generators und eines Amplituden- und Phasen-Messgerätes lässt sich daher der Frequenzgang eines LTI-Systems praktisch ermitteln.

Der Amplituden- und der Phasengang sind ebenfalls 2π-periodisch und aus Gl.(2.52) folgt zudem, dass der Amplitudengang eine gerade und der Phasengang eine ungerade Funktion ist:

$$|H(e^{j\Omega})| = |H(e^{j(-\Omega)})| \quad \text{und} \quad \angle H(e^{j\Omega}) = -\angle H(e^{j(-\Omega)}) \,. \tag{3.64}$$

Beispiel: Gegeben sei ein zeitdiskretes LTI-System mit der Impulsantwort $h[n]$ und dem Frequenzgang $H(e^{j\Omega})$:

$$h[n] = e^{-\frac{nT}{\tau}} \sin(2\pi f_0 nT) u[n]$$

$$\circ\!\!-\!\!\bullet$$

$$H(e^{j\Omega}) = \frac{e^{j\Omega} e^{-\frac{T}{\tau}} \sin(2\pi f_0 T)}{e^{j2\Omega} - 2e^{j\Omega} e^{-\frac{T}{\tau}} \cos(2\pi f_0 T) + e^{-\frac{2T}{\tau}}} ,$$

wobei $T = 1\,\mathrm{s}$, $\tau = 5\,\mathrm{s}$ und $f_0 = 0.08\,\mathrm{Hz}$. In Bild 3.10 ist die Impulsantwort, sowie der Amplituden- und Phasengang des zeitdiskreten LTI-Systems dargestellt.

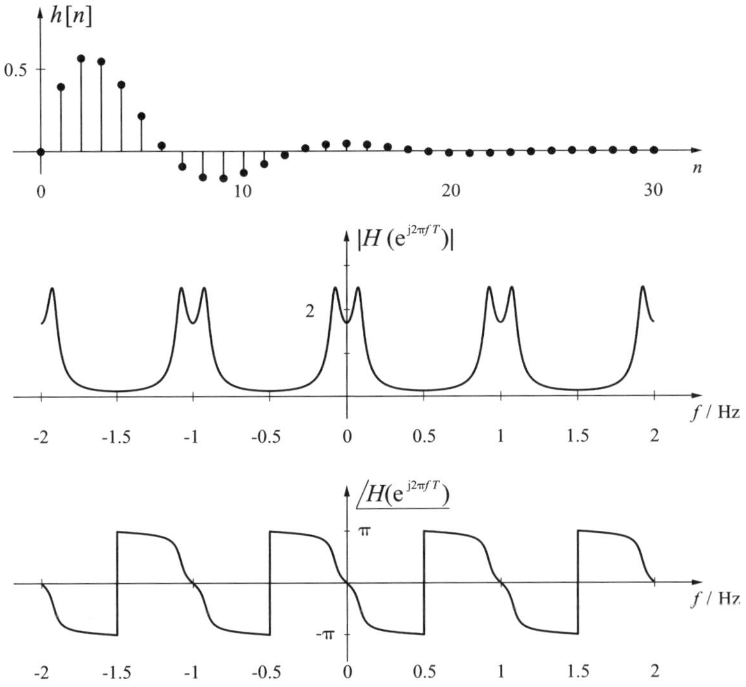

Bild 3.10: Impulsantwort, Amplituden- und Phasengang eines LTI-Systems

Dämpfung, Phasen- und Gruppenlaufzeit

Vielfach arbeiten Filterspezialisten lieber mit der Dämpfung $A(e^{j\Omega})$ statt mit dem Amplitudengang $|H(e^{j\Omega})|$. In dB ist sie wie folgt definiert:

$$A(e^{j\Omega}) \text{ in dB } = 20 \log\left(\frac{1}{|H(e^{j\Omega})|}\right) = -20 \log\left(|H(e^{j\Omega})|\right) . \qquad (3.65)$$

Um die Verzögerung eines LTI-Systems zu charakterisieren werden zwei Grössen gebraucht. Die gebräuchlichere ist die Gruppenlaufzeit

$$\tau_g(e^{j\Omega}) = -\frac{d\angle H(e^{j\Omega})}{d\Omega} \tag{3.66}$$

und die andere, weniger gebräuchliche, ist die Phasenlaufzeit (engl: phase delay)

$$\tau_p(e^{j\Omega}) = -\frac{\angle H(e^{j\Omega})}{\Omega} \,. \tag{3.67}$$

Diese Gleichung, aufgelöst nach $\angle H(e^{j\Omega})$ und eingesetzt in Gl.(3.63), ergibt:

$$x[n] = \cos(\Omega n) \quad \Rightarrow \quad y[n] = |H(e^{j\Omega})| \cos\left(\Omega(n - \tau_p)\right) \,. \tag{3.68}$$

Die Phasenlaufzeit τ_p ist somit gleich der Anzahl Abtastintervalle, mit der eine Sinusschwingung beim Durchlaufen eines zeitdiskreten LTI-Systems verzögert wird.

Möchte msan die Laufzeiten in Sekunden ausdrücken, dann müssen die Werte in Gl.(3.66) und Gl.(3.67) noch mit dem Abtastintervall T skaliert werden.

Übertragungsfunktion

Faltet man die komplexe Exponentialfolge $x[n]=z^n$ mit der Impulsantwort $h[n]$, dann erhalten wir analog zu Gl.(3.58):

$$y[n] = H(z)z^n \,, \tag{3.69}$$

wobei

$$H(z) = \sum_{i=-\infty}^{\infty} h[i]z^{-n} \,. \tag{3.70}$$

Die Funktion $H(z)$ heisst *Übertragungsfunktion* (engl: transfer function) des diskreten LTI-Systems. Sie ist gemäss Definitionsgleichung (3.41) nichts anderes als die z-Transformierte der Impulsantwort $h[n]$. Die Impulsantwort und die Übertragungsfunktion eines Systems bilden daher ein z-Transformationspaar:

$$h[n] \quad \circ\!\!-\!\!\bullet \quad H(z) \,. \tag{3.71}$$

Wie wir gesehen haben, ist das Ausgangssignal $y[n]$ eines diskreten LTI-Systems gleich der Impulsantwort $h[n]$, gefaltet mit dem Eingangssignal $x[n]$. Aufgrund des Faltungstheorems (3.51) können wir dann schreiben:

$$y[n] = h[n] * x[n] \quad \circ\!\!-\!\!\bullet \quad Y(z) = H(z)X(z) \,. \tag{3.72}$$

Die beiden Gleichungen beschreiben den fundamentalen Zusammenhang zwischen dem Eingangs- und Ausgangssignal eines diskreten LTI-Systems. Der Deutlichkeit halber sind sie in Bild 3.11 nochmals graphisch dargestellt.

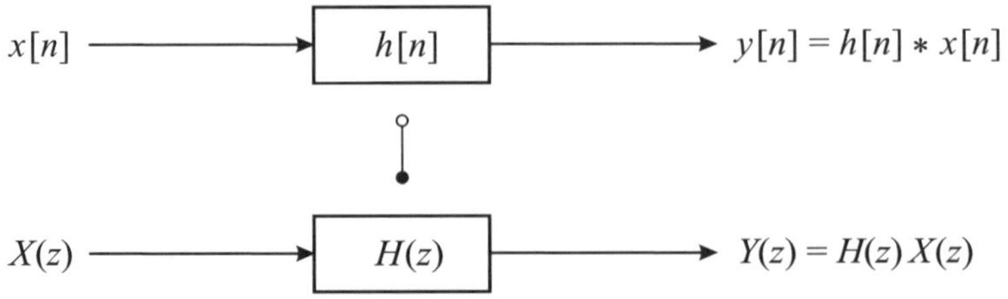

Bild 3.11: Übertragungsverhalten eines diskreten LTI-Systems im Zeit- und im z-Bereich

Bei kausalen und stabilen Systemen konvergiert die Übertragungsfunktion $H(z)$ auf dem Einheitskreis der komplexen z-Ebene. Aus Gl.(3.52) folgt dann:

$$H(e^{j\Omega}) = H(z)|_{z=e^{j\Omega}} . \tag{3.73}$$

In Worten:

Der Frequenzgang eines diskreten LTI-Systems ist gleich der Übertragungsfunktion ausgewertet auf dem Einheitskreis der komplexen z-Ebene.

Kennt man das Abtastintervall T und möchte man den Frequenzgang H wie in Bild 3.10 in Abhängigkeit der Frequenzvariablen f darstellen, so muss man Ω durch $2\pi fT$ ersetzen:

$$H(e^{j2\pi fT}) = H(z)|_{z=e^{j2\pi fT}} . \tag{3.74}$$

Jeder Punkt auf der Frequenzachse zwischen 0 und f_s entspricht demnach einem Punkt auf dem Einheitskreis der z-Ebene. Die Frequenz 0 entspricht dem Punkt 1, die Frequenz $0.25f_s$ dem Punkt j, die Frequenz $0.5f_s$ dem Punkt -1, etc.

Wegen der Periodizität (3.61) und der Symmetrie (3.64) wird der Frequenzgang meistens nur im positiven Nyquistbereich von 0 bis $0.5f_s$ dargestellt. Dieser Frequenzbereich entspricht dem Bereich 0 bis π auf der normierten Frequenzachse.

Die Übertragungsfunktion $H(z)$ ist die wichtigste Grösse eines diskreten LTI-Systems und wir werden im Kapitel über Digitalfilter erfahren, wie sie für eine gegebene Aufgabenstellung zu bestimmen ist.

Beispiel: Ein LTI-System mit der Impulsantwort $h[n] = \delta[n]$ und der Übertragungsfunktion $H(z) = 1$ bewirkt das Ausgangssignal

$$y[n] = \delta[n] * x[n] = x[n] \quad \circ\!\!-\!\!\bullet \quad Y(z) = X(z)$$

im Zeit- und im Bildbereich.

Ein solches System verändert das Eingangssignal nicht und hat somit keine Filterwirkung. Je mehr die Impulsantwort vom Einheitspuls abweicht, desto grösser wird die Filterwirkung des Systems. Zur Illustration dieser Eigenschaft ist in Bild 3.12 der Amplitudengang der drei Systeme $\{h_1[n]\} = \{1\}$, $\{h_2[n]\} = \{1,1\}$ und $\{h_3[n]\} = \{1,1,1\}$ dargestellt.

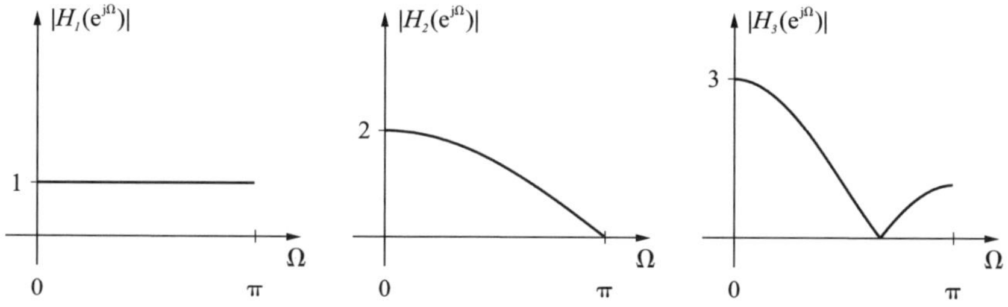

Bild 3.12: Amplitudengang dreier zeitdiskreter LTI-Systeme mit den Impulsantworten {1}, {1,1} und {1,1,1}

3.4 Nichtrekursive und rekursive Systeme

3.4.1 Differenzengleichung

Die wichtigste Unterklasse zeitdiskreter LTI-Systeme besteht aus jenen kausalen Systemen, welche die lineare Differenzengleichung

$$y[n] = -\sum_{i=1}^{M} a_i y[n-i] + \sum_{i=0}^{N} b_i x[n-i] \tag{3.75}$$

erfüllen.[3] Bei diesen Systemen ist der momentane Ausgangsabtastwert (Zeitpunkt n) gleich einer Linearkombination von vergangenen Ausgangs- und Eingangsabtastwerten plus dem momentanen Eingangsabtastwert gewichtet mit b_0. Die erste Summe repräsentiert den rekursiven Teil und die zweite Summe den nichtrekursiven Teil der Differenzengleichung. Sind alle Koeffizienten a_i gleich Null, dann spricht man von einem *nichtrekursiven*, andernfalls von einem *rekursiven* System. Die grössere der beiden natürlichen Zahlen N und M heisst *Ordnung* der Differenzengleichung. Die Differenzengleichung hat für diskrete LTI-Systeme die gleiche Bedeutung wie die Differentialgleichung für kontinuierliche LTI-Systeme.

[3]Die Funktion des Minuszeichens vor der ersten Summe wird später bei der Herleitung der Übertragungsfunktion ersichtlich.

Nichtrekursive und rekursive LTI-Systeme haben die attraktive Eigenschaft, dass sie mit den drei Grundbausteinen „Addierer“, „Multiplizierer“ und „Verzögerungselement“ (engl: delay element) gemäss Bild 3.13 aufgebaut werden können; alles Elemente, die auf einem digitalen Rechner einfach zu implementieren sind und einen Echtzeitbetrieb möglich machen.

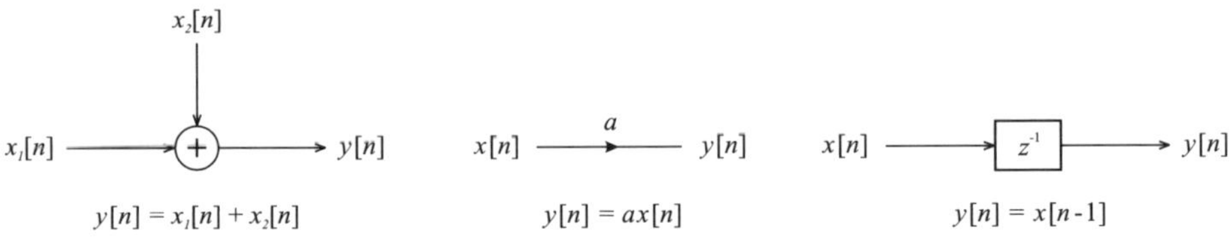

Bild 3.13: Addierer, Multiplizierer und Verzögerungselement

Die Differenzengleichung kann graphisch durch ein Blockdiagramm dargestellt werden, welches aus den drei Grundelementen zusammengesetzt ist.

Beispiel: Bild 3.14 zeigt das Blockdiagramm eines rekursiven LTI-Systems 2. Ordnung mit der Differenzengleichung

$$y[n] = -a_1 y[n-1] - a_2 y[n-2] + b_0 x[n] + b_1 x[n-1] + b_2 x[n-2]\,.$$

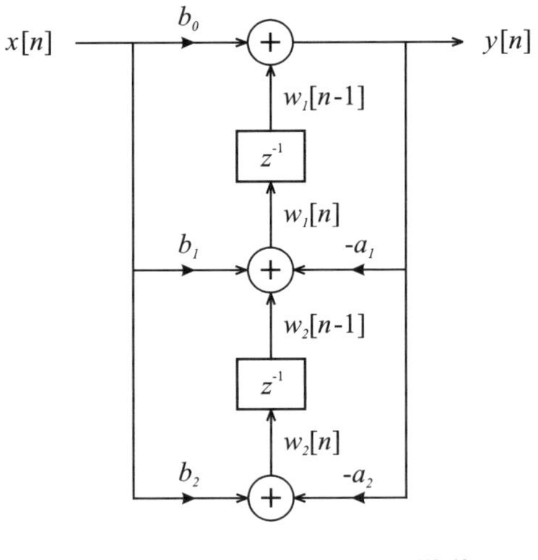

Bild 3.14: Blockdiagramm eines rekursiven LTI-Systems 2. Ordnung

Das Blockdiagramm dient der Veranschaulichung eines Systems. Zudem beinhaltet es die Rechenanweisungen – in der Fachsprache *Algorithmus* genannt – nach denen ein Ausgangsabtastwert zu berechnen ist. Mit anderen Worten: Das Blockdiagramm repräsentiert das Programm, das auf einem digitalen Rechner implementiert werden muss, um ein Digitalfilter zu realisieren. Als Illustration dazu betrachten wir das nächste Beispiel.

Beispiel: Verzögerungselemente realisiert man durch Speicherzellen, in denen Zustandsvariablenwerte abgespeichert werden. In unserem Beispiel Bild 3.14 speichern wir in Zelle 1 die Zustandsvariable $w_1[n]$ und in Zelle 2 die Zustandsvariable $w_2[n]$ ab. Das Programm, das der Digitalrechner zum n-ten Zeitpunkt abzuarbeiten hat, besteht aus folgenden 3 Zeilen:

$$\begin{aligned} y[n] &= b_0x[n] + w_1[n-1] \\ w_1[n] &= b_1x[n] - a_1y[n] + w_2[n-1] \\ w_2[n] &= b_2x[n] - a_2y[n] \end{aligned}$$

Erste Zeile: Nimm den Eingangsabtastwert $x[n]$, multipliziere ihn mit b_0 und addiere dazu den Wert in Zelle 1 $\Rightarrow$ dies ergibt den Ausgangsabtastwert $y[n]$. Zweite Zeile: Nimm den Eingangsabtastwert, multipliziere ihn mit b_1, nimm den Ausgangsabtastwert und multipliziere ihn mit $-a_1$, addiere die beiden Produkte sowie den Inhalt von Zelle 2 $\Rightarrow$ dies ergibt den Abtastwert $w_1[n]$, der in Zelle 1 abzuspeichern ist. Dritte Zeile: Nimm den Eingangsabtastwert, multipliziere ihn mit b_2, nimm den Ausgangsabtastwert und multipliziere ihn mit $-a_2$, addiere die beiden Produkte $\Rightarrow$ dies ergibt den Abtastwert $w_2[n]$, der in Zelle 2 abzuspeichern ist. Ein Computer, der diese 3-Zeilen-Prozedur für jeden Abtastpunkt durchzuführt, arbeitet als rekursives Digitalfilter 2. Ordnung.

Wir wollen im Folgenden überprüfen, ob die drei Zeilen tatsächlich auf eine Differenzengleichung 2. Ordnung führen. Zu diesem Zweck substituieren wir zuerst w_1 in Zeile 1 durch die rechte Seite von Zeile 2:

$$y[n] = b_0x[n] + b_1x[n-1] - a_1y[n-1] + w_2[n-2]\,.$$

Danach substituieren wir w_2 durch die rechte Seite von Zeile 3 und finden so:

$$y[n] = b_0x[n] + b_1x[n-1] - a_1y[n-1] + b_2x[n-2] - a_2y[n-2]\,.$$

Geordnet:

$$y[n] = -a_1y[n-1] - a_2y[n-2] + b_0x[n] + b_1x[n-1] + b_2x[n-2]\,.$$

Somit haben wir die ursprüngliche Differenzengleichung wieder gefunden.

Sowohl aus dem Blockdiagramm wie auch aus der Differenzengleichung ist ersichtlich, dass bei rekursiven Systemen das Ausgangssignal zurückgekoppelt wird. Diese Rückkoppplung führt dazu, dass die Antwort auf einen Einheitspuls theoretisch erst nach unendlich langer Zeit abklingt. Deshalb werden rekursive zeitdiskrete LTI-Systeme auch *IIR-Systeme* oder *IIR-Filter*, (engl: infinite impulse response filter) genannt. Im Gegensatz dazu nennt man nichtrekursive zeitdiskrete LTI-Systeme auch *FIR-Systeme* oder *FIR-Filter*, weil sie eine endlich lange Impulsantwort haben (engl: finite impulse response). Zur Illustration dazu betrachten wir im nächsten Beispiel ein solches System.

Beispiel: Bild 3.15 zeigt das Blockdiagramm eines nichtrekursiven LTI-Systems 3. Ordnung mit der Differenzengleichung

$$y[n] = b_0 x[n] + b_1 x[n-1] + b_2 x[n-2] + b_3 x[n-3]$$

und der Impulsantwort

$$\{h[n]\} = \{b_0, b_1, b_2, b_3\} .$$

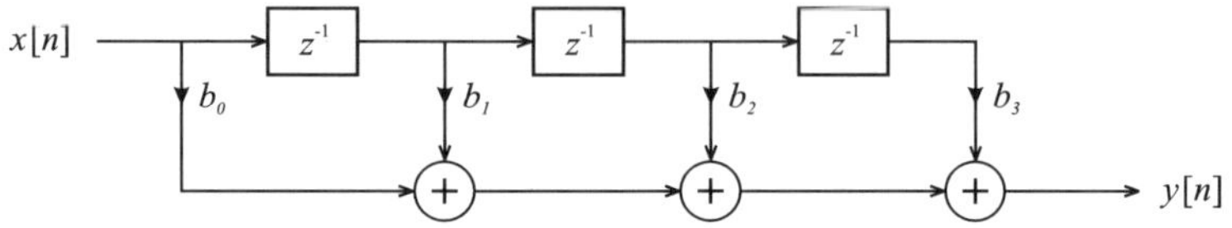

Bild 3.15: Blockdiagramm eines nichtrekursiven LTI-Systems 3. Ordnung

Allgemein:

$$\{h[n]\} = \{b_0, b_1, \cdots, b_N\} . \tag{3.76}$$

In Worten:

Die Impulsantwort eines nichtrekursiven LTI-Systems N-ter Ordnung ist gleich den Koeffizienten der Differenzengleichung.

Man kann diese schöne Eigenschaft sofort anhand des Blockdiagramms in Bild 3.15 überprüfen, indem man sich vorstellt, dass zum Abtastzeitpunkt Null eine 1 eingespeist wird. Diese 1 wandert im Takt der Abtastfrequenz durch die Kette von Verzögerungselementen (Verzögerungsleitung, engl: delay line) und wird jeweils mit einem b_i-Koeffizienten multipliziert, so dass am Ausgang das Signal $\{b_0, b_1, b_2, \ldots, b_N\}$ entsteht. Nach N Abtastintervallen ist die 1 aus der Verzögerungsleitung verschwunden und die Impulsantwort bleibt Null.

Die Impulsantwort besteht demnach aus $(N{+}1)$ Filter-Koeffizienten und man sagt deshalb, dass das FIR-Filter eine Länge von $N+1$ habe. Allgemein gilt:
Die Länge eines FIR-Filters der Ordnung N ist gleich N+1.

Bekanntlich ist das Ausgangssignal eines LTI-Systems gleich der Impulsantwort, gefaltet mit dem Eingangssignal:

$$y[n] = h[n] * x[n] = \sum_{i=-\infty}^{\infty} h[i]x[n-i] .$$

Daraus folgt für ein FIR-Filter N-ter Ordnung mit der Impulsantwort $\{h[n]\} = \{b_0, b_1, \cdots, b_N\}$:

$$y[n] = \sum_{i=0}^{N} b_i x[n-i] . \tag{3.77}$$

Dies ist aber nichts anderes als die Differenzengleichung eines nichtrekursiven LTI-Systems. Mit anderen Worten: Faltung und Differenzengleichung sind bei einem FIR-Filter identisch.

Definieren wir einen Datenvektor

$$\boldsymbol{x}[n] = [x[n], x[n-1], \cdots, x[n-N]]^T \tag{3.78}$$

und einen Filter-Koeffizientenvektor

$$\boldsymbol{b} = [b_0, b_1, \cdots, b_N]^T \ , \tag{3.79}$$

beide der Länge $N+1$, dann kann man die Differenzengleichung (3.77) in Form eines Skalarprodukts schreiben:

$$y[n] = \boldsymbol{b}^T \boldsymbol{x}[n] \ . \tag{3.80}$$

Zusammengefasst:

> *Die Durchführung der Faltung, das Auswerten der Differenzengleichung und die Berechnung des Skalarprodukts sind bei einem FIR-Filter N-ter Ordnung identische Operationen. Zur Bestimmung eines Ausgangsabtastwertes $y[n]$ erfordern sie $(N+1)$ Multiplikationen und N Additionen.*

3.4.2 Übertragungsfunktion

Grundlagen

In Kap. 3.3.1 haben wir kausale zeitdiskrete LTI-Systeme untersucht, deren Eingangs- und Ausgangssignale die Differenzengleichung

$$y[n] = -\sum_{i=1}^{M} a_i y[n-i] + \sum_{i=0}^{N} b_i x[n-i]$$

erfüllen. Diese Systemklasse ist sehr wichtig für die Praxis, weil sie zu echtzeitfähigen IIR- und FIR-Filtern führt.

Zur Herleitung der zugehörigen Übertragungsfunktion transformieren wir beide Seiten der Differenzengleichung in den z-Bereich, indem wir die die Linearitätseigenschaft (3.49) und die Zeitverschiebungseigenschaft (3.50) anwenden. Wir erhalten:

$$Y(z) = -\sum_{i=1}^{M} a_i z^{-i} Y(z) + \sum_{i=0}^{N} b_i z^{-i} X(z) \ .$$

Aufgelöst nach $Y(z)$ ergibt:

$$Y(z) = \underbrace{\frac{b_0 + b_1 z^{-1} + \cdots + b_N z^{-N}}{1 + a_1 z^{-1} + \cdots + a_M z^{-M}}}_{H(z)} X(z) \ .$$

Der Faktor

$$H(z) = \frac{b_0 + b_1 z^{-1} + \cdots + b_N z^{-N}}{1 + a_1 z^{-1} + \cdots + a_M z^{-M}}, \tag{3.81}$$

der $Y(z)$ mit $X(z)$ verknüpft heisst bekanntlich *Übertragungsfunktion* und beschreibt das Übertragungsverhalten des LTI-Systems (Bild 3.11). Dank des Minuszeichens vor der ersten Summe in der Differenzengleichung haben alle a-Koeffizienten ein einheitliches positives Vorzeichen erhalten.

Wie man die b- und a-Koeffizienten des Zähler- und Nennerpolynoms für eine gegebene Filteraufgabe findet, werden wir in Kapitel 6.3 erfahren.

Pole und Nullstellen

Pole und Nullstellen einer Übertragungsfunktion liefern nützliche System-Informationen. Bevor wir angeben, welcher Art diese Informationen sind, befassen wir uns mit ihrer Definition.

Wir formen die Übertragungsfunktion zunächst um und definieren anschliessend ihre Pole und Nullstellen analog zu denjenigen kontinuierlicher Systeme:

$$\begin{aligned} H(z) &= \frac{b_0 + b_1 z^{-1} + \cdots + b_N z^{-N}}{1 + a_1 z^{-1} + \cdots + a_M z^{-M}}, \\ &= b_0 \frac{z^{-N}}{z^{-M}} \cdot \frac{z^N + (b_1/b_0) z^{N-1} + \cdots + (b_N/b_0)}{z^M + a_1 z^{M-1} + \cdots + a_M}, \\ &= b_0 z^{M-N} \frac{(z - z_1)(z - z_2) \cdots (z - z_N)}{(z - p_1)(z - p_2) \cdots (z - p_M)}. \end{aligned} \tag{3.82}$$

Die komplexen Zahlen z_i heissen *Nullstellen* (engl: zeros) von $H(z)$, weil an diesen Stellen die Übertragungsfunktion Null ist:

$$H(z_i) = 0 \quad \text{für} \quad i = 1, 2, \ldots, N. \tag{3.83}$$

Die komplexen Zahlen p_i heissen *Pole* (engl: poles) von $H(z)$, weil an diesen Stellen die Übertragungsfunktion unendlich ist:

$$|H(p_i)| = \infty \quad \text{für} \quad i = 1, 2, \ldots, M. \tag{3.84}$$

Gemäss Gl.(3.82) ist eine Übertragungsfunktion – bis auf die Konstante b_0 – vollständig durch die Pole und Nullstellen bestimmt. Die Anzahl Nullstellen ist gleich dem Grad N des Zählerpolynoms, die Anzahl Pole ist gleich dem Grad M des Nennerpolynoms und die Ordnung der Übertragungsfunktion ist gegeben durch den grösseren der beiden Grade. Zusätzlich zu den M Polen gibt es $N - M$ Pole im Ursprung, falls $N > M$ ist, respektive zusätzliche $M - N$ Nullstellen im Ursprung, falls $M > N$ ist. Da diese Pole, repektive Nullstellen, selten von Interesse sind, werden sie in einem Pol-Nullstellendiagramm meistens nicht dargestellt. In einem Pol-Nullstellendiagramm werden die Pole durch kleine Kreuze und die Nullstellen durch kleine Kreise in der komplexen z-Ebene gekennzeichnet (Bild 3.16).

Ohne Herleitung wollen wir einige Eigenschaften der Pole und Nullstellen eines rekursiven, kausalen LTI-Systems angeben [PM96] und diese anhand eines Beispiels überprüfen.

1. Systeme mit reellen a- und b-Koeffizienten haben reelle und/oder konjugiert komplexe Pole und Nullstellen.
2. Bei einem stabilen System müssen die Pole innerhalb des Einheitskreises liegen.
3. Pole und Nullstellen in der Nähe des Einheitskreises verursachen im Amplitudengang Erhöhungen und Vertiefungen.
4. Das konjugiert komplexe Polpaar, das sich am nächsten des Einheitskreises befindet, nennt man *dominant.* Es verursacht bei Einschaltvorgängen Schwingungen, die umso länger dauern, je näher das Polpaar beim Einheitskreis ist.

Vergleichen wir diese Eigenschaften mit den entsprechenden Eigenschaften eines kontinuierlichen LTI-Systems (siehe dazu Seite 78), dann stellen wir Übereinstimmung fest, mit dem Unterschied, dass der Einheitskreis die Rolle der $j\omega$-Achse spielt und das Innere des Einheitskreises der linken Halbebene entspricht.

Beispiel: Wir betrachten ein IIR-System 4. Ordnung mit der Übertragungsfunktion

$$H(z) = \frac{0.032 - 0.053z^{-1} + 0.047z^{-2} - 0.053z^{-3} + 0.032z^{-4}}{1 - 2.742z^{-1} + 3.735z^{-2} - 2.578z^{-3} + 0.885z^{-4}}$$

und der Abtastfrequenz $f_s = 1\,\text{kHz}$, was ein Abtastintervall von $T = 1\,\text{ms}$ ergibt. Mit Hilfe des MATLAB-Befehls `roots` finden wir die dazugehörigen Pole und Nullstellen

$$\begin{array}{ll} z_1 = 1e^{j2\pi 0.046}, & z_4 = 1e^{-j2\pi 0.046}, \\ p_1 = 0.974e^{j2\pi 0.106}, & p_4 = 0.974e^{-j2\pi 0.106}, \\ p_2 = 0.967e^{j2\pi 0.143}, & p_3 = 0.967e^{-j2\pi 0.143}, \\ z_2 = 1e^{j2\pi 0.272}, & z_3 = 1e^{-j2\pi 0.272} \end{array}$$

und mit `zplane` das Pol- Nullstellendiagramm in Bild 3.16. Die Befehle `freqz` und `impz` liefern den Amplitudengang und die Impulsantwort in Bild 3.17. Wir stellen fest:

1. Die Pole und Nullstellen sind konjugiert komplex, da die a- und b-Koeffizienten reell sind.
2. Die Impulsantwort klingt gegen Null ab, da die Pole innerhalb des Einheitskreises liegen.

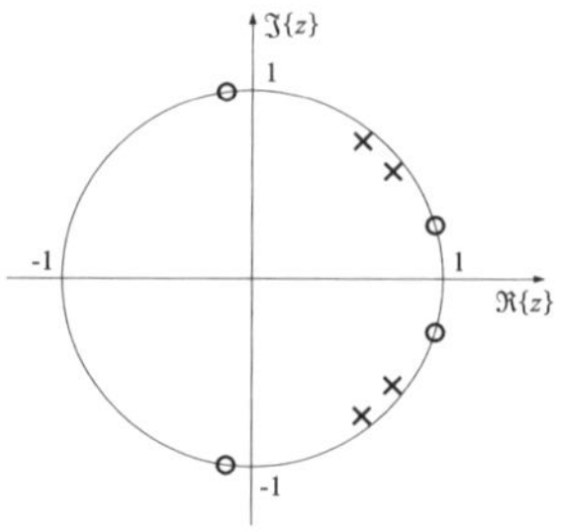

Bild 3.16: Pol- Nullstellendiagramm des IIR-Systems 4. Ordnung

3. Die beiden Nullstellen z_1 und z_2 auf dem Einheitskreis bewirken Kerben bei $f_{z_1} = 46\,\text{Hz}$ und $f_{z_2} = 272\,\text{Hz}$ und die beiden Pole p_1 und p_2 in Einheitskreisnähe verursachen Überhöhungen im Amplitudengang bei $f_{p_1} = 106\,\text{Hz}$ und $f_{p_2} = 143\,\text{Hz}$. Die Nullstellen- und Polfrequenzen berechnen sich nach den Formeln $f_{z_i} = \angle z_i/(2\pi T)$ und $f_{p_i} = \angle p_i/(2\pi T)$.
4. Der Abstand der beiden Polpaare zum Einheitskreis ist ungefähr gleich gross, infolgedessen sind die Polpaare ähnlich dominant. Da die Pole für das Einschwingen der Impulsantwort verantwortlich sind, erwartet man eine Oszillationsfrequenz im Bereich von 106 Hz bis 143 Hz. Durch Messen der Schwingungsperiode erhalten wir eine tatsächliche Oszillationsfrequenz von 1/8 ms, was eine Frequenz von 125 Hz ergibt.

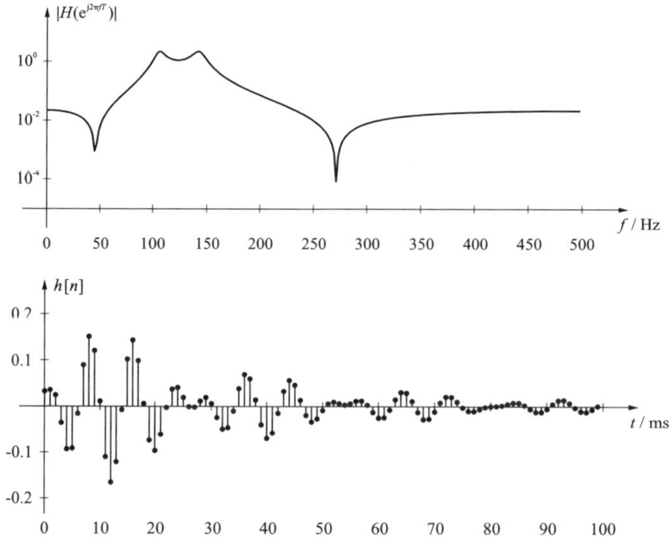

Bild 3.17: Amplitudengang und Impulsantwort des IIR-Systems 4. Ordnung

Aufgaben

1. **Periodizitätsbedingung einer Sinusschwingung**

   Damit N die fundamentale Periode einer zeitdiskreten Sinusschwingung $\sin(2\pi f_0 nT)$ ist, muss gelten: $f_0TN = 1$. Leiten Sie diese Bedingung her.

2. **Leistungsberechnung des Einheitsschrittes**

   Berechnen Sie die mittlere Leistung P des Einheitsschrittes $u[n]$.

3. **SNR eines gestörten Sinussignals**

   Erzeugen Sie mit MATLAB ein diskretes Sinussignal der Länge $L = 1000$, der Amplitude $\hat{X} = 1$, der Frequenz $f_0 = 20\,\text{Hz}$ und dem Abtastintervall $T = 0.1\,\text{ms}$. Stören Sie es mit Rauschen beliebiger Leistung und berechnen Sie das SNR in dB.

   Zur Erzeugung des Rauschens soll der Befehl `randn` benutzt werden, der mit der Wurzel der gewünschten Leistung multipliziert werden muss (siehe dazu Kapitel 4.3.2).

4. **Impulsantwort eines kausalen und nichtkausalen LTI-Systems**

   Entwerfen Sie mit `sptool` von MATLAB ein kausales LTI-System Ihrer Wahl, exportieren Sie es in den Speicher und plotten Sie mit `impz` seine Impulsantwort. Kreieren Sie einen Einheitspuls, wenden Sie auf ihn den Filterbefehl `filtfilt` an und zeichnen Sie mit `stem` die so entstandene Impulsantwort. Was stellen Sie fest?

5. **Faltung zweier diskreter Signale**

   Falten Sie die beiden Folgen $\{x[n]\} = \{0, 0.5, 1, 1, 1, 1\}$ und $\{h[n]\} = \{0, -0.5, -0.5, 1\}$.

   (a) Benutzen Sie die „Papierstreifenmethode“, indem Sie die Folgenwerte von $\{x[i]\}$ auf eine Zeile schreiben und die Folgenwerte von $\{h[-i]\}$ auf einen Papierstreifen notieren. Positionieren Sie den Papierstreifen unter die Sequenz $\{x[i]\}$, multiplizieren Sie die Werte in den Spalten und bilden Sie die Summe: So erhalten Sie $y[0]$ (siehe Bild 3.18). Verschieben Sie den Papierstreifen um einen Abtastwert nach rechts, multiplizieren und addieren Sie wie oben beschrieben: So erhalten Sie $y[1]$. Fahren Sie so weiter bis die Länge der Faltung $L_y = L_x + L_h - 1$ ist.

   (b) Verwenden Sie den MATLAB-Befehl `conv`.

6. **Herleitung der inversen zeitdiskreten Fourier-Transformierten**

   Leiten Sie die Synthese-Gleichung (3.39) her, indem Sie wie folgt vorgehen: Multiplizieren Sie beide Seiten der Analyse-Gleichung (3.38) mit $e^{j\Omega k}$ und integrieren Sie nachher beide Seiten über Ω von $-\pi$ bis $+\pi$. Vertauschen Sie Integration und Summierung und wenden Sie anschliessend die Orthogonalitätseigenschaft (2.22) der komplexen Exponentialfunktion an.

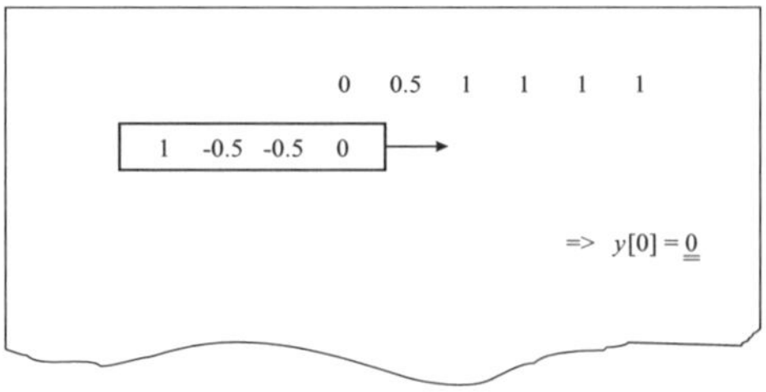

Bild 3.18: Faltung mit der Papierstreifenmethode

7. **z-Transformierte kausaler Folgen**

   Bestimmen Sie mit Hilfe des MATLAB-Befehls `ztrans` die z-Transformierte der kausalen Sinusfolge, der kausalen Cosinusfolge und der kausalen komplexen Exponentialfolge.

8. **Ausgangssignal eines LTI-Systems bei cosinusförmiger Anregung**

   Leiten Sie die Beziehung (3.63) her, die wie folgt lautet: $x[n] = \cos(\Omega n) \Rightarrow y[n] = |H(e^{j\Omega})| \cos(\Omega n + \angle H(e^{j\Omega}))$. Gehen Sie wie folgt vor: 1. $\cos(\Omega n)$ gemäss der Eulerschen Formel (2.44) zerlegen. 2. Faltung durchführen. 3. Definition (3.59) des Frequenzgangs anwenden. 4. $H(e^{j\Omega})$ und $H(e^{j(-\Omega)})$ in Betrags-Phasenform darstellen. 5. Eulersche Formel anwenden.

9. **Experiment zur Gruppenlaufzeit**

   Mit dem M-File `A1_3_9` kann man ein LTI-System mit Bandpass-Charakteristik entwerfen, eine Schwebung erzeugen, die Schwebung filtern, das Eingangssignal und das Ausgangssignal darstellen und daraus die Gruppenlaufzeit messen. Experimentieren Sie mit diesem M-File.

10. **Ausgangssignal eines FIR-Filters**

    Zum Auswerten der Faltung, der Differenzengleichung und des Skalarprodukts kennt MATLAB die Befehle `conv`, `filter` und `*`. Zeigen Sie, dass bei einem FIR-Filter diese drei Befehle auf das gleiche Ausgangssignal führen. Die b-Koeffizienten und das Eingangssignal generieren Sie nach Ihrer Wahl.

11. **Beschreibung eines LTI-Systems**

    Bestimmen Sie zum LTI-System in Bild 3.19

    (a) die Differenzengleichung,

    (b) die Übertragungsfunktion $H(z)$,

    (c) die Pole und Nullstellen inklusive Stabilitätsbedingung,

    (d) den Frequenzgang $H(e^{j2\pi fT})$ und

    (e) die Impulsantwort $h[n]$.

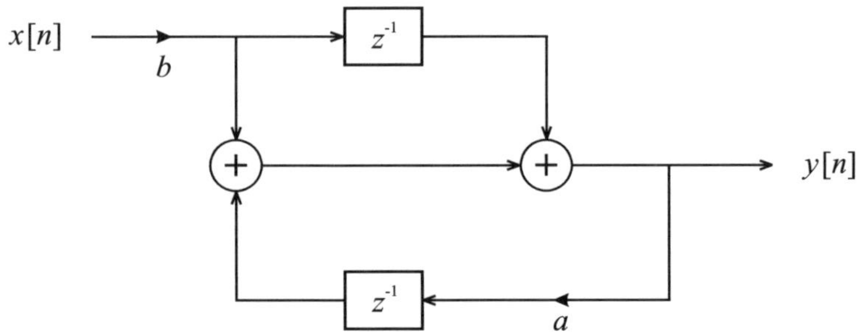

Bild 3.19: Rekursives LTI-System 1. Ordnung

12. **Eigenschaften von Polen und Nullstellen am Beispiel eines elliptischen Filters**

    Starten Sie das MATLAB-Werkzeug `sptool` (Signal Processing Tool). Entwerfen Sie ein Filter `elliptic` und betrachten Sie das Pol-Nullstellen-Diagramm, den Amplitudengang und die Impulsantwort. Überprüfen Sie die vier Eigenschaften der Pole und Nullstellen auf Seite 125.

13. **Experimente mit LabVIEW Vis**

    Experimentieren Sie mit folgenden LabVIEW Vis:

    (a) `Impulse Response of a Nonrecursive LTI System`.

    (b) `Impulse Response of a Recursive LTI System`.

    (c) `Illustration of the Discrete Convolution`.

    (d) `Frequency Response, pz-Plot and Stability`.

Kapitel 4

Zeitdiskrete stochastische Signale

Zeitdiskrete *stochastische* Signale sind diskrete Signale, deren Abtastwerte vom Zufall abhängen und die demnach nicht vorhersehbar sind. Beispiele für stochastische Signale sind Sprachsignale, Videosignale, Messsignale, Rauschsignale etc., alles Signale, die in der digitalen Signalverarbeitung eine bedeutende Rolle spielen. Im vorliegenden Kapitel geht es darum, die grundlegenden Kenngrössen dieser Signale zu erarbeiten, einige Anwendungen aufzuzeigen und das Fundament für weiterführende Themen [vG06] zu legen. Wer sich intensiver mit Zufallssignalen auseinandersetzen möchte, dem sei das Studium von Lit. [WH91] oder [The92] empfohlen.

4.1 Die Zufallsvariable

Eine wichtige Grösse in der Wahrscheinlichkeitstheorie ist die *Zufallsvariable* x (zur Unterscheidung von determinierten Variablen verwenden wir serifenlose fettgedruckte Buchstaben). Die Zufallsvariable (engl: random variable) ist eine Grösse, deren Wert vom Zufall abhängt.

Beispiele:

- **Werfen einer Münze**. Das Ereignis „Zahl“ bezeichnen wir mit einer 1 und das Ereignis „Kopf“ mit einer 0. Die Zufallsvariable x hat dann den Wert 1 oder 0.

- **Lebensdauer einer Glühlampe**. Eine Glühlampe werde nach spätestens 10 Jahren ausgewechselt, so dass ihre maximale Lebensdauer 10 Jahre beträgt. Ordnen wir der Zufallsvariable x die Lebensdauer zu, dann nimmt sie Werte zwischen 0 und 10 Jahren an.

- **Messen einer Spannung**. Mit einem Voltmeter sollen Gleichspannungen zwischen -5 V und $+5$ V gemessen werden. Die Zufallsvariable $\mathbf{x}$ liegt dann im Bereich -5 Volt und $+5$ Volt.

Zufallsvariable werden durch ihre *Wahrscheinlichkeitsverteilungsfunktion*

$$F_x(x) = P\{\mathbf{x} \leq x\} \tag{4.1}$$

oder durch ihre *Wahrscheinlichkeitsdichtefunktion*

$$f_x(x) = \tfrac{d}{dx} F_x(x) \tag{4.2}$$

beschrieben. Hierin ist $P\{\mathbf{x} \leq x\}$ die Wahrscheinlichkeit dafür, dass die Zufallsvariable $\mathbf{x}$ kleiner gleich ist als der Variablenwert x. Diese Wahrscheinlichkeit ist gleich dem Integral $\int_{-\infty}^{x} f_x(u)\, du$ der Dichtefunktion. Da das sichere Ereignis $\{\mathbf{x} \leq \infty\}$ die Wahrscheinlichkeit 1 hat, gilt $\int_{-\infty}^{\infty} f_x(u)\, du = 1$.

Die Wahrscheinlichkeitsverteilungsfunktion (engl: probability distribution function) nennt man auch *Verteilungsfunktion* und die Wahrscheinlichkeitsdichtefunktion (engl: probability density function) – abgekürzt WDF – auch *Dichtefunktion*.

Beispiel: In Bild 4.1 sind die Dichte- und Verteilungsfunktionen der drei Beispiele dargestellt.

Die Zufallsvariable des Münzenwurf-Experiments nimmt die Werte 0 und 1 gleichwahrscheinlich an. Seine Dichtefunktion besteht demnach aus zwei Diracpulsen mit den Gewichten von je 0.5 und seine Verteilungsfunktion setzt sich aus drei horizontalen Geradenstücken zusammen.

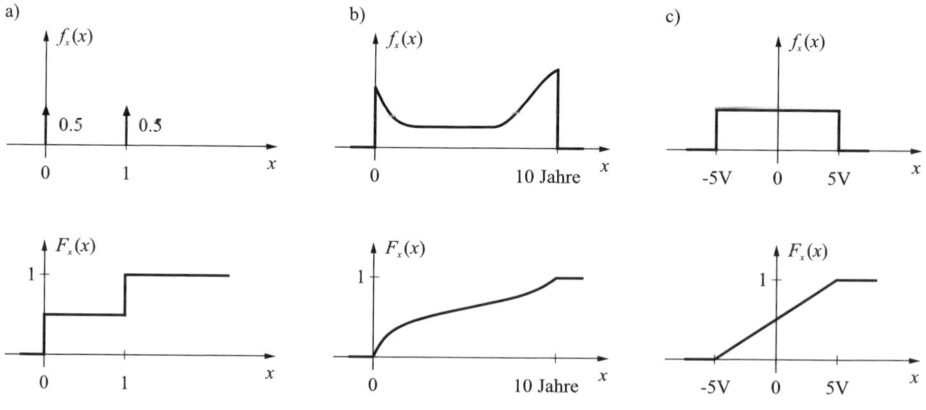

Bild 4.1: Dichte- und Verteilungsfunktion der Experimente a) Werfen einer Münze, b) Lebensdauer einer Glühlampe und c) Messen einer Spannung

Die badewannenförmige Dichtefunktion der Glühlampen-Lebensdauer erklärt sich mit einer hohen Ausfallwahrscheinlichkeit am Anfang der Lebensdauer (begründet durch Fabrikationsfehler) und einer hohen Ausfallwahrscheinlichkeit am Ende der Lebensdauer (begründet durch die lange Betriebsdauer).

Beim Experiment „Spannungsmessung“ wird angenommen, dass alle Spannungswerte gleich häufig vorkommen. Daraus ergibt sich sich eine rechteckförmige Dichtefunktion und damit eine rampenförmige Verteilungsfunktion.

Die beiden wichtigsten Zufallsvariablen sind die *gleichverteilte* Zufallsvariable (engl: uniform distributed random variable) mit der Dichtefunktion

$$f_x(x) = \begin{cases} \frac{1}{b-a} & : \quad a < x < b \\ 0 & : \quad \text{sonst} \end{cases} \tag{4.3}$$

und die *gaussverteilte* Zufallsvariable (engl: gaussian distributed random variable) mit der Dichtefunktion

$$f_x(x) = \frac{1}{\sqrt{2\pi}\sigma} e^{-\frac{1}{2}\left(\frac{x-\mu}{\sigma}\right)^2} . \tag{4.4}$$

Beide Dichtefunktionen (siehe Bild 4.2) sind durch je zwei Parameter a und b, bzw. μ und σ ($\sigma > 0$) charakterisiert. μ heisst Mittelwert und σ heisst Streuung der Gaussverteilung. Die Gaussverteilung wird manchmal auch Normalverteilung (engl: normal distribution) genannt.

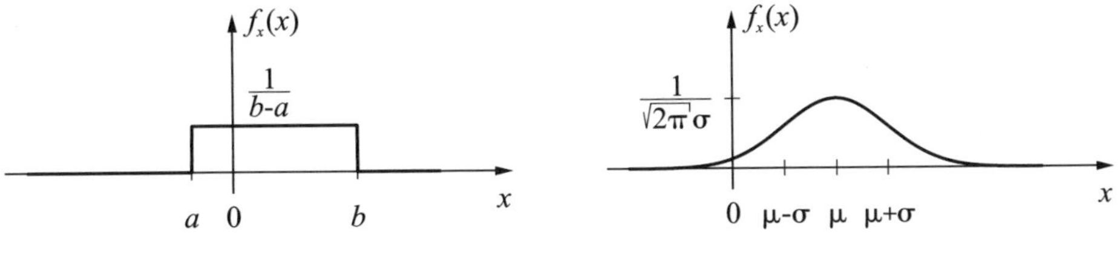

Bild 4.2: Dichtefunktion der gleich- und der gaussverteilten Zufallsvariable

Beispiel: Die Spannung an den beiden Anschlüssen eines metallischen Widerstandes, verursacht durch die thermische Bewegung der Elektronen, ist eine gaussverteilte Zufallsvariable **x** mit dem Mittelwert Null.

Zusammengesetzte Zufallsexperimente führen auf *mehrdimensionale* Zufallsvariablen.

Beispiel: Gegeben seien ein weisser und ein schwarzer Würfel. Der Augenzahl wird die Zufallsvariable $\mathbf{x_1}$ und der Farbe die Zufallsvariable $\mathbf{x_2}$ (0 für weiss und 1 für schwarz) zugeordnet. Nach dem Zufallsprinzip wird einer der beiden Würfel genommen und geworfen. Die Dichtefunktion ist dann eine Funktion zweier Variablen und besteht aus zwölf Diracpulsen mit den Gewichten $\frac{1}{12}$ gemäss Bild 4.3.

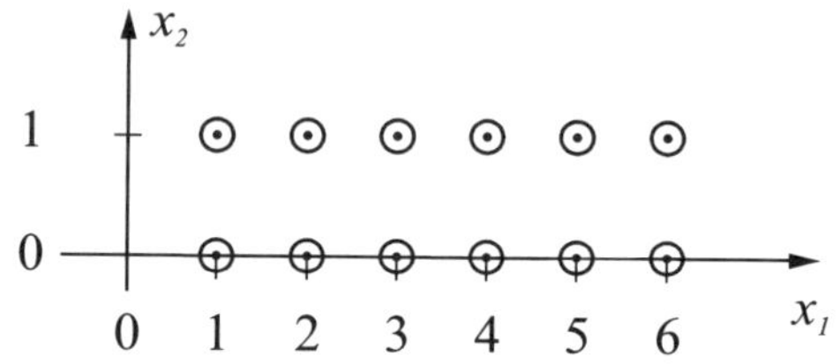

Bild 4.3: Dichtefunktion des Zwei-Würfel-Experiments (die Pfeilspitzen der Diracpulse werden durch Kreise mit Punkten veranschaulicht)

Das Beispiel beschreibt eine zweidimensionale Zufallsvariable $(\mathbf{x_1}, \mathbf{x_2})$. Die Verteilungsfunktion (engl: joint probability distribution function) einer zweidimensionale Zufallsvariablen ist definiert als Wahrscheinlichkeit P:

$$F_{x_1,x_2}(x_1, x_2) = P\{(\mathbf{x}_1 \leq x_1) \cap (\mathbf{x}_2 \leq x_2)\} \; . \tag{4.5}$$

Die Wahrscheinlichkeitsdichtefunktion (auch Verbund-WDF, engl: joint probability density function) erhält man durch Ableitung der Verteilungsfunktion:

$$f_{x_1,x_2}(x_1, x_2) = \frac{\partial}{\partial x_1} \frac{\partial}{\partial x_2} F_{x_1,x_2}(x_1, x_2) \; . \tag{4.6}$$

Die Verteilungsfunktion ist somit gleich dem Integral $\int_{-\infty}^{x_1} \int_{-\infty}^{x_2} f_{x_1,x_2}(u_1, u_2)\, du_1\, du_2$ der Dichtefunktion.

Definition und Beschreibung zweidimensionaler Zufallsvariablen $(\mathbf{x}_1, \mathbf{x}_2)$ lassen sich auf N-dimensionale Zufallsvariablen $(\mathbf{x}_1, \mathbf{x}_2, \cdots, \mathbf{x}_N)$ erweitern. Die Dichte- und die Verteilungsfunktion sind dann N-dimensionale Funktionen.

4.2 Erwartungswerte

Vielfach genügt es, eine Zufallsvariable durch die Momente erster und zweiter Ordnung ihrer Wahrscheinlichkeitsdichtefunktion zu beschreiben, wobei unter dem Moment n-ter Ordnung einer Dichtefunktion das Integral $\int_{-\infty}^{\infty} x^n f_x(x)\, dx$ verstanden wird.

Der *Erwartungswert* oder *Mittelwert* μ_x (engl: expectation oder mean) einer Zufallsvariablen $\mathbf{x}$ ist als Moment erster Ordnung der Dichtefunktion definiert:

$$\mu_x = \mathrm{E}\{\mathbf{x}\} = \int_{-\infty}^{\infty} x f_x(x)\, dx \; . \tag{4.7}$$

$\mathrm{E}\{\cdot\}$ ist der Erwartungswertoperator, der der Zufallsvariablen ihren Mittelwert zuordnet. Der Erwartungswert μ_x kann als „mittlerer Wert“ der Zufallsvariablen $\mathbf{x}$ gedeutet werden, physikalisch als Schwerpunkt ihrer Dichtefunktion und elektrisch als DC-Wert der Zufallsgrösse $\mathbf{x}$.

Beispiel: Der Erwartungswert der gleichverteilten Zufallsvariablen in Bild 4.2 ist $\mu_x = \frac{a+b}{2}$.

Bezeichnen wir mit x_i den Ausgang eines Experimentes, das wir in einer grossen Anzahl N durchführen, dann folgt eine weitere Interpretation des Erwartungswertes:

$$\mu_x = \lim_{N\to\infty} \frac{1}{N} \sum_{i=1}^{N} x_i \; . \tag{4.8}$$

Den Erwartungswert kann man somit als „mittleren Ausgang“ eines Experimentes verstehen. Man spricht in diesem Zusammenhang auch von einer Mittelung über die Schar.

Beispiel: Wirft man einen Würfel unendlich mal, dann erhalten wir als mittlere Augenzahl den Wert $\mu_x = 3.5$.

Der Erwartungswertoperator ist linear:

$$\mathrm{E}\{k_1\mathbf{x}_1 + k_2\mathbf{x}_2\} = k_1\mathrm{E}\{\mathbf{x}_1\} + k_2\mathrm{E}\{\mathbf{x}_2\} \; . \tag{4.9}$$

In Worten: Der Erwartungswert einer gewichteten Summe von Zufallsvariablen ist gleich der gewichteten Summe der einzelnen Erwartungswerte.

Den *quadratischen* Mittelwert ρ_x^2 definiert man als zweites Moment von $\mathbf{x}$:

$$\rho_x^2 = \mathrm{E}\{\mathbf{x}^2\} = \int_{-\infty}^{\infty} x^2 f_x(x)\, dx \; . \tag{4.10}$$

Aufgrund dieser Definition spricht man auch vom Mittelwert des Quadrats oder von der mittleren Leistung der Zufallsgrösse $\mathbf{x}$. Seine positive Wurzel ρ_x nennt man *Effektivwert* oder *RMS-Wert* von $\mathbf{x}$ (engl: root mean square value).

Die *Varianz* σ_x^2 (engl: variance) schliesslich definieren wir als mittlere quadratische Abweichung der Zufallsvariablen $\mathbf{x}$ vom Mittelwert μ_x:

$$\sigma_x^2 = \mathrm{E}\{(\mathbf{x} - \mu_x)^2\} = \int_{-\infty}^{\infty} (x - \mu_x)^2 f_x(x)\, dx \; . \tag{4.11}$$

Analog zum Mittelwert des Quadrats kann man sie als mittlere Leistung des Wechselanteils, bzw. als mittlere AC-Leistung der Zufallsgrösse $\mathbf{x}$ interpretieren. Die positive Wurzel σ_x der Varianz heisst *Standardabweichung* (engl: standard deviation) oder *Streuung* der Zufallsvariablen $\mathbf{x}$. Sie ist ein Mass für die Breite der Wahrscheinlichkeitsdichteverteilung.

Beispiel : Gegeben sei eine gleichverteilte Zufallsvariable gemäss Bild 4.2. Für ihre Varianz finden wir:

$$\begin{aligned}
\sigma_x^2 &= \int_{-\infty}^{\infty} (x-\mu_x)^2 f_x(x)\,dx\,,\\
&= \int_a^b \left(x - \frac{b+a}{2}\right)^2 \frac{1}{b-a}\,dx\,,\\
&= \frac{1}{3}\left(x - \frac{b+a}{2}\right)^3 \frac{1}{b-a}\Bigg|_a^b\,,\\
&= \frac{(b-a)^2}{12}\,.
\end{aligned}$$

Aus Kenntnis des Mittelwertes und der Varianz kann einfach der quadratische Mittelwert ρ_x^2 berechnet werden (siehe Aufgabe 2):

$$\rho_x^2 = \mu_x^2 + \sigma_x^2\,. \tag{4.12}$$

Diese Gleichung erinnert an die entsprechende Formel aus der elektrischen Messtechnik [MFLM96], die besagt, dass der Effektivwert einer Spannung im Quadrat gleich der Summe aus dem DC-Wert im Quadrat und dem AC-Wert im Quadrat ist: $U_{RMS}^2 = U_{DC}^2 + U_{AC}^2$. Tatsächlich kann gezeigt werden [Hof98], dass zwischen den beiden Formeln ein direkter Zusammenhang besteht.

Eine Zufallsvariable $\mathbf{x}$ heisst *mittelwertfrei* (engl: zero mean), wenn ihr Mittelwert $\mu_x = 0$ ist. In diesem Falle sind die Varianz σ_x^2 und der quadratische Mittelwert ρ_x^2 identisch.

Der Mittelwert μ_x und die Varianz σ_x^2 beschreiben eine Zufallsvariablen $\mathbf{x}$ grob. Für eine detaillierte Beschreibung hingegen ist die Kenntnis der Dichte- oder der Verteilungsfunktion erforderlich.

Sind *zwei* Zufallsvariablen $\mathbf{x}_1$ und $\mathbf{x}_2$ gegeben, dann definiert man zwei zusätzliche Kenngrössen: 1. Die *Korrelation* (engl: correlation) als Erwartungswert des Produktes der beiden Zufallsvariablen:

$$R_{x_1x_2} = \mathrm{E}\{\mathbf{x}_1\mathbf{x}_2\}\,, \tag{4.13}$$

wobei:

$$\mathrm{E}\{\mathbf{x}_1\mathbf{x}_2\} = \int_{-\infty}^{\infty}\int_{-\infty}^{\infty} x_1 x_2 f_{x_1,x_2}(x_1,x_2)\,dx_1\,dx_2$$

und 2. die *Kovarianz* (engl: covariance) als Erwartungswert des Produktes der beiden mittelwertbefreiten Zufallsvariablen:

$$C_{x_1x_2} = \mathrm{E}\{(\mathbf{x}_1 - \mu_{x_1})(\mathbf{x}_2 - \mu_{x_2})\}\,, \tag{4.14}$$

wobei:

$$\mathrm{E}\{(\mathbf{x}_1 - \mu_{x_1})(\mathbf{x}_2 - \mu_{x_2})\} = \int_{-\infty}^{\infty}\int_{-\infty}^{\infty}(x_1 - \mu_{x_1})(x_2 - \mu_{x_2})f_{x_1,x_2}(x_1, x_2)\,dx_1\,dx_2\,.$$

Die Korrelation $R_{x_1x_2}$ und die Kovarianz $C_{x_1x_2}$ drücken eine Abhängigkeit zwischen zwei Zufallsvariablen aus. Die (betragsmässig) maximale Korrelation entsteht dann, wenn die beiden Zufallsvariablen proportional zueinander sind, d. h. $\mathbf{x}_2 = k\mathbf{x}_1$.

Korrelation und Kovarianz sind kommutativ, d. h. $R_{x_1x_2} = R_{x_2x_1}$ und $C_{x_1x_2} = C_{x_2x_1}$. Sie sind wie folgt miteinander verknüpft (siehe Aufgabe 3):

$$C_{x_1x_2} = R_{x_1x_2} - \mu_{x_1}\mu_{x_2}\,. \tag{4.15}$$

Daraus folgt sofort, dass Korrelation und Kovarianz identisch sind, falls eine der beiden Zufallsvariablen mittelwertfrei ist.

Sind die beiden Zufallsvariablen $\mathbf{x}_1$ und $\mathbf{x}_2$ identisch, d. h. ist $\mathbf{x}_1 = \mathbf{x}_2 = \mathbf{x}$, dann ist die Korrelation gleich dem quadratischen Mittelwert und die Kovarianz gleich der Varianz der Zufallsvariable $\mathbf{x}$:

$$R_{xx} = \rho_x^2\,, \qquad C_{xx} = \sigma_x^2\,. \tag{4.16}$$

Die Korrelation und die Kovarianz benötigt man insbesondere zur Berechnung des quadratischen Mittelwertes und der Varianz einer Linearkombination $\mathbf{x} = k_1\mathbf{x}_1 + k_2\mathbf{x}_2$ von Zufallsvariablen:

$$\rho_x^2 = k_1^2\rho_{x_1}^2 + k_2^2\rho_{x_2}^2 + 2k_1k_2R_{x_1x_2}\,, \qquad \sigma_x^2 = k_1^2\sigma_{x_1}^2 + k_2^2\sigma_{x_2}^2 + 2k_1k_2C_{x_1x_2}\,. \tag{4.17}$$

Zwei Zufallsvariablen $\mathbf{x}_1$ und $\mathbf{x}_2$ heissen *statistisch unabhängig*, wenn die Verbund-WDF gleich dem Produkt der einzelnen WDFs ist:

$$f_{x_1,x_2}(x_1, x_2) = f_{x_1}(x_1)f_{x_2}(x_2)\,. \tag{4.18}$$

Beispiele:

-**Würfeln**. Gegeben seien ein weisser und ein schwarzer Würfel. Der Farbe wird die Zufallsvariable $\mathbf{x_1}$ (0 für weiss und 1 für schwarz) und der Augenzahl die Zufallsvariable $\mathbf{x_2}$ zugeordnet. Blind wird ein Würfel genommen und geworfen. Die Wahrscheinlichkeit den schwarzen Würfel zu nehmen ist $\frac{1}{2}$. Die Wahrscheinlichkeit eine sechs zu werfen ist $\frac{1}{6}$. Da sich die beiden Ereignisse gegenseitig nicht beeinflussen, sind sie statistisch unabhängig und die Wahrscheinlichkeit für das Verbundereignis „schwarzer Würfel und Augenzahl 6“ ist $\frac{1}{12}$.

- **Sterberisiko**. Gegeben sei die Population eines Landes. Die Wahrscheinlichkeit für eine Person ein Raucher zu sein sei $\frac{1}{10}$ und die Wahrscheinlichkeit für eine Person an Lungenkrebs zu sterben sei $\frac{1}{1000}$. Da Rauchen das Krebsrisiko erhöht, sind die beiden Ereignisse nicht unabhängig voneinander und die Wahrscheinlichkeit für eine Person „ein Raucher zu sein und an Krebs zu sterben“ ist grösser als $\frac{1}{10000}$.

Zwei Zufallsvariablen $\mathbf{x}_1$ und $\mathbf{x}_2$ heissen *unkorreliert*, wenn ihre Kovarianz

$$C_{x_1 x_2} = 0 \tag{4.19}$$

ist. Unkorreliertheit bedeutet also verschwindende Kovarianz und nicht – wie wir es vom Wort „unkorreliert“ her erwarten würden – verschwindende Korrelation. Man kann einfach zeigen (siehe dazu Aufgabe 4), dass statistisch unabhängige Variablen immer unkorreliert sind.

Aus der Unkorreliertheit und Gl.(4.17) folgt für die Summe zweier Zufallsvariablen:

$$\sigma_x^2 = \sigma_{x_1}^2 + \sigma_{x_2}^2 \,. \tag{4.20}$$

In Worten: Die Varianz der Summe $\mathbf{x} = \mathbf{x}_1 + \mathbf{x}_2$ zweier unkorrelierter Zufallsvariablen ist gleich der Summe der beiden Varianzen. Interpretieren wir die Varianz als AC-Leistung einer Zufallsvariablen, dann kann man auch sagen: Die AC-Leistung der Summe zweier unkorrelierter Zufallsvariablen ist gleich der Summe ihrer AC-Leistungen.

Zwei Zufallsvariablen $\mathbf{x}_1$ und $\mathbf{x}_2$ heissen *orthogonal*, wenn

$$R_{x_1 x_2} = 0 \tag{4.21}$$

ist.

Der Begriff der Orthogonalität lässt sich wie folgt erklären: Die Korrelation $R_{x_1 x_2}$ zweier Zufallsvariablen ist gemäss Gl.(4.13) als Erwartungswert $\mathrm{E}\{\mathbf{x}_1\mathbf{x}_2\}$ des Produktes dieser Zufallsvariablen definiert. Der Erwartungswert oder Mittelwert dieses Produktes kann als Skalarprodukt gedeutet werden. Verschwindet das Skalarprodukt zweier Grössen, dann stehen die beiden Grössen bekanntlich senkrecht, d. h. orthogonal zueinander.

Aus Gl.(4.17) folgt:

$$\rho_x^2 = \rho_{x_1}^2 + \rho_{x_2}^2 \,. \tag{4.22}$$

Interpretieren wir den quadratischen Mittelwert als Leistung einer Zufallsvariablen, dann kann man die obige Gleichung wie folgt deuten: Die Leistung der Summe zweier orthogonaler Zufallsvariablen ist gleich der Summe ihrer Leistungen.

Vielfach sind in der Praxis Zufallsvariablen mittelwertfrei. Sind mittelwertfreie Zufallsgrössen unkorreliert, dann haben sie aufgrund von Gl.(4.15) auch eine verschwindende Korrelation.

4.3 Stochastische Signale

Unter einem zeitdiskreten *stochastischen* Signal – auch zeitdiskreter stochastischer Prozess oder zeitdiskretes Zufallssignal genannt (engl: time discrete random process or time discrete random signal) – verstehen wir eine Sequenz $\{\mathsf{x}[n]\}_{n\in\mathbb{Z}}$ von Zufallsvariablen $\{\ldots,\mathsf{x}[-1],\mathsf{x}[0],\mathsf{x}[1],\mathsf{x}[2],\ldots\}$. Die Zufallsvariablen sind i. Allg. reell und untereinander korreliert.

Ein zeitdiskretes Zufallssignal kann entweder durch Abtastung eines zeitkontinuierlichen Zufallssignals:

$$\mathsf{x}[n] = \mathsf{x}(t)\big|_{t=nT} \tag{4.23}$$

oder auf einem Digitalrechner durch Generierung von Zufallszahlen gewonnen werden. Der zeitliche Abstand zweier Signalwerte ist gleich dem Abtastintervall T und $f_s = 1/T$ ist die Abtastfrequenz.

Beispiel 1: Bild 4.4 zeigt die Ausschnitte zweier stochastischer Signale. Im Bild links ist ein Rauschsignal dargestellt, dessen Abtastwerte mit dem Mittelwert 0 und der Streuung 1 gaussverteilt sind. Rechts ist ein binäres Datensignal abgebildet, das ausschliesslich die Werte -1 und $+1$ mit einer Wahrscheinlichkeit von je 0.5 annimmt.

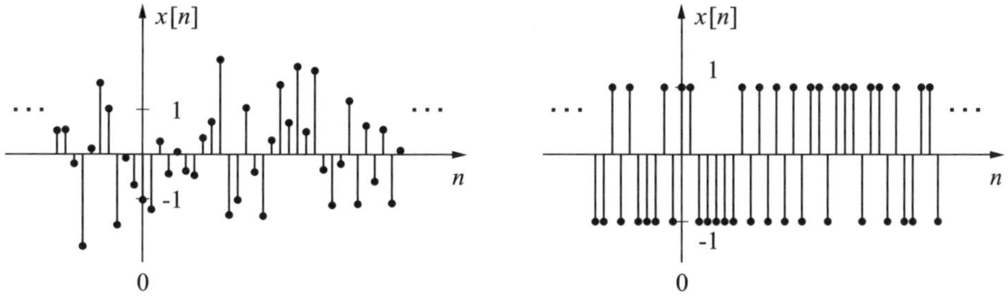

Bild 4.4: Zwei Beispiele zeitdiskreter stochastischer Signale: gaussverteiltes Rauschen und binäres Datensignal

Beispiel 2: Die untenstehende Gleichung beschreibt ein durch zwei Zufallsvariablen charakterisiertes stochastisches Signal:

$$\mathsf{x}[n] = \mathbf{A}\sin(2\pi f_0 nT + \varphi)\,. \tag{4.24}$$

$\mathbf{A}$ und φ seien zwei statistisch voneinander unabhängige Zufallsvariablen. $\mathbf{A}$ sei gaussverteilt mit dem Mittelwert μ_A und der Varianz σ_A^2 und φ sei gleichverteilt zwischen $-\pi$ und $+\pi$. Der deterministische Parameter f_0 ist die Frequenz des sinusförmigen Zufallssignals. Eine Realisierung dieses Zufallssignals ist die Netzspannung mit $\mu_A = \sqrt{2}\cdot 230\,\mathrm{V}$ und $f_0 = 50\,\mathrm{Hz}$.

4.3.1 Mittelwert und Korrelation stochastischer Signale

Ein zeitdiskretes stochastisches Signal $\mathbf{x}[n]$ wird üblicherweise durch seinen Mittelwert

$$\mu_x[n] = \mathrm{E}\{\mathbf{x}[n]\} \tag{4.25}$$

und durch seine *Autokorrelationsfunktion* (auch AKF, Autokorrelationsfolge, engl: autocorrelation function or autocorrelation sequence)

$$r_{xx}[n_1, n_2] = \mathrm{E}\{\mathbf{x}[n_1]\mathbf{x}[n_2]\} \tag{4.26}$$

charakterisiert. Die Autokorrelationsfunktion $r_{xx}[n_1, n_2]$ ist die Korrelation der Zufallsvariable $\mathbf{x}[n_1]$ mit der Zufallsvariable $\mathbf{x}[n_2]$. Sie ist demnach eine Funktion, die von den beiden diskreten Zeitpunkten n_1 und n_2 abhängt. Um zu kennzeichnen, dass es sich bei der Korrelationsfunktion um eine Funktion im Zeitbereich handelt, wird der Kleinbuchstabe r als Symbol gewählt.

Die Autokorrelationsfunktion kann interpretiert werden als mittleres Produkt der beiden Zufallsvariablen $\mathbf{x}[n_1]$ und $\mathbf{x}[n_2]$. Sie ist ein Mass für die Verbundenheit oder Abhängigkeit zwischen der Zufallsvariablen $\mathbf{x}$ zum Zeitpunkt n_1 und der Zufallsvariablen $\mathbf{x}$ zum Zeitpunkt n_2.

Anstelle der Autokorrelationsfunktion kann auch die *Autokovarianzfunktion* (auch Autokovarianzfolge, engl: autocovariance function or autocovariance sequence)

$$c_{xx}[n_1, n_2] = \mathrm{E}\{(\mathbf{x}[n_1] - \mu_x[n_1])(\mathbf{x}[n_2] - \mu_x[n_2])\} \tag{4.27}$$

verwendet werden. Diese hängt mit der Autokorrelationsfunktion wie folgt zusammen:

$$c_{xx}[n_1, n_2] = r_{xx}[n_1, n_2] - \mu_x[n_1]\mu_x[n_2]\ . \tag{4.28}$$

Der quadratische Mittelwert $\rho_x^2[n]$ und die Varianz $\sigma_x^2[n]$ eines stochastischen Signals $\mathbf{x}[n]$ sind wie folgt definiert:

$$\rho_x^2[n] = \mathrm{E}\big\{\mathbf{x}^2[n]\big\} = r_{xx}[n, n] \quad \text{und} \quad \sigma_x^2[n] = \mathrm{E}\big\{(\mathbf{x}[n] - \mu_x[n])^2\big\} = c_{xx}[n, n]\ . \tag{4.29}$$

Den quadratischen Mittelwert $\rho_x^2[n]$ bezeichnet man auch als mittlere Leistung (engl: average power) und die Varianz $\sigma_x^2[n]$ als mittlere AC-Leistung (mittlere Leistung des Wechselanteils) eines stochastischen Signals.

Ein stochastisches Signal heisst *mittelwertfrei* (engl: zero mean), wenn sein Mittelwert für alle diskreten Zeitpunkte n verschwindet. Für mittelwertfreie stochastische Signale sind die Varianz und die Leistung, sowie die Autokovarianz- und Autokorrelationsfunktion identisch.

Beispiel: Das stochastische Signal $\mathbf{x}[n] = \mathbf{A}\sin(2\pi f_0 nT)$ hat den Mittelwert

$$\mu_x[n] = \mathrm{E}\{\mathbf{A}\sin(2\pi f_0 nT)\} = \mathrm{E}\{\mathbf{A}\}\sin(2\pi f_0 nT) = \mu_A \sin(2\pi f_0 nT)$$

und die Autokorrelationsfunktion

$$\begin{aligned} r_{xx}[n_1, n_2] &= \mathrm{E}\{\mathbf{A}\sin(2\pi f_0 n_1 T)\mathbf{A}\sin(2\pi f_0 n_2 T)\}\,, \\ &= \mathrm{E}\{\mathbf{A}^2\}\sin(2\pi f_0 n_1 T)\sin(2\pi f_0 n_2 T)\,, \\ &= \rho_A^2 \sin(2\pi f_0 n_1 T)\sin(2\pi f_0 n_2 T)\,. \end{aligned}$$

Für die Leistung und die Varianz finden wir daraus:

$$\rho_x^2[n] = r_{xx}[n, n] \;=\; \rho_A^2 \sin^2(2\pi f_0 nT)$$

und

$$\begin{aligned} \sigma_x^2[n] = c_{xx}[n, n] &= r_{xx}[n, n] - \mu_x[n]\mu_x[n]\,, \\ &= \rho_A^2 \sin^2(2\pi f_0 nT) - \mu_A^2 \sin^2(2\pi f_0 nT)\,, \\ &= \sigma_A^2 \sin^2(2\pi f_0 nT)\,. \end{aligned}$$

4.3.2 Stationäre und ergodische Signale

Ein stochastisches Signal heisst *stationär* (engl: stationary), wenn sein Mittelwert zeitunabhängig ist, d. h.

$$\mu_x[n] = \mu_x \tag{4.30}$$

und seine Autokorrelationsfunktion nur von der diskreten *Verschiebungszeit* (engl: lag) m abhängt:

$$r_{xx}[n, n-m] = r_{xx}[m]\,. \tag{4.31}$$

m ist der Zeitunterschied zwischen der Zufallsvariablen $\mathbf{x}[n]$ und der Zufallsvariablen $\mathbf{x}[n-m]$. Aus Gl.(4.28) folgt dann für die Autokovarianzfunktion eines stationären Signals:

$$c_{xx}[n, n-m] = c_{xx}[m]\,. \tag{4.32}$$

Die Autokorrelations- und Autokovarianzfunktion eines stationären Zufallssignals $\mathbf{x}[n]$ sind demnach nur Funktionen der diskreten Verschiebungszeit m. Sie sind aufgrund der Gleichungen (4.13) und (4.14) wie folgt definiert:

$$r_{xx}[m] = \mathrm{E}\{\mathbf{x}[n]\mathbf{x}[n-m]\}\,, \tag{4.33}$$

$$c_{xx}[m] = \mathrm{E}\{(\mathbf{x}[n] - \mu_x)(\mathbf{x}[n-m] - \mu_x)\}\,. \tag{4.34}$$

Analog dazu kann man die *Kreuzkorrelationsfunktion* (engl: crosscorrelation function) und *Kreuzkovarianzfunktion* (engl: crosscovariance function) zweier verbundstationärer stochastischer Signale $\mathbf{x}[n]$ und $\mathbf{y}[n]$ definieren:

$$r_{xy}[m] = \mathrm{E}\{\mathbf{x}[n]\mathbf{y}[n-m]\}\,, \tag{4.35}$$
$$c_{xy}[m] = \mathrm{E}\{(\mathbf{x}[n]-\mu_x)(\mathbf{y}[n-m]-\mu_y)\}\,. \tag{4.36}$$

[1]Aus den Gleichungen (4.33) bis (4.36) lässt sich folgender Zusammenhang zwischen Kovarianz- und Korrelationsfunktionen herleiten (Aufgabe 5):

$$c_{xx}[m] = r_{xx}[m] - \mu_x^2\,, \tag{4.37}$$
$$c_{xy}[m] = r_{xy}[m] - \mu_x\mu_y\,. \tag{4.38}$$

Daraus folgt, dass für mittelwertfreie Prozesse – wie sie in der Praxis vorwiegend vorkommen – Korrelations- und Kovarianzfunktionen identisch sind.

Von *unkorrelierten* Zufallssignalen spricht man, falls ihre Kreuzkovarianzfunktion Null ist.

Für stationäre Zufallssignale haben die Korrelationsfunktionen folgende Eigenschaften:

$$r_{xx}[0] \geq |r_{xx}[m]|\,, \tag{4.39}$$
$$r_{xx}[-m] = r_{xx}[m]\,, \tag{4.40}$$
$$r_{xy}[-m] = r_{yx}[m]\,. \tag{4.41}$$

Die Autokorrelationsfunktion ist demnach eine gerade Funktion, die bei $m = 0$ ihr Maximum hat. Gemäss Gl.(4.29) ist dieses Maximum gleich der Leistung des Zufallssignals $\mathbf{x}[n]$:

$$r_{xx}[0] = \rho_x^2\,. \tag{4.42}$$

Die Kreuzkorrelationsfunktion $r_{xy}[m]$ hingegen ist keine gerade Funktion. Spiegeln wir sie an der Ordinate, dann erhalten wir daraus die Kreuzkorrelationsfunktion $r_{yx}[m]$. Bei der Korrelation zweier verschiedener Signale $\mathbf{x}[n]$ und $\mathbf{y}[n]$ muss ihre Reihenfolge daher berücksichtigt werden.

[1]Es gibt Autoren – z. B. [Cla93] – die die Kreuzkorrelierte analog zu Gl.(2.80) definieren: $r_{xy}[m] = \mathrm{E}\{\mathbf{x}[n]\mathbf{y}[n+m]\}$. In dieser Definition wird das zweite Signal gegenüber dem ersten um m Abtastwerte nach links und nicht nach rechts verschoben. Auch MATLAB 5 verwendet im Gegensatz zu MATLAB 6 diese Definition. Durch Spiegelung an der Ordinate gemäss Gl.(4.41) kann man sofort die eine in die andere Korrelationsfunktion überführen. Siehe dazu auch die Lösung zu Aufgabe 15.

Für ein stationäres stochastisches Signal $\mathsf{x}[n]$ kann man eine $L \times L$-*Autokorrelationsmatrix* $\boldsymbol{R}_{xx}$ wie folgt definieren:

$$\boldsymbol{R}_{xx} = \begin{bmatrix} r_{xx}[0] & r_{xx}[1] & \cdots & r_{xx}[L-1] \\ r_{xx}[1] & r_{xx}[0] & \cdots & r_{xx}[L-2] \\ \vdots & \vdots & \vdots\vdots\vdots & \vdots \\ r_{xx}[L-1] & r_{xx}[L-2] & \cdots & r_{xx}[0] \end{bmatrix} . \qquad (4.43)$$

Die Korrelationsmatrix $\boldsymbol{R}_{xx}$ hat identische Elemente auf ihren Diagonalen. Eine Matrix mit dieser Eigenschaft heisst *Toeplitz*-Matrix. Lineare Gleichungssysteme, deren Systemmatrix Toeplitz sind, lassen sich mit einem schnellen Algorithmus – dem sogenannten Levinson-Algorithmus – lösen. Dies ist der Grund, weshalb die Korrelationsmatrix in der DSV eine grosse praktische Bedeutung bekommen hat [Cla93], [vG06].

Eines der wichtigsten stochastischen Signale ist *weisses Rauschen* (engl: white noise). Darunter verstehen wir ein stationäres, mittelwertfreies und unkorreliertes Zufallssignal $\mathsf{x}[n]$. Die Abtastwerte sind einzig zum Verschiebungszeitpunkt $m = 0$ korreliert:

$$r_{xx}[m] = \sigma_x^2 \delta[m] \,. \qquad (4.44)$$

Seine Autokorrelationsfunktion ist also ein diskreter Diracpuls gemäss Bild 4.5 unten. Der Parameter σ_x^2 ist die Varianz des weissen Rauschens und wegen der Mittelwertfreiheit ist die Varianz gleich der mittleren Leistung:

$$\sigma_x^2 = \rho_x^2 = \mathrm{E}\{\mathsf{x}^2[n]\} \,. \qquad (4.45)$$

Die positive Wurzel aus der Varianz bezeichnen wir als Streuung oder Standardabweichung (engl: standard deviation) und die positive Wurzel aus der mittleren Leistung als Effektivwert oder RMS-Wert (engl: root mean square value). Aus Gl.(4.45) folgt demnach, dass die Streuung σ_x des weissen Rauschens gleich seinem Effektivwert ρ_x ist.

Beispiel: Bild 4.5 zeigt drei Realisierungen von weissem Rauschen, wobei alle drei Signale dieselbe Varianz $\sigma_x^2 = 1$ haben. Ihre Korrelationsfunktion $r_{xx}[m] = \sigma_x^2 \delta[m]$ ist im untersten Bild gezeichnet. Das oberste Rauschsignal hat normalverteilte Abtastwerte, das zweite hat gleichverteilte Abtastwerte zwischen den Grenzen $-\sqrt{3}$ und $+\sqrt{3}$ und das dritte besteht aus den gleichwahrscheinlichen Abtastwerten $+1$ und -1.

Bei Betrachtung der drei doch recht unterschiedlichen weissen Rauschsignale mag erstaunen, dass alle die gleiche Korrelationsfunktion haben. Es ist offensichtlich, dass die Korrelationsfunktion nicht genügt, um ein stochastisches Signal vollständig zu beschreiben. Eine vollständige Beschreibung erfordert die

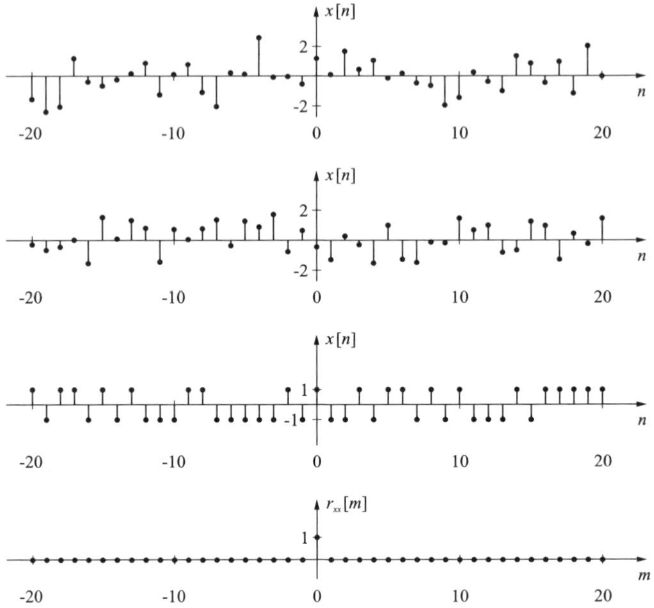

Bild 4.5: Drei weisse Rauschsignale mit zugehöriger Korrelationsfunktion $r_{xx}[m] = \delta[m]$

Verbund-WDF $f_{x[0],x[1],\ldots,x[N-1]}(x[0], x[1], \ldots, x[N-1])$ für ein aus N Abtastwerten bestehendes Zufallssignal $\{\mathbf{x}[0], \mathbf{x}[1], \mathbf{x}[2], \mathbf{x}[3], \ldots, \mathbf{x}[N-1]\}$. Die Verbund-Wahrscheinlichkeitsdichtefunktion wird jedoch selten benötigt und die Beschreibung eines stationären Zufallssignals mittels dem Mittelwert μ_x und der Autokorrelationsfolge $r_{xx}[m]$ genügt in den meisten Fällen.

MATLAB stellt die beiden Befehle `randn` und `rand` zur Verfügung um normal- und gleichverteiltes weisses Rauschen zu generieren (siehe dazu Aufgabe 6) und Kap. 7.5 zeigt, wie Rauschen auf einem digitalen Signalprozessor erzeugt wird. Woher der Begriff „weisses Rauschen" stammt, wird im nächsten Unterkapitel über das Leistungsdichtespektrum erläutert.

Unter einem *ergodischen* stochastischen Signal versteht man ein stationäres Zufallssignal $\mathbf{x}[n]$, welches folgende zwei Bedingungen erfüllt:

$$\mu_x = \lim_{N\to\infty} \frac{1}{2N+1} \sum_{n=-N}^{N} x_i[n] \tag{4.46}$$

und

$$r_{xx}[m] = \lim_{N\to\infty} \frac{1}{2N+1} \sum_{n=-N}^{N} x_i[n]x_i[n-m]\,. \tag{4.47}$$

Das Signal $x_i[n]$ ist die i-te Realisierung des Zufallssignals $\mathbf{x}[n]$, oder – wie man auch sagt – die i-te *Musterfunktion* des stochastischen Prozesses. Man kann sich darunter folgendes vorstellen: Gegeben sei eine Schar (grosse Menge) von stationären Zufallssignalgeneratoren mit identischen statistischen Eigenschaften. Der i-te Zufallssignalgenerator erzeugt dann das Signal – oder eben die Musterfunktion – $x_i[n]$. Die Ergodizität besagt nun, dass man den Mittelwert μ_x und die Korrelationsfunktion $r_{xx}[m]$ unabhängig davon bestimmen kann, ob man über die Schar (engl: ensemble) oder über die Zeit mittelt. Am Beispiel eines Autorennens lässt sich dieser Sachverhalt veranschaulichen: Messen wir zum Zeitpunkt nT die Geschwindigkeiten $x_i[n]$ $(i = 1, 2, \ldots, I)$ aller I Autos und mitteln wir über i, dann erhalten wir den Scharmittelwert $\mu_x[n]$. Der Scharmittelwert $\mu_x[n]$ ist die mittlere Geschwindigkeit der Autos zum Zeitpunkt nT. Messen wir während der Renndauer NT die Geschwindigkeiten $x_i[n]$ $(n = 0, 1, 2, \ldots, N-1)$ des i-ten Autos in Abtastintervallen T von beispielsweise 1 ms und mitteln wir über n, dann erhalten wir den Zeitmittelwert μ_{x_i} des i-ten Autos. Der Zeitmittelwert μ_{x_i} ist die mittlere Geschwindigkeit des i-ten Autos während der ganzen Renndauer NT. Wäre der Zufallsprozess „Autorennen" stationär und ergodisch (was in Wirklichkeit natürlich nicht der Fall ist), dann würde gelten: $\mu_x[n] = \mu_{x_i} = \mu_x$, wobei μ_x konstant ist.

Damit ist am Schluss dieses Unterkapitels deutlich geworden, dass bei Bildung des Erwartungswertes und damit der Kenngrössen „Mittelwert", „Korrelationsfunktion" und „Kovarianzfunktion" immer über die Schar eines Prozesses gemittelt wurde. Dies ist in erster Linie ein theoretisches Konzept. In der Praxis haben wir es meistens mit Musterfunktionen, d. h. mit gemessenen Signalen wie in den Bildern 4.4 und 4.5 zu tun. Die Annahme der Ergodizität erlaubt dann, Mittelwerte und Korrelationsfunktionen durch Mittelung über die Zeit zu erhalten, wie wir in Kap. 4.5 sehen werden.

4.4 Leistungsdichtespektrum und Filterung

4.4.1 Leistungsdichtespektrum

Wertet man die z-Transformierte der Autokorrelationsfunktion

$$S_{xx}(z) = \sum_{m=-\infty}^{\infty} r_{xx}[m] z^{-m} \tag{4.48}$$

auf dem Einheitskreis $z = e^{j\Omega}$ der z-Ebene aus:

$$S_{xx}(e^{j\Omega}) = \sum_{m=-\infty}^{\infty} r_{xx}[m] e^{-j\Omega m} , \tag{4.49}$$

dann erhält man – wie gleich plausibel wird – das *Leistungsdichtespektrum* $S_{xx}(e^{j\Omega})$ des stationären Zufallssignals $\mathbf{x}[n]$. Das Leistungsdichtespektrum ist die Fourier-Transformierte der Autokorrelationsfunktion und heisst auf Englisch power spectrum, power density spectrum oder power spectral density.

Das Leistungsdichtespektrum und seine inverse Fourier-Transformierte

$$r_{xx}[m] = \frac{1}{2\pi} \int_{-\pi}^{\pi} S_{xx}(e^{j\Omega}) e^{j\Omega m} \, d\Omega \tag{4.50}$$

bilden ein Fourier-Transformationspaar:

$$r_{xx}[m] \quad \circ\!\!-\!\!\bullet \quad S_{xx}(e^{j\Omega}) \, . \tag{4.51}$$

Zur Erinnerung: die Variable $\Omega = 2\pi f T$ heisst normierte Kreisfrequenzvariable und wird manchmal auch digitale Frequenz genannt.

Setzen wir $m = 0$, dann erhalten nach Gl.(4.42) die mittlere Leistung $\rho_x^2 = \mathrm{E}\{\mathbf{x}^2[n]\}$ des stationären stochastischen Signals $\mathbf{x}[n]$:

$$\mathrm{E}\{\mathbf{x}^2[n]\} = r_{xx}[0] = \frac{1}{2\pi} \int_{-\pi}^{+\pi} S_{xx}(e^{j\Omega}) \, d\Omega \, . \tag{4.52}$$

$\mathrm{E}\{\mathbf{x}^2[n]\}$ ist eine Leistung, demnach muss auch das Integral auf der rechten Seite der Gleichung eine Leistung sein und folglich muss die Funktion $S_{xx}(e^{j\Omega})$ eine Leistungsdichte darstellen, was den Namen Leistungsdichtespektrum verständlich macht. In Worten:

Das Leistungsdichtespektrum $S_{xx}(e^{j\Omega})$ beschreibt die Verteilung der Leistung eines stationären Zufallssignals $\mathbf{x}[n]$ über den digitalen Frequenzbereich von $-\pi$ bis $+\pi$.

Der digitale Frequenzbereich von $-\pi$ bis $+\pi$ entspricht dem Bereich von $-0.5 f_s$ bis $+0.5 f_s$ auf der Frequenzachse.

Beispiel 1: Weisses Rauschen hat bekanntlich den mit der Varianz gewichteten Einheitspuls als Autokorrelationsfunktion. Aus Gl.(4.49) folgt dann:

$$r_{xx}[m] = \sigma_x^2 \delta[m] \quad \circ\!\!-\!\!\bullet \quad S_{xx}(e^{j\Omega}) = \sigma_x^2 \, . \tag{4.53}$$

Das Leistungsdichtespektrum in Abhängigkeit der Frequenz ist eine konstante Funktion. Es enthält alle Frequenzkomponenten wie das weisse Licht und wird deshalb weisses Rauschen genannt.

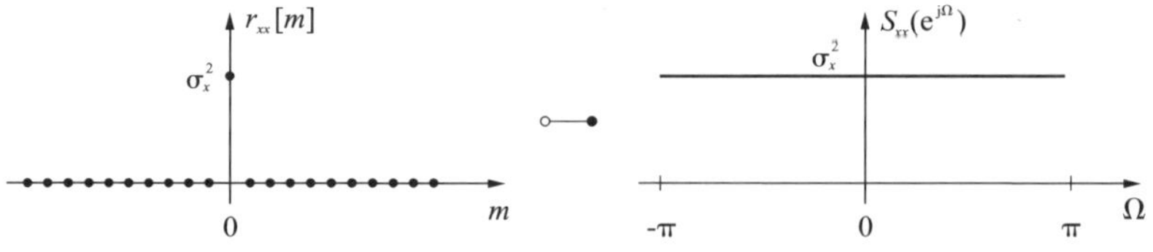

Bild 4.6: Autokorrelationsfunktion und Leistungsdichtespektrum von weissem Rauschen

Das Leistungsdichtespektrum eines stationären stochastischen Signals $\mathbf{x}[n]$ hat folgende Eigenschaften (Aufgabe 7):

$$S_{xx}(e^{j\Omega}) = S_{xx}(e^{-j\Omega}), \tag{4.54}$$

$$S_{xx}(e^{j\Omega}) \geq 0, \tag{4.55}$$

$$S_{xx}(e^{j\Omega}) = S_{xx}(e^{j(\Omega+2\pi)}). \tag{4.56}$$

In Worten:

Das Leistungsdichtespektrum eines stationären Zufallssignals ist eine gerade, positiv reelle und 2π-periodische Funktion.

Beispiel 2: Ein stationäres Zufallssignal $\mathbf{x}[n]$, dessen Autokorrelationsfolge eine symmetrische Exponentialsequenz ist, heisst exponentiell korreliert. Sein Leistungsdichtespektrum hat Tiefpasscharakteristik (siehe Bild 4.7 und Aufgabe 8).

$$r_{xx}[m] = \sigma_x^2 e^{-\Omega_0|m|} \quad \circ\!\!-\!\!\bullet \quad S_{xx}(e^{j\Omega}) = \frac{\sigma_x^2(1-e^{-2\Omega_0})}{1-2e^{-\Omega_0}\cos(\Omega)+e^{-2\Omega_0}}. \tag{4.57}$$

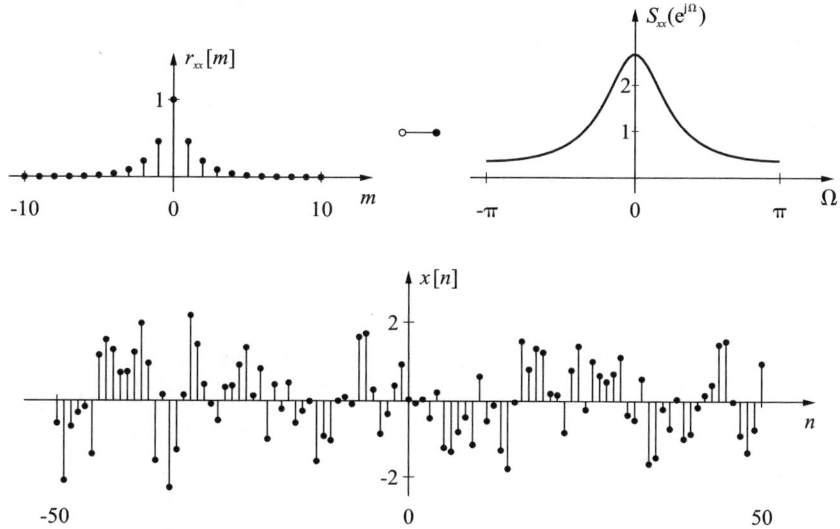

Bild 4.7: Autokorrelationsfunktion, Leistungsdichtespektrum und Muster eines exponentiell korrelierten Zufallssignals

Im Gegensatz zum weissen Rauschen hat das korrelierte Zufallssignal ein farbiges, d. h. nicht konstantes Leistungsdichtespektrum. Wir werden im nächsten Unterkapitel sehen, wie sich ein solches Signal erzeugen lässt (siehe und höre dazu auch Aufgabe 8).

4.4.2 Filterung stochastischer Signale

An ein linares Filter – definiert als LTI-System mit dem Frequenzgang $H(e^{j\Omega})$ – legen wir ein stationäres stochastisches Signal $\mathbf{x}[n]$ mit dem Mittelwert μ_x und dem Leistungsdichtespektrum $S_{xx}(e^{j\Omega})$. Der Ausgang des Filters liefert ein stationäres stochastisches Signal $\mathbf{y}[n]$, dessen Mittelwert μ_y, Leistungsdichtespektrum $S_{yy}(e^{j\Omega})$ sowie Kreuzleistungsdichtespektrum $S_{yx}(e^{j\Omega})$ interessieren. Das Kreuzleistungsdichtespektrum (engl: cross power spectral density) beschreibt den statistischen Zusammenhang zwischen dem Ausgangs- und Eingangssignal im Frequenzbereich und ist als Fourier-Transformierte der Kreuzkorrelationsfunktion $r_{yx}[m]$ definiert:

$$S_{yx}(e^{j\Omega}) = \sum_{m=-\infty}^{\infty} r_{yx}[m]e^{-j\Omega m}\,, \qquad \text{wobei:} \quad r_{yx}[m] = \mathrm{E}\{\mathbf{y}[n]\mathbf{x}[n-m]\}\,. \tag{4.58}$$

Im Gegensatz zu den Leistungsdichtespektren $S_{yy}(e^{j\Omega})$ und $S_{xx}(e^{j\Omega})$ ist das Kreuzleistungsdichtespektrum $S_{yx}(e^{j\Omega})$ komplex. Sein Amplitudengang $|S_{yx}(e^{j\Omega})|$ beschreibt, wie stark Frequenzkomponenten in $\mathbf{x}[n]$ auch in $\mathbf{y}[n]$ vertreten sind. Sein Phasengang $\angle S_{yx}(e^{j\Omega})$ sagt aus, um welchen Winkel die Frequenzkomponenten in $\mathbf{y}[n]$ gegenüber den Frequenzkomponenten in $\mathbf{x}[n]$ verschoben sind. Das Kreuzleistungsdichtespektrum ist 2π-periodisch und hat die Symmetrie-Eigenschaft (Aufgabe 9):

$$S_{yx}(e^{j\Omega}) = S^*_{xy}(e^{j\Omega})\,. \tag{4.59}$$

Man kann sofort zeigen (Aufgabe 10), dass der Mittelwert μ_y des Ausgangssignals $\mathbf{y}[n]$ wie folgt gegeben ist:

$$\mu_y = H(e^{j0})\mu_x\,. \tag{4.60}$$

Interpretiert man μ_x und μ_y als DC-Anteile des Eingangs- und Ausgangssignals, sowie $H(e^{j0})$ als DC-Verstärkung $H(e^{j\Omega})|_{\Omega=0}$, dann kann man sagen:

Der DC-Anteil des Ausgangssignals ist gleich dem DC-Anteil des Eingangsignals multipliziert mit der DC-Verstärkung des linearen Filters.

Aufwendiger gestaltet sich die Herleitung [The92] der Beziehung

$$S_{yy}(e^{j\Omega}) = |H(e^{j\Omega})|^2 S_{xx}(e^{j\Omega})\,. \tag{4.61}$$

In Worten:

Das Ausgangsleistungsdichtespektrum eines linearen Filters ist gleich dem Eingangsleistungsdichtespektrum multipliziert mit dem Quadrat des Amplitudengangs.

Insbesondere gilt für weisses Rauschen mit der Varianz σ_x^2:

$$S_{yy}(e^{j\Omega}) = |H(e^{j\Omega})|^2 \sigma_x^2 \,. \tag{4.62}$$

Diese Gleichung legt dar, wie farbiges Rauschen erzeugt werden kann: Man nimmt ein lineares Filter und schliesst an den Eingang eine weisse Rauschquelle. Am Ausgang erhält man dann ein korreliertes Rauschsignal, dessen Leistungsdichtespektrum proportional zum quadratischen Amplitudengang des Filters ist.

Durch Anwendung der inversen Fourier-Transformation analog zu Gl. (4.50) finden wir für die Autokorrelationsfunktion des Ausgangssignals

$$r_{yy}[m] = \frac{1}{2\pi} \int_{-\pi}^{\pi} S_{yy}(e^{j\Omega}) e^{j\Omega m} \, d\Omega \,. \tag{4.63}$$

Setzen wir $m = 0$, dann erhalten wir gemäss Gl.(4.52) die mittlere Leistung ρ_y^2 des stationären stochastischen Ausgangssignals $\mathbf{y}[n]$. Diese ist gleich der Varianz σ_y^2, da das Rauschsignal mittelwertfrei ist.

$$\begin{aligned} \sigma_y^2 &= \mathrm{E}\{\mathbf{y}^2[n]\} \,, \\ &= r_{yy}[0] \,, \\ &= \frac{1}{2\pi} \int_{-\pi}^{\pi} S_{yy}(e^{j\Omega}) \, d\Omega \,, \\ &= \sigma_x^2 \frac{1}{2\pi} \int_{-\pi}^{\pi} |H(e^{j\Omega})|^2 \, d\Omega \,. \end{aligned} \tag{4.64}$$

Die Grösse $\frac{1}{2\pi} \int_{-\pi}^{\pi} |H(e^{j\Omega})|^2 \, d\Omega$ heisst Rauschverstärkung (engl: noise gain). Sie erlaubt die Berechnung der Rauschleistung, falls der Amplitudengang $|H(e^{j\Omega})|$ des linearen Filters und und die Varianz σ_x^2 der Eingangsrauschquelle bekannt sind. Bei gegebenen a- und b-Koeffizienten der Übertragungsfunktion $H(z)$ kann die Rauschverstärkung mit Hilfe der MATLAB-Funktion `nsgain` berechnet werden.

Analog zu Gl.(4.61) lässt sich die Formel zur Bestimmung des Kreuzleistungsdichtespektrums $S_{yx}(e^{j\Omega})$ herleiten:

$$S_{yx}(e^{j\Omega}) = H(e^{j\Omega}) S_{xx}(e^{j\Omega}) \,. \tag{4.65}$$

Legen wir an den Eingang eine weisse Rauschquelle mit der Varianz σ_x^2, dann folgt aus obiger Gleichung:

$$S_{yx}(e^{j\Omega}) = H(e^{j\Omega}) \sigma_x^2 \quad \bullet\!\!-\!\!\circ \quad r_{yx}[m] = h[m] \sigma_x^2 \,. \tag{4.66}$$

Das Kreuzleistungsdichtespektrum bzw. die Kreuzkorrelationsfunktion ist demnach proportional zum Frequenzgang $H(e^{j\Omega})$ bzw. zur Impulsantwort $h[m]$. Diese Eigenschaft ist Grundlage zur Bestimmung der Impulsantwort und des Frequenzgangs eines unbekannten linearen Systems, wie wir im Beispiel auf Seite 154 sehen werden.

4.5 Schätzung von Erwartungswerten

4.5.1 Eigenschaften von Schätzfunktionen

In der Praxis ist es vielfach so, dass wir von einem stochastischen Signal $\mathbf{x}[n]$ nur N gemessene Abtastwerte

$$\{x[n]\} = \{x[0], x[1], \ldots, x[N-1]\} \tag{4.67}$$

kennen. Aufgrund dieser Messwerte, die man als *Stichprobe* des Zufallssignals bezeichnet, möchten wir einen interessierenden Parameter Θ – beispielsweise den Mittelwert oder die Leistung – bestimmen. Da die Bestimmung auf einer Stichprobe beruht, spricht man von einer Schätzung und die Funktion, die der Stichprobe den *Schätzwert* $\hat{\Theta}$ (engl: estimate) zuordnet, heisst *Schätzfunktion*.

Um die Qualität der Schätzung zu beurteilen, fassen wir die Stichprobe als eine N-dimensionale Zufallsvariable auf. Die Schätzfunktion ordnet dann der N-dimensionalen Zufallsvariable ebenfalls eine Zufallsvariable zu, die wir Schätzer $\hat{\boldsymbol{\Theta}}$ nennen. Ideal wäre natürlich, wenn der Schätzer $\hat{\boldsymbol{\Theta}}$ gleich dem tatsächlichen Parameter Θ wäre. Dies würde voraussetzen, dass der Erwartungswert

$$\mu_{\hat{\Theta}} = \mathrm{E}\left\{\hat{\boldsymbol{\Theta}}\right\} \tag{4.68}$$

gleich dem tatsächlichen Wert Θ und die Varianz

$$\sigma^2_{\hat{\Theta}} = \mathrm{E}\left\{(\hat{\boldsymbol{\Theta}} - \mu_{\hat{\Theta}})^2\right\} \tag{4.69}$$

gleich Null wäre:

$$\mu_{\hat{\Theta}} = \Theta \qquad \text{und} \qquad \sigma^2_{\hat{\Theta}} = 0\,. \tag{4.70}$$

Weil die N Abtastwerte nur eine Stichprobe darstellen, ist dies leider unmöglich. Für einen guten Schätzer fordern wir jedoch, dass der Erwartungswert $\mu_{\hat{\Theta}}$ dem richtigen Parameterwert Θ möglichst nahe kommt und die Varianz $\sigma^2_{\hat{\Theta}}$ möglichst klein ist. Wichtige Kenngrössen eines Schätzers sind daher der *Bias* und die Varianz:

$$b = \mu_{\hat{\Theta}} - \Theta \qquad \text{und} \qquad \sigma^2_{\hat{\Theta}}\,. \tag{4.71}$$

Wenn eine Schätzung einen Bias aufweist, dann ist die Varianz kein gutes Mass für die Qualität der Schätzung. Ein Mass, welches sowohl den Bias wie auch die Varianz umfasst, ist der *mittlere quadratische Fehler* (engl: mean square error MSE). Er ist definiert als die mittlere quadratische Abweichung des Schätzers $\hat{\boldsymbol{\Theta}}$ vom tatsächlichen Parameterwert Θ :

$$e^2 = \mathrm{E}\left\{(\hat{\boldsymbol{\Theta}} - \Theta)^2\right\}. \tag{4.72}$$

Für den mittleren quadratischen Fehler gilt (siehe Aufgabe 11):

$$e^2 = b^2 + \sigma^2_{\hat{\Theta}}\,. \tag{4.73}$$

Der MSE ist ein aussagekräftigeres Mass für die Güte einer Schätzung als der Bias oder die Varianz alleine.

Aufgrund der definierten Grössen lässt sich ein Schätzer wie folgt qualifizieren:

- Er ist *erwartungstreu* (engl: unbiased), wenn der Bias verschwindet. Der Erwartungswert des Schätzers ist dann gleich dem tatsächlichen Parameter und der mittlere quadratische Fehler ist gleich der Varianz:

$$\mu_{\hat{\Theta}} = \Theta \qquad \text{und} \qquad e^2 = \sigma^2_{\hat{\Theta}} \,. \tag{4.74}$$

- Er ist *asymptotisch erwartungstreu* (engl: asymptotically unbiased), wenn für eine unendlich grosse Stichprobe der Bias verschwindet:

$$\lim_{N\to\infty} \mu_{\hat{\Theta}} - \Theta = 0 \,. \tag{4.75}$$

- Er ist *konsistent* (engl: consistent), wenn für eine unendlich grosse Stichprobe sowohl der Bias wie auch die Varianz verschwinden:

$$\lim_{N\to\infty} \mu_{\hat{\Theta}} - \Theta = 0 \qquad \text{und} \qquad \lim_{N\to\infty} \sigma^2_{\hat{\Theta}} = 0 \,. \tag{4.76}$$

- Er ist *wirksam* (engl: efficient), wenn er erwartungstreu ist und es keinen anderen erwartungstreuen Schätzer mit kleinerer Varianz gibt.

4.5.2 Schätzung des Mittelwertes und der Korrelationsfunktion

In der Praxis geht man meistens von der Hypothese aus, dass ein stationäres Zufallssignal auch ergodisch ist. Unter dieser Voraussetzung sind der Mittelwert und die Autokorrelationsfunktion gemäss Gl.(4.46) und Gl.(4.47) wie folgt gegeben:

$$\mu_x = \lim_{N\to\infty} \frac{1}{2N+1} \sum_{n=-N}^{N} x[n] \tag{4.77}$$

und

$$r_{xx}[m] = \lim_{N\to\infty} \frac{1}{2N+1} \sum_{n=-N}^{N} x[n]x[n-m] \,. \tag{4.78}$$

Als Schätzfunktionen sind die obigen Formeln unbrauchbar, weil sie eine unendliche Anzahl von Abtastwerten voraussetzen. Für den realitätsbezogenen Fall, dass die Anzahl N der gemessenen Abtastwerte $x[0], x[1], \ldots, x[N-1]$ endlich ist, lassen sich daraus folgende Schätzfunktionen herleiten:

$$\hat{\mu}_x = \frac{1}{N} \sum_{n=0}^{N-1} x[n] \tag{4.79}$$

und

$$\hat{r}'_{xx}[m] = \frac{1}{N-|m|} \sum_{n=|m|}^{N-1} x[n]x[n-|m|]\,. \tag{4.80}$$

Bei Betrachtung von Bild 4.8 wird der Divisor $N-|m|$ verständlich: Wegen der endlichen Länge der Stichprobe $\{x[n]\}$ besteht die Summe in Gl.(4.80) nur aus $N-|m|$ Summanden. Die Summe $\sum_{n=|m|}^{N-1} x[n]x[n-|m|]$ muss deshalb nicht durch N, sondern durch $N-|m|$ geteilt werden. Aus Gl.(4.40) wissen wir zudem, dass die Autokorrelationsfunktion gerade ist, d. h. $r_{xx}[-m] = r_{xx}[m]$. Diese Eigenschaft übertragen wir auf die Schätzfunktion, indem wir m durch den Betrag $|m|$ ersetzen.

$$
\begin{aligned}
N=4 &: \quad \{x[n]\} = \{x[0], x[1], x[2], x[3]\} \\
m=0 &: \quad \hat{r}_{xx}'[0] = \frac{1}{4}(x[0]x[0] + x[1]x[1] + x[2]x[2] + x[3]x[3]) \\
m=1 &: \quad \hat{r}_{xx}'[1] = \frac{1}{3}(x[1]x[0] + x[2]x[1] + x[3]x[2]) \\
m=2 &: \quad \hat{r}_{xx}'[2] = \frac{1}{2}(x[2]x[0] + x[3]x[1]) \\
m=3 &: \quad \hat{r}_{xx}'[3] = \frac{1}{1}(x[3]x[0])
\end{aligned}
$$

Bild 4.8: Schätzung der Autokorrelationsfunktion für eine Stichprobe der Länge $N=4$

Es kann gezeigt werden, dass der Schätzer $\hat{r}'_{xx}[m]$ zwar erwartungstreu ist (Aufgabe 12), aber dass er für grosse $|m|$ eine hohe Varianz hat. Dies leuchtet sofort ein, wenn man Bild 4.8 betrachtet: Für grosse $|m|$ ist die Anzahl Summanden klein und dementsprechend ist die Schätzung ungenau.

Um die Varianz zu verkleinern, wird bei der Schätzfunktion

$$\hat{r}_{xx}[m] = \frac{1}{N} \sum_{n=|m|}^{N-1} x[n]x[n-|m|] \tag{4.81}$$

der Divisor auf N gesetzt. Dieser Schätzer ist zwar nur asymptotisch erwartungstreu (Aufgabe 12), er weist dafür aber i. Allg. einen kleineren quadratischen Fehler auf. Da er ausserdem zu Autokorrelationsmatrizen mit günstigeren Eigenschaften führt [Cla93], wird er meistens gegenüber dem Schätzer $\hat{r}'_{xx}[m]$ bevorzugt. Wird darauf geachtet, dass $|m|$ viel kleiner als N ist (z. B. $|m| < \frac{N}{4}$), dann zeigen beide Schätzer gute Ergebnisse.

Analog zur Autokorrelationsfunktion kann man auch einen Schätzer für die Kreuzkorrelationsfunktion $r_{xy}[m]$ herleiten:

$$\hat{r}_{xy}[m] = \begin{cases} k\sum_{n=0}^{N+m-1} x[n]y[n-m] & \text{für} \quad m = -(N-1), \ldots, -1, 0 \\ k\sum_{n=m}^{N-1} x[n]y[n-m] & \text{für} \quad m = 0, 1, \ldots, (N-1) \end{cases} \tag{4.82}$$

Die Summe besteht wiederum aus $N - |m|$ Summanden. Dividiert man sie deshalb mit $N - |m|$, dann erhält man eine erwartungstreue Schätzung, dividiert man sie hingegen durch N, dann führt das zu einer nur asymptotisch erwartungstreuen Schätzung. Ihrer kleineren Varianz wegen, wird die asymptotisch erwartungstreue Schätzung mit

$$k = \frac{1}{N} \tag{4.83}$$

der erwartungstreuen Schätzung mit

$$k = \frac{1}{N - |m|} \tag{4.84}$$

i. Allg. vorgezogen. Auch hier sollte $|m|$ kleiner als ungefähr $\frac{N}{4}$ sein, damit der quadratische Fehler (4.73) nicht zu gross wird. In Bild 4.9 oben sind zwei gemessene Signale (Stichproben) $\{x[n]\}$ und $\{y[n]\}$ der Länge $N = 512$ dargestellt. Unten sind die beiden Schätzungen der Kreuzkorrelationsfunktion $r_{xy}[m]$ ersichtlich. Wie vermutet, hat die erwartungstreue Schätzung $\hat{r}_{xy}[m]$ für $|m| \longrightarrow N$ eine untolerierbar grosse Varianz.

MATLAB stellt den Befehl `xcorr` zur Verfügung, um die Korrelationsfunktion entweder erwartungstreu oder asymptotisch erwartungstreu zu schätzen.

Für grosse N erfordert die Berechnung der Korrelationsfunktion eine beträchtliche Anzahl von Multiplikationen und Additionen. Der hohe Rechenaufwand reduziert sich drastisch, wenn man die Signale mit Hilfe der FFT (siehe dazu Kap. 5.4) in den Frequenzbereich transformiert, dort multipliziert und das Produkt anschliessend invers fouriertransformiert. Dieses Verfahren ist unter den Namen *schnelle Korrelation* (engl: fast correlation) oder *FFT-Korrelation* bekannt und wird auch vom MATLAB-Befehl `xcorr` angewandt. Es beruht auf dem Korrelationstheorem und seine Funktionsweise kann z. B. in Lit.[Bri95] studiert werden.

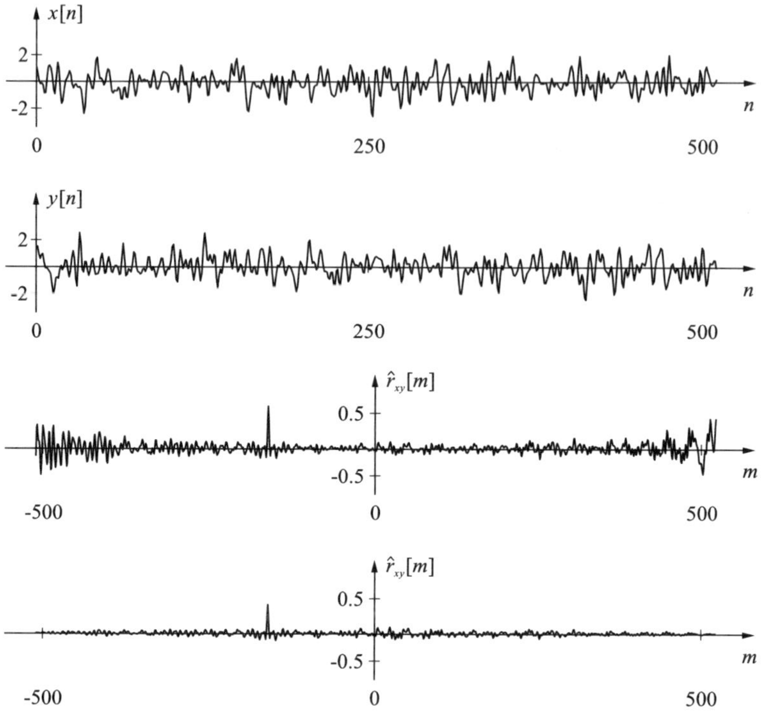

Bild 4.9: Zwei Signale der Länge $N = 512$ mit den Schätzungen ihrer Kreuzkorrelierten. Mitte unten, die erwartungstreue Schätzung mit $k = \frac{1}{N-|m|}$ und ganz unten die asymptotisch erwartungstreue Schätzung mit $k = \frac{1}{N}$

Beispiel 1: Die Bestimmung der Impulsantwort eines diskreten kausalen LTI-Systems ist einfach: Zum Zeitpunkt $n = 0$ wird eine 1 am Eingang eingespiesen (entspricht dem diskreten Diracpuls $\delta[n]$) und für $n \geq 0$ das diskrete Ausgangssignal gemessen. Diese Messmethode der Impulsantwort ist für kontinuierliche LTI-Systeme ungeeignet, da der zeitkontinuierliche Diracpuls $\delta(t)$ unendlich kurz, unendlich hoch und damit unrealisierbar ist. Für kontinuierliche Systeme bietet sich daher die Korrelationsmethode in Bild 4.10 an, die auf Gl.(4.66)

$$S_{yx}(e^{j\Omega}) = H(e^{j\Omega})\sigma_x^2 \quad \bullet\!\!-\!\!\circ \quad r_{yx}[m] = h[m]\sigma_x^2 \tag{4.85}$$

beruht. Das zeitkontinuierliche LTI-System wird am Eingang mit einem DA-Wandler und am Ausgang mit einem AD-Wandler ergänzt, wobei vorausgesetzt wird, dass deren Frequenzgänge vernachlässigbar sind. Um Aliasing zu vermeiden, muss das zeitkontinuierliche LTI-System zudem bandbegrenzt sein und seine Grenzfrequenz f_{stop} sollte unterhalb der halben Abtastfrequenz $0.5 f_s$ liegen.

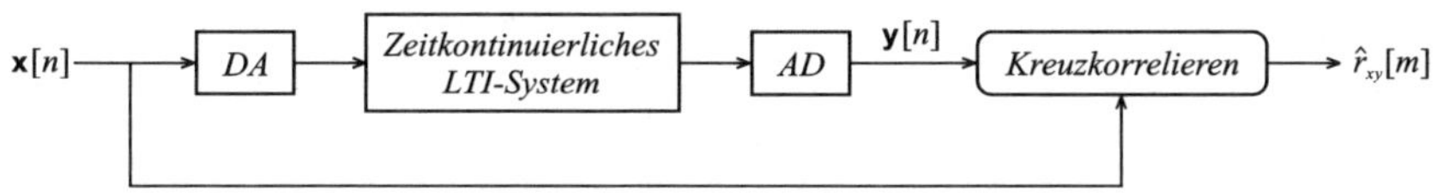

Bild 4.10: Systemidentifikation durch Kreuzkorrelation

Das zeitdiskrete LTI-System – bestehend aus dem zeitkontinuierlichen LTI-System inklusive DA- und AD-Wandler – wird mit einer weissen Rauschquelle $\mathbf{x}[n]$ betrieben, deren Autokorrelierte bekanntlich gleich dem Einheitspuls ist:

$$r_{xx}[m] = \sigma_x^2 \delta[m] \,. \tag{4.86}$$

Wird die Varianz σ_x^2 der weissen Rauschquelle gleich 1 gewählt, dann folgt aus Gl.(4.85), dass die Kreuzkorrelierte am Ausgang gleich der Impulsantwort des diskreten LTI-Systems ist:

$$r_{yx}[m] = h[m] \,. \tag{4.87}$$

Demnach können wir durch Schätzung der Kreuzkorrelierten $r_{yx}[m]$ die Impulsantwort $h[m]$ des LTI-Systems bestimmen. Transformieren wir die Impulsantwort in den Frequenzbereich (siehe dazu Kap. 5.3.3) und setzen wir $\Omega = 2\pi f / f_s$, dann erhalten wir den Frequenzgang $H(f)$ des zeitkontinuierlichen Systems im Bereich $-0.5 f_s \leq f \leq 0.5 f_s$.

Bei einem Echtzeitsystem ist die Impulsantwort kausal. Ist das System stabil, dann klingt sie ab und wird nach einer endlichen Anzahl von L Taktintervallen zu Null gesetzt:

$$h[m] = 0 \quad \text{für} \quad m < 0 \quad \text{und} \quad m \geq L \,. \tag{4.88}$$

Demzufolge haben wir die Kreuzkorrelierte nur im Bereich $0 \leq m < L$ zu schätzen.

Um eine gute Schätzung zu erhalten, sollte die Länge N des Eingangssignals $\{x[n]\} = \{x[0], x[1], \ldots, x[N-1]\}$ viel grösser als m sein. Die Schätzung wird somit umso genauer, je besser die Ungleichung

$$N \gg L \tag{4.89}$$

erfüllt ist (Aufgabe 13).

Beispiel 2: Eine klassische Anwendung der Korrelation ist die berührungslose Geschwindigkeitsmessung [Weh80]. Das Prinzip dieser Messmethode sei am Beispiel eines rollenden Schienenfahrzeugs (Bild 4.11) erläutert.

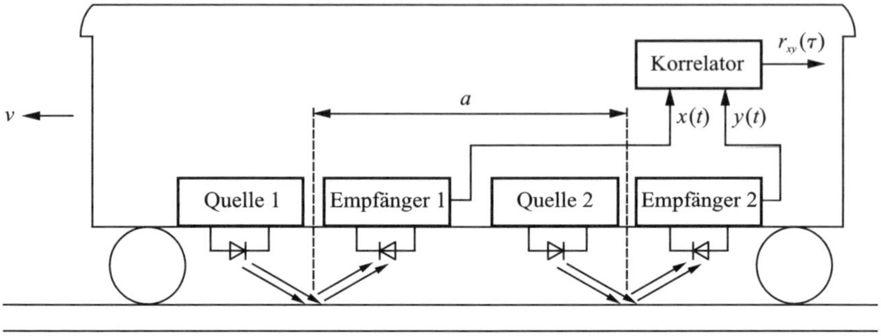

Bild 4.11: Prinzip der berührungslosen Geschwindigkeitsmessung

Zwei Lichtquellen, die an der Unterseite des Fahrzeugs angebracht sind, beleuchten in einem festen Abstand a die Schiene. Das Licht wird von der Schienenoberfläche je nach Oberflächenzustand mehr oder weniger reflektiert. Die reflektierten und in ihrer Helligkeit modulierten Lichtstrahlen werden von den Photodioden detektiert, in den Empfängern analog vorverarbeitet und im Korrelator kreuzkorreliert.

Da die zweite Photodiode zeitverschoben die gleiche Oberflächenstruktur wie die erste Photodiode abtastet, ist das Signal $y(t)$ des zweiten Empfängers, abgesehen von Störungen, gleich dem zeitverzögerten Signal $x(t)$ des ersten Empfängers:

$$y(t) \approx x(t - T_v)\ . \tag{4.90}$$

Die Gleichheit der beiden Signale drückt sich in ihrer Korrelationsfunktion durch ein Maximum bei $\tau = T_v$ aus (Bild 4.12 unten), wobei T_v die Zeitverzögerung ist. Aus der Lage des Maximums und aus dem Abstand a der beiden Reflexionsstellen (Bild 4.11) kann anschliessend die Geschwindigkeit v mit der Gleichung

$$v = \frac{a}{T_v} \tag{4.91}$$

ermittelt werden.

Bild 4.12 zeigt die Ausgangssignale $x(t)$ und $y(t)$ der beiden Empfänger und die Schätzung $\hat{r}_{xy}(\tau)$ ihrer Kreuzkorrelierten. In Wirklichkeit sind diese drei Signale natürlich nicht zeitkontinuierlich, wie das Bild 4.12 suggeriert. Alle drei sind zeitdiskrete Signale mit einer Abtastfrequenz von $f_s = 40\,\text{kHz}$. $x[n]$ und $y[n]$ bestehen aus je $N = 512$ Abtastwerten und das Ergebnis der Korrelation umfasst 1023 Abtastwerte. Die Kreuzkorrelierte wurde aufgrund der Definition $r_{xy}[m] = \text{E}\{\mathbf{x}[n]\mathbf{y}[n+m]\}$ geschätzt

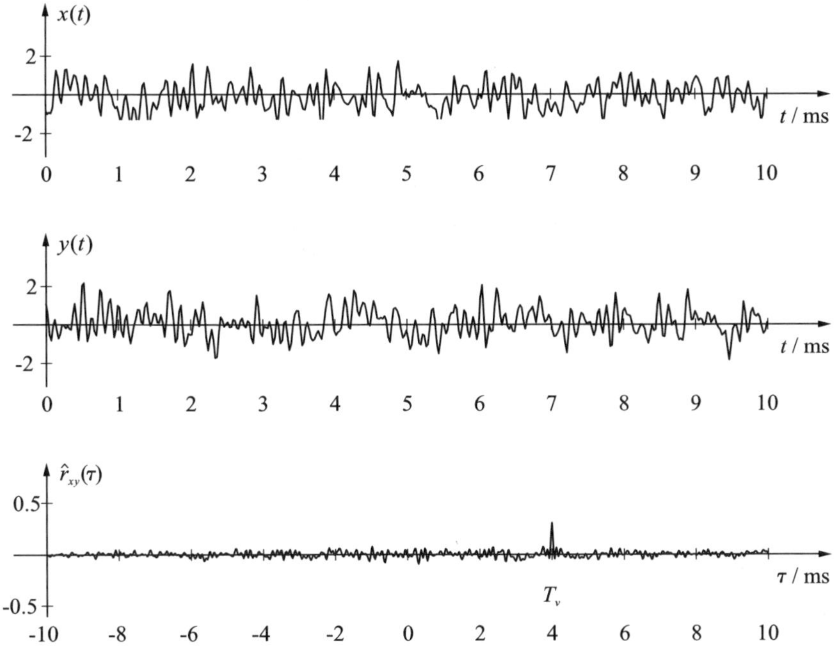

Bild 4.12: Die beiden Messignale und ihre Korrelation

(siehe dazu die Fussnote auf Seite 142), deshalb tritt das Maximum bei $\tau = 4\,\text{ms}$ und nicht bei $-4\,\text{ms}$ auf.

Verschiebt man das y-Signal um 4 ms nach links, dann stellt man die Ähnlichkeit der beiden Signalen fest. In der Korrelationsfunktion drückt sich diese Ähnlichkeit durch das Maximum bei $T_v = 4\,\text{ms}$ aus. Für $a = 0.1\,\text{m}$ ergibt sich damit aus Gl.(4.91) eine Geschwindigkeit von $v = 25\,\text{m/s}$.

Beispiel 3: Eine weitere Anwendung der Korrelation ist die Messung der Phasenverschiebung zweier gleichfrequenter Sinus- oder Rechteckschwingungen. In diesem Verfahren werden die Schwingungen zuerst in zwei symmetrische Rechteckschwingungen übergeführt und anschliessend kreuzkorreliert. Es kann gezeigt werden, dass die Phasenverschiebung eine lineare Funktion der Kreuzkorrelierten $r_{xy}[m]$ an der Stelle $m = 0$ ist.

Mehr zu diesem Thema ist in Aufgabe 15 zu erfahren.

Aufgaben

1. **Wahrscheinlichkeitsdichtefunktion einer Verstärker-Ausgangsspannung**

   Die Eingangsspannung $\mathbf{u}_{in}$ eines Verstärkers sei gemäss der WDF in Bild 4.13 a) dreieckverteilt. Der Verstärker weist im Bereich $-1\,\mathrm{V} < u_{in} < +1\,\mathrm{V}$ eine Verstärkung von 10 auf und befindet sich ausserhalb dieses Bereichs in der Sättigung (Bild 4.13 b). Die Ausgangsspannung $\mathbf{u}_{out}$ ist dann gemäss der WDF in Bild 4.13 c) verteilt.

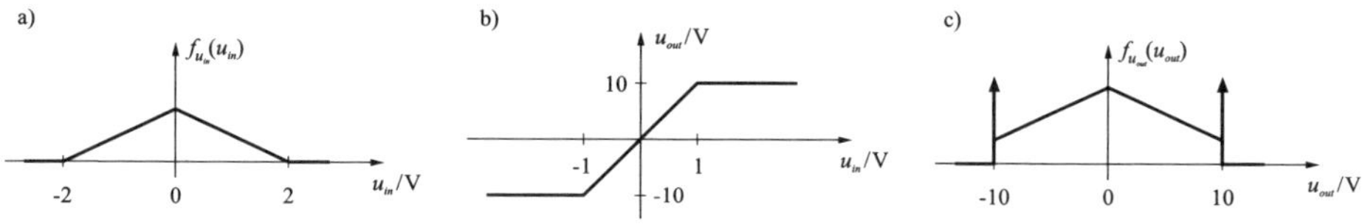

Bild 4.13: Kennlinie eines Verstärkers und Wahrscheinlichkeitsdichtefunktionen der Eingangs- und Ausgangsspannung

   Bestimmen Sie:

   (a) Den Wert der WDF $f_{u_{in}}(u_{in})$ an der Stelle $u_{in} = 0\,\mathrm{V}$.

   (b) Die Werte der WDF $f_{u_{out}}(u_{out})$ an den Stellen $u_{out} = -10\,\mathrm{V}$, $0\,\mathrm{V}$ und $+10\,\mathrm{V}$.

   (c) Die Gewichte der beiden Diracpulse der WDF $f_{u_{out}}(u_{out})$.

2. **Effektivwert in Abhängigkeit des Mittelwertes und der Streuung**

   Zeigen Sie mit Hilfe des Ansatzes $\rho_x^2 = \mathrm{E}\{\mathbf{x}^2\} = \mathrm{E}\{(\mathbf{x} - \mu_x + \mu_x)^2\}$, dass die Leistung einer Zufallsvariablen gleich der Summe aus der DC-Leistung und der AC-Leistung ist: $\rho_x^2 = \mu_x^2 + \sigma_x^2$.

3. **Zusammenhang zwischen Kovarianz und Korrelation**

   Leiten Sie die Beziehung $C_{x_1x_2} = R_{x_1x_2} - \mu_{x_1}\mu_{x_2}$ her.

4. **Unkorreliertheit von statistisch unabhängigen Zufallsvariablen**

   Beweisen Sie, dass die Kovarianz von statistisch unabhängigen Zufallsvariablen Null ist.

5. **Verknüpfung zwischen Kovarianz- und Korrelationsfunktionen**

   Leiten Sie die Beziehungen (4.37) und (4.38) her.

6. **Erzeugung von weissem Rauschen mit MATLAB**

   Erzeugen Sie mit MATLAB die drei Rauschsignale in Bild 4.5.

7. **Eigenschaften des Leistungsdichtespektrums**

   (a) Erklären Sie, weshalb das Leistungsdichtespektrum reell und periodisch ist.

   (b) Wie sieht die Phase des Leistungsdichtespektrums aus?

8. **Berechnung eines Leistungsdichtespektrums**

   Bestimmen Sie das Leistungsdichtespektrum des stationären Zufallssignals $\mathbf{x}[n]$ mit der Autokorrelationsfolge $r_{xx}[m] = \sigma_x^2 e^{-\Omega_0|m|}$. Überprüfen Sie Ihr Resultat anhand von Gl. (4.57).

   Hinweis: Benutzen Sie die Eigenschaft, dass die unendliche geometrische Reihe $\sum_{m=1}^{\infty} x^m$ für $|x| < 1$ gegen $\frac{x}{1-x}$ konvergiert.

9. **Symmetrie-Eigenschaft des Kreuzleistungsdichtespektrums**

   Zeigen Sie, dass eine Vertauschung der Signalreihenfolge das Kreuzleistungsdichtespektrum konjugiert komplex macht. Mit anderen Worten, zeigen Sie dass gilt: $S_{xy}(e^{j\Omega}) = S_{yx}^*(e^{j\Omega})$.

10. **Mittelwert am Ausgang eines diskreten LTI-Systems**

    Berechnen Sie den Mittelwert μ_y des Ausgangssignals, wenn an den Eingang eines LTI-Systems mit der Übertragungsfunktion $H(z)$ ein stationäres Zufallssignal mit dem Mittelwert μ_x angelegt wird.

11. **Mittlerer quadratischer Fehler einer Schätzung**

    Der mittlere quadratische Fehler MSE einer Schätzung ist gleich dem Bias im Quadrat plus der Varianz: $e^2 = b^2 + \sigma_{\hat{\Theta}}^2$. Leiten Sie diese Beziehung her.

12. **Erwartungswerte der Autokorrelations-Schätzfunktionen**

    Zeigen Sie, dass der Autokorrelations-Schätzer (4.80)

$$\hat{r}'_{xx}[m] = \frac{1}{N-|m|} \sum_{n=|m|}^{N-1} x[n]x[n-|m|] .$$

    erwartungstreu und der Autokorrelations-Schätzer (4.81)

$$\hat{r}_{xx}[m] = \frac{1}{N} \sum_{n=|m|}^{N-1} x[n]x[n-|m|]$$

    asymptotisch erwartungstreu ist.

13. **System-Identifikation durch Kreuzkorrelation**

Simulieren Sie mit dem M-File `A1_4_13` die Methode zur System-Identifikation gemäss Bild 4.10. Dabei wird das kontinuierliche LTI-System mit den beiden Wandlern durch ein diskretes LTI-System mit der Übertragungsfunktion

$$H(z) = \frac{b_0 + b_1 z^{-1} + \cdots + b_{N_N} z^{-N_N}}{1 + a_1 z^{-1} + \cdots + a_{N_D} z^{-N_D}}$$

ersetzt.

Geben Sie die b- und a-Koeffizienten (z. B. $\boldsymbol{b} = [0.2, 0, -0.2]^T$ und $\boldsymbol{a} = [1, -1.1, 0.5]^T$) und die Abtastfrequenz f_s des diskreten LTI-Systems $H(z)$ ein. Wählen Sie die Länge N des weissen Eingangsrauschsignals und aufgrund der Impulsantwort-Länge die maximale diskrete Verschiebungszeit m_{max} der Kreuzkorrelationsfunktion $r_{yx}[m]$. Als Resultat erhalten Sie die Impulsantwort, sowie die erwartungstreue und die asymptotisch erwartungstreue Schätzung $\hat{r}_{yx}[m]$ der Kreuzkorrelationsfolge. Zusätzlich ist der Amplitudengang des LTI-Systems, sowie der Betrag der Fourier-Transformierten der beiden Schätzfolgen dargestellt.

Experimentieren Sie mit verschiedenen Parametern und kommentieren Sie das Ergebnis.

14. **Schätzung von Mittelwerten und Korrelationen mit MATLAB**

(a) Erzeugen Sie mit `randn` weisses, normalverteiltes Rauschen mit der Varianz $\sigma_x^2 = 1$ und der Länge $N = 64$ und schätzen Sie den Mittelwert μ_x und die Leistung ρ_x^2 mit Hilfe der Funktion `mean` und die Varianz σ_x^2 mit Hilfe der Funktion `cov`. Berechnen Sie die Differenz $\hat{\rho}_x^2 - \hat{\mu}_x^2$. Was stellen Sie fest?

(b) Schätzen Sie zu obigem Rauschen die Autokorrelationsfunktion mit Hilfe der beiden Schätzer $\hat{r}'_{xx}$ und $\hat{r}_{xx}$. Verwenden Sie dazu die Funktion `xcorr`. Überprüfen Sie, ob die Schätzung der Leistung mit den Schätzungen der Korrelationsfunktion an der Stelle $m = 0$ übereinstimmt, d. h. überprüfen Sie die Gleichungen $\hat{\rho}_x^2 = \hat{r}'_{xx}[0]$ und $\hat{\rho}_x^2 = \hat{r}_{xx}[0]$.

(c) Weisses Rauschen mit der Varianz 1 ist definiert als ein stochastisches Signal, welches den Einheitspuls als Autokorrelationsfunktion hat. Überprüfen Sie diese Aussage, indem Sie z. B. $I = 1000$ Rauschsignale der Varianz 1 erzeugen, deren Autokorrelationsfunktionen schätzen und über die geschätzten Autokorrelationsfunktionen mitteln.

(d) Bei Erhöhung von N werden die Schätzungen genauer. Wählen Sie deshalb eine Signallänge N von beispielsweise 512 und verifizieren Sie, ob die Schätzungen $\hat{\mu}_x$ und $\hat{\sigma}_x^2$ jetzt näher bei 0 und 1 liegen. Schätzen Sie auch die Autokorrelationsfunktion mit Hilfe der beiden Schätzer $\hat{r}'_{xx}$ und $\hat{r}_{xx}$.

(e) Erzeugen Sie eine Sinusschwingung der Länge $N = 100$ und der Abtastfrequenz 20 Hz. Die Frequenz soll 1 Hz und der Scheitelwert soll 1 betragen. Der DC-Wert einer Sinusschwingung ist bekanntlich 0 und der Effektivwert $1/\sqrt{2}$. Stimmen die Schätzwerte $\hat{\mu}_x$ und $\hat{\rho}_x$ mit diesen Werten überein?

(f) Korrelieren Sie die obige Sinusschwingung mit der Cosinusschwingung gleicher Frequenz und Amplitude, d. h. schätzen Sie $r_{xy}[m]$ erwartungstreu und asymptotisch erwartungstreu. Welche Schätzung ziehen Sie vor?

15. **Messung der Phasenverschiebung**

Das M-File `A1_4_15` schätzt die Phasenverschiebung zweier Sinusschwingungen mit Hilfe der Kreuzkorrelierten. Studieren Sie seine Funktionsweise und experimentieren Sie mit dem M-File, indem Sie verschiedene Parameterwerte eingeben.

16. **Korrelator mit LabVIEW**

Experimentieren Sie mit dem LabVIEW-Vi `Correlator`. Dieses Vi simuliert das Anwendungsbeispiel auf Seite 156. Das Vi erzeugt ein stochastisches Signal und das zugehörige verzögerte stochastische Signal. Beide Signale können mit Rauschen gestört werden. Die Signale werden kreuzkorreliert und aus der Kreuzkorrelationsfunktion wird der Ort des Maximums bestimmt. Falls die Verzögerung und das Störrauschen nicht zu gross sind, stimmt dieser Ort mit der gesuchten Zeitverzögerung überein.

Kapitel 5

Diskrete Fourier-Transformation

5.1 Einführung

5.1.1 Motivation

Es gibt verschiedene Gründe, auf zeitdiskrete Signale die diskrete Fourier-Transformation (engl: Discrete Fourier Transform, DFT) anzuwenden. Die drei wichtigsten sind:

- Ermittlung des Spektrums, d. h. des Frequenzgehalts eines Signals.
- Berechnung der Faltung und der Korrelation zweier Signale.
- Teilbandfilterung bei DFT-Filterbänken.

Beispiele zum ersten Punkt sind die Berechnung der Harmonischen des Netzstromes (Bild 1.11), die Ermittlung des Spektrums eines Nachrichtensignals (Bild 1.15), die Schwingungsanalyse an mechanischen Objekten, die Bestimmung der Oberschwingungen am Ausgang eines Verstärkers und daraus die Berechnung seines Klirrfaktors, das Suchen von Sinussignalen im Rauschen etc. In den erwähnten Beispielen ist man bestrebt, die Fourier-Transformierte des Signals zu ermitteln. Die DFT ist eine Approximation der Fourier-Transformierten mit dem Vorteil, dass sie auf einem digitalen Rechner effizient berechnet werden kann.

Das zweite Anwendungsfeld ist die schnelle Berechnung der Faltung und der Korrelation zweier diskreter Signale. Die Berechnungsmethode beruht auf dem Faltungs- und Korrelationstheorem und wird vor allem dann angewandt, wenn lange Sequenzen in Echtzeit gefaltet oder korreliert werden müssen [IJ02], [Bri95].

Das dritte Einsatzgebiet sind Filterbänke, wo die DFT das Signal in Teilbänder aufspaltet, in denen die Verarbeitung erfolgt. Filterbänke eröffnen interessante Anwendungsmöglichkeiten und gehören zum Gebiet der Multiraten-Signalverarbeitung [Vai93], [Fli93], [Dob01], [Mit02], [vG06].

Wir beschränken uns im Folgenden auf die Spektralanalyse und verweisen die Interessenten der schnellen Faltung/Korrelation und der Filterbänke auf die Literatur .

5.1.2 Definition

Ausgangspunkt zur Herleitung der DFT ist die Fourier-Transformierte eines zeitkontinuierlichen Signals:

$$X(f) = \int_{-\infty}^{\infty} x(t)e^{-j2\pi ft}\, dt\,. \tag{5.1}$$

Wir ersetzen das zeitkontinuierliche Signal durch seine Abtastwerte $x(nT)$ (engl: samples), das Differential durch das Abtastintervall T und approximieren das Integral durch die Summe

$$X_s(f) = \sum_{n=-\infty}^{+\infty} x(nT)e^{-j2\pi fnT}T\,. \tag{5.2}$$

Aus der unendlichen Anzahl von Abtastwerten schneiden wir eine endliche Anzahl N heraus (engl: windowing) und lassen der Bequemlichkeit halber den Faktor T weg. Wir erhalten derart das Spektrum des abgetasteten (engl: *s*ampled) und gefensterten (engl: *w*indowed) Signals:

$$X_{sw}(f) = \sum_{n=0}^{N-1} x(nT)e^{-j2\pi n\frac{f}{f_s}}\,. \tag{5.3}$$

Die Funktion $X_{sw}(f)$ ist f_s-periodisch ($f_s = 1/T$) und hat – wie man zeigen kann [SH94] – nur an N Frequenzstellen linear unabhängige Funktionswerte. Wir werten $X_{sw}(f)$ an N äquidistanten Frequenzstellen $f = 0, \frac{f_s}{N}, 2\frac{f_s}{N}, \ldots,$ $\ldots, (N-1)\frac{f_s}{N}$ aus:

$$X_{sw}(k\frac{f_s}{N}) = \sum_{n=0}^{N-1} x(nT)e^{-j2\pi n\frac{k\frac{f_s}{N}}{f_s}}, \qquad k = 0, 1, 2, \ldots, N-1\,. \tag{5.4}$$

Der Einfachheit halber lässt man die Kennzeichnung $_{sw}$ weg und verzichtet der Bequemlichkeit wegen auf die Faktoren $\frac{f_s}{N}$ und T in den Klammern:

$$X[k] = \sum_{n=0}^{N-1} x[n]e^{-jkn\frac{2\pi}{N}}, \qquad k = 0, 1, 2, \ldots, N-1\,. \tag{5.5}$$

Dies ist die Definition der DFT (*diskrete Fourier-Transformierte*). Sie erscheint auf den ersten Blick abstrakt und der Leser wird vermutlich nicht viel mit ihr anfangen können. Wir werden sie deshalb im nächsten Unterkapitel anhand einer Graphik zu interpretieren versuchen.

Ohne Herleitung geben wir noch die Definition der inversen DFT [SH94]:

$$x[n] = \frac{1}{N} \sum_{k=0}^{N-1} X[k] e^{jkn\frac{2\pi}{N}}, \qquad n = 0, 1, 2, \ldots, N-1 \,. \tag{5.6}$$

Diese Gleichung heisst Synthesegleichung. Im Gegensatz dazu nennt man Gl.(5.5) Analysegleichung.

$x[n]$ und $X[k]$ bilden ein Transformationspaar, das heisst, ist die Sequenz $\{x[n]\}_{n=0}^{N-1}$ im diskreten Zeitbereich bekannt, dann finden wir über die DFT die Sequenz $\{X[k]\}_{k=0}^{N-1}$ im diskreten Frequenzbereich. Ist umgekehrt die Sequenz $\{X[k]\}_{k=0}^{N-1}$ gegeben, dann finden wir über die inverse DFT wiederum die ursprüngliche Sequenz $\{x[n]\}_{n=0}^{N-1}$.

Für ein Transformationspaar schreiben wir:

$$x[n] \quad \circ\!\!-\!\!\bullet \quad X[k] \,. \tag{5.7}$$

Die Werte $X[k]$, die im Allgemeinen komplex sind, nennt man häufig auch DFT-Koeffizienten. n ist die diskrete Zeitvariable oder der Zeitindex. Analog dazu heisst k *diskrete Frequenzvariable* oder *Frequenzindex* .

5.2 Interpretation und Eigenschaften der DFT

5.2.1 Matrix-Interpretation der DFT

Mit Einführung des Drehfaktors (engl: twiddle factor)

$$W_N = e^{-j2\pi/N} \,, \tag{5.8}$$

kann man die DFT und die IDFT wie folgt schreiben:

$$X[k] = \sum_{n=0}^{N-1} x[n] W_N^{kn}, \qquad k = 0, 1, 2, \ldots, N-1 \,, \tag{5.9}$$

$$x[n] = \frac{1}{N} \sum_{k=0}^{N-1} X[k] W_N^{-kn}, \qquad n = 0, 1, 2, \ldots, N-1 \,. \tag{5.10}$$

Stellt man die beiden Sequenzen $\{x[n]\}_{n=0}^{N-1}$ und $\{X[k]\}_{k=0}^{N-1}$ in Vektorform dar:

$$\boldsymbol{x}_N = \begin{bmatrix} x[0] \\ x[1] \\ \vdots \\ x[N-1] \end{bmatrix}, \qquad \boldsymbol{X}_N = \begin{bmatrix} X[0] \\ X[1] \\ \vdots \\ X[N-1] \end{bmatrix} \tag{5.11}$$

und definiert man die DFT-Matrix

$$\boldsymbol{W}_N = \begin{bmatrix} 1 & 1 & \cdots & 1 \\ 1 & W_N^1 & \cdots & W_N^{N-1} \\ \vdots & \vdots & \vdots\vdots\vdots & \vdots \\ 1 & W_N^{N-1} & \cdots & W_N^{(N-1)(N-1)} \end{bmatrix}, \tag{5.12}$$

dann kann man die N-Punkte-DFT in Form einer Matrizenmultiplikation schreiben:

$$\boldsymbol{X}_N = \boldsymbol{W}_N \boldsymbol{x}_N \,. \tag{5.13}$$

Um die IDFT zu erhalten, müssen wir nur die DFT mit der inversen DFT-Matrix multiplizieren:

$$\boldsymbol{x}_N = \boldsymbol{W}_N^{-1} \boldsymbol{X}_N \,, \tag{5.14}$$

wobei die inverse DFT-Matrix gemäss Gl.(5.10) und der Definition (5.8) wie folgt gegeben ist:

$$\boldsymbol{W}_N^{-1} = \frac{1}{N} \boldsymbol{W}_N^* \,. \tag{5.15}$$

Das *-Zeichen will sagen, dass die Elemente von $\boldsymbol{W}_N$ konjugiert komplex genommen werden müssen (Aufgabe 3).

Wir halten fest:

- *Die diskrete Fourier-Transformation ist eine Multiplikation, nämlich des Signalvektors mit der DFT-Matrix. Das Resultat ist der DFT-Koeffizientenvektor.*

- *Die inverse diskrete Fourier-Transformation ist ebenfalls eine Multiplikation, nämlich des DFT-Koeffizientenvektors mit der inversen DFT-Matrix. Das Resultat ist der Signalvektor.*

- *Die inverse DFT-Matrix erhält man durch eine einfache Operation aus der DFT-Matrix, nämlich durch Skalierung mit dem Faktor $1/N$ und durch elementweises Konjugiert-Komplex-Bilden.*

5.2.2 Die DFT-Koeffizienten als Korrelationen

In Kap.(4.5.2) haben wir die Kreuzkorrelation zweier reeller zeitdiskreter Signale der Dauer N wie folgt geschätzt:

$$\hat{r}_{xy}[m] = \begin{cases} k_c \sum_{n=0}^{N+m-1} x[n]y[n-m] & \text{für} \quad m = -(N-1), \ldots, -1, 0 \\ k_c \sum_{n=m}^{N-1} x[n]y[n-m] & \text{für} \quad m = 0, 1, \ldots, (N-1) \end{cases} .$$

Werten wir die Kreuzkorrelation an der Stelle $m = 0$ aus und setzen wir die Konstante $k_c = 1$, dann erhalten wir

$$\hat{r}_{xy}[0] = \sum_{n=0}^{N-1} x[n]y[n] . \tag{5.16}$$

Betrachten wir nun die Definition des k-ten DFT-Koeffizienten:

$$\begin{aligned} X[k] &= \sum_{n=0}^{N-1} x[n]e^{-jkn\frac{2\pi}{N}} , \\ &= \sum_{n=0}^{N-1} x[n]\cos(-kn\frac{2\pi}{N}) + j\sum_{n=0}^{N-1} x[n]\sin(-kn\frac{2\pi}{N}) , \\ &= \underbrace{\sum_{n=0}^{N-1} x[n]\cos(kn\frac{2\pi}{N})}_{\Re\{X[k]\}} + j\underbrace{\sum_{n=0}^{N-1} x[n](-1)\sin(kn\frac{2\pi}{N})}_{\Im\{X[k]\}} , \end{aligned} \tag{5.17}$$

dann können wir sagen:

> *Der Realteil des k-ten DFT-Koeffizienten ist gleich der Korrelation des Signals $x[n]$ mit der Cosinusfolge $\cos(kn\frac{2\pi}{N})$, ausgewertet an der Stelle $m = 0$ und der Imaginärteil des k-ten DFT-Koeffizienten ist gleich der Korrelation des Signals $x[n]$ mit der negativen Sinusfolge $-\sin(kn\frac{2\pi}{N})$, ausgewertet an der Stelle $m = 0$.*

Die Korrelation ist bekanntlich ein Mass der Übereinstimmung zweier Signale. Der Realteil $\Re\{X[k]\}$ des k-ten DFT-Koeffizienten sagt demnach aus, wie stark die Cosinusschwingung – mit der diskreten Frequenz k und der Länge N – im Signal der Länge N enthalten ist und der Imaginärteil $\Im\{X[k]\}$ sagt aus, wie stark die negative Sinusschwingung – mit der diskreten Frequenz k und der Länge N – im Signal der Länge N enthalten ist (siehe dazu Aufgabe 8).

5.2.3 Graphische Interpretation

Um ein Gefühl für die DFT zu vermitteln, wollen wir sie anhand des Beispiels in Bild 5.1 graphisch herleiten und dabei die Fehler diskutieren, die bei der Approximation der Fourier-Transformierten durch die DFT entstehen.

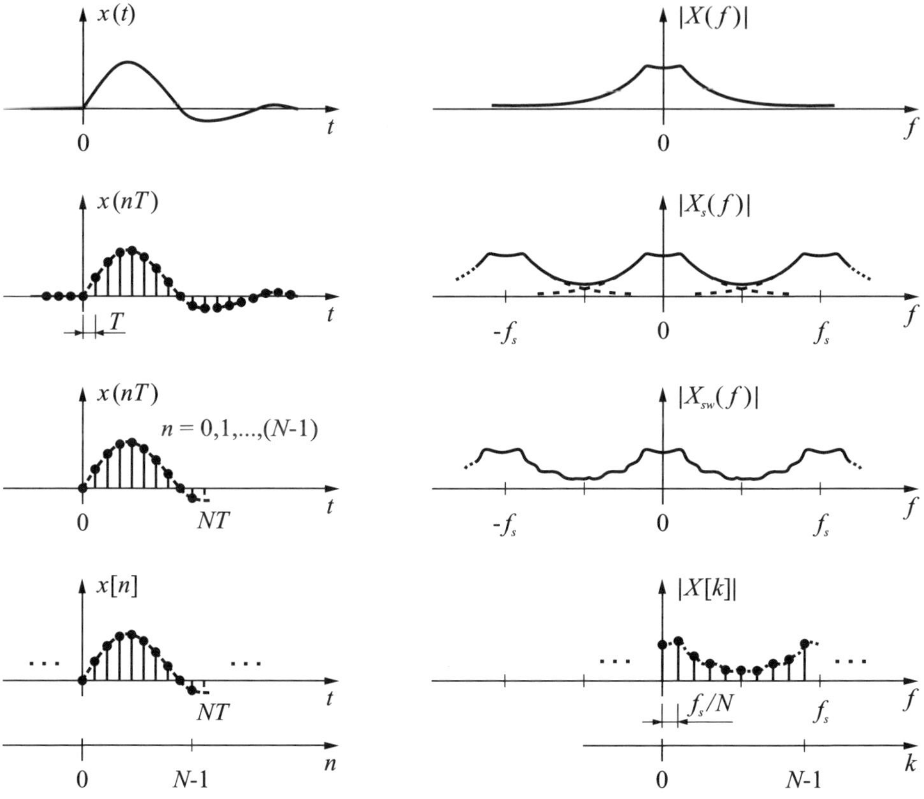

Bild 5.1: Graphische Herleitung der DFT

Durch die Abtastung des Signals entsteht ein f_s-periodisches Spektrum. Wird dabei die Abtastbedingung verletzt, so entsteht Aliasing, angedeutet durch die gestrichelt eingezeichnete Bandüberlappung. Aus dem abgetasteten Signal werden N Abtastwerte herausgeschnitten. Dieses Herausschneiden wird auch Rechteckfensterung genannt, wobei die Länge des Rechteckfensters NT beträgt. Die Fensterung ist mathematisch gesehen eine Multiplikation des Signals mit einer Rechteckfunktion, deren Spektrum bekanntlich $\sin(x)/x$-förmig ist. Einer Multiplikation im Zeitbereich entspricht gemäss Faltungstheorem (2.79) einer Faltung im Frequenzbereich. Das periodische Spektrum wird also mit dem $\sin(x)/x$-Spektrum gefaltet, oder – etwas salopp ausgedrückt – verschmiert. Diese Verschmierung ist durch die Rippel im Spektrum angedeutet. Durch N-maliges Abtasten des verschmierten Spektrums im Abstand von f_s/N entsteht die DFT $X[k]$. Wir stellen fest, dass die DFT im Bereich von 0 bis $f_s/2$ tatsächlich eine Approximation für die Fourier-Transformierte darstellt. Mit den drei Fortsetzungspunkten deuten wir an, dass – in Einklang mit den Periodizitäts- und Diskretizitäts-Theoremen (2.58) und (2.59) – $x[n]$ und $X[k]$ periodisch fortzusetzen sind.

Der Abstand Δf zweier Frequenzpunkte nennt man Frequenzauflösung der DFT und die Dauer NT des Rechteckfensters heisst Messdauer, Messintervall oder Fensterlänge. Wir haben gesehen, dass der Abstand zweier Frequenzpunkte gleich f_s/N ist, damit folgt aus $f_s = 1/T$:

$$\Delta f = \frac{1}{NT} \,. \tag{5.18}$$

In Worten:

> *Die Frequenzauflösung der DFT ist gleich dem Inversen der Messdauer.*

Der Begriff „Auflösung“ bezieht sich hier auf den Abstand zweier Frequenzpunkte im DFT-Spektrum. Er darf nicht verwechselt werden mit dem minimalen Frequenzabstand, den zwei Sinusschwingungen haben müssen, damit man sie im DFT-Spektrum erkennt. Mehr zu diesem Thema in Kap. 5.6.3.

5.2.4 Eigenschaften der DFT

Wir wollen im Folgenden die wichtigsten Eigenschaften der DFT zusammenstellen. Eine vollständige Zusammenstellung findet sich z. B. in [OS95].

Linearität

Die DFT ist eine lineare Transformation, d. h. sind $x_1[n]$, $X_1[k]$ und $x_2[n]$, $X_2[k]$ zwei DFT-Paare und sind k_1 und k_2 zwei Konstanten, dann gilt:

$$k_1 x_1[n] + k_2 x_2[n] \quad \circ\!\!-\!\!\bullet \quad k_1 X_1[k] + k_2 X_2[k] \,. \tag{5.19}$$

In Worten: Die DFT einer Linearkombination von Signalen ist gleich der Linearkombination ihrer DFTs.

Periodizität

Die Exponentialfolge $W_N^{kn} = e^{-j2\pi kn/N}$ ist N-periodisch. Daraus folgt:

$$X[k] = X[k+N] \,. \tag{5.20}$$

Ist $x[n]$ die inverse DFT, dann gilt ebenfalls:

$$x[n] = x[n+N] \,. \tag{5.21}$$

In Worten: Die DFT und die IDFT sind N-periodisch.

Parceval-Theorem

Mit Hilfe der Gleichungen (5.13) bis (5.15) kann man sofort zeigen, dass gilt:

$$\sum_{n=0}^{N-1} |x[n]|^2 = \frac{1}{N} \sum_{k=0}^{N-1} |X[k]|^2 \,. \tag{5.22}$$

In Worten: Die Energie des Signals im Zeitbereich ist gleich der Energie des Signals im Frequenzbereich geteilt durch N.

Symmetrie

Die DFT eines reellen Signals ist bezüglich dem Punkt $k = N/2$ symmetrisch:

$$X[\frac{N}{2} + l] = X^*[\frac{N}{2} - l] \,, \qquad l = \begin{cases} 0, 1, 2, \ldots & : \; N \text{ gerade}\,, \\ 0.5, 1.5, 2.5, \ldots & : \; N \text{ ungerade}\,. \end{cases} \tag{5.23}$$

Wegen der Periodizität und der Symmetrie wird die DFT in der Praxis meistens nur in den Bereichen $k = 0, 1, 2, \ldots, N/2$ (N gerade) oder $k = 0, 1, 2, \ldots,$ $\ldots, N/2 - 0.5$ (N ungerade) dargestellt. Diese Bereiche entsprechen dem positiven Nyquistbereich, d. h. dem Frequenzbereich zwischen 0 und $f_s/2$. In diesem Bereich ist die DFT eine Approximation der Fourier-Transformierten, wie in Bild 5.1 rechts unten überprüft werden kann.

5.3 Die DFT als Approximation

Wie bereits erwähnt, besteht eine häufige Aufgabe in der Messtechnik darin, den Frequenzgehalt zeitkontinuierlicher Signale zu bestimmen. Beispielsweise möchte man die Fourier-Transformierte eines Pulses in Erfahrung bringen oder die Fourier-Koeffizienten eines periodischen Geräusches bestimmen. Gehen wir davon aus, dass nur eine beschränkte Anzahl von Abtastwerten eines zeitkontinuierlichen Signals zur Verfügung steht, dann können wir problemlos die zugehörige DFT auf einem Computer bestimmen. Die Frage ist allerdings, inwiefern die DFT eine Approximation für die Fourier-Transformierte oder die Fourier-Koeffizienten darstellt. Diese Frage wollen wir im vorliegenden Unterkapitel untersuchen.

5.3.1 Die DFT als Approximation der Fourier-Transformierten

Unter der Voraussetzung, dass das zeitkontinuierliche Signal $x(t)$ auf ein Intervall der Dauer T_0 beschränkt ist, kann man die Fourier-Transformierte $X(f)$ an den diskreten Frequenzpunkten $f_k = k\frac{f_s}{N}$ wie folgt durch die DFT $X[k]$ approximieren:

$$X(f)|_{f=k\frac{f_s}{N}} \approx TX[k], \qquad k = \begin{cases} -\frac{N}{2}, \ldots, -1, 0, 1, \ldots \frac{N}{2} - 1 & : \; N \text{ gerade}, \\ -\frac{N-1}{2}, \ldots, -1, 0, 1, \ldots \frac{N-1}{2} & : \; N \text{ ungerade}. \end{cases} \tag{5.24}$$

Die Messdauer NT muss gleich lang oder länger als die Signaldauer T_0 gewählt werden, d. h. $NT \geq T_0$. Ist das Messfenster länger als die Signaldauer, dann ergänzt man den Signalvektor mit Nullen, bis er die Länge N hat. Durch das Auffüllen des Vektors mit Nullen (engl: zero padding) erzielt man eine bessere graphische Auflösung des Spektrums. Die physikalische Auflösung des Spektrums hingegen verbessert man nur durch Verkleinerung des Abtastintervalls $T = 1/f_s$. Je kleiner das Abtastintervall ist, desto geringer wird der Approximationsfehler, der durch die Bandüberlappung (Aliasing) entsteht (mehr zum Thema „Auflösung“ in Kap. 5.6.3).

Beispiel: Bild 5.2 links zeigt einen Sinuspuls der Länge 1 s und rechts den Betrag seiner Fourier-Transformierten. Tastet man den Puls mit $f_s = 10$ Hz ab und wählt man die Anzahl Abtastwerte $N = 20$, dann beträgt die Messdauer 2 s und das „Zero Padding“ 50%. Im Bild rechts ist der Betrag der mit T gewichteten DFT-Koeffizienten eingezeichnet. Man sieht, dass sie im Frequenzbereich $-0.5f_s \leq f < 0.5f_s$ die Fourier-Transformierte gut approximieren.

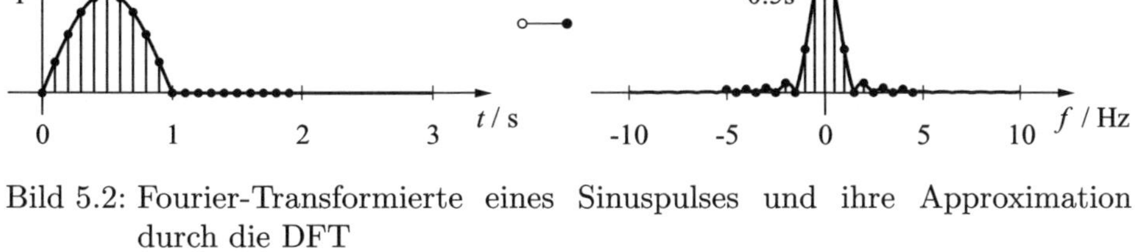

Bild 5.2: Fourier-Transformierte eines Sinuspulses und ihre Approximation durch die DFT

5.3.2 Die DFT als Approximation der Fourier-Reihe

Gemäss Kap. 2.2.1 lässt sich ein T_0-periodisches Signal $x(t)$ mit der Grundfrequenz $f_0 = 1/T_0$ wie folgt in eine Fourier-Reihe zerlegen:

$$x(t) = \sum_{k=-\infty}^{\infty} c_k e^{jk2\pi f_0 t} .$$

Unter der Voraussetzung, dass genau eine Periode abgetastet wird, berechnen sich die Fourier-Koeffizienten nach folgender Formel:

$$c_k \approx \frac{1}{N} X[k] , \qquad k = \begin{cases} -\frac{N}{2}, \ldots, -1, 0, 1, \ldots \frac{N}{2} - 1 & : \quad N \text{ gerade} , \\ -\frac{N-1}{2}, \ldots, -1, 0, 1, \ldots \frac{N-1}{2} & : \quad N \text{ ungerade} . \end{cases} \tag{5.25}$$

Zur korrekten Abtastung sind drei Punkte zu beachten (Bild 5.3): 1. Die Länge des Messfensters muss gleich der Periodenlänge sein, d. h. $NT = T_0$. 2. Der Wert am linken Rand des Messfensters wird abgetastet. 3. Der Wert am rechten Rand des Messfensters wird nicht mehr abgetastet.

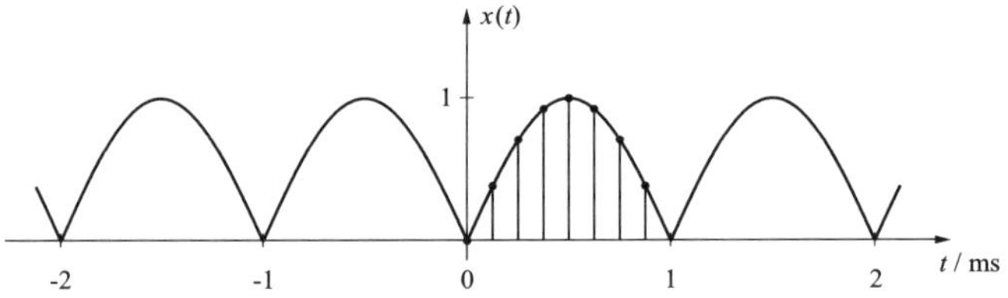

Bild 5.3: Korrekte Abtastung eines periodischen Signals

Ist das T_0-periodische Signal reell und wünscht man eine Fourier-Zerlegung der Form

$$x(t) = A_0 + \sum_{k=1}^{\infty} A_k \cos(2\pi k f_0 t + \alpha_k) , \tag{5.26}$$

dann kann man den DC-Wert A_0, sowie die Scheitelwerte A_k und Phasenwinkel α_k der k-ten Harmonischen wie folgt approximieren:

$$A_0 \approx \frac{1}{N} X[0] , \tag{5.27}$$

$$A_k \approx \frac{2}{N} |X[k]| , \qquad k = \begin{cases} 1, \ldots, \frac{N}{2} & : \quad N \text{ gerade} , \\ 1, \ldots, \frac{N-1}{2} & : \quad N \text{ ungerade} , \end{cases} \tag{5.28}$$

$$\alpha_k \approx \angle X[k] , \qquad k = \begin{cases} 1, \ldots, \frac{N}{2} - 1 & : \quad N \text{ gerade} , \\ 1, \ldots, \frac{N-1}{2} & : \quad N \text{ ungerade} . \end{cases} \tag{5.29}$$

Beispiel: In Lit. [BSMM93] findet man die Fourier-Koeffizienten der gleichgerichteten Sinusschwingung in Bild 5.3 wie folgt:

$$\begin{array}{llllll} A_0 = 0.637, & A_1 = 0.424, & A_2 = 0.085, & A_3 = 0.036, & A_4 = 0.020, & \dots \\ & \alpha_1 = 180^o, & \alpha_2 = 180^o, & \alpha_3 = 180^o, & \alpha_4 = 180^o, & \dots \end{array}$$

Approximiert nach den Formeln (5.27) bis (5.29) ergibt für $N = 8$:

$$\begin{array}{lllll} A_0 \approx 0.628, & A_1 \approx 0.441, & A_2 \approx 0.104, & A_3 \approx 0.059, & A_4 \approx 0.050, \\ & \alpha_1 \approx 180^o, & \alpha_2 \approx 180^o, & \alpha_3 \approx 180^o. & \end{array}$$

Die approximierten Koeffizienten höherer Ordnung sind aufgrund des Aliasings relativ stark fehlerbehaftet. Durch die Wahl einer höheren Abtastfrequenz können diese Fehler eliminiert werden.

Über die richtige Wahl der Abtastfrequenz f_s und der Anzahl Abtastwerte N werden wir in Kap. 5.7 berichten.

5.3.3 Die DFT als Approximation der DTFT

In Kap. 3.3.1 haben wir die DTFT (Discrete-Time Fourier-Transform, zeitdiskrete Fourier-Transformierte oder Fourier-Transformierte eines zeitdiskreten Signals) wie folgt definiert:

$$X(e^{j\Omega}) = \sum_{n=-\infty}^{\infty} x[n]e^{-j\Omega n} .$$

Unter der Voraussetzung, dass das zeitdiskrete Signal $x[n]$ auf das Intervall $0 \leq n < N$ beschränkt ist, sind die DTFT $X(e^{j\Omega})$ und die DFT $X[k]$ an den normierten Kreisfrequenzpunkten $\Omega_k = k\frac{2\pi}{N}$ identisch:

$$X(e^{j\Omega})|_{\Omega=k\frac{2\pi}{N}} = X[k] , \qquad k \in \mathbb{Z} , \tag{5.30}$$

oder mit anderen Worten, für zeitbeschränkte Signale ist die DFT eine Abtastung der DTFT an den Stellen $\Omega = k\frac{2\pi}{N}$.

Ist das Signal ungleich Null ausserhalb des Intervalls $0 \leq n < N$, dann liefert die DFT ebenfalls nur eine Approximation der DTFT.

5.4 Die Berechnung der DFT mittels der FFT

Die FFT (Fast Fourier Transform), 1965 in einem berühmten Artikel von Cooley und Tukey publiziert [CT65], ist der wohl wichtigste Algorithmus in der digitalen Signalverarbeitung. Die FFT ist keine Transformierte, wie vielfach irrtümlicherweise angenommen wird, sondern eine effiziente Methode, die diskrete Fourier-Transformierte (DFT) zu berechnen.

Ausgangspunkt der FFT ist die Definition der DFT:

$$X[k] = \sum_{n=0}^{N-1} x[n] W_N^{nk}, \qquad k = 0, 1, 2, \ldots, N-1\,, \tag{5.31}$$

wobei die einzelnen Grössen und Parameter folgende Bedeutung haben:

k: diskrete Frequenzvariable ,

n: diskrete Zeitvariable ,

N: Anzahl Abtastwerte, Anzahl Frequenzwerte ,

$X[k]$: Diskrete Fourier-Transformierte an der Stelle $f = k\frac{f_s}{N}$ oder k-ter DFT-Koeffizient ,

$x[n]$: Abtastwert von $x(t)$ an der Stelle $t{=}nT{=}\,n/f_s$,

W_N: Drehfaktor (engl: twiddle factor), wobei $W_N = e^{-j2\pi/N}$.

Bei Betrachten der Summe in Gl.(5.31) stellen wir fest: Um die DFT an einer Frequenzstelle auszuwerten, müssen N Multiplikationen und (N-1) Additionen durchgeführt werden. Wollen wir die DFT an allen N Frequenzstellen auswerten, dann müssen demnach $N \times N$ Multiplikationen und $N \times (N-1)$ Additionen durchgeführt werden. Der Rechenaufwand, gemessen in Anzahl Multiplikationen inklusive Additionen, ist somit ungefähr gleich N^2 und es stellt sich daher die Frage, ob er nicht durch ein intelligentes Verfahren vermindert werden könnte. Ein solches Verfahren existiert tatsächlich, es heisst FFT und wir wollen es im Folgenden erläutern. Dabei setzen wir voraus, dass N eine Zweierpotenz ist, d. h. in der Form $N = 2^q$ ($q \in \mathbb{N}$) geschrieben werden kann.

Zuerst unterteilen wir die Folge $x[n]$ in zwei Teilfolgen:

$$\begin{aligned} x_1[n] &= x[2n]\,, \\ x_2[n] &= x[2n+1]\,, \end{aligned} \qquad n = 0, 1, \ldots, N/2-1\,. \tag{5.32}$$

Die erste Teilfolge besteht aus den geraden Abtastwerten und die zweite Teilfolge besteht aus den ungeraden Abtastwerten von $x[n]$. Somit können wir die DFT-

Summe (5.31) in zwei Teilsummen aufspalten:

$$\begin{aligned} X[k] &= \sum_{n=0}^{N/2-1} x[2n]W_N^{2nk} + \sum_{n=0}^{N/2-1} x[2n+1]W_N^{(2n+1)k}, \\ &= \sum_{n=0}^{N/2-1} x_1[n]W_N^{2nk} + W_N^k \sum_{n=0}^{N/2-1} x_2[n]W_N^{2nk}. \end{aligned} \tag{5.33}$$

W_N^{2nk} lässt sich wie folgt schreiben:

$$W_N^{2nk} = e^{-j\frac{2\pi}{N}2nk} = e^{-j\frac{2\pi}{N/2}nk} = W_{N/2}^{nk}. \tag{5.34}$$

Mit diesem Term können wir Gl.(5.33) neu formulieren:

$$\begin{aligned} X[k] &= \sum_{n=0}^{N/2-1} x_1[n]W_{N/2}^{nk} + W_N^k \sum_{n=0}^{N/2-1} x_2[n]W_{N/2}^{nk}, \\ &= X_1[k] + W_N^k X_2[k], \quad k = 0, 1, \ldots, N-1. \end{aligned} \tag{5.35}$$

Studiert man Gl.(5.35), so stellt man fest, dass $X_1[k]$ und $X_2[k]$ die $N/2$-Punkte-DFTs von $x_1[n]$ und $x_2[n]$ repräsentieren. Mit anderen Worten: Wir haben die N-Punkte-DFT in zwei $N/2$-Punkte-DFTs zerlegt. Diese Aufspaltung ist für $N = 8$ in Form eines Signalflussdiagramms in Bild 5.4 graphisch dargestellt.

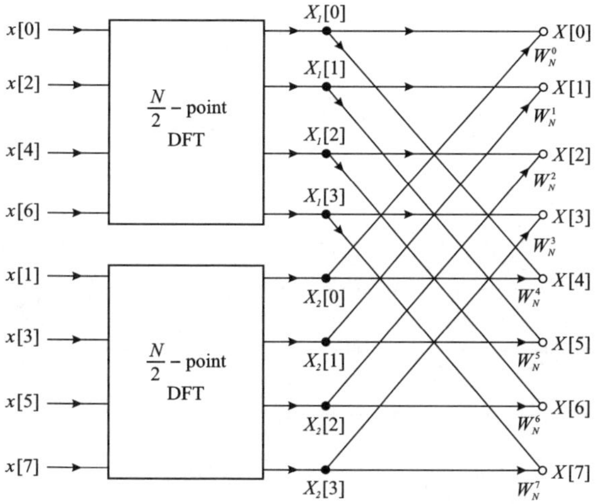

Bild 5.4: Signalflussdiagramm einer 8-Punkte-DFT, aufgespaltet in zwei 4-Punkte-DFTs

Jede der zwei $N/2$-Punkte-DFTs erfordert $(N/2)^2$ Operationen in Form von Multiplikationen und Additionen. Die Multiplikation mit dem Faktor W_N^k inklusive Addition benötigt zusätzlich N Operationen, was zusammen einen Aufwand von $2(N/2)^2 + N = N^2/2 + N$ Operationen ergibt. Verglichen mit den ursprünglichen N^2 Operationen reduziert sich der Rechenaufwand für grosse N schon beträchtlich.

Die Strategie der FFT-Methode wird jetzt offensichtlich: Die beiden $N/2$-Punkte-DFTs zerlegen wir wiederum in je zwei $N/4$-Punkte-DFTs und diese zerlegen wir weiter, bis am Schluss nur noch 2-Punkte-DFTs übrig bleiben. Die vollständige Zerlegung kann man natürlich nur machen, wenn N eine Zweierpotenz, d. h. $N = 2^q$ ist. Die Anzahl Zerlegungsschritte beträgt dann $q = \log_2(N)$. Die vollständige Zerlegung ist in Bild 5.5 für eine 8-Punkte-DFT dargestellt.

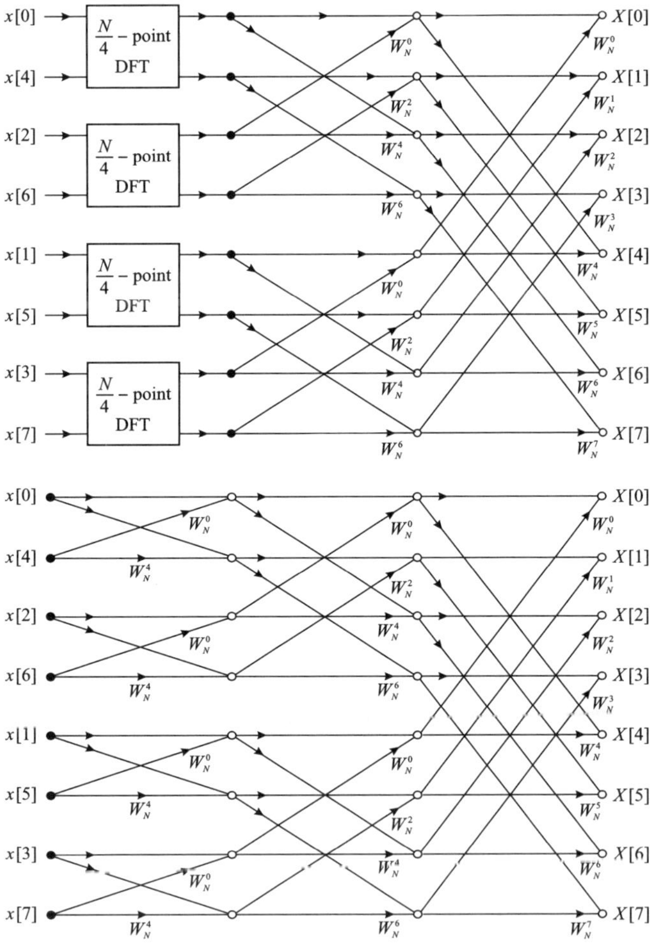

Bild 5.5: Vollständige Zerlegung einer 8-Punkte-DFT

Betrachten wir Bild 5.5 unten, dann stellen wir fest, dass jede Zerlegungsebene aus $N/2$ sogenannten Schmetterlings-Graphen (engl: butterflys) gemäss Bild 5.6 besteht.

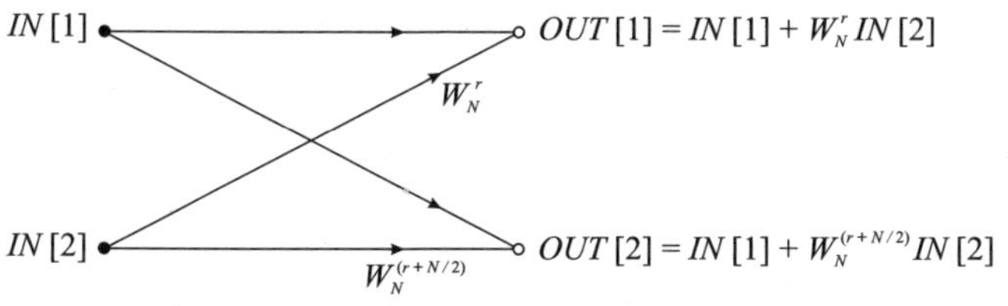

Bild 5.6: Butterfly oder Schmetterlings-Graph

Wie aus diesem Bild ersichtlich ist, erfordert die Abarbeitung eines Schmetterlings-Graphen zwei komplexe Multiplikationen und zwei komplexe Additionen[1]. Daraus resultiert pro Zerlegungsebene ein Rechenaufwand von N Operationen, wobei eine Operation aus einer komplexen Multiplikation und Addition besteht. Multipliziert mit q Zerlegungsebenen ergibt dies einen Gesamtaufwand von

$$Nq = N \log_2(N) \tag{5.36}$$

Operationen für eine N-Punkte-DFT. Im Vergleich zur direkten Berechnung der DFT, welche N^2 Operationen benötigt, ist das eine drastische Aufwandreduktion. Bei einer 1024-Punkte-DFT beispielsweise kann man damit über 99% der Rechenoperationen einsparen!

Berücksichtigen wir noch die Beziehung

$$W_N^{r+N/2} = W_N^{N/2} W_N^r = -W_N^r\ , \tag{5.37}$$

dann lässt sich der Butterfly weiter vereinfachen und in den Schmetterlings-Graphen von Bild 5.7 überführen, der nur noch 1 Multiplikation erfordert. Die Gesamtzahl der Multiplikationen kann derart nochmals um den Faktor 2 vermindert werden.

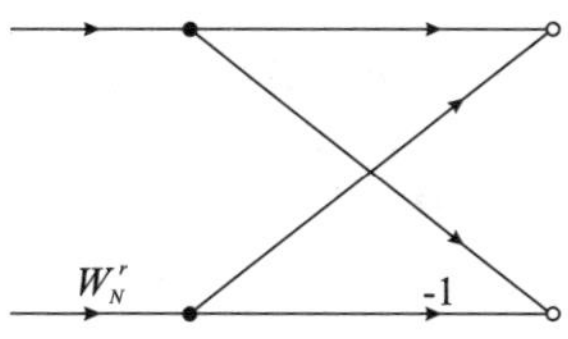

Bild 5.7: Vereinfachter Butterfly oder Schmetterlings-Graph

Der vollständige Graph des FFT-Algorithmus hat schliesslich das Aussehen von Bild 5.8.

Damit leuchtet ein, dass N als Zweierpotenz (…, 64, 128, 256, 512, 1024, 2048, 4096, …) gewählt werden sollte. Ist dies nicht möglich, dann kann man die

[1] Zur Erinnerung: Eine komplexe Multiplikation besteht aus vier reellen Multiplikationen und zwei reellen Additionen und eine komplexe Addition umfasst zwei reelle Additionen.

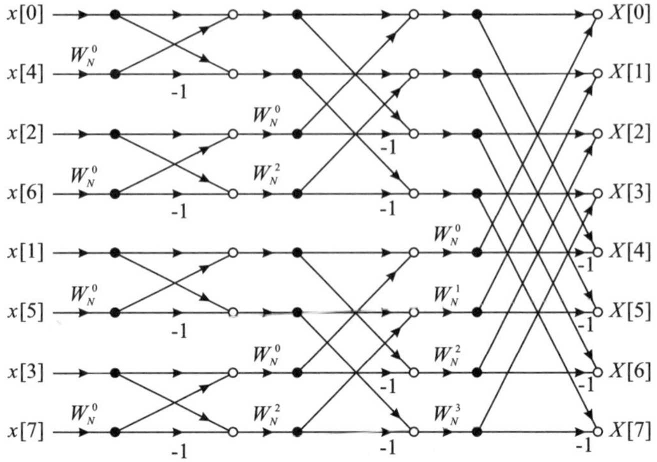

Bild 5.8: Graph des FFT-Algorithmus einer 8-Punkte-DFT

DFT direkt auswerten oder den Signalvektor mit Nullen füllen (engl: zero padding), bis seine Länge N eine Zweierpotenz ist. Eine weitere Möglichkeit besteht darin, einen speziellen FFT-Algorithmus zu programmmieren, wie er beispielsweise in Lit. [Bri95] oder [SS95] beschrieben ist. Da der FFT-Algorithmus der bekannteste DSV-Algorithmus ist, existiert eine vielfältige Software, so dass ein Anwender heute kaum je in die Lage kommt, diesen selber programmieren zu müssen.

5.5 Der Goertzel-Algorithmus

Wir haben gesehen, dass die FFT ein Algorithmus ist mit dem man die DFT an N Frequenzpunkten bestimmen kann. Möchte man die DFT nur an einem oder an einigen wenigen Frequenzpunkten berechnen, dann ist es zweckmässiger, einen einfacheren Algorithmus wie z. B. den Goertzel-Algorithmus [Goe68] anzuwenden.

5.5.1 Herleitung

Ausgangspunkt der Herleitung ist wiederum die Definition der DFT:

$$X[k] = \sum_{n=0}^{N-1} x[n] W_N^{kn}\,, \qquad \text{wobei: } W_N = e^{-j\frac{2\pi}{N}}\,. \tag{5.38}$$

Wegen $W_N^{-kN} = 1$ dürfen wir schreiben:

$$\begin{aligned} X[k] &= \sum_{n=0}^{N-1} x[n] W_N^{kn} W_N^{-kN} \,, \\ &= \sum_{n=0}^{N-1} x[n] W_N^{-k(N-n)} \,. \end{aligned} \tag{5.39}$$

Die Summe (5.39) kann interpretiert werden als Faltung zweier Signale. Um dies zu verstehen, definieren wir zuerst das endlich lange und kausale Signal

$$x_f[n] = \begin{cases} x[n] & : \quad 0 \le n < N \,, \\ 0 & : \quad n < 0 \,, \quad n \ge N \end{cases} \tag{5.40}$$

und das unendlich lange und kausale Signal

$$h_k[n] = \begin{cases} W_N^{-kn} & : \quad n \ge 0 \,, \\ 0 & : \quad n < 0 \,. \end{cases} \tag{5.41}$$

Für die Faltung der beiden Signale finden wir gemäss den Gleichungen (3.33) und (3.32):

$$\begin{aligned} y_k[n] &= x_f[n] * h_k[n] \,, \\ &= \sum_{i=-\infty}^{\infty} x_f[i] h_k[n-i] \,, \\ &= \sum_{i=0}^{N-1} x[i] W_N^{-k[n-i]} \,. \end{aligned} \tag{5.42}$$

Ausgewertet an der Stelle $n = N$:

$$y_k[n]|_{n=N} = \sum_{i=0}^{N-1} x[i] W_N^{-k[N-i]} \tag{5.43}$$

ergibt gemäss Gl.(5.39) den DFT-Koeffizienten an der Stelle k:

$$y_k[n]|_{n=N} = X[k] \,. \tag{5.44}$$

Oder anders ausgedrückt: Legen wir das Signal $x_f[n]$ an den Eingang eines IIR-Filters mit der Impulsantwort $h_k[n]$, dann ist das Ausgangssignal an der Stelle $n = N$ gleich dem DFT-Koeffizienten $X[k]$.

Die Übertragungsfunktion $H_k(z)$ des IIR-Filters finden wir – entsprechend zu Gl.(3.46) – durch Transformation der Impulsantwort $h_k[n]$ in den z-Bereich:

$$H_k(z) = \frac{1}{1 - W_N^{-k} z^{-1}} \,. \tag{5.45}$$

Ein IIR-Filter mit dieser Übertragungsfunktion ist 1. Ordnung und hat die Differenzengleichung

$$y_k[n] = W_N^{-k} y_k[n-1] + x_f[n]\,, \tag{5.46}$$

mit der Anfangsbedingung $y_k[-1] = 0$.

Störend an dieser Differenzengleichung ist die Multiplikation mit dem komplexen Faktor W_N^{-k}. Die komplexe Multiplikation kann durch Erweiterung der Übertragungsfunktion mit dem Faktor $(1 - W_N^k z^{-1})$ eliminiert werden:

$$\begin{aligned} H_k(z) &= \frac{(1 - W_N^k z^{-1})}{(1 - W_N^{-k} z^{-1})(1 - W_N^k z^{-1})}\,, \\ &= \frac{1 - W_N^k z^{-1}}{1 - az^{-1} + z^{-2}}\,, \qquad \text{wobei: } a = 2\cos(k\frac{2\pi}{N})\,. \end{aligned} \tag{5.47}$$

Das dazugehörige Blockdiagramm hat folgendes Aussehen:

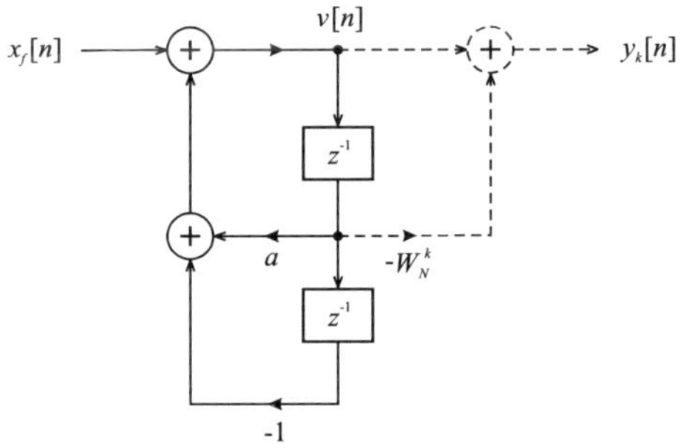

Bild 5.9: Blockdiagramm zum Goertzel-Algorithmus

Aus dem Blockdiagramm lässt sich das untenstehende Differenzengleichungssystem herleiten:

$$v[n] = x_f[n] + av[n-1] - v[n-2]\,, \tag{5.48}$$
$$y_k[n] = v[n] - W_N^k v[n-1]\,, \tag{5.49}$$

wobei die Anfangsbedingungen $v[-1] = v[-2] = 0$ gesetzt werden. Der gestrichelt gezeichnete Teil des Blockdiagramms, welcher der Differenzengleichung (5.49) entspricht, muss jeweils nur am Ende von N Abtastintervallen ausgewertet werden, währenddem die Differenzengleichung (5.48) für jedes Abtastintervall abgearbeitet werden muss. Für grosse N erfordert der Algorithmus im Wesentlichen also nur eine reelle Multiplikation pro Abtastintervall. Dieser geringe Rechenaufwand begründet die hohe Attraktivität des Goertzel-Algorithmus.

Mit der MATLAB-Funktion `goertzel1` kann man den k-ten DFT-Koeffizienten zu einem Signalvektor $\boldsymbol{x}$ der Länge N berechnen:

```
function Xk=goertzel1(x,k)
% Initialisierung
N=length(x);
a=2*cos(2*pi*k/N); WkN=exp(-j*2*pi*k/N);
v=[0;0;0]; x(N+1)=0;
% Rekursion
for n=1:N+1
   v(3)=v(2); v(2)=v(1); v(1)=a*v(2)-v(3)+x(n);
end
% Endwert
Xk=v(1)-WkN*v(2);
```

Diese MATLAB-Funktion ist der Schleife wegen nicht sehr effizient und dient lediglich als Vorlage zur Programmierung des Goertzel-Algorithmus auf einem Signalprozessor. Eine elegantere MATLAB-Funktion verwendet anstelle der Rekursion den `filter`-Befehl und hat somit folgendes Aussehen:

```
function Xk=goertzel2(x,k)
N=length(x);
a=2*cos(2*pi*k/N); WkN=exp(-j*2*pi*k/N);
[y,v]=filter(1,[1 -a 1],x);
Xk=v(1)-WkN*y(N);
```

5.5.2 Der Goertzel-Algorithmus als dezimierendes Bandpassfilter

Den Goertzel-Algorithmus können wir auch als dezimierendes Digitalfilter gemäss Bild 5.10 auffassen.

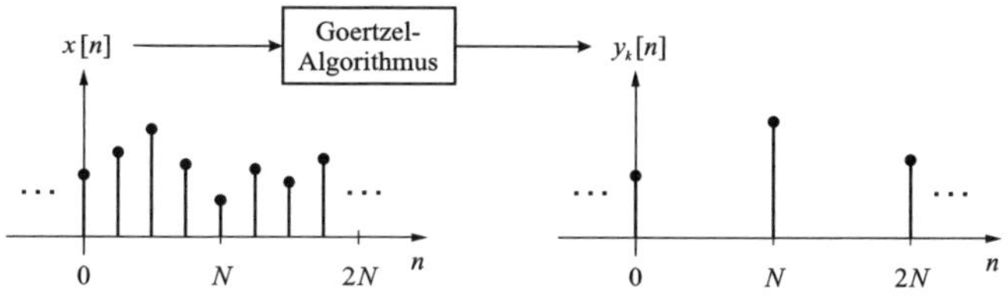

Bild 5.10: Der Goertzel-Algorithmus als dezimierendes Digitalfilter

Unter dem Block in Bild 5.10 kann man sich ein zeitdiskretes, lineares System vorstellen, das jeweils N Eingangsabtastwerte zu *einem* Ausgangsabtastwert verarbeitet und danach alle internen Speicher auf Null setzt. Von einer Dezimierung spricht man, weil pro N Abtastintervalle *ein* Ausgangswert generiert wird.

Der Goertzel-Algorithmus liefert als Ausgangsabtastwerte die DFT-Koeffizienten zur Frequenz

$$f_k = k\frac{f_s}{N}\,. \tag{5.50}$$

Ist im Eingangssignal $x[n]$ eine Schwingung dieser Frequenz vorhanden, dann sind die Ausgangsabtastwerte hoch, enthält das Eingangssignal keine Schwingungen im Bereich von f_k, dann sind die Ausgangsabtastwerte Null oder annähernd Null. Man kann deshalb sagen, dass der Goertzel-Algorithmus als Bandpassfilter mit der Mittenfrequenz f_k arbeitet.

Beim Entwurf des Goertzel-Filters geht man meistens so vor, dass man die Parameter f_k, f_s und N festlegt und den Wert von k durch Auflösen der Gleichung (5.50) bestimmt. Daraus resultiert ein weiterer Vorteil des Goertzel-Algorithmus gegenüber der FFT: k darf beliebig reell sein und ist nicht wie bei der FFT auf die Menge der natürlichen Zahlen $\mathbb{N}$ beschränkt.

Bei vielen Problemstellungen möchte man nicht den komplexen DFT-Koeffizienten zu einer bestimmten Frequenz f_k bestimmen, sondern die Leistung des Eingangssignals bei der Frequenz f_k. Die Leistung P_k eines sinusförmigen Signals mit dem Scheitelwert A_k ist gleich $\frac{A_k^2}{2}$. Für die Leistung P_k bei der diskreten Frequenz k folgt dann aus Gl.(5.28):

$$P_k = \frac{A_k^2}{2} \approx \left|\frac{\sqrt{2}}{N}X[k]\right|^2 = \frac{2}{N^2}\left(\Re\{X[k]\}^2 + \Im\{X[k]\}^2\right)\,. \tag{5.51}$$

Um eine Schätzung von P_k zu erhalten, muss also der Realteil und der Imaginärteil von $X[k]$ quadriert und ihre Summe mit dem Faktor $2/N^2$ multipliziert werden. Das Blockdiagramm in Bild 5.9 erfährt demnach eine Änderung gemäss Bild 5.11.

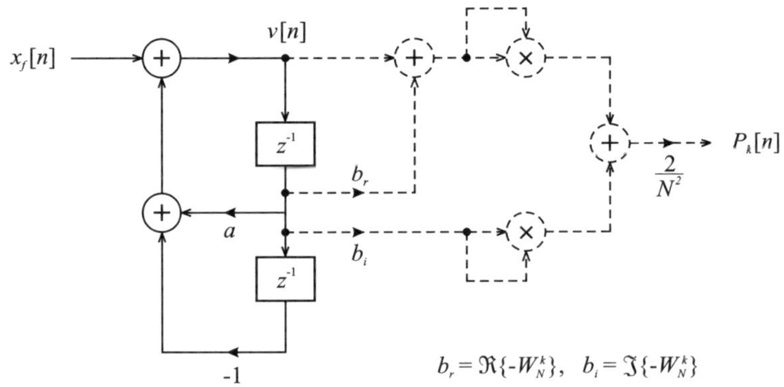

Bild 5.11: Goertzel-Filter zur Schätzung der Leistung bei der Frequenz $f_k = k\frac{f_s}{N}$

Das Blockdiagramm enthält nur noch reelle Koeffizienten und reelle Abtastwerte und lässt sich ebenfalls mit geringem Aufwand verwirklichen.

In Bild 5.12 ist der Leistungs-Frequenzgang zweier Goertzel-Filter mit $f_k = 1\,\text{kHz}$ und $f_s = 8\,\text{kHz}$ dargestellt. Im Bild oben wurde $N = 50$ und im Bild unten wurde $N = 100$ gewählt. Wie das Bild zeigt, ist die Bandbreite umgekehrt proportional zu N. Unter dem Leistungs-Frequenzgang verstehen wir die Leistung P_k am Ausgang, wenn an den Eingang das Signal $x[n] = \sqrt{2}\sin(2\pi nf/f_s)$ angelegt wird. Der Frequenzgang und die Leistung P_k kann mit dem M-File `gfilter` berechnet werden (siehe dazu Aufgabe 4).

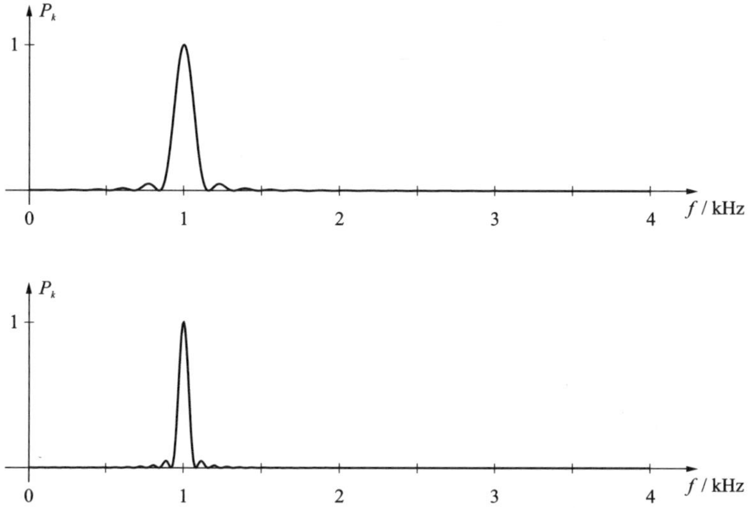

Bild 5.12: Leistungs-Frequenzgang zweier Goertzel-Filter.
Oben: $N = 50$, unten: $N = 100$.

Ergänzt man das Goertzel-Filter mit einem Schwellwert-Detektor, dann lässt es sich, wie auf Seite 11 schon erwähnt, zur Tondetektion einsetzen. Um einen Ton der Frequenz f_{sound} zu detektieren, muss man die diversen Parameter wie folgt dimensionieren:

1. Abtastfrequenz $f_s = 1/T$ derart wählen, dass die Abtastbedingung erfüllt ist, d. h. $f_s > 2f_{sound}$.
2. Anzahl Abtastwerte N festlegen und dabei beachten: Je grösser N gewählt wird, umso kleiner wird die Bandbreite und desto kleiner wird i. Allg. auch der Schätzfehler. Der Preis dafür ist die längere Messdauer NT. Die Wahl von N ist daher ein Kompromiss, der nur beim Vorliegen einer konkreten Aufgabenstellung geschlossen werden kann.
3. Die DFT-Frequenz f_k gleich der Tonfrequenz f_{sound} wählen.
4. Den Wert k durch Auflösung von Gl.(5.50) bestimmen und den Koeffizienten a nach Gl.(5.47) ausrechnen. Die Koeffizienten b_r und b_i gemäss den Formeln in Bild 5.11 berechnen.

5. Den Schwellwert $P_{threshold}$ des Schwellwert-Detektors festsetzen.
   Der Schwellwert-Detektor besteht aus einer logischen Operation, die eine 1 liefert, falls $P_k[n] \geq P_{threshold}$ und eine 0, falls $P_k[n] < P_{threshold}$. Die 1 bedeutet Ton vorhanden und die 0 bedeutet Ton nicht vorhanden. Die Wahl der Schwelle $P_{threshold}$ ist wiederum ein Kompromiss, der von der gegebenen Aufgabenstellung abhängt.

5.6 Fensterung

5.6.1 Die DFT periodischer Signale

Bild 5.13 zeigt eine mit $f_s = 8\,\text{Hz}$ abgetastete 1Hz-Sinusschwingung.

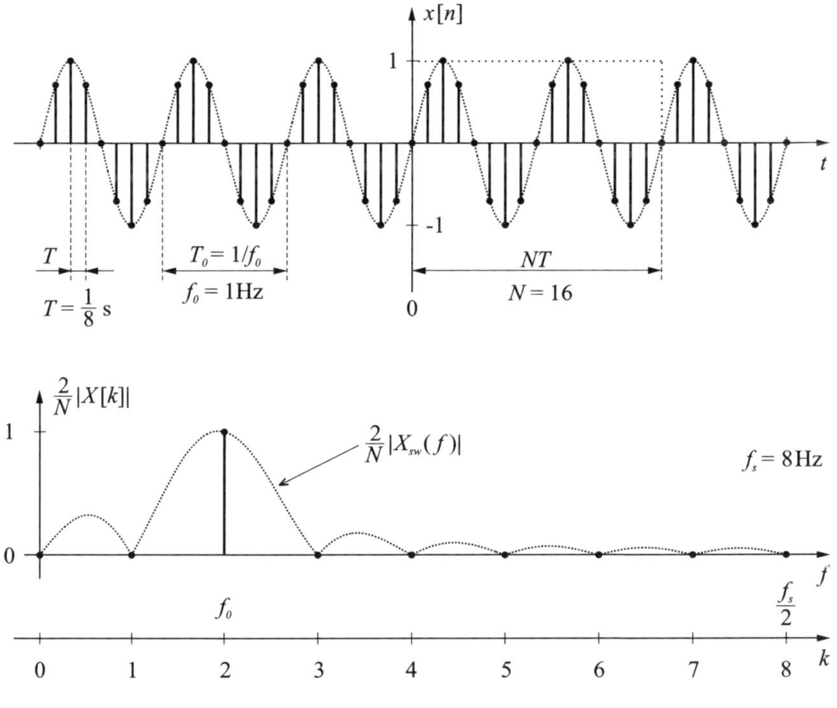

Bild 5.13: DFT einer Sinusschwingung, wobei die Fensterlänge gleich dem Zweifachen der Periodendauer ist

Wir schneiden 16 Abtastwerte heraus und führen sie der DFT zu. Die $N = 16$ Abtastwerte entsprechen einem Messintervall von $NT = 2\,\text{s}$ und damit exakt zwei Perioden. Der Betrag der DFT, gewichtet mit dem Faktor $2/N$, ist im Bild 5.13 unten dargestellt. Wir stellen fest, dass die DFT überall Null ist, ausser an der Stelle $f = f_0$, wo sie den Betrag 1 hat. 1 ist der Scheitelwert und f_0

die Frequenz der Sinusschwingung. Mit anderen Worten, die DFT liefert das korrekte Spektrum.

Allgemein kann man für die DFT-Analyse von T_0-periodischen Signalen sagen:

> *Ist das Messintervall NT gleich einem natürlichen Vielfachen der Periodenlänge T_0, dann liefert die DFT das korrekte Spektrum des periodischen Signals.*

Diese Aussage gilt selbstverständlich nur unter der Voraussetzung, dass die Abtastbedingung erfüllt ist.

Die dünn gepunktete Kurve in Bild 5.13 unten stellt den mit $2/N$ skalierten Betrag der Fourier-Transformierten $X_{sw}(f)$ dar. Aus Gl.(5.4) wissen wir, dass die DFT aus deren Abtastwerten besteht.

In der Praxis ist es häufig unmöglich, das Messintervall gleich einem natürlichen Vielfachen der Periodendauer zu machen. Wir wollen im Folgenden die Fehler untersuchen, die in einem solchen Fall auftreten und betrachten zu diesem Zweck Bild 5.14.

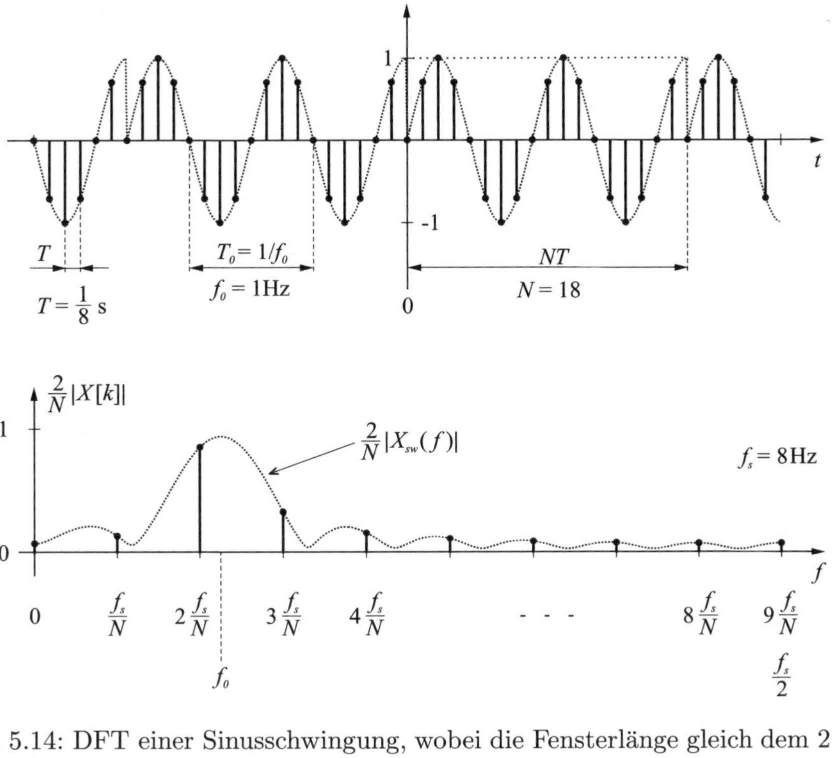

Bild 5.14: DFT einer Sinusschwingung, wobei die Fensterlänge gleich dem 2.25-fachen der Periodendauer ist

In diesem Beispiel wurde die Länge des Messfensters gleich dem 2.25-fachen der Periodendauer gewählt. Wir stellen fest:

1. Das Spektrum ist *verschmiert.*
   Die gepunktete Kurve mit den Haupt- und Nebenlappen stellt das Betragsspektrum des abgetasteten (sampled) und gefensterten (windowed) Signals dar. Das korrekte Spektrum sollte bei $f = f_0$ eine Spektrallinie der Höhe 1 aufweisen. Diese Spektrallinie wurde innerhalb des Hauptlappens zu zwei Spektrallinien verschmiert. Aufgrund des Spektrums in Bild 5.14 können wir demnach nicht genau sagen, welche Frequenz die Sinusschwingung hat. Wir können höchstens vermuten, dass sie näher bei $2f_s/N$ als bei $3f_s/N$ liegt.

2. Das Spektrum *leckt.*
   Ausserhalb des Hauptlappens sind neue Spektrallinien entstanden. Diesen Effekt nennt man in der Fachsprache Lecken (engl: leakage).

Das fehlerhafte Spektrum $\frac{2}{N}|X[k]|$ kann man auch verstehen, wenn man das dazugehörige diskrete Signal in Bild 5.14 oben betrachtet. Dieses Signal ist die periodische Fortsetzung des abgetasteten und gefensterten Signals. Da die Fensterlänge NT ungleich einem natürlichen Vielfachen der Periodendauer T_0 gewählt wurde, ist die periodische Fortsetzung eine stark verunstaltete diskrete Sinusschwingung. Diese verunstaltete Sinusschwingung muss natürlich auch ein „verunstaltetes“ Spektrum zur Folge haben. Die unerwünschten Spektrallinien des Leckeffekts werden dabei vor allem durch die abrupten Übergänge in der periodischen Fortsetzung verursacht. Diese abrupten Übergänge können durch die Verwendung von kontinuierlichen Fensterfunktionen vermieden werden. Einige dieser Fensterfunktionen wollen wir im nächsten Unterkapitel daher näher anschauen.

Die Verschmierung einer Spektrallinie kann man durch die Verwendung eines kontinuierlichen Fensters nicht vermeiden, hingegen kann sie durch die Wahl einer grösseren Fensterlänge verringert werden.

5.6.2 Mathematische Interpretation der Fensterung

Die Verfälschung des Spektrums durch eine Fensterfunktion kann man auch mathematisch erklären. Mathematisch gesehen ist die Fensterung die Multiplikation des zeitdiskreten Signals $x[n]$ mit einer Fensterfunktion $w[n]$:

$$x_w[n] = x[n] \cdot w[n] \,, \tag{5.52}$$

wobei $x[n]$ hier eine unendlich lange und $w[n]$ eine aus N Werten bestehende, endlich lange Folge ist. Gemäss Faltungstheorem entspricht der Multiplikation im Zeitbereich eine Faltung im Frequenzbereich:

$$X_w(e^{j\Omega}) = X(e^{j\Omega}) * W(e^{j\Omega}) \,. \tag{5.53}$$

Wir haben gesehen, dass die Faltung eine „Verschmierungsoperation“ ist. Das Spektrum $X_w(e^{j\Omega})$ des gefensterten Signals ensteht somit aus einer Verschmierung des Spektrums $X(e^{j\Omega})$ mit dem Spektrum $W(e^{j\Omega})$ der Fensterfunktion. Um eine Verschmierung zu vermeiden, müsste das Fensterspektrum $W(e^{j\Omega})$ diracförmig sein. Aus der Theorie wissen wir, dass das diracförmige Spektrum die DC-Funktion als inverse Fourier-Transformierte hat. Weil die DC-Funktion eine unendlich lange Rechteckfunktion ist und demnach aus unendlich vielen Abtastwerten besteht, ist sie als Fensterfunktion jedoch nicht realisierbar.

Die DFT $X_{sw}[k]$ des gefensterten Signals erhalten wir schliesslich, indem wir $X_w(e^{j\Omega})$ an den Stellen $\Omega = k\frac{2\pi}{N}$ abtasten:

$$X_{sw}[k] = X_w(e^{j\Omega})|_{\Omega=k\frac{2\pi}{N}} , \qquad k = 0, 1, 2, \ldots, N-1 . \tag{5.54}$$

Der Einfachheit halber lässt man schliesslich die Indices $_s$ für sampled und $_w$ für windowed weg und schreibt nur $X[k]$.

5.6.3 Fensterfunktionen

Das Betragsspektrum $|W(e^{j\Omega})|$ eines Fensters besteht aus einem Hauptlappen (engl: main lobe) und mehreren Nebenlappen (engl: side lobes) (Bilder 5.16 und 5.17 unten). Je schmaler der Hauptlappen ist, desto kleiner ist die Verschmierung einer Spektrallinie und je höher die Nebenlappen gedämpft sind, desto besser ist die Unterdrückung des Leckeffekts. Die halbe Breite des Hauptlappens entspricht in etwa der spektralen Auflösung der DFT, wobei unter der spektralen Auflösung (engl: spectral resolution) im Zusammenhang mit einem Fenster die Fähigkeit verstanden wird, zwei Signale ähnlicher Frequenz und ähnlicher Amplitude unterscheiden zu können. Allgemein versteht man darunter den Frequenzabstand, den zwei Sinusschwingungen mindestens haben müssen, damit man sie im Spektrum voneinander unterscheiden kann. Das ideale Fensterspektrum hat demzufolge einen unendlich dünnen Hauptlappen und unendlich stark unterdrückte Nebenlappen. Ein solches Spektrum ist diracförmig und seine Fensterfunktion kann daher nicht realisiert werden. Möglich hingegen sind Kompromisse zwischen spektraler Auflösung und Leckunterdrückung. Da viele Kompromisse denkbar sind, gibt es dementsprechend eine grosse Anzahl von Fensterfunktionen. Von diesen Fensterfunktionen wollen wir im Folgenden die drei wichtigsten kennen lernen. Wer sich detaillierte Kenntnisse über Fensterfunktionen aneignen möchte, sei auf die Referenzen [Har78], [Mar87] und [Bri95] verwiesen.

Allgemeines Fenster

Unter einer Fensterfunktion versteht man eine Folge $w[n]$, die wie folgt definiert ist:

$$w[n] = \begin{cases} c_i \cdot f[n] & : \quad n = 0, 1, \ldots, N-1 \\ 0 & : \quad \text{sonst} \end{cases} \tag{5.55}$$

N ist die Länge der Fensterfunktion, $f[n]$ ist eine Folge positiver Zahlen und c_i ist ein Faktor, der nach einer der drei folgenden Formeln gewählt wird:

$$c_1 = 1\,, \qquad c_2 = \frac{1}{\sum_{n=0}^{N-1} f[n]}\,, \qquad c_3 = \frac{2}{\sum_{n=0}^{N-1} f[n]}\,. \tag{5.56}$$

Der Faktor c_1 ist die naheliegendste Wahl zur Definition des Fensters. c_2 wird gewählt, wenn das Spektrum des Fensters bei $\Omega = 0$ den Wert 1 haben soll. Die Wahl von c_3 trifft man, wenn die Scheitelwerte der im Signal vorkommenden Sinusschwingungen möglichst korrekt dargestellt werden sollen (siehe dazu Bild 5.18).

In der Praxis wird die Folge $w[n]$ i. Allg. offline berechnet und im Speicher abgelegt. Während der Ausführungszeit werden die Abtastwerte mit den entsprechenden Fensterwerten multipliziert und der DFT zugeführt. Die DFT wird anschliessend in Abhängigkeit der Frequenz dargestellt (Bild 5.15).

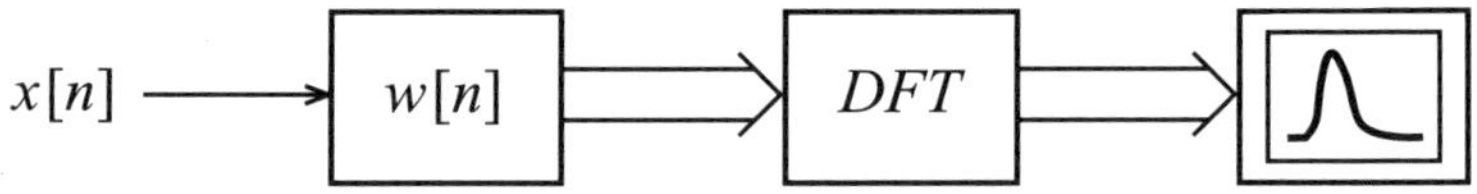

Bild 5.15: Signalfluss „Fensterung → DFT → Darstellung"

Rechteckfenster

Das Rechteckfenster $w_R[n]$ (engl: rectangular window, boxcar window) und seine Fourier-Transformierte $W_R(e^{j\Omega})$ sind wie folgt definiert:

$$w_R[n] = \begin{cases} c_i \cdot 1 & : \quad n = 0, 1, \ldots, N-1 \\ 0 & : \quad \text{sonst} \end{cases} \tag{5.57}$$

$$\circ\!\!-\!\!\bullet$$

$$W_R(e^{j\Omega}) = c_i \frac{\sin(0.5\Omega N)}{\sin(0.5\Omega)} e^{-j0.5\Omega(N-1)}\,. \tag{5.58}$$

Bild 5.16 oben zeigt das Rechteckfenster mit $N = 16$ und $c_i = c_1 = 1$. Unten ist das Betragsspektrums in logarithmischer Form dargestellt, wobei $c_i = c_2 = 1/N$ gewählt wurde.

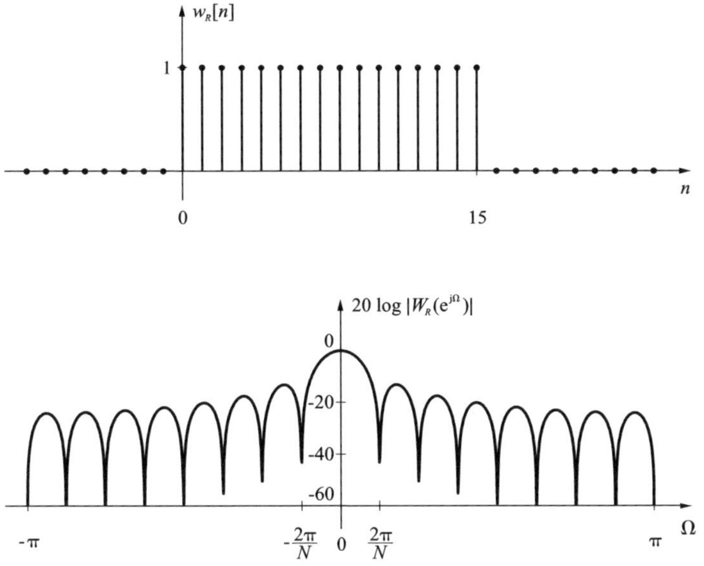

Bild 5.16: Das Rechteckfenster und sein Spektrum für $N = 16$

Das Spektrum des Rechteckfensters hat folgende Eigenschaften:

1. Die Hauptkeule hat eine Breite von $\frac{4\pi}{N}$, was einer Breite von $\frac{2f_s}{N}$ auf der Frequenzachse entspricht. Daraus resultiert eine spektrale Auflösung Δf_{spec} von ca. $\frac{f_s}{N}$. In Kap. 5.2.3 definierten wir die Frequenzauflösung als Frequenzabstand zweier benachbarter DFT-Koeffizienten, der bekanntlich gleich f_s/N ist (siehe Bild 5.1). Für das Rechteckfenster ist die spektrale Auflösung somit gleich der Frequenzauflösung.

2. Die Breite der Seitenkeulen ist jeweils $\frac{2\pi}{N}$, die Höhe der ersten Seitenkeulen beträgt ca. -13 dB und die Höhen der weiteren Seitenkeulen nehmen um ca. 6 dB pro Oktave ab. Der Leckeffekt wird somit um mindestens 13 dB unterdrückt.

Von allen bekannten Fenstern hat das Rechteckfenster die schmalste Hauptkeule und die höchsten Nebenkeulen. Es hat damit die beste spektrale Auflösung und die schlechteste Leckeffektunterdrückung. Es weist den grossen Vorteil auf, dass es bei der Durchführung der DFT keinen zusätzlichen Rechenaufwand erfordert. Um ein abgetastetes Signal einer Rechteckfensterung zu unterziehen, müssen lediglich N Abtastwerte abgezählt und anschliessend dem DFT-Programm übergeben werden.

Die Verwendung des Rechteckfensters ist angebracht, wenn:

1. Das Signal periodisch ist und die Periodendauer bekannt ist. Die Fensterlänge NT sollte dann gleich der Periodendauer oder einem natürlichen Vielfachen davon gewählt werden.

2. Das Signal endliche Dauer hat. Die Fensterlänge NT muss dann mindestens gleich der Signaldauer sein.

3. Das Spektrum relativ flach ist.

Hann-Fenster

Das Hann- oder Hanning-Fenster $w_H[n]$ ist wie folgt definiert [KK02][2]:

$$w_H[n] = \begin{cases} c_i \cdot 0.5 \left[1 - \cos(\frac{2\pi n}{N-1})\right] & : \quad n = 0, 1, \ldots, N-1 \\ 0 & : \quad \text{sonst} \end{cases} \tag{5.59}$$

Bild 5.17 oben zeigt das Hann-Fenster mit $N = 16$ und $c_i = c_1 = 1$. Unten ist das Betragsspektrum in logarithmischer Form dargestellt, wobei $c_i = c_2 = 0.1333$ gewählt wurde.

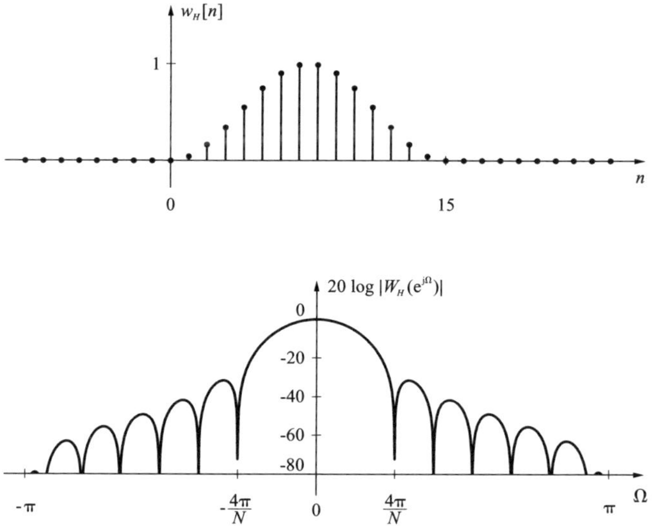

Bild 5.17: Das Hann-Fenster und sein Spektrum für $N = 16$

Das Spektrum des Hann-Fensters hat folgende Eigenschaften:

1. Die Hauptkeule hat eine Breite von $\frac{8\pi}{N}$ (entspricht einer Breite von $\frac{4f_s}{N}$ auf der Frequenzachse), woraus eine spektrale Auflösung Δf_{spec} von ca. $2\frac{f_s}{N}$ resultiert.

2. Die Höhe der ersten Nebenlappen beträgt $-32\,\text{dB}$ und die weiteren nehmen um $18\,\text{dB}$ pro Oktave ab. Der Leckeffekt wird somit um mindestens $32\,\text{dB}$ unterdrückt.

[2] MATLAB definiert das Hann-Fenster gemäss Gl.(5.59) und das Hanning-Fenster gemäss $w_H[n] = 0.5[1 - \cos(\frac{2\pi(n+1)}{N+1})$, d. h. ohne die beiden Nullen bei $n = 0$ und $n = N-1$

Die spektrale Auflösung des Hann-Fensters ist somit zweimal schlechter als diejenige des Rechteckfensters, dafür ist die Unterdrückung des Leckeffekts um mindestens 19 dB besser.

Die Verwendung eines Hann-Fensters ist angebracht, wenn in einem Signal eine oder mehrere Sinusschwingungen unbekannter Frequenz zu detektieren sind und dazu ein möglichst einfaches Fenster benützt werden soll.

Beispiel: Um die Wirkung des Hann-Fensters zu demonstrieren, wenden wir es auf eine 1Hz-Sinusschwingung mit dem Scheitelwert 1 an. Aus Vergleichsgründen (siehe Bild 5.14) wählen wir die Fensterlänge NT gleich dem 2.25-fachen der Periodenlänge. Die Sinusschwingung wird mit 8 Hz abgetastet, Hann-gefenstert ($N = 18$), mit $c_i = c_3 = 0.2353$ multipliziert und DFT-transformiert. In Bild 5.18 unten ist der Betrag der DFT und die Umhüllende $c_3|X_{sw}(f)|$ graphisch dargestellt. Das diskrete Signal im Bild oben ist die periodische Fortsetzung des abgetasteten und gefensterten Signals. Das Signal ist jetzt frei von abrupten Übergängen, woraus ein kleinerer Leckeffekt resultiert. Andererseits ist durch die Unterdrückung des Signals an den Fensterrändern die spektrale Auflösung um den Faktor 2 schlechter geworden.

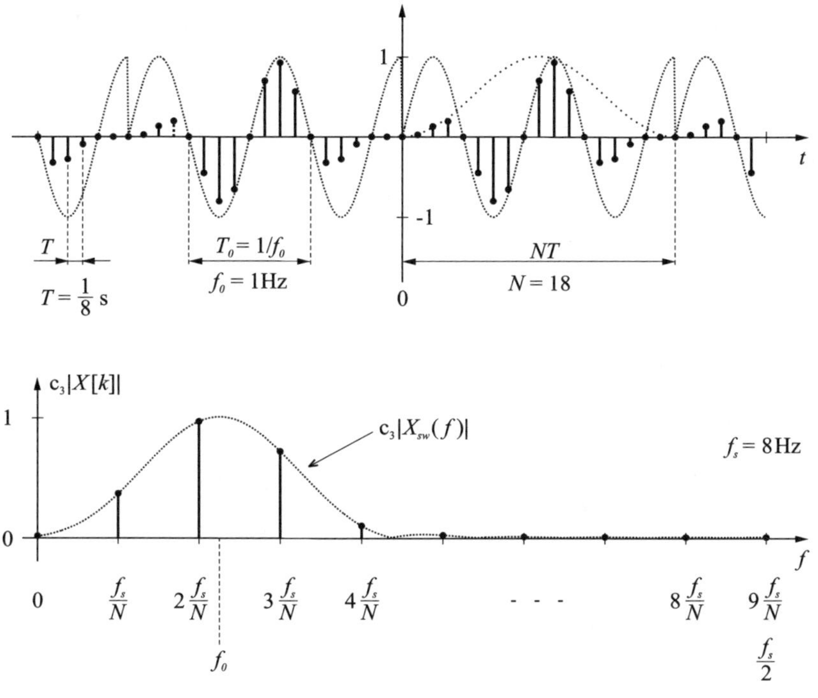

Bild 5.18: DFT einer Hann-gefensterten Sinusschwingung, wobei die Fensterlänge gleich dem 2.25-fachen der Periodendauer ist

Kaiser-Fenster

Das Kaiser-Fenster ist ein Fenster, dessen Fensterlänge bei einer gegebenen Hauptlappenbreite minimal ist. Die maximale Höhe der Nebenlappen kann vom Anwender gewählt und damit seinen Bedürfnissen angepasst werden. Das Kaiser-Fenster $w_K[n]$ ist wie folgt definiert:

$$w_K[n] = \begin{cases} c_i \frac{I_0\left(\beta\sqrt{1-(\frac{2n-N+1}{N-1})^2}\right)}{I_0(\beta)} & : \quad n = 0, 1, \ldots, N-1 \\ 0 & : \quad \text{sonst}\,, \end{cases} \tag{5.60}$$

wobei $I_0(\cdot)$ eine modifizierte Bessel Funktion 0-ter Ordnung ist:

$$I_0(x) = \sum_{i=0}^{\infty} \left(\frac{x^i}{2^i i!}\right)^2 . \tag{5.61}$$

Im Gegensatz zum Rechteck- und Hann-Fenster, kann man die Form des Kaiser-Fensters mit Hilfe des Faktors β verändern. Dieser Parameter beeinflusst die Breite des Hauptlappens und die Höhe der Seitenlappen. Je grösser β gewählt wird, umso mehr werden die Seitenlappen gedämpft, aber umso breiter wird der Hauptlappen. Eine bessere Unterdrückung des Leckeffekts geht – bei konstanter Fensterlänge N – auch hier auf Kosten einer schlechteren spektralen Auflösung.

Für eine gegebene minimale Dämpfung der Seitenlappen A_{min} in dB, kann β wie folgt approximiert werden [OSB99]:

$$\beta \approx \begin{cases} 0 & : \quad A_{min} < 13.26\,, \\ 0.7661(A_{min} - 13.26)^{0.4} + 0.0983(A_{min} - 13.26) & : \quad 13.26 \leq A_{min} < 60\,, \\ 0.12438(A_{min} + 6.3) & : \quad 60 \leq A_{min} < 120\,. \end{cases} \tag{5.62}$$

Bild 5.19 oben zeigt das Kaiser-Fenster mit $N = 16$, $A_{min} = 60\,\text{dB}$ und $c_i = c_1 = 1$. Unten ist das Betragsspektrum in logarithmischer Form dargestellt, wobei $c_i = c_2 = 0.1552$ gewählt wurde.

Das Spektrum des Kaiser-Fensters, das mit MATLAB einfach bestimmt werden kann (Aufgabe 6), hat folgende Eigenschaften:

1. Die Hauptkeule hat eine Breite von ungefähr $24\pi\frac{A_{min}+12}{155(N-1)}$ (entspricht einer Breite von $12 f_s \frac{A_{min}+12}{155(N-1)}$ auf der Frequenzachse). Die spektrale Auflösung beträgt demzufolge $\Delta f_{spec} \approx 6 f_s \frac{A_{min}+12}{155(N-1)}$.

2. Die Höhe der ersten Nebenlappens ist eine Funktion des Parameters β und kann durch Lösung von Gl.(5.62) bestimmt werden.

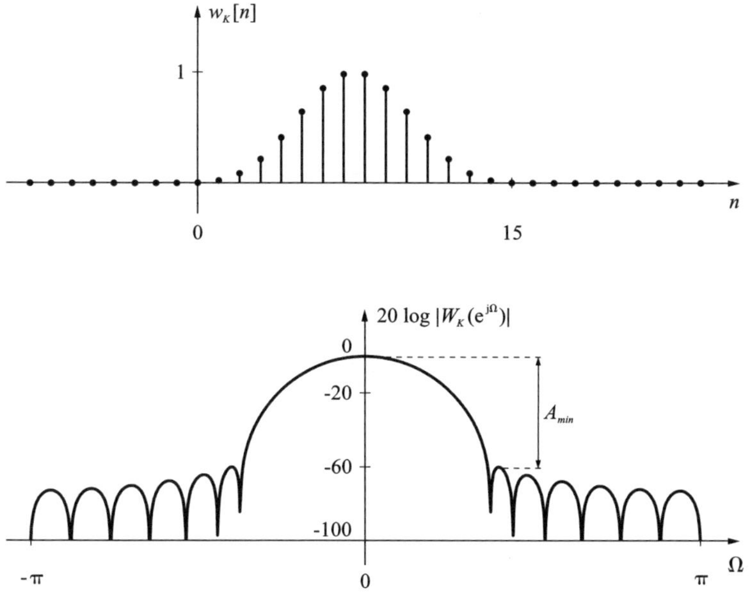

Bild 5.19: Das Kaiser-Fenster und sein Spektrum für $N = 16$

Die Verwendung des Kaiser-Fensters ist angebracht, wenn in einem Signal eine oder mehrere Sinusschwingungen unbekannter Frequenz zu detektieren sind und dazu ein massgeschneidertes Fenster benützt werden soll. Ausgangspunkt des Fenster-Entwurfs sind die minimale Dämpfung A_{min} der Nebenlappen und die erforderliche spektrale Auflösung Δf_{spec}. Die Parameter N und β lassen sich dann über die Formel

$$N \approx \frac{6 f_s (A_{min} + 12)}{155 \Delta f_{spec}} + 1 \tag{5.63}$$

und Gl.(5.62) approximativ bestimmen.

In der Formel (5.63) sieht man auch sehr schön, dass die Fensterlänge umgekehrt proportional zur spektralen Auflösung ist. Die beiden Forderungen nach kurzer Messzeit und guter spektraler Auflösung können – in Übereinstimmung mit der Unschärferelation – nicht zusammen erfüllt werden. Die Lösung dieses Dilemmas ist ein Kompromiss, der erst aufgrund einer konkreten Aufgabenstellung getroffen werden kann. Einige Beispiele dazu werden im nächsten Unterkapitel vorgestellt.

5.7 Die praktische Durchführung der DFT

5.7.1 Die Wahl der Abtastfrequenz

In diesem Unterkapitel setzen wir voraus, dass eine Messvorrichtung zur Verfügung steht, bei der die Abtastfrequenz f_s und die Anzahl Messwerte N innerhalb gewisser Grenzen eingestellt werden können. Bei der Durchführung der DFT stellt sich dann die Frage, wie gross der Anwender die beiden Parameter wählen soll.

Die Antwort auf die Frage nach der Abtastfrequenz liefert das Abtasttheorem: $\frac{f_s}{2}$ muss grösser sein als die höchste im Signal vorkommende Frequenz. Die DFT liefert dann im Frequenzbereich $0 \ldots 0.5 f_s$ eine Approximation des Spektrums.

Ist die höchste im Signal vorkommende Frequenz unbekannt, dann kann die Abtastfrequenz experimentell ermittelt werden, indem sie so lange erhöht wird, bis mit Sicherheit keine Bandüberlappung mehr auftritt. Bild 5.20 illustriert dieses Experiment. Bei der DFT links überlappen sich die Spektralbänder, da die Abtastfrequenz f_{s_1} zu klein gewählt wurde. Bei der DFT rechts wurde die Abtastfrequenz f_{s_2} doppelt so gross gewählt mit dem Ergebnis, dass die diskrete Fourier-Transformierte überlappungsfrei, d. h. frei von Aliasing ist.

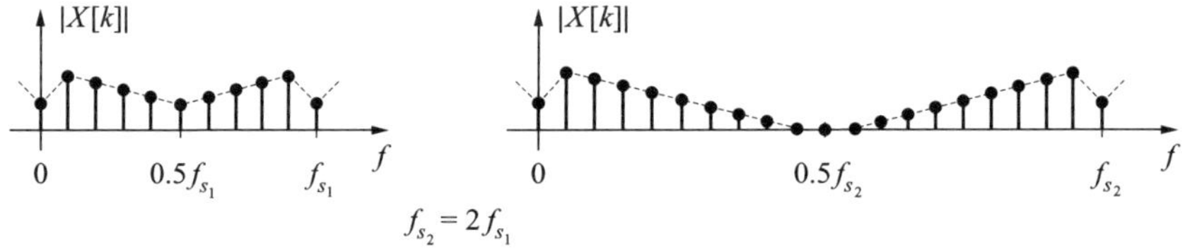

Bild 5.20: DFT eines unterabgetasteten und eines richtig abgetasteten Signals

Eine weitere Möglichkeit, die untere Grenze der Abtastfrequenz f_s zu bestimmen, folgt aus der Dimensionierung des Antialiasingfilters.

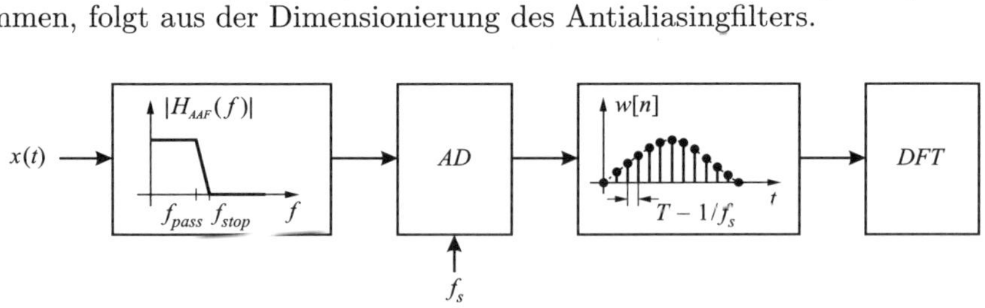

Bild 5.21: Signalverarbeitungskette zur Aufnahme der DFT

Zur Aufnahme der DFT wird das Signal $x(t)$ durch ein Antialiasingfilter bandbegrenzt. Es wird anschliessend abgetastet, gefenstert und schliesslich der DFT zugeführt. Ist die Durchlassfrequenz f_{pass} und die Sperrfrequenz f_{stop} des

Antialiasingfilters bekannt, dann kann gemäss der Theorie in Kap. 2.6.3 die untere Grenze der Abtastfrequenz f_s wie folgt festgelegt werden:

$$f_s > f_{pass} + f_{stop} \,. \tag{5.64}$$

Bei Verwendung eines Antialiasingfilters ist zu beachten, dass die interessierenden Spektralkomponenten im Durchlassbereich des Filters liegen, da Spektralkomponenten ausserhalb des Durchlassbereichs durch das Filter gedämpft werden.

5.7.2 Die Wahl der Anzahl Abtastwerte

Die Wahl der Anzahl Abtastwerte N hängt von folgenden Überlegungen ab:

1. Bei der DFT ist der Abstand Δf zwischen zwei Auswertefrequenzen gleich $\frac{f_s}{N}$ (siehe dazu Bild 5.22 unten). Legt der Anwender den maximalen Abstand Δf_{max} zwischen zwei Auswertefrequenzen fest, dann muss N demnach folgender Ungleichung genügen:

$$N \geq \frac{f_s}{\Delta f_{max}} \,. \tag{5.65}$$

Das heisst, je besser die spektrale Auflösung sein soll, desto grösser muss N gemacht werden.

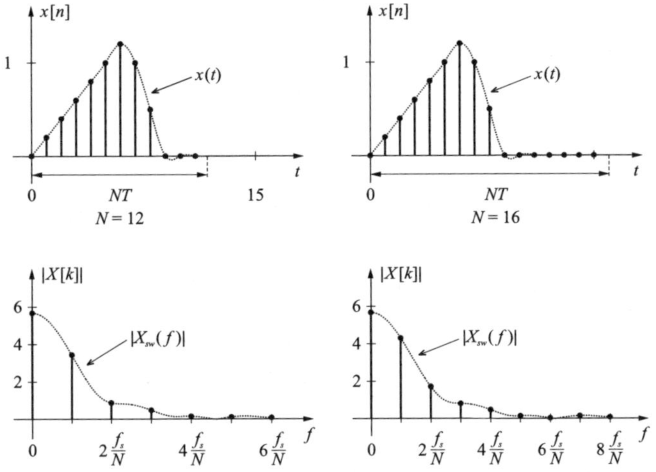

Bild 5.22: DFT eines Signals ohne Zero-Padding (links) und mit Zero-Padding (rechts)

2. N sollte eine Zweierpotenz sein, damit die DFT mit Hilfe der FFT berechnet werden kann.

3. Bei periodischen Signalen sollte N derart gewählt werden, dass die Messdauer NT gleich einem natürlichen Vielfachen der Periodendauer ist. Bei Signalen endlicher Dauer sollte die Messzeit NT gleich oder grösser der Signaldauer sein (siehe dazu Bild 5.22 oben).

Kann Bedingung 2 nicht erfüllt werden, dann bieten sich folgende Alternativen an:

- Einen anderen Algorithmus als die FFT wählen.[3]
- Den Abtastwertesatz wie in Bild 5.22 oben rechts mit Nullen füllen, bis N eine Zweierpotenz ist. Diese Methode – bereits in Kap. 5.3.1 erwähnt – nennt man Zero-Padding. Durch das Zero-Padding erhöht sich zwar die Anzahl der Spektrallinien im Nyquistbereich, die Enveloppe $|X_{sw}(f)|$ und damit die spektrale Auflösung hingegen bleiben unverändert (Bild 5.22 unten).

Bei Nichterfüllung von Bedingung 3 kann die Verwendung eines passenden Fensters empfehlenswert sein.

Anhand einiger Beispiele wollen wir im nächsten Unterkapitel zeigen, wie die DFT verschiedener Signale zweckmässig zu bestimmen ist.

5.7.3 Beispiele

Fourier-Transformierte und DFT einer gedämpften Sinusschwingung

Gegeben sei eine gedämpfte Sinusschwingung

$$x(t) = U_0 e^{-\frac{t}{\tau}} \sin(2\pi f_0 t) u(t) \ , \tag{5.66}$$

mit der Spannung $U_0 = 1\,\text{V}$, der Zeitkonstanten $\tau = 1\,\text{s}$, der Eigenfrequenz $f_0 = 1\,\text{Hz}$ und der Schrittfunktion $u(t)$ (Bild 5.23).

Mit Hilfe von Gl.(2.67) auf Seite 42 finden wir dafür folgende Fourier-Transformierte $X(f)$:

$$X(f) = \frac{2\pi f_0 U_0}{(j2\pi f + 1/\tau)^2 + (2\pi f_0)^2} \ . \tag{5.67}$$

Wir wollen nun das Signal $x(t)$ abtasten und aus den Abtastwerten mittels der DFT eine Approximation der Fourier-Transformierten bestimmen. Die Eigenfrequenz f_0 des Signals beträgt 1 Hz, als Abtastfrequenz wählen wir deshalb einen Wert, der um ein Vielfaches grösser ist. Wir entscheiden uns für $f_s = 10\,\text{Hz}$, woraus ein Abtastintervall von $T = 0.1\,\text{s}$ resultiert. Da das Signal nach ca. fünf Zeitkonstanten abgeklungen ist, genügen zur Analyse etwas mehr

[3] Der MATLAB-Befehl `fft` zur Bestimmung der DFT wählt automatisch einen anderen Algorithmus, wenn N keine Zweierpotenz ist.

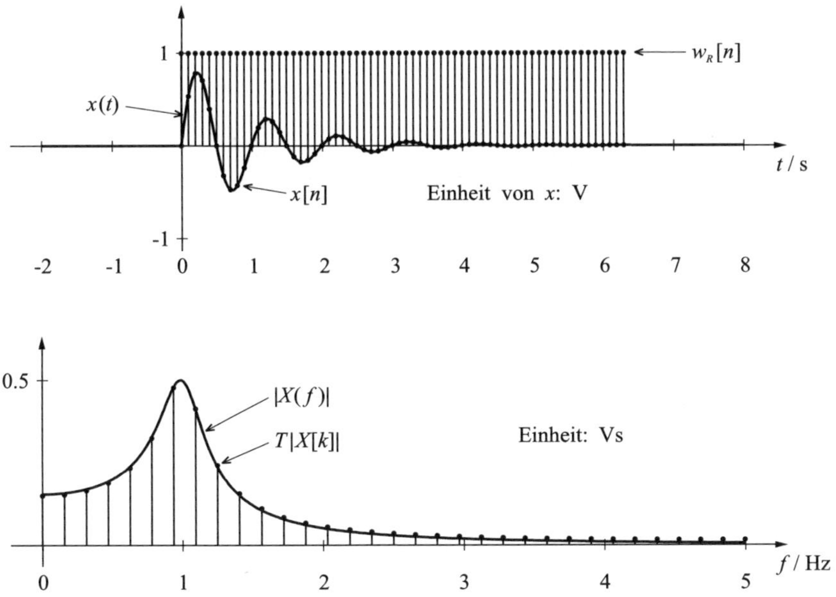

Bild 5.23: Fourier-Transformierte und DFT einer gedämpften Sinusschwingung

als 50 Abtastwerte. Um die DFT mit Hilfe der FFT zu berechnen, wählen wir eine Fensterlänge von $NT = 6.4\,\mathrm{s}$, was einen Datenvektor von 64 Abtastwerten ergibt. Das Signal $x(t)$, seine Abtastwerte $x[n]$ und das Rechteckfenster $w_R[n]$ sind in Bild 5.23 oben dargestellt. Die DFT $X[k]$ multiplizieren wir gemäss Gl.(5.24) mit dem Abtastintervall T, um daraus eine Approximation der Fourier-Transformierten zu erhalten. Der Betrag der Fourier-Transformierten $|X(f)|$ und der Betrag der DFT $|X[k]|$ skaliert mit T sind in Bild 5.23 unten abgebildet. Wir stellen fest, dass die DFT und die Fourier-Transformierte recht gut übereinstimmen.

Im vorliegenden Beispiel haben wir die DFT auf ein Signal angewandt, dessen Fourier-Transformierte bekannt ist und wir haben gesehen, dass die DFT ein korrektes Resultat ergibt. Eine derartige Überprüfung anhand bekannter Resultate empfiehlt sich immer dann, wenn man nicht sicher ist, ob ein Algorithmus korrekte Resultate liefert oder nicht.

Spektralanalyse eines Sprachsignals

In Bild 5.24 oben ist das verstärkte Mikrofonsignal des Lautes „A" dargestellt. Von diesem Signal sei eine Spektralanalyse durchzuführen.

Das Signal ist annähernd periodisch und hat deshalb ein diskretes Spektrum (Linienspektrum). Die Gewichte der Spektrallinien sind gemäss Gl.(2.57) durch die Fourier-Koeffizienten c_k gegeben.

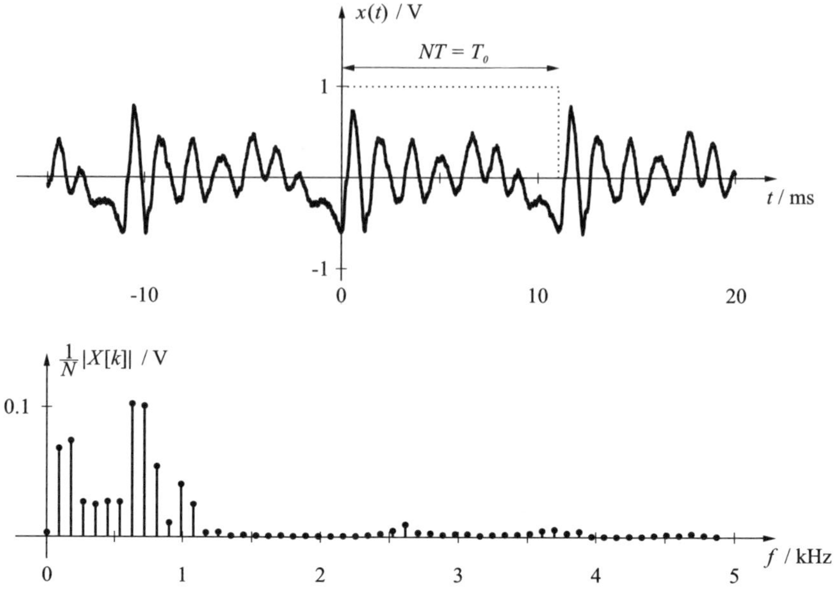

Bild 5.24: Signal und Spektrum des Lautes „A“

Unter der Voraussetzung, dass genau eine Periode abgetastet wird, lassen sich die Fourier-Koeffizienten durch die Formel

$$c_k \approx \frac{1}{N} X[k] \tag{5.68}$$

approximieren (siehe dazu Kap. 5.3.2). Zur Bestimmung der DFT-Koeffizienten $X[k]$ tasten wir das Signal zuerst mit einer Abtastfrequenz von 50 kHz ab. Diese hohe Abtastfrequenz leisten wir uns, weil die Berechnung offline durchgeführt wird. Anschliessend schneiden wir mit einem Rechteckfenster eine Periode $T_0 = NT$ heraus [4] und führen die Abtastwerte der DFT zu. Aus der Periodendauer $T_0 = 11.08\,\text{ms}$ und dem Abtastintervall $T = 20\,\mu\text{s}$ ergibt sich eine Anzahl von $N = 554$ Abtastwerten, was eine FFT verunmöglicht.

Das Resultat der Spektralanalyse ist in Bild 5.24 dargestellt. Die Spektrallinien treten bei natürlichen Vielfachen der Grundfrequenz $f_0 = 1/T_0$ auf, die im vorliegenden Beispiel 90.25 Hz beträgt. Oberhalb von 5 kHz sind die Spektrallinien annähernd Null, deshalb verzichten wir auf die Darstellung des ganzen positiven Nyquist-Bereichs von 0 bis 25 kHz.

[4] In Lit. [BE93], [QH01] und [vG06] sind unter dem Titel „Bestimmung der Grundfrequenz“ Verfahren zur Messung der Periodendauer beschrieben.

Gleichwert, Effektivwert und Klirrfaktor einer verzerrten Sinusschwingung

In der Messtechnik interessiert man sich vielfach für folgende vier Kenngrössen eines periodischen Signals [MFLM96]:

1. Gleichwert (DC-Wert, linearer Mittelwert).

2. Effektivwert (RMS-Wert).

3. Effektivwert des Wechselanteils (AC-Anteil).

4. Klirrfaktor (Oberschwingungsgehalt).

Mit Hilfe der DFT lassen sich die vier Kenngrössen nach dem folgenden Schema einfach berechnen:

- Wir tasten genau eine Periode des periodischen Signals $x(t)$ ab, wobei N die Anzahl Abtastwerte ist.

- Wir führen die DFT durch (wenn möglich unter Anwendung der FFT) und bekommen so die DFT-Koeffizienten $X[k]$.

- Gemäss Gl.(5.27) erhalten wir den Gleichwert X_{DC}:

$$X_{DC} \approx \frac{1}{N} X[0]\,. \tag{5.69}$$

- Aus Gl.(5.28) finden wir den Effektivwert X_k der k-ten Harmonischen:

$$X_k \approx \frac{\sqrt{2}}{N}|X[k]| \qquad k = \begin{cases} 1,\ldots,\frac{N}{2} & : \; N \text{ gerade}\,, \\ 1,\ldots,\frac{N-1}{2} & : \; N \text{ ungerade}\,. \end{cases} \tag{5.70}$$

- Der Effektivwert X_{AC} des Wechselanteils berechnet sich zu:

$$X_{AC} \approx \sqrt{\sum_{k=1}^{N/2} X_k^2}\,, \qquad N\text{: gerade}\,, \tag{5.71}$$

oder

$$X_{AC} \approx \sqrt{\sum_{k=1}^{(N-1)/2} X_k^2}\,, \qquad N\text{: ungerade}\,. \tag{5.72}$$

- Den Effektivwert X_{RMS} der periodischen Grösse $x(t)$ erhält man nach der Formel:

$$X_{RMS} = \sqrt{X_{DC}^2 + X_{AC}^2}\,. \tag{5.73}$$

- Analog zu Gl.(5.71) und Gl.(5.72) erhält man den Effektivwert der Oberschwingungen:

$$X_{RMS_O} \approx \sqrt{\sum_{k=2}^{N/2} X_k^2}\,, \qquad N\text{: gerade}\,, \tag{5.74}$$

oder

$$X_{RMS_O} \approx \sqrt{\sum_{k=2}^{(N-1)/2} X_k^2}\,, \qquad N\text{: ungerade}\,. \tag{5.75}$$

- Zur Kennzeichnung des Anteils der Oberschwingungen und somit als Mass für die Abweichung von der Sinusform benutzt man den Klirrfaktor k:

$$k = \frac{X_{RMS_O}}{X_{AC}}\,. \tag{5.76}$$

Die Gleichungen mit einem gewellten Gleichheitszeichen sind Approximationsformeln, die umso genauer stimmen, je mehr Abtastwerte N pro Periode zur Verfügung stehen.

Als Beispiel zeigt Bild 5.25 eine geklippte und DC-behaftete Sinusschwingung mit dazugehörigem Linienspektrum. Die Länge der Spektrallinien entspricht den Effektivwerten der einzelnen Harmonischen.

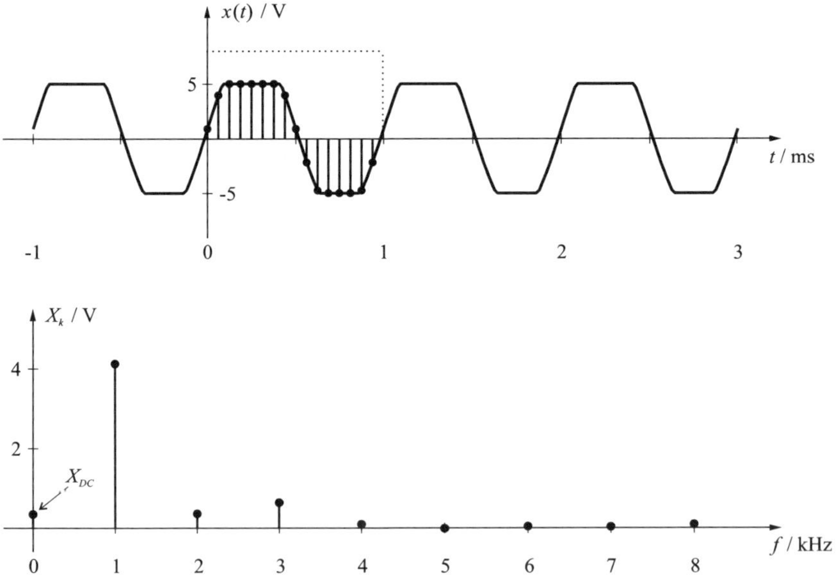

Bild 5.25: Verzerrte Sinusschwingung mit Spektrum

Die Grundfrequenz f_0 der verzerrten Sinusschwingung beträgt 1 kHz. Die Abtastfrequenz f_s wurde 16 mal grösser gewählt. Diese Abtastfrequenz ist hoch genug, weil der Oberwellengehalt ab der 4. Harmonischen vernachlässigbar klein ist (siehe Bild 5.25 unten). Für das abgebildete Signal betragen die gemessenen Kennwerte: $X_{DC} = 0.37\,\mathrm{V}$, $X_{RMS} = 4.24\,\mathrm{V}$, $X_{RMS_{AC}} = 4.22\,\mathrm{V}$ und $k = 0.19$.

In Lit.[CSC98] und in Aufgabe 10d sind eine LabVIEW-Anwendung beschrieben, die ein periodisches Signal abtastet, aus den Abtastwerten eine Periode herausschneidet und daraus das Spektrum mit den obigen Kennwerten berechnet.

Detektion von Sinussignalen

Gegeben seien zwei Sinusschwingungen ähnlicher Frequenz aber unterschiedlicher Leistung, denen schwaches weisses Rauschen überlagert ist:

$$x(t) = \hat{U}_1 \sin(2\pi f_1 t) + \hat{U}_2 \sin(2\pi f_2 t) + u_{noise}(t) \,, \tag{5.77}$$

wobei:

$$\begin{aligned} \hat{U}_1 &= 1\,\mathrm{V}\,, & f_1 &= 990\,\mathrm{Hz}\,, \\ \hat{U}_2 &= 10\,\mathrm{mV}\,, & f_2 &= 1010\,\mathrm{Hz}\,, \\ \sigma_{noise} &= 10\,\mathrm{mV}\,. \end{aligned}$$

In der Praxis sind die Effektivwerte und Frequenzen der einzelnen Signalkomponenten i. Allg. unbekannt. Für eine erfolgreiche Anwendung der DFT ist es jedoch wichtig, eine Vorstellung des zu analysierenden Signals zu haben. Fragen wie: In welchem Frequenzbereich liegen die Signalkomponenten, wie nahe liegen die Frequenzen beieinander, wie gross sind ihre Amplituden, wie stark ist das Rauschen etc., sind vor der Analyse unbedingt grob abzuklären, damit die Parameter der DFT (f_s, N, Datenfenster) adäquat gewählt werden können.

Bild 5.26 zeigt das Signal im Zeitbereich. Es scheint aus einer Sinusschwingung von ca. 1000 Hz zu bestehen, wobei nicht ersichtlich ist, dass ihm eine zweite Sinusschwingung und Rauschen überlagert ist.

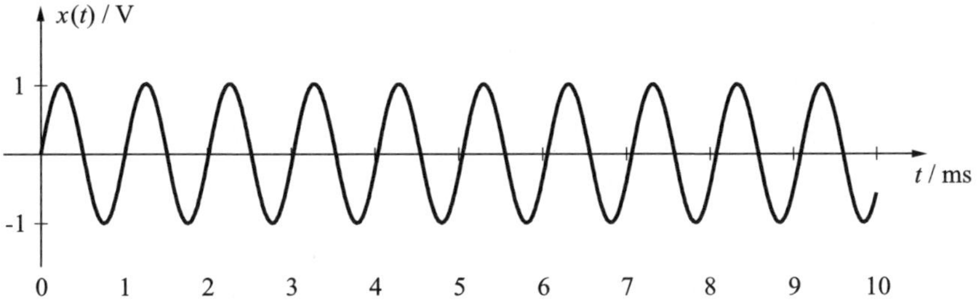

Bild 5.26: Zwei Sinussignale mit Rauschen

Zur Durchführung der Fourier-Analyse wählen wir eine Abtastfrequenz f_s von 4 kHz. Bezüglich der beiden Sinussignale ist die Abtastbedingung somit erfüllt. Das Aliasing des weissen Rauschens tolerieren wir, da wir davon ausgehen, dass sein Effektivwert klein ist. Sollte das Rauschen zu stark sein, dann müsste man es durch ein Vorfilter unterdrücken. Für die Anzahl Abtastwerte N wählen wir 1024. Diesen verhältnismässig hohen Wert wählen wir, damit wir eine genügend feine spektrale Auflösung Δf_{spec} erzielen. Bei Anwendung eines Rechteckfensters erhalten wir so eine spektrale Auflösung von ungefähr 4 Hz. Dieser Wert genügt zur Unterscheidung der beiden Sinusfrequenzen. Die 1024 Abtastwerte multiplizieren wir mit $c_i = c_3 = 0.00195$, unterziehen sie einer FFT und erhalten so die DFT in Bild 5.27. Der besseren graphischen Lesbarkeit wegen stellen wir die diskrete Fourier-Transformierte in kontinuierlicher Form dar. Dabei werden die Spitzen der Spektrallinien mit einem kontinuierlichen Kurvenzug verbunden. Aus der kontinuierlichen Form eines Spektrums darf ein Betrachter also nicht schliessen, dass es sich um ein kontinuierliches Spektrum handelt!

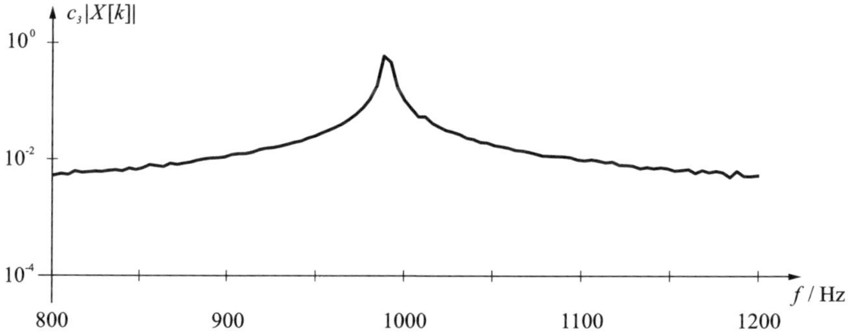

Bild 5.27: Spektrum der rechteckgefensterten Signals in Bild 5.26

Das Spektrum hat bei ungefähr 990 Hz wie erwartet ein Maximum. Wegen der Verschmierung der Spektrallinie hat dieses aber nicht den Wert von 1, sondern ist etwas kleiner. Das Spektrum sollte bei 1010 Hz ein zweites Maximum haben. Dieses ist aber nicht ersichtlich, da es durch den Leckeffekt überdeckt wird. Einzig eine winzige Treppenstufe bei 1010 Hz lässt ahnen, dass bei dieser Frequenz eine Sinusschwingung vorhanden sein könnte. Der hohe Pegel von ungefähr 10^{-2} im Bereich von 900 Hz und 1100 Hz wird alleine durch das Lecken verursacht, das Rauschen hingegen macht sich nur durch eine geringe Welligkeit bei tiefen und hohen Frequenzen bemerkbar.

Wir wollen nun – wie empfohlen – die Abtastwerte mit einem Datenfenster gewichten, bevor wir sie der FFT zuführen. Wir wählen ein Kaiser-Fenster mit den Parametern $c_i = c_3$ und $A_{min} = 60$ dB und erhalten dann gemäss Gl.(5.62) für β den Wert von 8.246. Für die spektrale Auflösung Δf_{spec} finden wir den Wert 10.9 Hz. Dieser Wert ist somit, wie erforderlich, kleiner als der Abstand der beiden Sinusfrequenzen. Das Ergebnis der FFT ist in Bild 5.28 dargestellt.

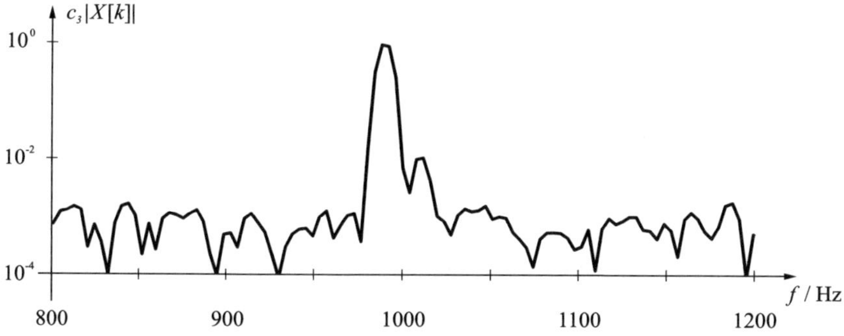

Bild 5.28: Spektrum der kaisergefensterten Signals in Bild 5.26

Da bei der Kaiser-Fensterung der Leckeffekt viel kleiner ist als bei der Rechteck-Fensterung, wird nun auch das schwache Sinussignal bei 1010 Hz sichtbar. Aus dem Spektrum ist auch herauszulesen, dass es gegenüber dem starken Sinussignal bei 990 Hz um 40 dB gedämpft ist. Das Rauschen macht sich durch eine Welligkeit im restlichen Spektrum bemerkbar. Ohne Rauschen würde das Spektrum bei tiefen und hohen Frequenzen unterhalb von 10^{-4} sinken (siehe dazu die Aufgaben 9 und 10e).

5.7.4 Fazit

Wir haben gesehen, dass es einen einzigen Spezialfall gibt, bei der die diskrete Fourier-Transformierte das korrekte Spektrum liefert. Dieser Spezialfall liegt vor, wenn – unter Einhaltung der Abtastbedingung – die rechteckgefensterten Abtastwerte eines periodischen Signals DFT-transformiert werden. Dabei muss die Fensterlänge gleich einem natürlichen Vielfachen der Periodendauer sein. In allen anderen Fällen liefert die DFT nur Approximationen für das Spektrum. Werden die Messparameter „Abtastfrequenz“, „Anzahl Abtastwerte“ und „Fenstertyp“ nicht dem Problem angemessen gewählt, dann muss der Anwender mit einem nutzlosen Ergebnis rechnen.

Nach dem Studium dieses Kapitels sollte der Leser jetzt in der Lage sein, die DFT richtig anzuwenden oder sich bei neuen Problemstellungen in die entsprechende Literatur einzuarbeiten [OSB04], [vG06], [QC96], [Por97], [Bri95], [SS95], [Mar87].

Aufgaben

1. **Symbole**

   Wofür stehen die Symbole n, $x[n]$, N, k und $X[k]$?

2. **Grundlagen der DFT**

   (a) Was geschieht mit dem Spektrum eines zeitkontinuierlichen Signals, wenn es mit der Frequenz f_s abgetastet wird?

   (b) Wie heisst der Bandüberlappungsfehler, der bei der Abtastung entsteht und wie kann man ihn vermeiden?

   (c) Wie wirkt sich das Herausschneiden von N Abtastwerten (Rechteckfensterung) auf das Spektrum aus?

   (d) Was versteht man unter dem Nyquistbereich und der Nyquistfrequenz? Warum wird die DFT meistens nur im positiven Nyquistbereich ausgewertet?

   (e) An welchen Frequenzstellen treten bei der DFT die Spektrallinien auf und wie gross ist ihr Abstand?

3. **DFT-Matrix**

   Generieren Sie mit MATLAB die DFT-Matrix $\boldsymbol{W}_N$ und einen Signalvektor $\boldsymbol{x}$ mit $N = 5$. Multiplizieren Sie den Signalvektor mit der DFT-Matrix. Wenden Sie auf $\boldsymbol{x}$ den `fft`-Befehl an und vergleichen Sie die beiden Ergebnisse.

4. **Experimente mit dem Goertzel-Algorithmus**

   (a) Starten Sie das M-File `gfilter` und experimentieren Sie mit verschiedenen Parametern.

      i. Generieren Sie einen Sinus als Eingangssignal und wählen Sie seine Frequenz so, dass das Messintervall NT ein natürliches Vielfaches der Periodendauer T_0 ist. Was stellen Sie fest?

      ii. Generieren Sie einen Sinus als Eingangssignal und wählen Sie die Amplitude so, dass seine Leistung gleich 1 ist. Beobachten Sie den Mittelwert des Ausgangssignals (Mean Value of Pk) und vergleichen Sie diesen Wert mit dem Frequenzgang der Leistung. Was stellen Sie fest?

   (b) Berechnen Sie einige DFT-Koeffizienten von Datenvektoren Ihrer Wahl. Benutzen Sie dazu die beiden Function-M-Files `goertzel1` und `goertzel2` und überprüfen Sie die Resultate mit Hilfe der Funktion `fft`. Die beiden Goertzel-Funktionen sind in Kap. 5.5.1 beschrieben.

5. **Grundlagen zur Fensterung**

   (a) Welches sind die Vor- und Nachteile des Rechteckfensters gegenüber anderen, gleich langen Fenstern?

   (b) Welche Informationen kann man aus dem Spektrum eines Datenfensters entnehmen?

   (c) Was versteht man allgemein unter der spektralen Auflösung und wovon hängt sie ab?

   (d) Die spektrale Auflösung Δf_{spec} des Rechteckfensters ist ungefähr gleich $\frac{f_s}{N}$ und diejenige des Hannfensters ungefähr gleich $2\frac{f_s}{N}$. Überprüfen Sie dies mit Hilfe des M-Files `specrh`.

6. **Spektren verschiedener Fenster**

   Schreiben Sie ein M-File, das die Betragsspektren des Rechteck-, des Hann- und des Kaiserfensters berechnet und darstellt. Verwenden Sie dazu die vier MATLAB-Funktionen `boxcar`, `hann`, `kaiser` und `freqz`.

7. **Parameter-Wahl bei der FFT**

   (a) Ein Messtechniker möchte eine FFT durchführen mit einer Frequenzauflösung von 1 Hz und einer Messpunkteanzahl von 4096. Wie gross muss er die Abtastfrequenz wählen?

   (b) Das Signal endlicher Dauer in Bild 5.29 soll einer FFT unterzogen werden, wobei für N und f_s folgende Auswahl zur Verfügung steht: $N = 128$, 256, 512, 1024 und $f_s = 0.5$, 1, 2, 4, 8, 16, 32 kHz. Welche Wahl treffen Sie, wenn die Rechenzeit keine Rolle spielt. Für welches Datenfenster entscheiden Sie sich?

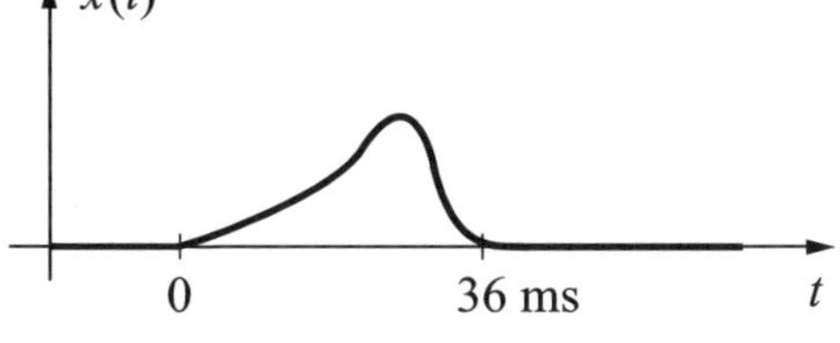

Bild 5.29: Pulsförmiges Signal

(c) Von einem periodischen Signal wird *eine* Periode korrekt abgetastet und danach die DFT berechnet. Ingenieur A bildet davon den Betrag, multipliziert mit dem Faktor $\frac{2}{N}$ und stellt das Betragsspektrum als Linienspektrum dar (Bild 5.30 links). Ingenieur B bildet nur den Betrag und stellt das so gefundene Betragsspektrum als kontinuierliches Spektrum dar (Bild 5.30 rechts). Welche Darstellung ist sinnvoller?

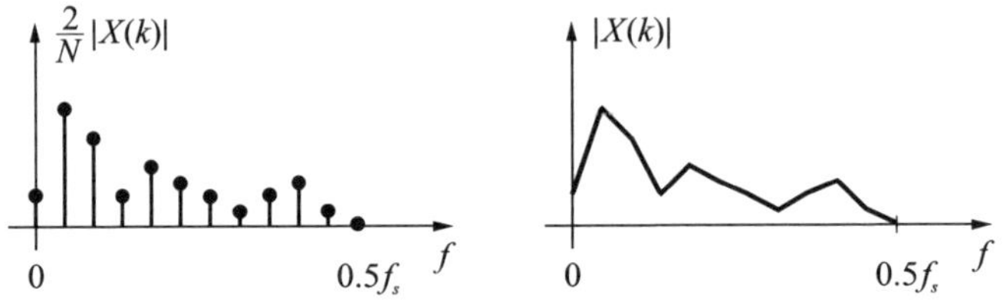

Bild 5.30: Diskrete und kontinuierliche Darstellung eines Spektrums

8. **Bedeutung des Real- und Imaginärteils der DFT**

   Mit dem M-File `A1_5_8` kann man die DFT einer Linearkombination aus einer Cosinus- und einer Sinusschwingung berechnen und darstellen. Überprüfen Sie mit dem M-File, ob die Aussage auf Seite 167 zutrifft. Sie lautet: Der Realteil des k-ten DFT-Koeffizienten $\Re\{X[k]\}$ sagt aus, wie stark die Cosinusschwingung – mit der diskreten Frequenz k und der Länge N – im Signal enthalten ist und der Imaginärteil $\Im\{X[k]\}$ sagt aus, wie stark die negative Sinusschwingung – mit der diskreten Frequenz k und der Länge N – im Signal enthalten ist.

9. **Gefensterte DFT zweier verrauschter Sinusschwingungen**

   Experimentieren Sie mit dem M-File `A1_5_9`. Dieses M-File berechnet die rechteck-gefensterte und Kaiser-gefensterte DFT einer Summe aus zwei benachbarten Sinusschwingungen, die durch weisses, normalverteiltes Rauschen additiv gestört ist.

10. **Experimente mit LabVIEW Vis**

    Experimentieren Sie mit folgenden LabVIEW-Vis (Aufgaben c) und d) benötigen eine Einsteckkarte und einen Signalgenerator):

    (a) `DFT of a Signal described by a Formula.`
    Das Vi berechnet die DFT eines Signals, welches durch eine Formel zu beschrieben ist.

    (b) `Kaiser Window.`
    Zeichnet das Kaiserfenster mit seinem Betragsspektrum und vergleicht es mit dem Spektrum des Rechteckfensters.

    (c) `Fourier-Transform of an Input Signal.`
    Liest N Abtastwerte eines Signals ein, berechnet daraus die Fourier-Transformierte und stellt das Betragsspektrum dar.

(d) `Periodic Signal Analyzer`.
Analysiert ein periodisches Signal und berechnet verschiedene Parameter. Siehe dazu auch das Beipiel auf Seite 199 und Lit. [CSC98].

(e) `Analysis of 2 Sinus with Noise`.
Diese Vi generiert eine starke und eine schwache Sinusschwingung, die eng beieinander liegen und durch Rauschen gestört werden. Das Signal kann variiert und mit verschiedenen Filtern und Fenstern verarbeitet werden. Dargestellt wird das Signal im Zeit- sowie im Frequenzbereich. Siehe dazu auch das Beipiel auf Seite 201.

Kapitel 6

Digitalfilter

6.1 Einführung

Der Entwurf, die Realisierung und der Einsatz von digitalen Filtern ist *das* klassische Anwendungsgebiet der digitalen Signalverarbeitung. Die Theorie der digitalen Filter ist im wesentlichen seit über dreissig Jahren bekannt, doch erst seit dem Aufkommen der Signalprozessoren in den Achtzigerjahren wurden Digitalfilter ähnlich populär wie die traditionellen LC- und aktiven RC-Filter. Heute haben sie, mindestens im Tieffrequenzbereich bis etwa 100 kHz, die analogen Filter in ihrer Bedeutung überrundet. Da die digitalen Computer immer schneller und leistungsfähiger werden, wird sich diese Frequenzgrenze in Zukunft weiter nach oben verschieben.

Unter einem Filter versteht man ein System, das gewisse Frequenzkomponenten im Vergleich zu anderen verändert, beispielsweise indem es sie unterdrückt, verstärkt oder in ihrer Phase verschiebt. Unter diesen Systemen spielen die stabilen und kausalen LTI-Systeme, welche sich durch eine rationale Übertragungsfunktion mit reellen Koeffizienten beschreiben lassen, die weitaus wichtigste Rolle. Solche Filter werden meistens einfach als *lineare Digitalfilter* bezeichnet.

In den folgenden Ausführungen geht es darum, dem Leser oder der Leserin das nötige Rüstzeug zum Verstehen und Lösen von Filteraufgaben zu vermitteln. Um diesem Anspruch gerecht zu werden, sollen zunächst die Grundlagen der linearen Digitalfilter-Theorie zusammenfasst werden.

6.1.1 Echtzeitsystem zur digitalen Filterung

Wir wollen in diesem Unterkapitel anhand von Bild 6.1 den grundsätzlichen Aufbau eines Echtzeitsystems zur digitalen Filterung diskutieren.

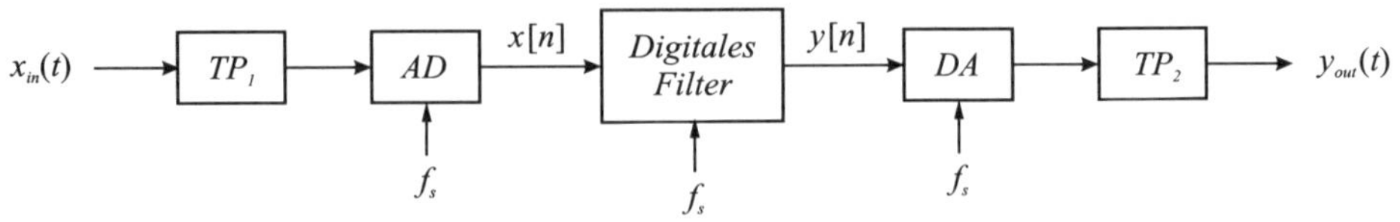

Bild 6.1: Typisches Echtzeit-System zur digitalen Filterung

Das zeitkontinuierliche Eingangssignal $x_{in}(t)$ wird zuerst auf ein analoges Tiefpassfilter TP_1 geführt, das als Antialiasingfilter wirkt. Das bandbegrenzte Signal wird dann in einem AD-Wandler mit der Frequenz f_s abgetastet und in eine Zahlenfolge verwandelt. Das so erhaltene digitale Signal $x[n]$ wird auch als Folge, Sequenz, zeitdiskretes Signal oder einfach als diskretes Signal bezeichnet. Der Block „Digitales Filter" besteht aus einem digitalen Rechner, der aus den Eingangsfolgewerten $x[n]$ die Ausgangsfolgewerte $y[n]$ berechnet. Diese Zahlenfolge wird in einem DA-Wandler in eine zeitkontinuierliche, treppenförmige Spannung umgesetzt und anschliessend mit dem Tiefpassfilter TP_2 geglättet. TP_1 und TP_2 sind Bandbegrenzungsfilter zur Unterdrückung hoher Frequenzen. Wünscht man eine Unterdrückung der DC-Komponente wie beispielsweise in der Audiosignalverarbeitung, dann werden sie durch durch Bandpassfilter ersetzt.

Das analoge Antialiasingfilter TP_1 und das analoge Glättungsfilter TP_2 werden als passive oder aktive RC-Filter [MH83] oder als SC-Filter (Schalter-Kondensator-Filter, Switched-Capacitor-Filter [vG85]) ausgeführt. AD- und DA-Wandler sind hybride Bausteine, d. h. Bausteine, die in gemischt analog-digitaler Schaltungstechnik gebaut sind [TSG02], [Mit02]. Den digitalen Rechner gibt es in verschiedenen Ausführungsformen. Ausserordentlich populär sind Signalprozessoren, d. h. Mikrocomputer, die speziell zur Verarbeitung von diskreten Signalen hergestellt wurden [Dob00], [KL01], [Cha02]. Für hohe Abtastfrequenzen existieren spezielle Digitalfilterchips und selbstverständlich lässt sich grundsätzlich jeder beliebige Computer, wie z. B. ein PC oder eine Workstation als Digitalfilter programmieren.

6.1.2 Filterfunktionen

Die vier klassischen Filterfunktionen sind die Tiefpass-, die Bandpass-, die Hochpass- und die Bandsperrenfunktion, wie sie in Bild 6.2 schematisch dargestellt sind.

Die Parameter f_{pass}, f_{pass_1} und f_{pass_2} nennt man *Durchlassfrequenzen* und die Parameter f_{stop}, f_{stop_1} und f_{stop_2} *Sperrfrequenzen*. Auf Englisch werden sie als passband frequencies und als stopband frequencies bezeichnet und die entsprechenden Filter heissen low-pass , bandpass, high-pass und bandstop filter.

Die drei Frequenzbereiche, die durch die Durchlass- und Sperrfrequenzen abgegrenzt werden, heissen *Durchlass-*, *Übergangs-* und *Sperrbereich* (engl: passband, transition band und stopband) .

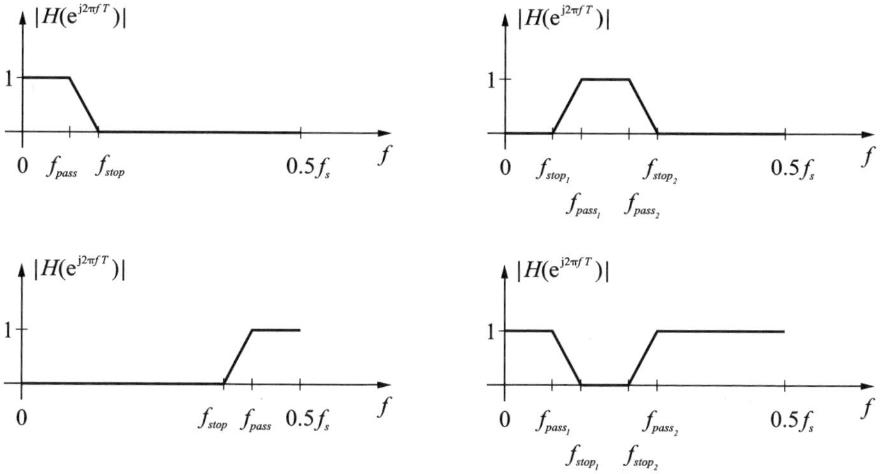

Bild 6.2: Schematische Amplitudengänge der vier klassischen Filterfunktionen: Tiefpass, Bandpass, Hochpass und Bandsperre

Ein weiteres Filter ist das Multiband-Filter, das mehrere Durchlass- und Sperrbereiche mit unterschiedlicher Gewichtung aufweist (Bild 6.3).

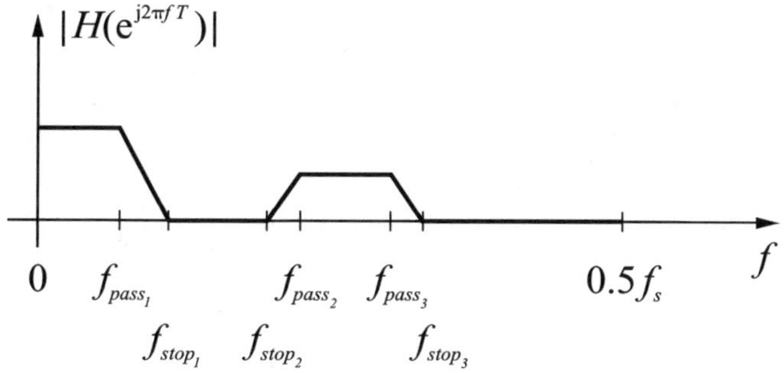

Bild 6.3: Schematischer Amplitudengang eines Multiband-Filters

Zu den Filterfunktionen zählt man auch den Differentiator und den Hilbert-Transformator. Dies sind Filterfunktionen, deren Frequenzgänge gemäss Bild 6.4 spezifiziert sind.

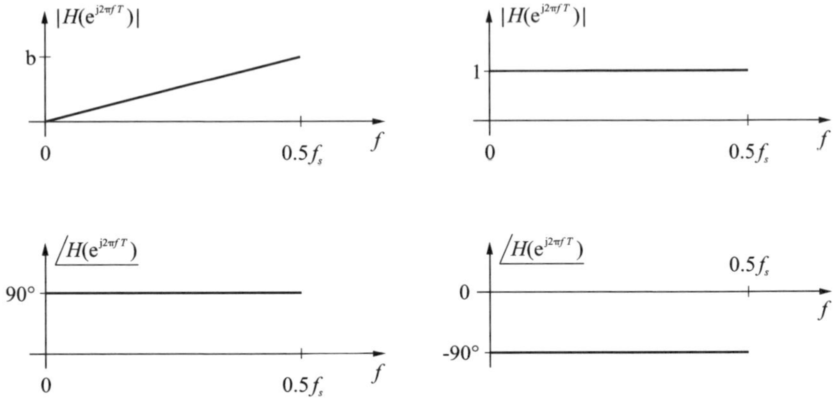

Bild 6.4: Frequenzgänge des Differentiators und des Hilbert-Transformators

Vervollständigt wird der Katalog von Filterfunktionen durch den Allpass. Dies ist ein Filter mit einem konstanten Amplitudengang und einem frequenzabhängigen Phasengang gemäss Bild 6.5.

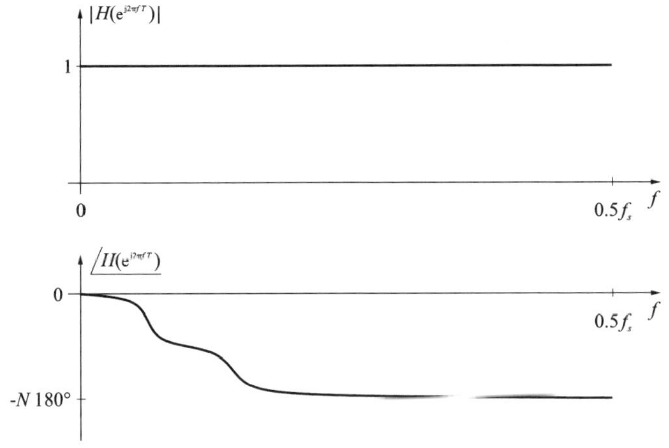

Bild 6.5: Frequenzgang des Allpasses

Damit sind die wichtigsten Filterfunktionen beschrieben und wir wollen im nächsten Unterkapitel zum besseren Verständnis der linearen Digitalfilter die Grundlagen der LTI-System-Theorie zusammenfassen.

6.1.3 Das Digitalfilter als LTI-System

Wie eingangs erwähnt, gehen wir davon aus, dass das Digitalfilter ein stabiles und kausales LTI-System ist, das sich mit einer rationalen *Übertragungsfunktion* mit reellen Koeffizienten beschreiben lässt:

$$H(z) = \frac{b_0 + b_1 z^{-1} + \cdots + b_N z^{-N}}{1 + a_1 z^{-1} + \cdots + a_M z^{-M}} . \tag{6.1}$$

Die Übertragungsfunktion $H(z)$ definiert das Übertragungsverhalten des Systems und die grössere der beiden natürlichen Zahlen N und M legt ihre *Ordnung* fest. Sind alle rekursiven Koeffizienten a_i gleich Null, dann spricht man von einem *nichtrekursiven* LTI-System oder einfach von einem *FIR-Filter*, andernfalls von einem *rekursiven* LTI-System oder einfach von einem *IIR-Filter*.

Unter dem *Frequenzgang* versteht man die Übertragungsfunktion, ausgewertet auf dem Einheitskreis der z-Ebene:

$$H(e^{j2\pi fT}) = H(z)|_{z=e^{j2\pi fT}} . \tag{6.2}$$

Den Betrag $|H(e^{j2\pi fT})|$ nennt man *Amplitudengang*, der Winkel $\angle H(e^{j2\pi fT})$ heisst *Phasengang* und die negative Ableitung des Phasengangs

$$\tau_g(e^{j2\pi fT}) = -\frac{1}{2\pi}\frac{d\angle H(e^{j2\pi fT})}{df} \tag{6.3}$$

ist die *Gruppenlaufzeit*.

Transformieren wir die Übertragungsfunktion in den Zeitbereich, so erhält man die *Impulsantwort*:

$$H(z) \quad \bullet\!\!-\!\!\circ \quad h[n] . \tag{6.4}$$

Im Bildbereich ist das Ausgangssignal gleich dem Eingangssignal multipliziert mit der Übertragungsfunktion:

$$Y(z) = H(z)X(z) \tag{6.5}$$

und im Zeitbereich ist das Ausgangssignal gleich dem Eingangssignal gefaltet mit der Impulsantwort:

$$y[n] = h[n] * x[n] . \tag{6.6}$$

Setzen wir für $H(z)$ in Gl.(6.5) die rationale Funktion (6.1) ein, dann führt die Rücktransformation auf die *Differenzengleichung*

$$y[n] = -\sum_{i=1}^{M} a_i y[n-i] + \sum_{i=0}^{N} b_i x[n-i] . \tag{6.7}$$

Aus dieser kann man das *Signalflussdiagramm*[1] zusammengesetzt aus den drei Elementen „Addierer“, „Multiplizierer mit einer Konstanten“ und „Verzögerungselement“ herleiten.

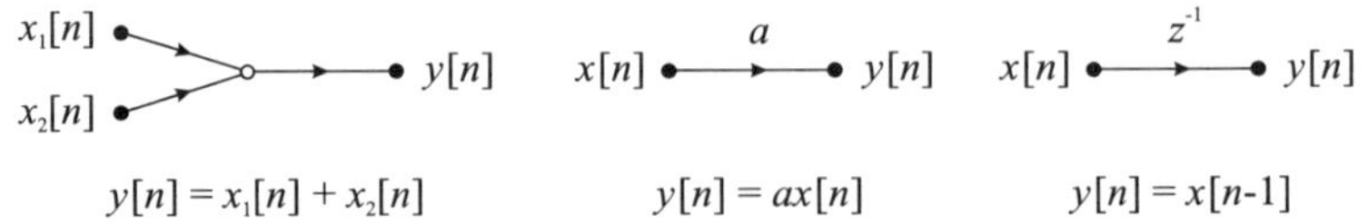

Bild 6.6: Signalflussdiagramm-Darstellung der drei Elemente „Addierer“, „Multiplizierer mit einer Konstanten“ und „Verzögerungselement“

Schliesslich können wir die Übertragungsfunktion noch in die Form

$$H(z) = b_0 z^{M-N} \frac{(z-z_1)(z-z_2)\cdots(z-z_N)}{(z-p_1)(z-p_2)\cdots(z-p_M)} \tag{6.8}$$

bringen und die Parameter p_i und z_i als *Pole* und *Nullstellen* definieren.

Zusammengefasst:

Ein lineares Digitalfilter beschreibt man gewöhnlich mit Hilfe seiner Übertragungsfunktion. Aus ihr lassen sich die wichtigsten Funktionen und Gesetzmässigkeiten einfach ableiten.

Um die aufgeführten Zusammenhänge zu illustrieren, betrachten wir zum Abschluss ein Beispiel.

Beispiel: Wir analysieren ein IIR-Filter 2.Ordnung mit der Übertragungsfunktion

$$H(z) = \frac{0.2452 - 0.2452z^{-2}}{1 - 1.2841z^{-1} + 0.5095z^{-2}}$$

und der Abtastfrequenz $f_s = 1\,\text{kHz}$.

Durch Anwenden der MATLAB Befehle `freqz`, `abs`, `angle`, `grpdelay` und `impz` finden wir den Amplitudengang, den Phasengang, die Gruppenlaufzeit und die Impulsantwort in Bild 6.7.

[1] Das Signalflussdiagramm ist eine vereinfachte Form des Blockdiagramms: Additionspunkte werden durch kleine Kreise und Eingangs-, Ausgangs- und Abzweigknoten werden durch kleine, schwarz ausgefüllte Kreise symbolisiert. Der Multiplizierer wird durch einen Pfeil dargestellt, bei dem die Konstante steht. Ein Pfeil, bei dem das Symbol z^{-1} steht, stellt ein Verzögerungselement dar und ein Pfeil ohne Symbol ist ein gewöhnlicher Signalpfad.

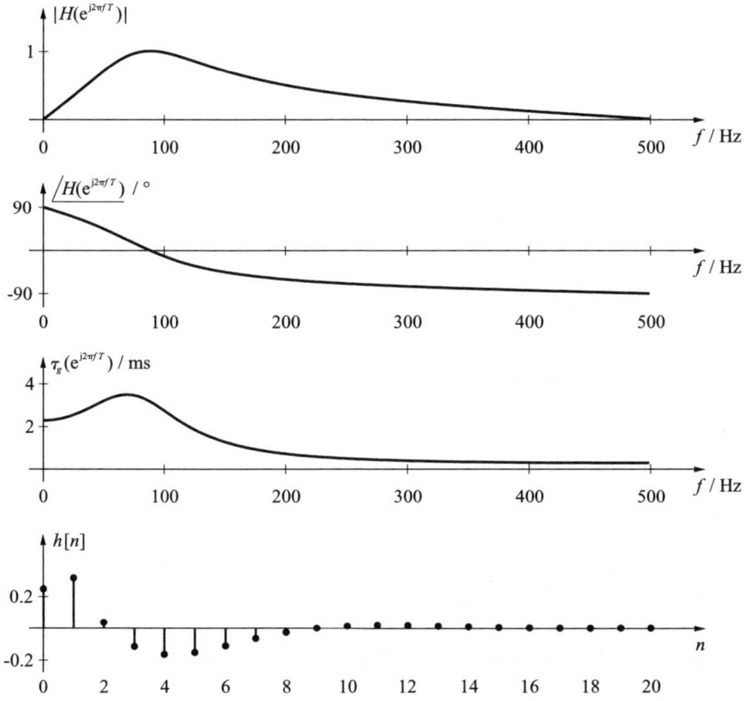

Bild 6.7: Amplitudengang, Phasengang, Gruppenlaufzeit und Impulsantwort

Die Differenzengleichung lautet:

$$y[n] = 1.2841\, y[n-1] - 0.5095\, y[n-2] + 0.2452\, x[n] - 0.2452\, x[n-2]$$

und ein mögliches Signalflussdiagramm hat folgendes Aussehen:

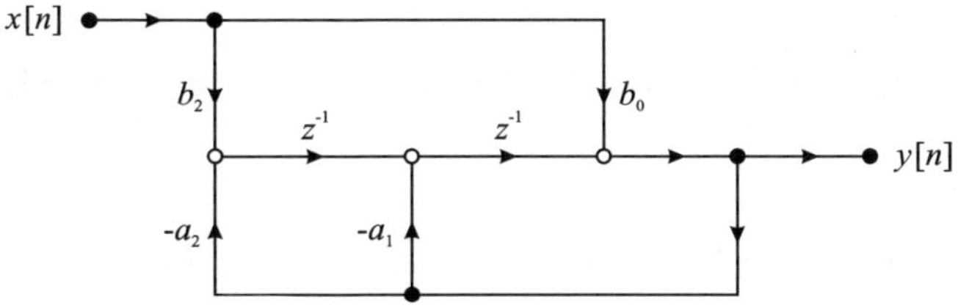

Bild 6.8: Signalflussdiagramm

Die Übertragungsfunktion

$$H(z) = b_0 \frac{(z - z_1)(z - z_2)}{(z - p_1)(z - p_2)} \tag{6.9}$$

hat das Pol-Nullstellen-Diagramm im Bild 6.9.

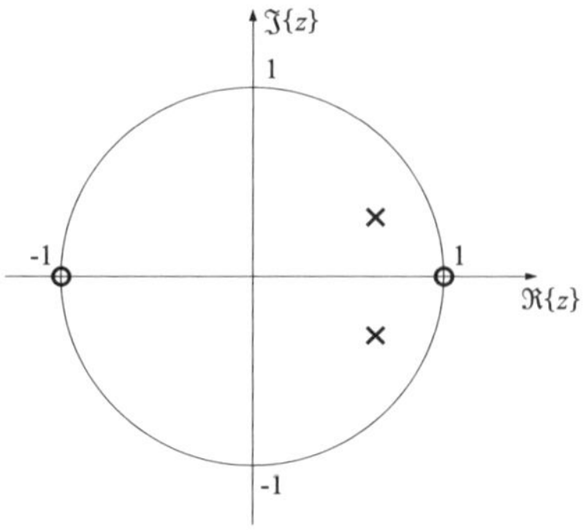

Bild 6.9: Pol-Nullstellen-Diagramm

Wie wir gesehen haben, steht die Übertragungsfunktion im Zentrum der Digitalfilter-Theorie. In den folgenden Unterkapiteln geht es um die Frage, wie man die Übertragungsfunktion findet, mit welchem Blockdiagramm sie zu realisieren ist und welche Vor- und Nachteile die einzelnen Realisierungen haben.

6.2 Eigenschaften und Strukturen digitaler Filter

Lineare Digitalfilter teilt man ein in FIR- und IIR-Filter. Beide Filterklassen haben interessante Eigenschaften, die wir im Folgenden kennen lernen wollen. Des Weiteren werden wir einige Signalflussdiagramme zur ihrer Realisierung vorstellen. Das Signalflussdiagramm, das eine vereinfachte Form des Blockdiagramms ist, nennt man die *Struktur* eines Digitalfilters. Kennen wir die Struktur, dann sind wir in der Lage, ein Programm zu schreiben und das Digitalfilter auf einem digitalen Rechner zu implementieren. Geeignete und weniger geeignete Strukturen werden in Kap. 6.4 und Kap. 6.5 mit ihren Vor- und Nachteilen beschrieben.

6.2.1 Eigenschaften und Strukturen von FIR-Filtern

Grundlagen

Unter einem FIR-Filter N-ter Ordnung verstehen wir ein Digitalfilter mit der Übertragungsfunktion

$$H(z) = b_0 + b_1 z^{-1} + \cdots + b_N z^{-N} \,. \tag{6.10}$$

Durch Rücktransformation in den Zeitbereich erhalten wir folgende Impulsantwort:

$$h[n] = b_0\delta[n] + b_1\delta[n-1] + \cdots + b_N\delta[n-N] \,. \tag{6.11}$$

In Sequenzschreibweise:

$$\{h[n]\} = \{b_0, b_1, \cdots, b_N\} \,. \tag{6.12}$$

Daraus erkennen wir, dass die Dauer der Impulsantwort endlich ist und ihre Länge $N + 1$ beträgt. Es ist diese endliche Länge, die zur Bezeichnung *FIR-Filter* (engl: *f*inite *i*mpulse *r*esponse filter) geführt hat.

Die Impulsantwort eines FIR-Filters N-ter Ordnung lautet allgemein:

$$\{h[n]\} = \{h[0], h[1], \cdots, h[N]\}\,. \tag{6.13}$$

Ein Vergleich mit Gl.(6.12) zeigt, dass die Werte der Impulsantwort $h[n]$ gleich den Filterkoeffizienten b_n sind.

Durch Erweiterung mit z^N kann die Übertragungsfunktion auch in der Form

$$H(z) = \frac{b_0 z^N + b_1 z^{N-1} + \cdots + b_N}{z^N} \tag{6.14}$$

geschrieben werden. Daraus geht hervor, dass alle Pole im Ursprung liegen und dass das FIR-Filter somit immer stabil ist.

Eigenschaften symmetrischer FIR-Filter

In der Praxis setzt man ihrer guten Eigenschaften wegen meistens symmetrische FIR-Filter ein. Unter einem symmetrischen FIR-Filter versteht man ein Filter, das eine spiegel- oder punktsymmetrische Impulsantwort gemäss Bild 6.10 hat.

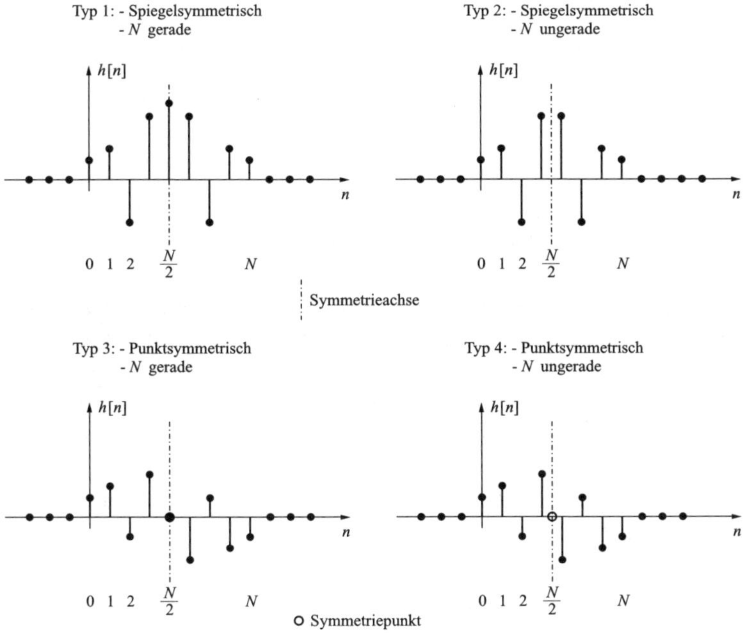

Bild 6.10: Impulsantworten der vier symmetrischen FIR-Filtertypen

Aus den Theoremen (2.50), (2.53) und (2.54) folgt, dass der Frequenzgang der spiegelsymmetrischen Typen 1 und 2 in der Form

$$H(e^{j2\pi fT}) = R(e^{j2\pi fT})e^{-j2\pi f\frac{N}{2}T} \tag{6.15}$$

und der Frequenzgang der punktsymmetrischen Typen 3 und 4 in der Form

$$H(e^{j2\pi fT}) = R(e^{j2\pi fT})e^{-j(\frac{\pi}{2}+2\pi f\frac{N}{2}T)} \tag{6.16}$$

geschrieben werden kann, wobei $R(e^{j2\pi fT})$ eine reelle Frequenzfunktion und T das Abtastintervall ist. Vernachlässigen wir die aus dem Vorzeichenwechsel von $R(e^{j2\pi fT})$ entstehenden Phasensprünge der Sprunghöhe π ($\hat{=}180^o$), dann folgt daraus für den Phasengang von Typ 1 und 2:

$$\angle H(e^{j2\pi fT}) = -2\pi f\frac{N}{2}T \tag{6.17}$$

und denjenigen von Typ 3 und 4:

$$\angle H(e^{j2\pi fT}) = -(\frac{\pi}{2} + 2\pi f\frac{N}{2}T)\,. \tag{6.18}$$

Gl.(6.3) angewendet, ergibt die Gruppenlaufzeit aller vier Filtertypen:

$$\tau_g(e^{j2\pi fT}) = \frac{N}{2}T\,. \tag{6.19}$$

Damit können wir folgendes Fazit ziehen:

- Der Phasengang $\angle H(e^{j2\pi fT})$ eines symmetrischen FIR-Filters ist – abgesehen von 180°-Phasensprüngen – eine lineare Funktion von f. Dies ist der Grund, weshalb symmetrische FIR-Filter auch als linearphasige FIR-Filter bezeichnet werden.
- Die Gruppenlaufzeit $\tau_g(e^{j2\pi fT})$ symmetrischer FIR-Filter ist konstant und ihr Wert ist gleich $\frac{N}{2}T$.

Filter mit konstanter Gruppenlaufzeit haben die angenehme Eigenschaft, dass sie Signale im Durchlassbereich nicht verzerren, sondern nur verzögern (Aufgabe 2). Zudem bleibt die Symmetrie symmetrischer Pulse erhalten, was für viele Anwendungen ebenfalls vorteilhaft ist. Diese Eigenschaft ist im nächsten Beispiel illustriert.

Beispiel: Wir betrachten ein Tiefpass-Filter mit dem Amplituden- und Phasengang in Bild 6.11.

Es handelt sich um ein symmetrisches FIR-Filter vom Typ 2, wie aus der dazugehörigen Impulsantwort in Bild 6.12 hervorgeht.

Abgesehen von den erwähnten 180°-Phasensprüngen ist der Phasengang linear. Die Phasensprünge treten dort auf, wo die Übertragungsfunktion

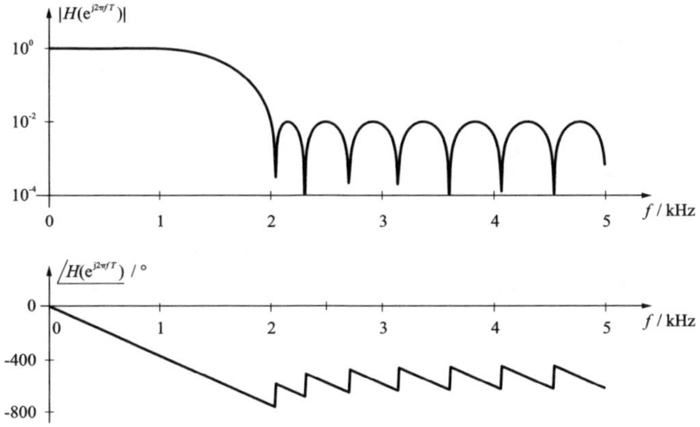

Bild 6.11: Amplituden- und Phasengang eines symmetrischen FIR-Filters

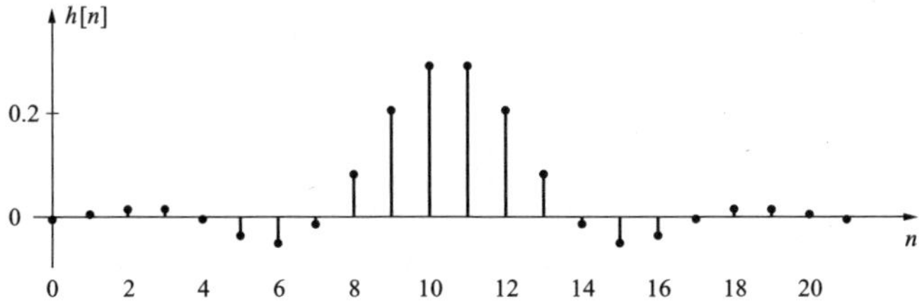

Bild 6.12: Impulsantwort des symmetrischen FIR-Filters

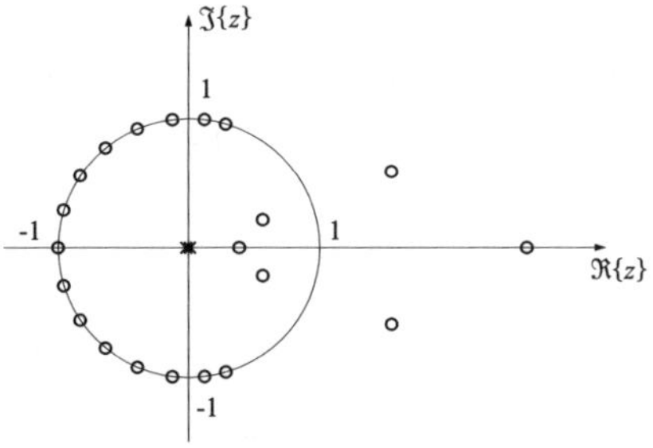

Bild 6.13: Pol-Nullstellen-Diagramm des symmetrischen FIR-Filters

ihre Nullstellen hat. Sie haben deshalb keinen Einfluss auf das Übertragungsverhalten. Diese Nullstellen liegen auf dem Einheitskreis, wie das Pol-Nullstellen-Diagramm in Bild 6.13 zeigt.

Die Nullstellen sind bezüglich der reellen Achse und des Einheitskreises symmetrisch verteilt. Diese Symmetrien sind auf die reellen Koeffizienten und die symmetrische Impulsantwort zurückzuführen [OS95]. Die Länge des Filters ist 22, wie man in Bild 6.12 sieht. Demnach muss die Übertragungsfunktion 21 Nullstellen und 21 im Ursprung liegende Pole haben.

Wir wollen nun die Wirkung des Filters untersuchen, wenn an den Eingang ein punktsymmetrischer Doppel-Rechteckpuls angelegt wird (Bild 6.14 oben). Bei Betrachtung des Ausgangssignals (Bild 6.14 unten) sind zwei Punkte erwähnenswert: 1. Zwar ist der tiefpassgefilterte Rechteckpuls wie erwartet an seinen Ecken abgerundet, aber er ist immer noch punktsymmetrisch. 2. Der Schwerpunkt des gefilterten Rechteckpulses ist gegenüber dem Schwerpunkt des Eingangs-Reckteckpulses um die Gruppenlaufzeit $\tau_g = 1.05$ ms verzögert. Diese Verzögerung illustriert sehr schön die Bedeutung der Gruppenlaufzeit bei einem pulsförmigen Signal (Energiesignal).

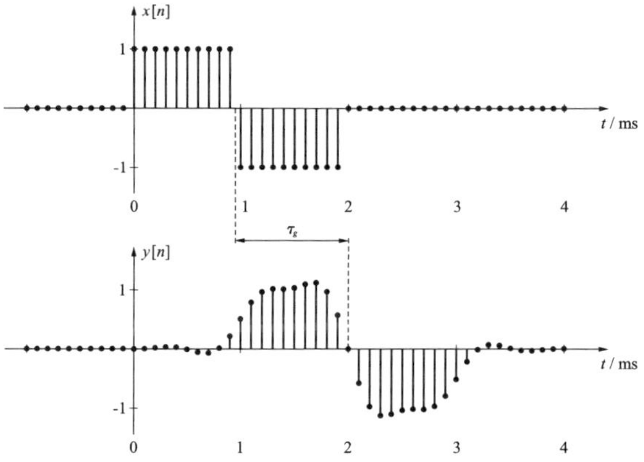

Bild 6.14: Eingangs- und Ausgangssignal des symmetrischen FIR-Filters

Die Wirkung des Tiefpassfilters im Frequenzbereich ist in Bild 6.15 gezeigt. Oben ist das Betragsspektrum des Doppelrechteckpulses ersichtlich und unten das Betragsspektrum des tiefpassgefilterten Doppelrechteckpulses.

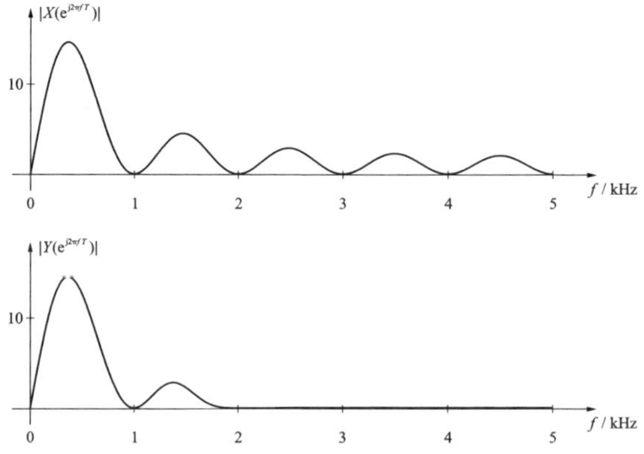

Bild 6.15: Eingangs- und Ausgangsspektrum des symmetrischen FIR-Filters

Mit den vier symmetrischen FIR-Filter-Typen lassen sich nicht Digitalfilter beliebiger Ordnung und Funktion realisieren. Die möglichen Realisierungen sind in der untenstehenden Tabelle zusammengestellt [Por97].

Typ	1	2	3	4
Ordnung	gerade	ungerade	gerade	ungerade
Filterfunktion	TP, HP, BP, BS, Multiband	TP, BP	Differentiator, Hilbert-Transformator	

Tabelle 6.1: Ordnung und Filterfunktionen der vier symmetrischen FIR-Filtertypen

Strukturen symmetrischer FIR-Filter

Die klassische Struktur zur Realisierung eines FIR-Filters ist die *Direktform-* oder *Transversalfilter-Struktur* in Bild 6.16.

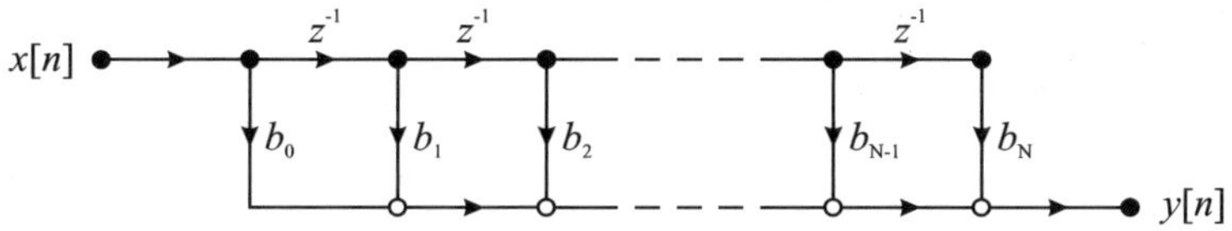

Bild 6.16: Direktform- oder Transversalfilter-Struktur eines FIR-Filters

Diese Struktur wird im Englischen etwa auch als „Tapped Delay"-Struktur bezeichnet, weil sie aus einer Kaskade von Verzögerungselementen (Speicherelementen) besteht, deren Ausgänge abgegriffen und mit einem Multiplizierer versehen sind. Um die Direktform-Struktur auf einem digitalen Computer zu implementieren, muss folgende Differenzengleichung programmiert werden:

$$y[n] = b_0 x[n] + b_1 x[n-1] + \cdots + b_N x[n-N] \,. \tag{6.20}$$

Aus der Differenzengleichung wie auch aus dem Signalflussdiagramm folgt, dass pro Ausgangsabtastwert $(N+1)$ Multiplikationen und N Additionen durchgeführt werden müssen.

Ungefähr die Hälfte der Multiplikationen kann man sich ersparen, wenn die Symmetrie des FIR-Filters ausgenützt wird. Die entsprechende Struktur – dargestellt in Bild 6.17 am Beispiel eines FIR-Filters vom Typ 1 – wird *Linear-Phasen-Struktur* genannt.

Die dazugehörige Differenzengleichung lautet dann:

$$y[n] = b_0(x[n]+x[n-N])+b_1(x[n-1]+x[n-N+1])+\cdots+b_{\frac{N}{2}}x[n-\frac{N}{2}]. \tag{6.21}$$

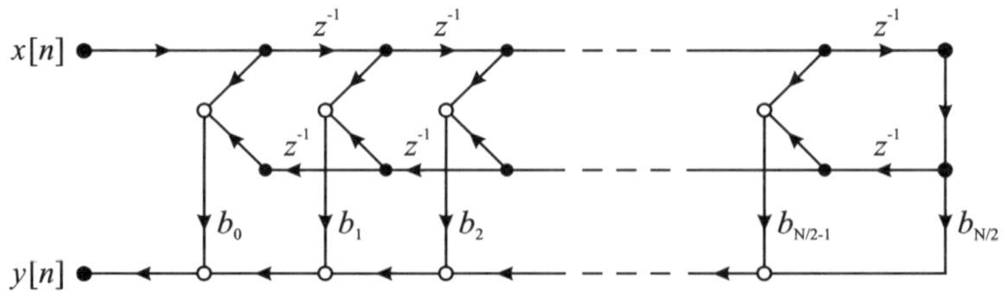

Bild 6.17: Linear-Phasen-Struktur eines FIR-Filters vom Typ 1

6.2.2 Eigenschaften und Strukturen von IIR-Filtern

Grundlagen

Unter einem IIR-Filter N-ter Ordnung versteht man ein Digitalfilter mit der Übertragungsfunktion[2]

$$H(z) = \frac{b_0 + b_1 z^{-1} + \cdots + b_N z^{-N}}{1 + a_1 z^{-1} + \cdots + a_N z^{-N}}\,, \tag{6.22}$$

wobei die Bedingung gilt, dass mindestens ein a_i-Koeffizient ungleich Null ist.

Die Impulsantwort $h[n]$ eines IIR-Filters ist – wie der Name sagt – i. Allg. unendlich lang und kann deshalb wie folgt ausgedrückt werden:

$$h[n] = \sum_{i=0}^{\infty} h[i]\delta[n-i]\,. \tag{6.23}$$

In Sequenzschreibweise:

$$\{h[n]\} = \{h[0], h[1], h[2], \cdots\}\,. \tag{6.24}$$

Wenn alle Pole von $H(z)$ durch Nullstellen kompensiert werden (wie in Aufgabe 3), dann hat die Impulsantwort endliche Länge und das Digitalfilter ist eigentlich ein FIR-Filter. Trotzdem wird auch für diesen Fall der Name „IIR-Filter" verwendet, weil sich diese Bezeichnung ganz allgemein für lineare und rekursive Digitalfilter eingebürgert hat.

Wir wollen uns im Folgenden auf IIR-Filter beschränken, die eine unendlich lange Impulsantwort haben, wie z. B. das Filter auf Seite 215. Seine Impulsantwort ist unendlich lang, sie strebt aber wegen der Stabilität gegen Null.

---

[2] In der Praxis ist es üblich, dass der Zähler- und Nennergrad gleich gross sind. Sollte dies nicht der Fall sein, dann sind die hochgradigen a_i- oder b_i-Koeffizienten Null setzen.

Eigenschaften

Stabilität IIR-Filter sind rekursiv und können demnach *instabil* sein. Ihre Stabilität lässt sich am einfachsten anhand der Pole der Übertragungsfunktion $H(z)$ überprüfen. Liegen alle Pole innerhalb des Einheitskreises der z-Ebene, dann ist das Digitalfilter stabil.

Phasengang und Gruppenlaufzeit Der Phasengang eines IIR-Filters ist *nichtlinear* und die Gruppenlaufzeit ist infolgedessen *nicht konstant.* Dagegen sind IIR-Filter *minimalphasig*, vorausgesetzt, ausserhalb des Einheitskreises liegen keine Nullstellen [OS95]. Unter einem minimalphasigen Filter versteht man ein LTI-System, dessen negativer Phasengang bei einem gegebenen Amplitudengang minimal ist. Minimalphasige Filter haben die Eigenschaft, dass ihre Gruppenlaufzeit ebenfalls *minimal* ist.

Beispiel: In Bild 6.18 links ist das PN-Diagramm, der Amplitudengang, der Phasengang und die Gruppenlaufzeit eines Minimalphasen-IIR-Filters dargestellt. Spiegelt man die Nullstellen am Einheitskreis[3], so entsteht daraus ein IIR-Filter mit gleichem Amplitudengang aber nichtminimalphasigem Phasengang [OS95].

Filterfunktionen Mit IIR-Filtern lassen sich folgende Filterfunktionen realisieren: *Tiefpass*, *Hochpass*, *Bandpass*, *Bandsperre*, *Allpass* und *Integrator.*

Beispiel: Ein LTI-System mit der Übertragungsfunktion

$$H(z) = \frac{b_0}{1 - z^{-1}} \tag{6.25}$$

stellt einen einfachen Integrator dar. Bild 6.19 zeigt seinen Frequenzgang und seine Schrittantwort. Der Koeffizient b_0 ist so gewählt, dass der Amplitudengang bei $f = 10\,\text{Hz}$ den Wert von 1 hat ($f_s = 1\,\text{kHz}$).

Amplitudengang und Schrittantwort zeigen das erwartete Verhalten: Der Amplitudengang hat eine Steigung von -1 Dekade pro Dekade und die Schrittantwort ist rampenförmig. Der Phasengang hingegen weicht gegenüber dem idealen, konstanten Phasengang von -90° geringfügig ab (siehe dazu Aufgabe 5).

[3] Unter dem Spiegeln einer Nullstelle am Einheitskreis versteht man die Operationen „Invertieren“ und „Konjugieren“: $z_{i_{gespiegelt}} = 1/z_i^*$.

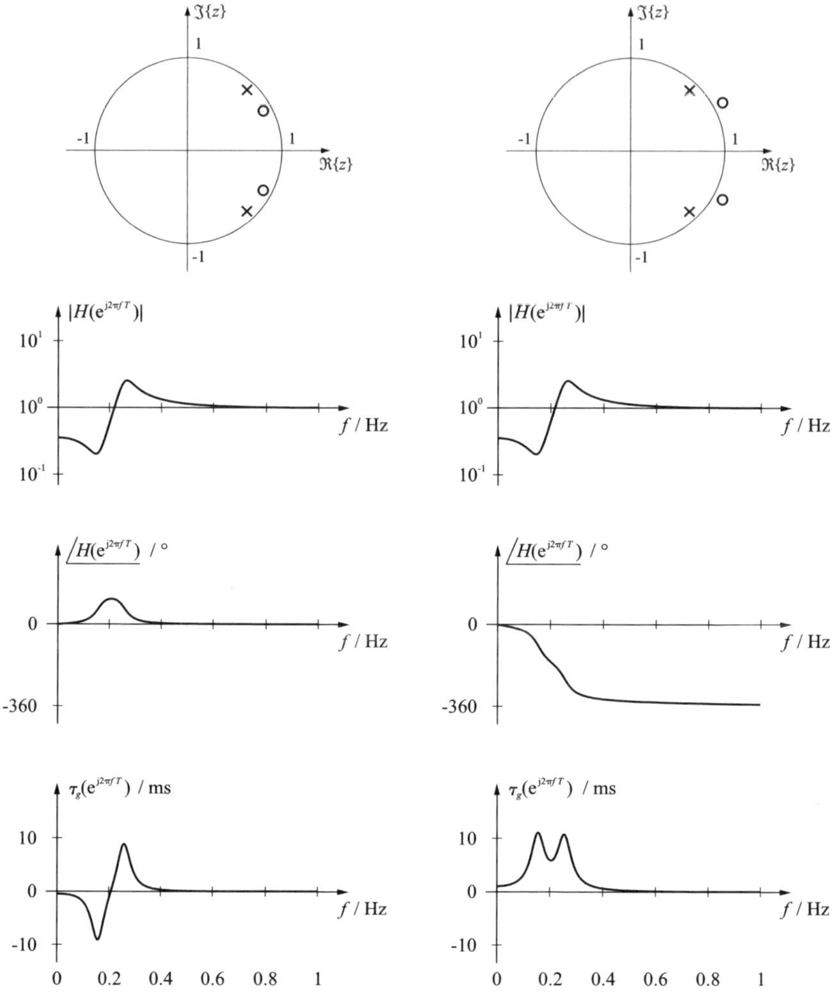

Bild 6.18: PN-Diagramm, Amplitudengang, Phasengang und Gruppenlaufzeit eines Minimalphasen-IIR-Filters (links) und eines Nichtminimalphasen-IIR-Filters (rechts), $f_s = 2\,\text{Hz}$

Strukturen von IIR-Filtern

Die Differenzengleichung eines IIR-Filters

$$y[n] = -\sum_{i=1}^{N} a_i y[n-i] + \sum_{i=0}^{N} b_i x[n-i]$$

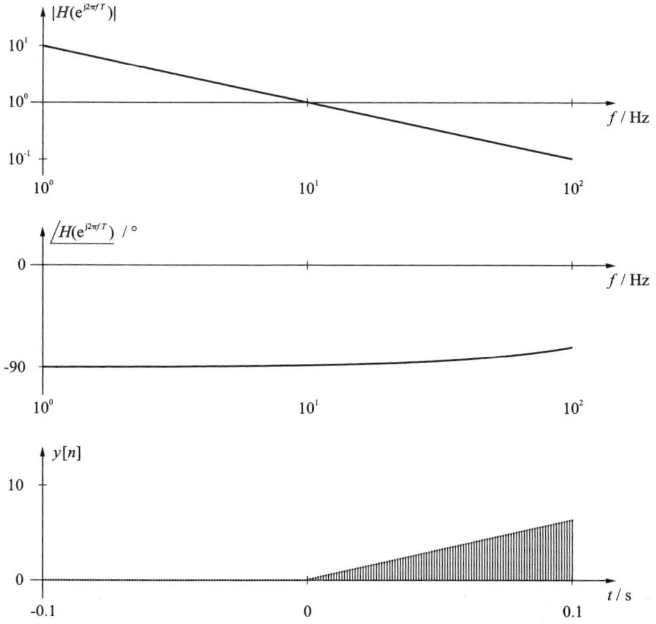

Bild 6.19: Amplitudengang, Phasengang und Schrittantwort des Integrators

kann man als Paar zweier Differenzengleichungen schreiben:

$$w[n] = \sum_{i=0}^{N} b_i x[n-i] \tag{6.26}$$

$$y[n] = w[n] - \sum_{i=1}^{N} a_i y[n-i] \tag{6.27}$$

Die erste Differenzengleichung beschreibt ein FIR-Filter mit dem Eingang $x[n]$ und dem Ausgang $w[n]$. Die zweite Differenzengleichung gehört zu einem Allpol-Filter[4] mit dem Eingang $w[n]$ und dem Ausgang $y[n]$. Das Paar von Differenzengleichungen repräsentiert daher eine Kaskade von zwei Systemen:

$$Y(z) = \underbrace{B(z)}_{\text{System 1}} \cdot \underbrace{\frac{1}{A(z)}}_{\text{System 2}} \cdot X(z)\,.$$

[4] Ein Allpol-Filter ist ein IIR-Filter mit dem Zählerpolynomgrad 0. Es hat nur Pole und keine Nullstellen.

Die dazugehörige Struktur nennt man *Direktform-I-Struktur*:

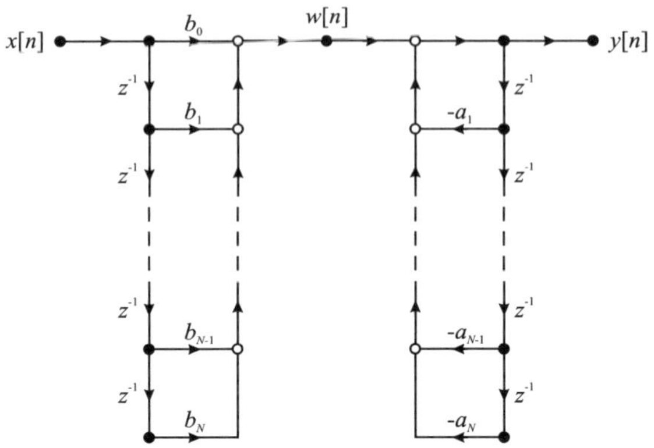

Bild 6.20: Direktform-I-Struktur eines IIR-Filters

Vertauscht man die Reihenfolge der beiden Systeme, dann erhält man die *Direktform-II-Struktur* mit dem Differenzengleichungssystem

$$w[n] = x[n] - \sum_{i=1}^{N} a_i w[n-i] \tag{6.28}$$

$$y[n] = \sum_{i=0}^{N} b_i w[n-i] \tag{6.29}$$

und einem Signalflussdiagramm, in dem sich die beiden Signalpfade mit den Verzögerungsgliedern zu einem Pfad zusammenfassen lässt:

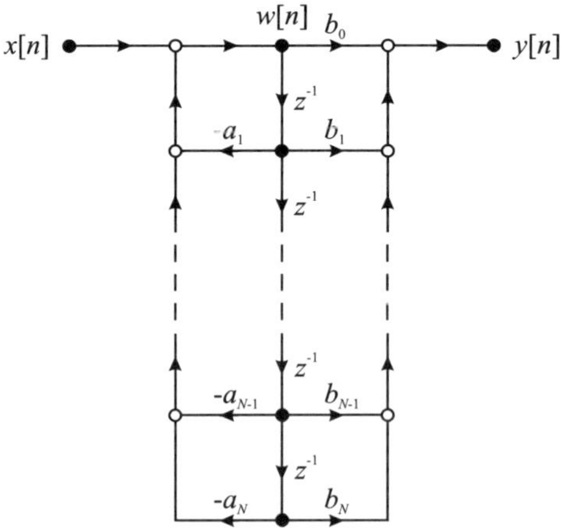

Bild 6.21: Direktform-II-Struktur eines IIR-Filters

Das Transponierungstheorem führt zur sogenannten *transponierten Direktform-Struktur*. Das Transponierungstheorem besagt: Werden alle Signalflussrichtungen umgekehrt, Eingang und Ausgang vertauscht, alle Addierer durch Knoten und alle Knoten durch Addierer ersetzt, dann ändert sich die Übertragungsfunktion nicht. Als Anwendungsbeispiel des Theorems ist in Bild 6.22 die transponierte Direktform-II-Struktur dargestellt.

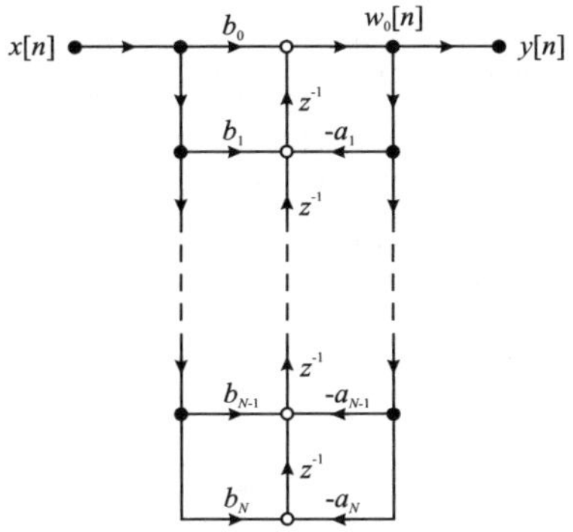

Bild 6.22: Transponierte Direktform-II-Struktur eines IIR-Filters

Diese Struktur kann durch die Programmierung des Differenzengleichungssystems

$$\begin{aligned} w_0[n] &= b_0 x[n] + w_1[n-1] \\ w_1[n] &= b_1 x[n] + w_2[n-1] - a_1 w_0[n] \\ &\vdots \\ w_{N-1}[n] &= b_{N-1} x[n] + w_N[n-1] - a_{N-1} w_0[n] \\ w_N[n] &= b_N x[n] - a_N w_0[n] \\ y[n] &= w_0[n] \end{aligned} \tag{6.30}$$

realisiert werden.

Die Direktform-II- und die transponierte Direktform-II-Struktur sind *kanonische* Strukturen, weil sie mit einer minimalen Anzahl von Verzögerungselementen verwirklicht werden können.

Wie wir später sehen werden, sind Direktform-Strukturen höherer Ordnung ungünstig. Besser funktionieren *Kaskaden-Strukturen*, welche auf der Zerlegung der Übertragungsfunktion in Blöcke 2. Ordnung basieren:

$$H(z) = \prod_{i=1}^{N/2} H_i(z) = \prod_{i=1}^{N/2} \frac{b_{0i} + b_{1i} z^{-1} + b_{2i} z^{-2}}{1 + a_{1i} z^{-1} + a_{2i} z^{-2}} \,. \tag{6.31}$$

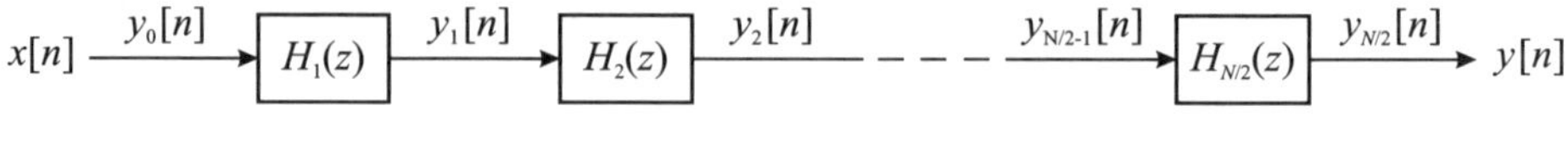

Bild 6.23: Kaskaden-Struktur eines IIR-Filters

In der Zerlegung (6.31) haben wir vorausgesetzt, dass die Filterordnung N gerade ist. Ist der Filtergrad N ungerade, dann erhöht man ihn um 1 und setzt die a_{2i}- und b_{2i}-Koeffizienten des ersten oder des letzten Blockes Null.

In MATLAB kann man $H(z)$ mit Hilfe der Funktionen `tf2zp` und `zp2sos` in Blöcke 1. und 2. Ordnung zerlegen. Wegen der Wichtigkeit der Kaskadenstruktur können aber auch alle anderen DSV-Programme, wie z. B. LabVIEW, diese Zerlegung durchführen.

Eine geeignete Struktur zur Programmierung auf einem Festkomma-DSP ist die untenstehende Kaskadenstruktur:

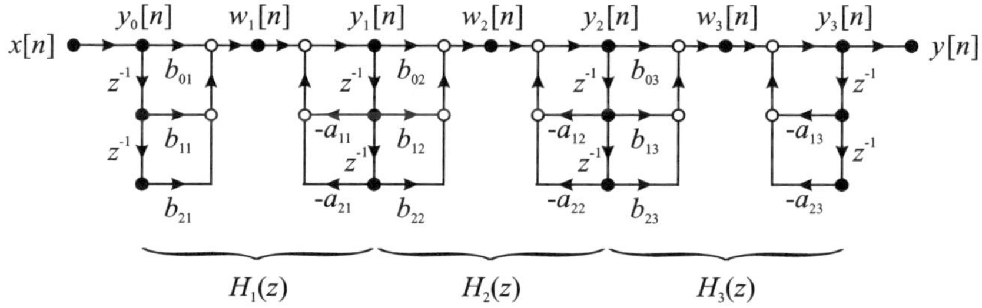

Bild 6.24: Kaskade aus 3 Direktform-I-Strukturen 2. Ordnung

Zur Implementierung dieser Struktur muss folgendes Differenzengleichungssystem programmiert werden (Aufgabe 6):

$$
\begin{aligned}
y_0[n] &= x[n] \\
w_1[n] &= b_{01}y_0[n] + b_{11}y_0[n-1] + b_{21}y_0[n-2] \\
y_1[n] &= w_1[n] - a_{11}y_1[n-1] - a_{21}y_1[n-2] \\
w_2[n] &= b_{02}y_1[n] + b_{12}y_1[n-1] + b_{21}y_1[n-2] \\
y_2[n] &= w_2[n] - a_{12}y_2[n-1] - a_{22}y_2[n-2] \\
&\vdots \\
w_L[n] &= b_{0L}y_{L-1}[n] + b_{1L}y_{L-1}[n-1] + b_{2L}y_{L-1}[n-2] \\
y_L[n] &= w_L[n] - a_{1L}y_L[n-1] - a_{2L}y_L[n-2] \\
y[n] &= y_L[n]\,, \qquad \text{wobei: } L = N/2\,.
\end{aligned}
\tag{6.32}
$$

6.3 Entwurf digitaler Filter

6.3.1 Einführung

Wir haben im letzten Unterkapitel Strukturen und Eigenschaften von FIR- und IIR-Filtern kennengelernt. In diesem Unterkapitel geht es um die Frage, wie man die Übertragungsfunktion eines FIR- oder eines IIR-Filters findet. In der Filtertechnik wird diese Aufgabe als Approximationsproblem oder einfach als Filterentwurf bezeichnet.

Wie wir wissen, schreibt sich die Übertragungsfunktion eines FIR-Filters als

$$H(z) = b_0 + b_1 z^{-1} + \cdots + b_N z^{-N} \tag{6.33}$$

und diejenige eines IIR-Filters als

$$H(z) = \frac{b_0 + b_1 z^{-1} + \cdots + b_N z^{-N}}{1 + a_1 z^{-1} + \cdots + a_N z^{-N}} \, . \tag{6.34}$$

Konkret lautet die Frage beim Approximationsproblem: Wie gross ist die Ordnung N und welche Werte haben die Koeffizienten der Übertragungsfunktion, wenn man mit einem FIR- oder IIR-Filter einen Tiefpass, einen Hochpass, einen Bandpass oder eine Bandsperre gemäss Bild 6.25 realisieren will?

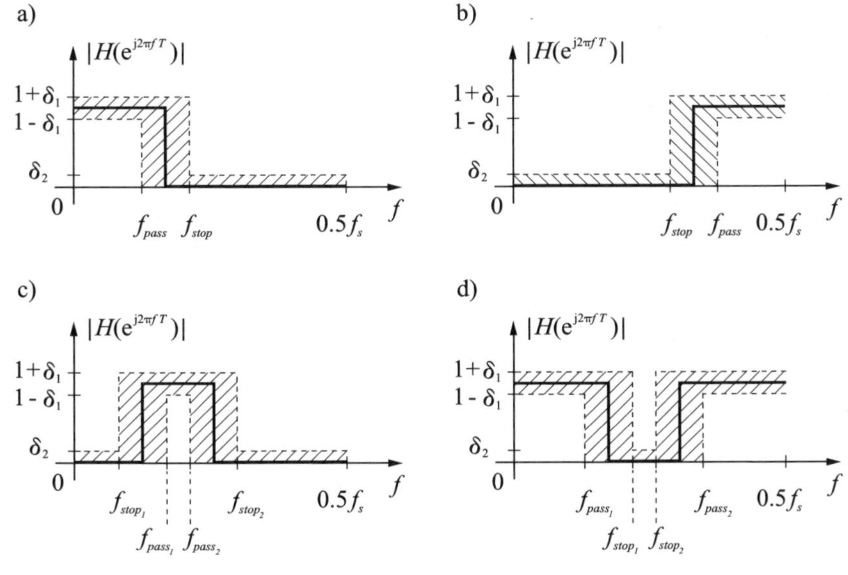

Bild 6.25: Die vier grundlegenden Filterfunktionen: Tiefpass, Hochpass, Bandpass und Bandsperre

Analog zu den vier Filtergrundfunktionen lassen sich auch Differenzierer, Hilbert-Transformatoren, Multibandfilter und Allpässe entwerfen. Differenzierer, Hilbert-Transformatoren und Multibandfilter realisiert man mittels FIR-Filtern und Allpässe mittels IIR-Filtern. Ein Allpass – auch als Phasenschieber oder Gruppenlaufzeitentzerrer bezeichnet – hat im Zähler- und Nennerpolynom die gleichen Filterkoeffizienten aber in entgegengesetzter Reihenfolge:

$$H(z) = \frac{a_N + a_{N-1}z^{-1} + \cdots + a_1 z^{-N+1} + z^{-N}}{1 + a_1 z^{-1} + \cdots + a_{N-1}z^{-N+1} + a_N z^{-N}} . \tag{6.35}$$

Filter mit rechteckförmigen Amplitudengängen haben eine unendlich hohe Ordnung und sind infolgedessen nicht realisierbar. In der Praxis legt man deshalb einen Toleranzbereich fest (in den Bildern schraffiert gezeichnet), in dem sich der Amplitudengang für ein bestimmtes Filter befinden darf. Man spricht in diesem Zusammenhang auch von einem Stempel-Matrizen-Schema. Die maximal zulässigen Abweichungen δ_1 und δ_2 vom idealen Amplitudengang heissen *Rippel im Durchlass-* und *Rippel im Sperrbereich*. Die Bereiche, die durch das Festlegen der Frequenzgrenzen entstehen, nennt man *Durchlass-*, *Übergangs-* und *Sperrbereich* und die dazugehörigen Frequenzgrenzen heissen *Durchlass-* und *Sperrfrequenzen*. Beim Tiefpassfilter (Bild 6.26) erstreckt sich der Durchlassbereich von 0 bis f_{pass}, der Übergangsbereich von f_{pass} bis f_{stop} und der Sperrbereich von f_{stop} bis $0.5f_s$. Oberhalb der Nyquistfrequenz $0.5f_s$ wiederholen sich diese Bereiche, da der Amplitudengang eines zeitdiskreten Systems gemäss den Gleichungen (3.61) und (3.64) bekanntlich periodisch und symmetrisch ist.

Die Wahl der Toleranzgrenzen ist eine typische Ingenieuraufgabe und hängt von der Anwendung des Filters ab. Allgemein gilt, dass die Ordnung und damit der Aufwand für das Digitalfilter steigt, je enger der schraffierte Toleranzbereich ist. Für eine gegebene Filteranwendung wird der Toleranzbereich deshalb so gross wie möglich gewählt.

Anhand des Tiefpassfilters wollen wir nun die grundlegenden Approximationsarten kennenlernen.

In der ersten Approximationsart (Bild 6.26 a) legt man den Amplitudengang möglichst flach in den Durchlass- und in den Sperrbereich. In der zweiten und dritten Approximationsart lässt man im Durchlassbereich, respektive im Sperrbereich eine Welligkeit innerhalb der Toleranzgrenzen zu (Bilder b und c). In der vierten Approximationsart (Bild d) darf der Amplitudengang sowohl im Durchlass- wie auch im Sperrbereich innerhalb der Toleranzgrenzen schwanken. Welches die Vor- und Nachteile der einzelnen Approximationsarten sind, werden wir in den nächsten Unterkapiteln diskutieren.

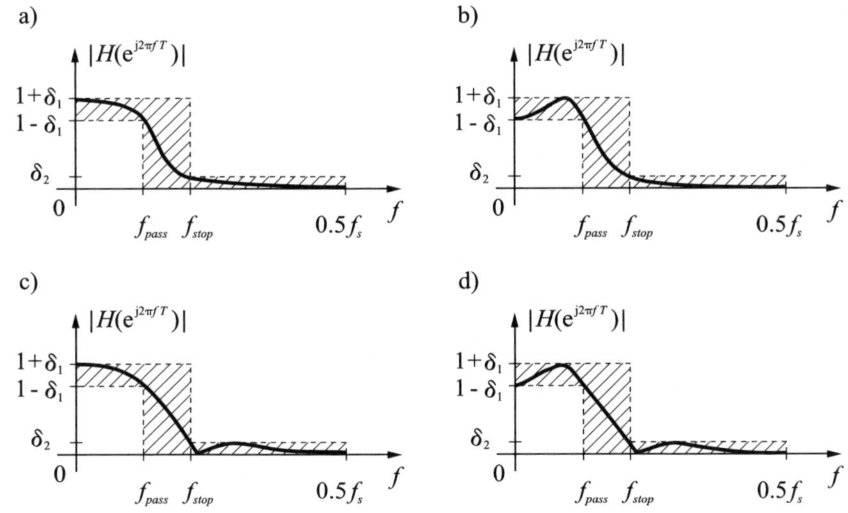

Bild 6.26: Die vier grundlegenden Approximationsarten

6.3.2 Entwurf von FIR-Filtern

Von den verschiedenen Entwurfsmethoden für FIR-Filter [PM96] wollen wir die zwei wichtigsten, nämlich die Fenster- und die Optimalmethode, näher kennenlernen.

Fenstermethode

Ausgangspunkt der Fenstermethode ist der ideale Frequenzgang eines TP-, HP-, BP- oder BS-Filters gemäss Bild 6.27.

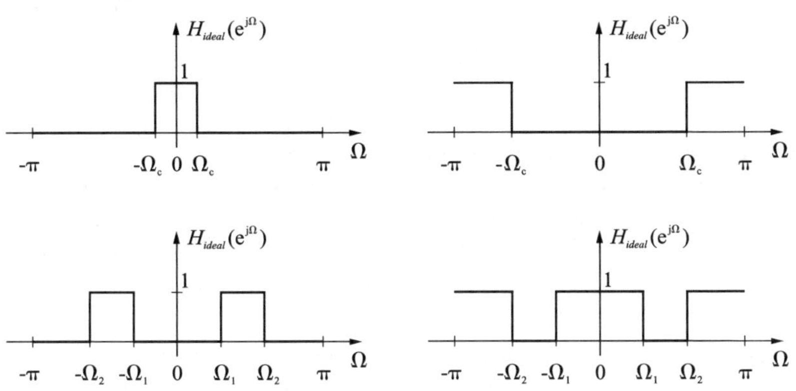

Bild 6.27: Ideale Frequenzgänge der vier grundlegenden Filterfunktionen

Bekanntlich ist der Frequenzgang eines LTI-Systems gleich der Fourier-Transformierten seiner Impulsantwort. Wenden wir deshalb auf den Frequenzgang $H_{ideal}(e^{j\Omega})$ die inverse Fourier-Transformation gemäss Gl.(6.36) an, so erhalten wir die Impulsantwort $h_{ideal}[n]$ des Digitalfilters:

$$h_{ideal}[n] = \frac{1}{2\pi} \int_{-\pi}^{\pi} H_{ideal}(e^{j\Omega}) e^{j\Omega n} \, d\Omega \, . \tag{6.36}$$

Das Ergebnis dieser Rücktransformation ist für die vier Filterfunktionen in Tabelle 6.2 zusammengestellt.

Filterfunktion	Ideale Impulsantwort $h_{ideal}[n]$, $n \neq 0$	$h_{ideal}[0]$
TP	$\frac{\Omega_c}{\pi}\mathrm{sinc}(\frac{n\Omega_c}{\pi})$	$\frac{\Omega_c}{\pi}$
HP	$-\frac{\Omega_c}{\pi}\mathrm{sinc}(\frac{n\Omega_c}{\pi})$	$1 - \frac{\Omega_c}{\pi}$
BP	$\frac{\Omega_2}{\pi}\mathrm{sinc}(\frac{n\Omega_2}{\pi}) - \frac{\Omega_1}{\pi}\mathrm{sinc}(\frac{n\Omega_1}{\pi})$	$\frac{\Omega_2-\Omega_1}{\pi}$
BS	$\frac{\Omega_1}{\pi}\mathrm{sinc}(\frac{n\Omega_1}{\pi}) - \frac{\Omega_2}{\pi}\mathrm{sinc}(\frac{n\Omega_2}{\pi})$	$1 - \frac{\Omega_2-\Omega_1}{\pi}$

Tabelle 6.2: Ideale Impulsantworten der vier grundlegenden Filterfunktionen

Die Impulsantwort $h_{ideal}[n]$ eines idealen Filters ist unendlich lang und infolgedessen nicht realisierbar. Um das Filter realisierbar zu machen, muss die Impulsantwort $h_{ideal}[n]$ mit Hilfe eines Fensters begrenzt werden. Das einfachste Fenster dafür ist das Rechteckfenster. Leider bewirkt dieses Fenster durch das abrupte Abschneiden der Impulsantwort untolerierbare Schwingungen im Frequenzgang, die man als Gibbsches Phänomen bezeichnet. Diese Schwingungen können durch das Verwenden eines geeigneteren Fensters gemildert werden. Die dafür am meisten verwendeten Fenster sind das Hamming-Fenster

$$w_{hamm}[n] = \begin{cases} c \cdot \left[0.54 + 0.46 \cos(\frac{2\pi n}{N+1})\right] & : \quad |n| \leq N/2 \\ 0 & : \quad \text{sonst} \end{cases} \tag{6.37}$$

und das Kaiser-Fenster, das wir schon in Kap. 5.6.3 definiert haben. N bezeichnet hier die Ordnung und $N+1$ somit die Länge des FIR-Filters. Wir setzen ein Filter vom Typ 1 voraus, weil nur dann gemäss Tabelle 6.1 alle vier Filterfunktionen realisiert werden können. Der Faktor c in Gl.(6.37) wird so gewählt, dass der Frequenzgang bei einer bestimmten Frequenz einen gewünschten Wert hat, beispielsweise 1 bei der Frequenz $f = 0$ eines Tiefpasses.

Bei Verwendung des Hamming-Fensters hat der Amplitudengang einen Rippel von ca. $\delta_1 = \delta_2 = 0.002$ und einen Übergangsbereich der ungefähren Breite von $3.3\, f_s/(N+1))$ [IJ02]. Im Gegensatz zum Hamming-Fenster kann man beim Kaiser-Fenster einen Rippel und die Breite des Übergangsbereichs mit Hilfe des

β-Parameters einstellen. Dabei ist zu beachten, dass ein kleinerer Übergangsbereich immer auf Kosten eines grösseren Rippels oder einer höheren Filterordnung erkauft werden muss.

Die Fenstermethode (implementiert im MATLAB-Befehl `fir1`) lässt sich in einem Satz und in einer Formel zusammenfassen:

Die Impulsantwort des FIR-Filters erhält man durch Multiplikation der idealen Impulsantwort mit der Fensterfunktion:

$$h[n] = h_{ideal}[n]w[n]\,. \tag{6.38}$$

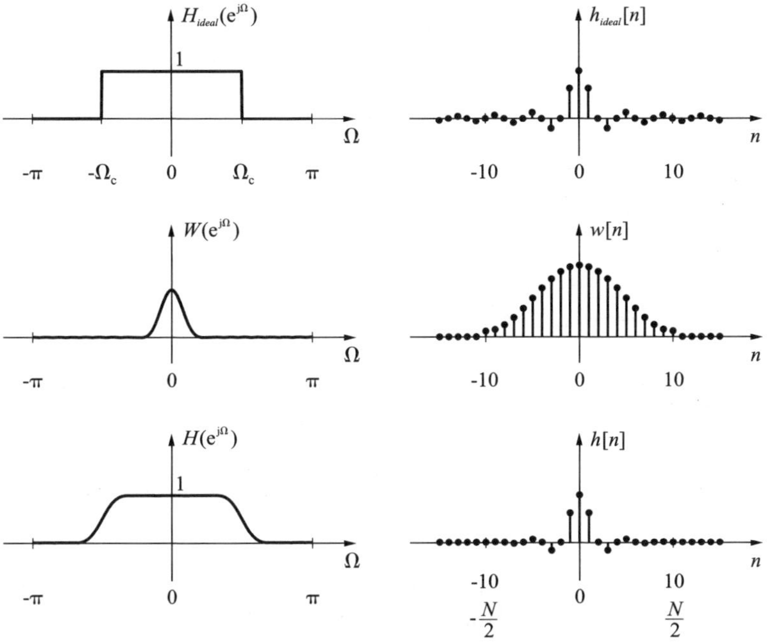

Bild 6.28: Illustration der Fenstermethode

Auf der rechten Seite des Bildes 6.28 sind die ideale Impulsantwort, die Fensterfunktion und die Impulsantwort des FIR-Filters dargestellt. Links sind der ideale Frequenzgang, das Spektrum des Hamming-Fensters und der Amplitudengang des FIR-Filters abgebildet. Um das FIR-Filter kausal und damit echtzeitfähig zu machen, muss die Impulsantwort selbstverständlich noch um $0.5N$-Abtastintervalle nach rechts verschoben werden.

Ein grosser Vorteil der Fenstermethode ist die einfache Programmierung und der geringe Rechenaufwand. Möchte man allerdings für ein gegebenes Stempel-Matrizen-Schema ein FIR-Filter minimaler Ordnung entwerfen, dann muss die Optimalmethode angewandt werden.

Optimalmethode

Die Optimalmethode ist eine FIR-Filter-Entwurfsmethode, die unter vielen Namen bekannt ist: Parks-McClellan-Methode, Remez-Entwurf, optimale FIR-Filter-Approximation, Entwurf aufgrund gleichmässiger Welligkeit, Tschebyscheff-Approximation im Durchlass- und Sperrbereich, Equiripple-Verfahren etc. Mit dieser Methode lassen sich FIR-Filter entwerfen, welche eine gleichmässige Welligkeit im Durchlass- und im Sperrbereich aufweisen, wie Bild 6.29 oben veranschaulicht.

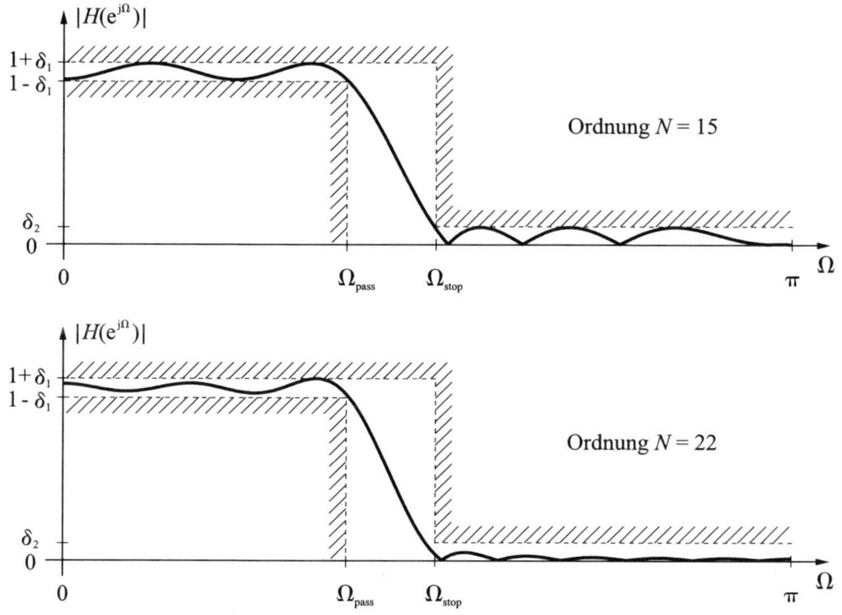

Bild 6.29: Amplitudengang eines FIR-Filters. Oben: Entwurf mit der Optimalmethode, unten: Entwurf mit der Fenstermethode

Bild 6.29 unten zeigt den Amplitudengang des FIR-Filters, das mit der Kaiser-Fenstermethode entworfen wurde. Bei Betrachtung der beiden Amplitudengänge wird der Name „Optimalmethode" plausibel: Im Gegensatz zur Fenstermethode approximiert die Optimalmethode das FIR-Filter unter Ausnützung des gesamten Toleranzbereiches. Daraus resultiert eine Ordnung N, die normalerweise wesentlich kleiner als diejenige des Fensterentwurfs ist.

Die Beschreibung der Optimalmethode ist sehr umfangreich (Lit. [OS99] und [PB87]) und soll deshalb hier nur grob skiziert werden. Das Verfahren startet mit einer Schätzung der Filterordnung gemäss der Formel [Por97]:

$$N \approx \frac{-10\log(\delta_1\delta_2) - 13}{2.32(\Omega_{stop} - \Omega_{pass})}\,. \tag{6.39}$$

Anschliessend werden über einen iterativen Prozess – den sogenannten Remez-Exchange-Algorithmus – die Filterkoeffizienten so lange verändert, bis die dazugehörige Übertragungsfunktion das Stempel-Matrizenschema erfüllt. Durch Einhalten der Symmetriebedingungen bezüglich der Filterkoeffizienten wird erreicht, dass das FIR-Filter eine lineare Phasencharakteristik hat.

Die Optimalmethode ist *das* Standardverfahren zum Entwurf digitaler FIR-Filter, weil es Filter minimaler Ordnung liefert. Zudem bietet es den Vorteil, dass die maximal zulässigen Rippel δ_1 und δ_2 im Durchlass- und Sperrbereich individuell festgelegt werden können. Das Optimalverfahren ist wie das Fensterverfahren in fast jedem Programmpaket zur digitalen Signalverarbeitung enthalten, wie beispielsweise in MATLAB unter dem Namen `remez`. Es ermöglicht nicht nur die Approximation der vier Filtergrundfunktionen, sondern ebenso den Entwurf von Multibandfiltern, Differentiatoren und Hilbert-Transformatoren. Sein wesentlicher Nachteil gegenüber dem Fensterverfahren ist der grössere Programmier- und Rechenaufwand.

Wie bereits erwähnt, existiert eine Reihe weiterer Entwurfsverfahren, wie z. B. das Least-Squares- und das Frequency-Sampling-Verfahren [PM96]. Da diese Verfahren wenig gebräuchlich sind, sollen sie hier nicht erläutert werden.

6.3.3 Entwurf von IIR-Filtern

Bilinear-Transformation

Das häufigste Verfahren zum Entwurf von IIR-Filtern ist die Methode über die bilineare Transformation. Es beruht auf den bewährten Entwurfsverfahren für Analogfilter und ist sehr effizient. Andere Verfahren, wie z. B. die Methode über die impulsinvariante Transformation [OS95] spielen eine untergeordnete Rolle und werden hier deshalb nicht behandelt.

Die Ausgangsfrage lautet: Wie kann man die Übertragungsfunktion $H(s)$ eines Analogfilters (zeitkontinuierliches LTI-System) in die Übertragungsfunktion $H(z)$ eines Digitalfilters (zeitdiskretes LTI-System) überführen? Die Lösungsidee besteht darin, die Laplacevariable s durch eine Funktion der Variablen z zu substituieren. Unter den vielen Möglichkeiten hat sich die Substitution

$$s = \frac{2}{T} \cdot \frac{z-1}{z+1} \tag{6.40}$$

mit dem Namen „bilineare Transformation“ am geeignetsten erwiesen. Sie führt zur Übertragungsfunktion

$$H(z) = H(s)\big|_{s=\frac{2}{T}\cdot\frac{z-1}{z+1}} \ . \tag{6.41}$$

Die Bilinear-Transformation bildet die linke s-Halbebene in den Einheitskreis der z-Ebene ab:

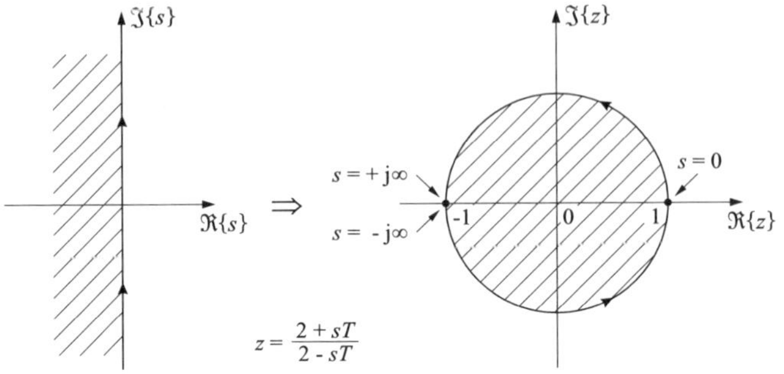

Bild 6.30: Abbildung der s-Ebene auf die z-Ebene mittels der bilinearen z-Transformation

Dadurch werden in der linken s-Halbebene liegende Pole in das Innere des Einheitskreises übergeführt und man erhält so aus stabilen Analogfiltern stabile Digitalfilter. Des Weiteren wird die $j\omega$-Achse auf den $e^{j\Omega}$-Einheitskreis abgebildet, was bedeutet, dass der Frequenzgang des Analogfilters in den Frequenzgang des Digitalfilters übergeht. Allerdings ist der Zusammenhang zwischen der normierten Kreisfrequenz Ω des Digitalfilters und der Kreisfrequenz ω des Analogfilters nicht linear. Diese Nichtlinearität wird ersichtlich, wenn man $s = j\omega$ und $z = e^{j\Omega}$ setzt und die Gleichung (6.40) nach ω auflöst. Als Lösung erhält man:

$$\omega = \frac{2}{T} \tan\left(\frac{\Omega}{2}\right) . \tag{6.42}$$

Der IIR-Filter-Entwurf am Beispiel eines Tiefpasses lässt sich damit wie folgt zusammenfassen:

1. Bestimme die normierte Durchlass- und Sperrkreisfrequenz Ω_{pass} und Ω_{stop} des gewünschten Digitalfilters und konvertiere sie gemäss Gl.(6.42). Das Resultat sind die Kreisfrequenzen ω_{pass} und ω_{stop} des Analogfilters.

2. Ermittle die Übertragungsfunktion $H(s)$ des Analogfilters.

3. Ersetze s in der Übertragungsfunktion $H(s)$ gemäss Gl.(6.40). Das Ergebnis ist die Übertragungsfunktion $H(z)$ des gewünschten IIR-Filters.

Die Ermittlung der zeitkontinuierlichen Übertragungsfunktion in Schritt 2 ist Teil der klassischen Filter-Approximationstheorie [Dan74] und soll hier nicht behandelt werden (wer sich Einblick in die Filter-Approximationstheorie verschaffen will, dem sei das Studium von Lit. [PB87] empfohlen). In der Praxis müssen die drei Schritte des Verfahrens kaum je programmiert werden, da heute jedes Digitalfilter-Entwurfsprogramm die vollständige Bilinear-Transformationsmethode implementiert hat. MATLAB beispielsweise stellt dafür die Befehle `butter`, `cheby1`, `cheby2` und `ellip`, sowie das DSV-Werkzeug `sptool` zur Verfügung.

Ein Nachteil der Bilinear-Transformationsmethode ist die fehlende Möglichkeit, Allpass-Filter gemäss Gl.(6.35) zu approximieren. Allpässe werden bezüglich ihrem Phasengang oder ihrer Gruppenlaufzeit spezifiziert und können nur mit wenigen DSV-Programmen entworfen werden, wie beispielsweise mit der MATLAB Entwurfs- und Analyse-Toolbox `fdatool` oder mit dem Filter-Entwurfsprogramm [DFD96].

Approximationsarten

Wir haben in Kap. 6.3.1 gesehen, dass es vier grundlegende Approximationsarten für den rechteckförmigen Amplitudengang gibt (Bild 6.26): a) die Butterworth-Approximation mit einem monotonen Verlauf im Durchlass- und Sperrbereich, b) die Tschebyscheff-Approximation vom Typ I mit einer gleichmässigen Welligkeit im Durchlass- und einem monotonen Verlauf im Sperrbereich, c) die Tschebyscheff-Approximation vom Typ II mit einem monotonen Verlauf im Durchlass- und einer gleichmässigen Welligkeit im Sperrbereich und d) die Cauer-Approximation mit einem welligen Verlauf sowohl im Durchlass- wie im Sperrbereich. Die entsprechenden IIR-Filter heissen deshalb auch Butterworth-Filter, Tschebyscheff-1-Filter, Tschebyscheff-2-Filter und Cauer-Filter. Tschebyscheff-1-Filter nennt man häufig einfach Tschebyscheff-Filter und Cauer-Filter bezeichnet man auch als elliptische Filter, da bei der Approximation elliptische Funktionen angewandt werden.

In der Praxis wird bei einer Filter-Anwendung meistens zuerst das Stempel-Matrizen-Schema festgelegt. Aufgrund der unterschiedlichen Eigenschaften entscheidet man sich dann für eine der vier Approximationen. Um diesen Entscheid zu erleichtern, wollen wir in Tabelle 6.3 einige wichtige Eigenschaften zusammenstellen und in vier Punkten diskutieren:

Filterart	Ordnung	Amplitudengang im Durchlassbereich	Amplitudengang im Sperrbereich
Butterworth	gross	monoton	monoton
Tschebyscheff I	mittel	wellig	monoton
Tschebyscheff II	mittel	monoton	wellig
Cauer	klein	wellig	wellig

Tabelle 6.3: Eigenschaften der vier Filterarten

- Filter hoher Ordnung erfordern einen hohen Realisierungsaufwand bezüglich Anzahl Verzögerungselementen, Multiplizierern und Addierern. Eine kleine Ordnung stellt daher eine wünschbare Eigenschaft dar.

- Die Bezeichnungen „gross“, „mittel“ und „klein“ sind nicht absolut sondern relativ zu verstehen. Zudem können bei geringen Filter-Anforderungen die Ordnungen bei allen vier Filterarten gleich gross sein.
- Die Einschwingvorgänge der vier Filterarten unterscheiden sich wenig voneinander. Trotzdem können die kleinen Unterschiede für eine gegebene Anwendung entscheidend sein.
- Seiner kleinen Ordnung wegen ist das Cauer-Filter Standard. Eine endgültige Entscheidung bezüglich der Filterart liefert aber erst eine Simulation, beispielsweise mit dem MATLAB-Programm `spfilt`, das im Anhang B beschrieben ist.

Zur Illustration wollen wir wiederum ein Tiefpassfilter mit dem Toleranzschema in Bild 6.29 approximieren. Die obere Grenze im Amplitudengang ersetzen wir durch 1 und die untere durch $1–2\delta_1$, wie aus Bild 6.31 hervorgeht. (Diese Art von Grenzen ist eine Eigenart vieler IIR-Filter-Entwurfsprogramme. Der Wert $2\delta_1$ wird dann als Rippel im Durchlassbereich bezeichnet). Mit dem MATLAB-DSV-Werkzeug `sptool` entwerfen wir ein Butterworth- (Bild 6.31 oben) und ein Cauer-Filter (Bild 6.31 unten). Wir konstatieren, dass die Ordnung des Cauer-Filters wesentlich kleiner ist als diejenige des Butterworth-Filters und dass die Ordnungen der beiden IIR-Filter deutlich kleiner sind als die Ordnungen der entsprechenden FIR-Filter. Auf die Bewertung dieser Feststellung werden wir in Kap. 6.5 nochmals zu sprechen kommen.

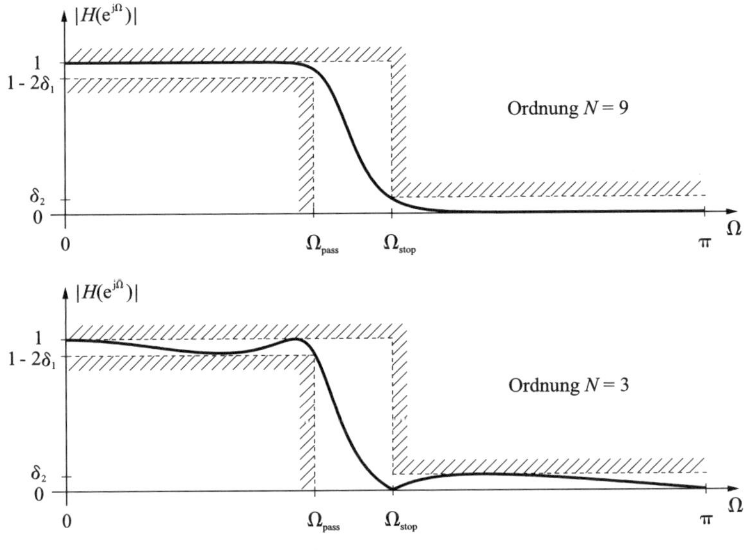

Bild 6.31: Amplitudengang eines IIR-Filters.
Oben: Butterworth-Approximation, unten: Cauer-Approximation

6.4 Nichtideale Effekte bei Digitalfiltern

Bis jetzt sind wir davon ausgegangen, dass sich Abtastwerte, Koeffizienten und Ergebnisse von Additionen und Multiplikationen genau darstellen lassen. In der Realität ist diese Genauigkeit natürlich nicht gegeben, da in jedem digitalen Rechner numerische Zahlen durch eine endliche Anzahl von Bits dargestellt werden. Zahlenwerte und Ergebnisse mathematischer Operationen sind deshalb i. Allg. mit Fehlern behaftet. In diesem Unterkapitel geht es darum, die Folgen dieser Fehler zu diskutieren und aufzuzeigen, wie man die Fehlerauswirkungen auf ein tolerierbares Mass vermindern kann.

6.4.1 Zahlendarstellungen

Zur Darstellung einer numerischen Zahl sind zwei Systeme üblich: die Festkomma-Darstellung (engl: fixed point) und die Fliesskomma-Darstellung (engl: floating point). Auf einem digitalen Rechner werden Festkomma- und Fliesskommazahlen in binärer Form, d. h. in Form von Nullen und Einsen dargestellt. Unter den binären Formen spielt die Zweierkomplementform eine herausragende Rolle, weil sie eine einfache Realisierung des Rechenwerks für vorzeichenbehaftete Zahlen erlaubt und deshalb normalerweise verwendet wird. Wir werden im Folgenden daher binäre Zahlen nur in Zweierkomplementform betrachten.

Festkomma-Darstellung

Eine ganze Zahl (engl: integer) x im Festkomma-Format stellt man in Zweierkomplementform wie folgt dar:

$$x = b_0 b_1 \cdots b_B\bullet \tag{6.43}$$

$$= -b_0 2^B + b_1 2^{B-1} + \cdots + b_B 2^0 \,. \tag{6.44}$$

$(B+1)$ ist die Wortlänge, d. h. die Anzahl Bits mit der die Zahl x dargestellt wird. Die Bits b_0 bis b_B sind Zahlen, welche nur die Werte 0 oder 1 annehmen. Das Bit b_0 bezeichnet man als Vorzeichenbit und das Bit b_B ist das Bit mit der geringsten Wertigkeit und es heisst darum *„least significant bit“* , abgekürzt LSB. Wenn das Vorzeichenbit 0 ist, dann ist die Zahl x positiv oder Null und wenn das Vorzeichenbit 1 ist, dann ist die Zahl x negativ. Der fette Punkt hinter dem LSB in Gl.(6.43) steht für den „Point“ (Komma) des Fixed-*Point*-Formats. Ist die Wortlänge 16, was sehr häufig ist, dann spricht man von Zahlen im Format 16.0. Damit will man ausdrücken, dass vor dem Punkt 16 Bits stehen und nach dem Punkt 0 Bits.

Beispiel 1:

$$\begin{aligned} 5 &= 0\,1\,0\,1_\bullet \\ &= -0\cdot 2^3 + 1\cdot 2^2 + 0\cdot 2^1 + 1\cdot 2^0\,. \end{aligned}$$

Beispiel 2:

$$\begin{aligned} -7 &= 1\,0\,0\,1_\bullet \\ &= -1\cdot 2^3 + 0\cdot 2^2 + 0\cdot 2^1 + 1\cdot 2^0\,. \end{aligned}$$

Unter einer rein gebrochenen Zahl oder *Fractional*-Zahl x, verstehen wir eine Zahl zwischen -1 und +1. Ihre Darstellung lautet:

$$x = b_{0\bullet}b_1\cdots b_B \tag{6.45}$$

$$\quad = -b_0 2^0 + b_1 2^{-1} + \cdots + b_B 2^{-B}\,. \tag{6.46}$$

Beispiel 1:

$$\begin{aligned} 0.625 &= 0_\bullet 1\,0\,1 \\ &= -0\cdot 2^0 + 1\cdot 2^{-1} + 0\cdot 2^{-2} + 1\cdot 2^{-3}\,. \end{aligned}$$

Beispiel 2:

$$\begin{aligned} -0.875 &= 1_\bullet 0\,0\,1 \\ &= -1\cdot 2^0 + 0\cdot 2^{-1} + 0\cdot 2^{-2} + 1\cdot 2^{-3}\,. \end{aligned}$$

Die Darstellung einer rein gebrochenen Zahl unterscheidet sich von derjenigen einer ganzen Zahl allein durch die Stellung des Punktes. Wie wir gesehen haben, befindet sich dieser bei einer Fractional-Zahl unmittelbar hinter dem Vorzeichenbit. Ist die Wortlänge 16 Bit, dann bezeichnet man dieses Format auch als 1.15-Format, weil sich vor dem Punkt 1 Stelle und nach dem Punkt 15 Stellen befinden. Computerintern werden ganze und gebrochene Zahlen gleich dargestellt und die Stellung des Punktes wird allein durch eine Vereinbarung festgelegt. Üblich ist das Rechnen mit Fractional-Zahlen, weil i. Allg. angenommen wird, dass alle Abtastwerte innerhalb von -1 und $+1$ liegen. Werden die Abtastwerte mit Koeffizienten multipliziert, die betragsmässig grösser als 1 sind, dann müssen die Koeffizienten vorher entsprechend skaliert werden (siehe dazu Kap. 6.4.5).

Bild 6.32 zeigt alle Fractional-Zahlen, die sich bei einer Wortlänge von 4 Bit darstellen lassen. Beachtenswert ist, dass die negative Zahl -1 darstellbar ist, nicht hingegen die positive Zahl $+1$. Übliche Wortlängen bei Festkomma-Signalprozessoren sind natürlich viel grösser als 4 Bit und betragen 16 oder 32 Bit. Den Übergang von der höchstmöglichen positiven Zahl zur höchstmöglichen negativen Zahl nennt man Zweierkomplement-Überlauf. Er wird in einem Signalprozessor durch das Setzen eines Flags angezeigt.

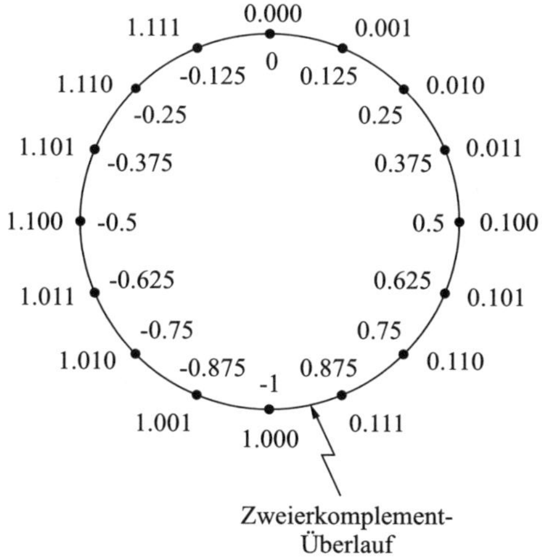

Bild 6.32: Dezimal-Darstellung und Festkomma-Zweierkomplement-Darstellung von 4-Bit-Fractional-Zahlen

Quantisierung

Wie bereits erwähnt, können auf einem digitalen Computer reelle Zahlen i. Allg. nicht genau dargestellt werden, da zu ihrer Darstellung nur Wörter endlicher Länge zur Verfügung stehen. Bei einer Wortlänge von $(B+1)$ lassen sich nur 2^{B+1} Zahlen repräsentieren, wie Bild 6.32 illustriert. Um eine reelle Zahl trotzdem darstellen zu können, muss sie gerundet oder abgeschnitten werden. Diese Operationen bezeichnet man als Quantisierung. Die Quantisierung wird durch eine treppenförmige Kennlinie – Quantisierungskennlinie genannt – charakterisiert. Die quantisierte Zahl x_Q kann dabei nur Werte annehmen, die den Höhen der Treppenstufen entsprechen. Die beiden üblichen Quantisierungskennlinien sind die Rundungs- und die Abschneidekennlinie in Bild 6.33.

Während die Rundungskennlinie vor allem AD-Wandlern eigen ist, findet man die Abschneidekennlinie vorwiegend bei der Ergebnis-Quantisierung von Festkomma-Multiplikationen.

Die Treppenhöhe q nennt man *Quantisierungsstufe* oder *Quantisierungsintervall*. Bei Fractional-Zahlen gemäss Gl.(6.46) beträgt sie:

$$q = 2^{-B} . \tag{6.47}$$

Die Differenz zwischen quantisiertem und genauem Wert heisst *Quantisierungsfehler* e:

$$e = x_Q - x . \tag{6.48}$$

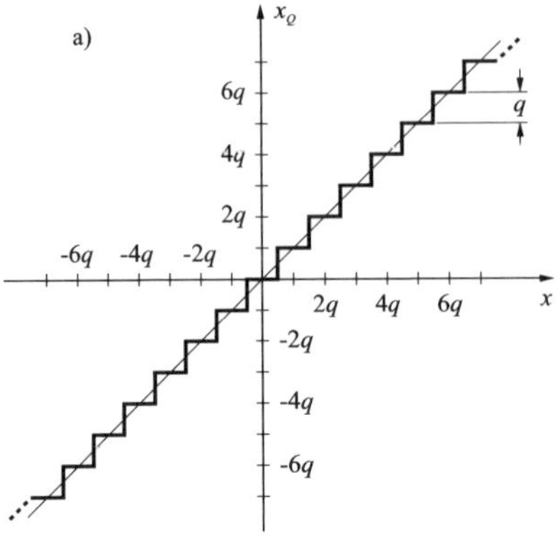

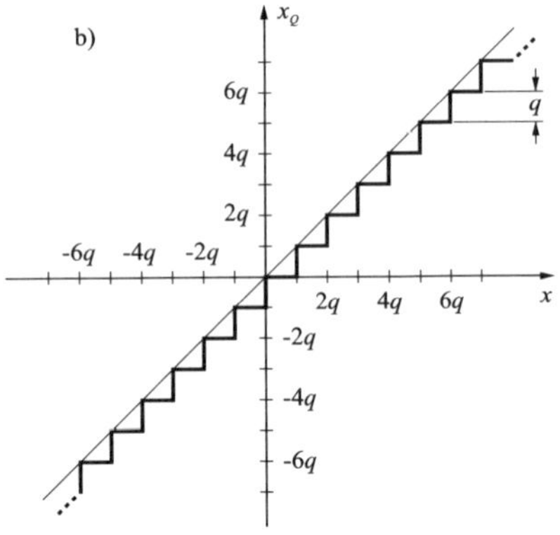

Bild 6.33: Quantisierungskennlinien:
a) Rundungskennlinie b) Abschneidekennlinie

Bei der Rundung (engl: rounding) liegt er innerhalb der Grenzen

$$-\frac{q}{2} < e \leq \frac{q}{2} \tag{6.49}$$

und beim Abschneiden (engl: truncating) im Bereich

$$-q < e \leq 0\,. \tag{6.50}$$

Wegen der Quantisierung sind Digitalfilter nichtlineare Systeme, die allerdings in den meisten Fällen durch LTI-Systeme approximiert werden dürfen.

Überlauf

Die beiden Quantisierungskennlinien in Bild 6.33 implizieren einen unbegrenzten Zahlenbereich und stellen deshalb auch Idealisierungen dar. In Wirklichkeit tritt ein Kennlinienknick auf, wenn die Eingangsgrösse ausserhalb gewisser Grenzen zu liegen kommt. Der Typ des Knicks, der so genannte Überlauf, kann mit einer modifizierten Quantisierungskennlinie charakterisiert werden. Geht die Quantisierungskennlinie an der linken und rechten Grenze in einen horizontalen Ast über, dann spricht man von Sättigung (Bild 6.34 a), wird dagegen die Quantisierungskennlinie an den Grenzen sägezahnartig fortgesetzt, dann liegt ein Zweierkomplement-Überlauf vor (Bild 6.34 b).

Die Sättigung und der Zweierkomplement-Überlauf sind die beiden üblichen Überlauf-Typen. Runden mit Sättigung sind die Regel bei AD-Wandlern, Abschneiden und Zweierkomplement-Überlauf sind üblich bei Festkomma-Signalprozessoren.

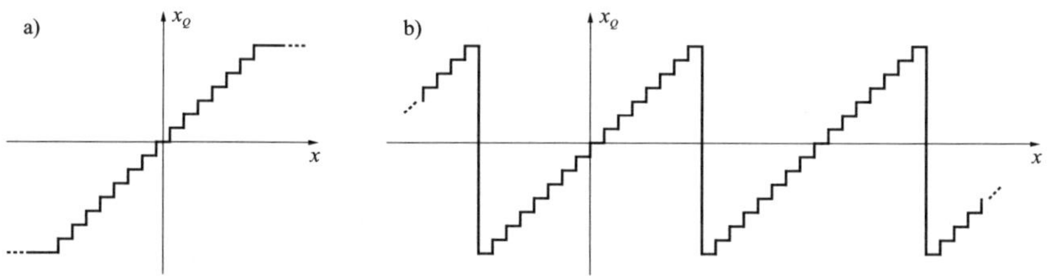

Bild 6.34: Modifizierte Quantisierungskennlinien: a) Rundungskennlinie mit Sättigung b) Abschneidekennlinie mit Zweierkomplement-Überlauf

Gleitkomma-Darstellung

Eine Gleitkomma-Zahl wird wie folgt dargestellt:

$$x = M \cdot 2^E \, . \tag{6.51}$$

M heisst Mantisse und ihr Betrag liegt im Bereich $0.5 \leq |M| < 1$. E ist der Exponent und besteht aus einer ganzen Zahl. Die Mantisse und der Exponent werden als Festkomma-Zahlen kodiert, die Mantisse als Fractional-Zahl und der Exponent als Integer-Zahl. Zur Veranschaulichung ist in der unten stehenden Tabelle eine Gleitkomma-Zahl mit einer 4-Bit-Mantisse und einem 2-Bit-Exponenten dargestellt.

Dezimalzahl	Entwicklung	Gleitkomma-Zahl in Zweier-komplement-Form
-0.4375	$\Rightarrow \quad -0.875 \cdot 2^{-1} \quad \Rightarrow \quad 1.001 \cdot 2^{11.} \quad \Rightarrow$	1.001 11.

Tabelle 6.4: Entwicklung einer Dezimalzahl in eine Gleitkomma-Zahl

Ein entscheidender Vorteil des Gleitkomma-Formats liegt im grossen Zahlenbereich, der damit abgedeckt werden kann. Werden bei einem 32-Bit-Wort z. B. 24 Bit für die Mantisse und 8 Bit für den Exponenten reserviert, so kann damit ein Zahlenbereich von $-1.7 \cdot 10^{38} \cdots + 1.7 \cdot 10^{38}$ überstrichen werden. Ein weiterer Vorteil besteht darin, dass betragsmässig kleine Zahlen viel genauer dargestellt werden können als Festkomma-Zahlen. Die betragsmässig kleinste 32-Bit-Fractional-Zahl (abgesehen von der Null) ist $4.7 \cdot 10^{-10}$ und beim entsprechenden Gleitkomma-Format mit 24-Bit Mantisse und 8-Bit-Exponent beträgt sie $1.5 \cdot 10^{-39}$. 32-Bit-Gleitkomma-Signalprozessoren haben also einen beträchtlich grösseren Dynamikbereich als die üblichen 16- oder 32-Bit-Festkomma-Signalprozessoren und sie sind daher praktisch überlauffrei. Ihr Nachteil ist das kompliziertere Rechenwerk, was sich dann in der grösseren Chipkomplexität, im höheren Stromverbrauch und im höheren Preis des Signalprozessors bemerkbar macht. (Weitere Einzelheiten zum Thema „Gleitkomma-Zahlen" sind in Lit.[PM96], [LBSL97] und [KK01] zu finden.)

6.4.2 Quantisierung bei der Analog-Digital-Wandlung

Der Analog-Digital-Wandler, abgekürzt AD-Wandler oder AD-Umsetzer (engl: AD converter), ist das Bindeglied zwischen der analogen und der digitalen Welt. Er wandelt das analoge Signal in ein digitales Signal um, d. h. er überführt das zeit- und amplitudenkontinuierliche Signal in ein zeit- und amplitudendiskretes Signal. Die Werte des digitalen Signals werden dabei als binäre Zahlenwerte dargestellt. Bei der Umwandlung der Abtastwerte in binäre Zahlenwerte treten Fehler auf, deren Auswirkungen wir im Folgenden untersuchen wollen.

Zum Verständnis des AD-Wandlers betrachten wir sein signaltheoretisches Modell in Bild 6.35. (Die technische Funktionsweise ist hier nicht von Interesse und kann z. B. in Lit. [TSG02] oder [Mit02] studiert werden.)

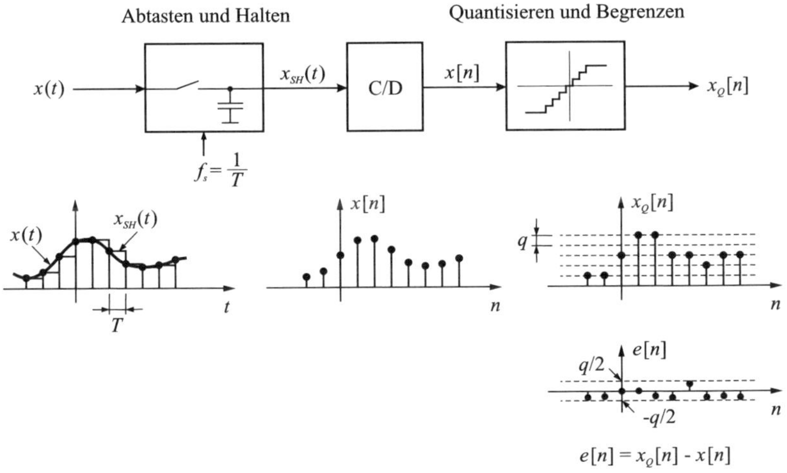

Bild 6.35: Signaltheoretisches Modell des AD-Wandlers

Der erste Block tastet das analoge Eingangsignal $x(t)$ zu äquidistanten Zeitpunkten ab und überführt es in ein treppenförmiges Signal $x_{SH}(t)$ (engl: sampled and hold signal). Der Block CD (engl: Continuous Discrete) konvertiert das zeitkontinuierliche Treppensignal in ein zeitdiskretes, aber amplitudenkontinuierliches Signal $x[n]$. Im letzten Block wird $x[n]$ zu einem amplitudendiskreten (digitalen) Signal $x_Q[n]$ quantisiert, dessen Zahlenwerte üblicherweise im Fractional-Format dargestellt werden. Falls $x[n]$ ausserhalb des Aussteuerbereichs des AD-Wandlers zu liegen kommt, wird es durch die Sättigung der Kennlinie begrenzt.

In Bild 6.36 ist eine Rundungskennlinie mit Sättigung dargestellt, wie sie für einen AD-Wandler typisch ist. Die Wortlänge, auch als Auflösung bezeichnet, beträgt $(B+1) = 3\,\text{Bit}$. Die Zahl q heisst Quantisierungsstufe und sie ist gleich der kleinsten darstellbaren positiven Zahl. Typische Werte liegen im Bereich von

$7.81 \cdot 10^{-3}$ bis $1.91 \cdot 10^{-6}$ (im Bild unten hat q den Wert von 0.25).

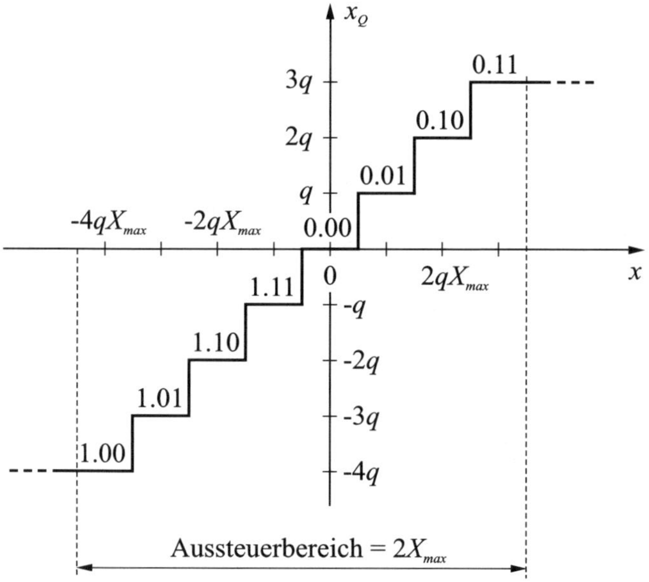

Bild 6.36: Kennlinie eines 3 Bit-AD-Wandlers

Beispiel: Der Aussteuerbereich eines 12-Bit-AD-Wandlers betrage ±1 V. Die Quantisierungsstufe hat dann den Wert von $q = 4.88 \cdot 10^{-4}$. Bezogen auf den Aussteuerbereich von 2 V bedeutet dies einen Wert von 0.488 mV.

Für das quantisierte Ausgangssignal $x_Q[n]$ des AD-Umsetzers finden wir nach Gl.(6.48):

$$x_Q[n] = x[n] + e[n]\,. \tag{6.52}$$

Es lässt sich demnach als Überlagerung des amplitudenkontinuierlichen Signals $x[n]$ mit dem Fehlersignal $e[n]$ auffassen (siehe dazu auch Bild 6.35). Den Quantisierungsprozess können wir folglich in einem Signalflussdiagramm gemäss Bild 6.37 darstellen.

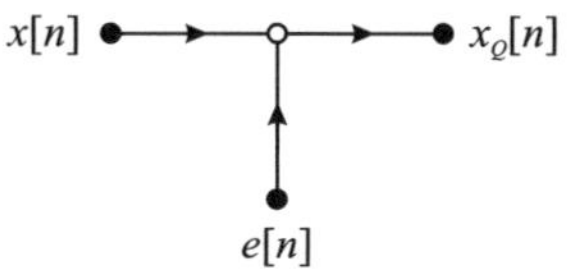

Bild 6.37: Signalflussdiagramm des Quantisierungsprozesses

Das Fehlersignal $e[n]$ ist ein Zufallssignal[5], das durch die Quantisierung (Rundung) entsteht und deshalb als Quantisierungs- oder Rundungsrauschen bezeichnet wird. Im Allgemeinen darf man annehmen [OS95], dass es sich beim Quantisierungsrauschen um weisses Rauschen handelt, d. h. um ein Rauschen, bei dem alle Frequenzanteile gleich stark vertreten sind.

Ein Qualitätsmass in der Nachrichtentechnik und Signalverarbeitung ist der Signal-Rauschabstand (engl: Signal-to-Noise Ratio) *SNR*:

$$\mathit{SNR} = 10 \log \left(\frac{\rho_x^2}{\rho_e^2} \right) , \qquad \text{Einheit: dB} . \tag{6.53}$$

Dabei ist ρ_x^2 die mittlere Leistung $\mathrm{E}\{x^2[n]\}$ des Nutzsignals und ρ_e^2 die mittlere Leistung $\mathrm{E}\{e^2[n]\}$ des Störsignals. Bei einem AD-Wandler definiert man das amplitudenkontinuierliche Signal $x[n]$ als Nutzsignal und das Rundungsrauschen $e[n]$ als Störsignal und bezeichnet das *SNR* als Quantisierungsgeräuschabstand. Bei sinusförmiger Vollaussteuerung erhalten wir bei einer Auflösung von $(B+1)$ Bit folgendes Ergebnis (Herleitung siehe Aufgabe 11):

$$\mathit{SNR} \approx 6(B+1) + 1.8 , \qquad \text{Einheit: dB} . \tag{6.54}$$

Die obige Schätzformel ist für die DSV wichtig, sie bedarf deshalb einer Diskussion:

- Bei Übersteuerung wird das Signal wegen der Sättigung begrenzt. Die daraus resultierenden Verzerrungen verringern das *SNR* gegenüber der Schätzung (6.54) beträchtlich.
- Bei Untersteuerung sinkt das *SNR* ebenfalls. Wird das Eingangssignal beispielsweise um Faktor 2 verkleinert, dann nimmt das *SNR* um 6 dB ab.
- Aus den obigen beiden Punkten folgt, dass zur Erzielung eines grossen Signal-Geräuschabstands der AD-Wandler voll ausgesteuert, aber nicht übersteuert werden soll.
- Bei stochastischen Nutzsignalen wie beispielsweise Sprache, verkleinert sich das *SNR* um einige dB [OS95].
- Durch weitere Nichtidealitäten im AD-Umsetzungsprozess entstehen Fehler, die das *SNR* zusätzlich um ca. 9 dB verschlechtern [Wal99].

In der Praxis steht man bei der Wahl der Auflösung vor einem Dilemma. Einerseits möchte man die Wortlänge so gross wie möglich wählen, weil damit der Geräuschabstand steigt. Andererseits sind AD-Wandler mit einer grossen Wortlänge langsam und teuer. Welche Auflösung man schliesslich wählt, kann nicht allgemein beantwortet werden und hängt von der betreffenden Anwendung ab. Üblich sind Wortlängen im Bereich von 8 bis 20 Bit.

---

[5] Der Fehler e zum Zeitpunkt n ist eine Zufallsvariable und müsste deshalb in serifenloser Fettschrift geschrieben werden: $\mathsf{e}[n]$. Da diese Schreibweise im Zusammenhang mit dem Quantisierungsrauschen unüblich ist, verzichten auch wir darauf.

6.4.3 Quantisierung der Filterkoeffizienten

Die Entwurfsverfahren für FIR- und IIR-Filter, wie sie in Kap. 6.3 vorgestellt wurden, liefern die b- und a-Koeffizienten der Übertragungsfunktion

$$\begin{aligned} H(z) &= \frac{b_0 + b_1 z^{-1} + \cdots + b_N z^{-N}}{1 + a_1 z^{-1} + \cdots + a_M z^{-M}}, \\ &= b_0 z^{M-N} \frac{(z-z_1)(z-z_2)\cdots(z-z_N)}{(z-p_1)(z-p_2)\cdots(z-p_M)} \end{aligned} \qquad (6.55)$$

mit grosser Genauigkeit. Bei der Realisierung eines Filters auf einem Digitalrechner können diese Koeffizienten bekanntlich nur mit einer begrenzten Anzahl Bits dargestellt werden. Dadurch können auch die Pole p_i und Nullstellen z_i nur eine begrenzte Anzahl von Positionen in der z-Ebene einnehmen. Dies ist in Bild 6.38 illustriert, das alle realisierbaren komplexen Pole eines Direktform-Filters 2. Ordnung mit der Koeffizienten-Wortlänge von 5 Bit zeigt.

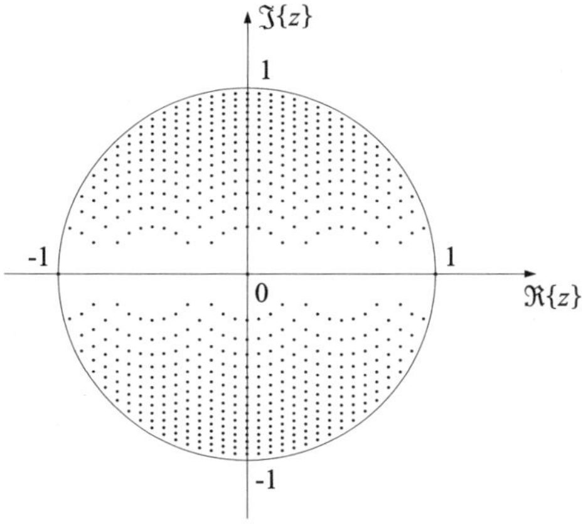

Bild 6.38: Alle realisierbaren komplexen Pole eines stabilen Direktform-Filters 2. Ordnung mit einer Koeffizienten-Wortlänge von 5 Bit

Bei kleiner Koeffizienten-Wortlänge ist die Dichte der Pole in den Bereichen von $z = 1$ und $z = -1$ gering, wie aus dem Bild ersichtlich ist. Tiefpassfilter und Hochpassfilter haben ihre Pole in diesen beiden Bereichen[6] und sie lassen sich folglich mit ungenauen Koeffizienten nur schlecht verwirklichen. Die Realisierung präziser TP- und HP-Filtern erfordert demnach eine grosse Koeffizientengenauigkeit.

[6] Zur Erinnerung: Die Punkte $z = 1$ und $z = -1$ entsprechen den Frequenzen 0 und $0.5 f_s$.

Bandpass- und Bandsperr-Filter mit hohen Abtastfrequenzen haben ihre Pole ebenfalls im Bereich von $z = 1$, wie das Bild unten links zeigt (siehe dazu auch Aufgabe 18). Wegen der erwähnten geringen Poldichte in der Region von $z = 1$ verlangen sie ebenfalls eine hohe Koeffizientengenauigkeit.

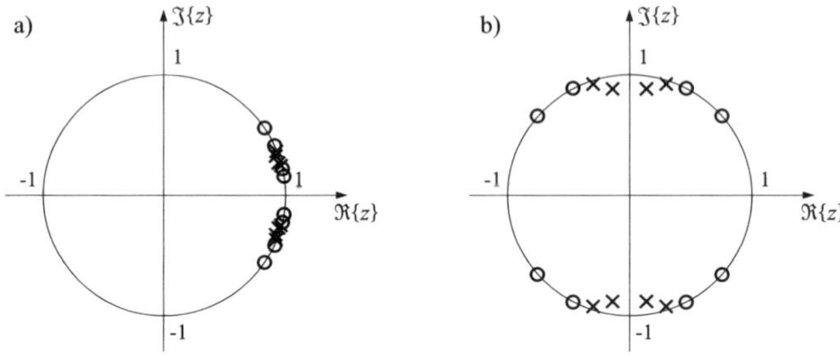

Bild 6.39: PN-Diagramm eines BP-Filters mit a) $f_s = 10\,\text{kHz}$ und b) mit $f_s = 2\,\text{kHz}$

Um die Empfindlichkeit der Pole bezüglich der Filterkoeffizienten zu beurteilen, führt man die Sensitivität (engl: senstivity) ein. Die Sensitivität des i-ten Poles bezüglich des k-ten a-Koeffizienten definiert man als die Ableitung des Poles p_i nach dem Koeffizienten a_k:

$$S_{a_k}^{p_i} = \frac{\partial p_i}{\partial a_k}\,. \tag{6.56}$$

Ist die Sensitivität gross, dann heisst das, dass eine kleine Änderung des Koeffizienten a_k eine grosse Änderung des Poles p_i bewirkt. Eine grosse Änderung eines Poles bewirkt eine grosse Änderung der Übertragungsfunktion und damit des Frequenzgangs. Um diese Änderungen klein zu halten, sind wir daran interessiert, Digitalfilter mit kleinen Sensitivitäten zu bauen.

Für ein Digitalfilter mit der Übertragungsfunktion (6.55) erhalten wir nach einiger Rechnung (Aufgabe 10):

$$S_{a_k}^{p_i} = \frac{p_i^{M-k}}{\prod\limits_{j=1;\, j\neq i}^{M} (p_i - p_j)}\,. \tag{6.57}$$

Aus der obigen Formel ist ersichtlich, dass ein grosser Nenner eine kleine Sensitivität zur Folge hat. Einen grossen Nenner erzielen wir durch zwei Massnahmen:

1. Die Pole möglichst weit auseinander legen.
   Dies erreichen wir, indem wir die Abtastfrequenz klein machen (Bild 6.39).

2. Die Anzahl Pole M in Gl.(6.57) klein machen.
   Diese Forderung erfüllen wir durch Verwendung der Kaskaden-Struktur von Blöcken zweiter Ordnung. In dieser Struktur beeinflussen sich die Pole der einzelnen Blöcke gegenseitig nicht, so dass der Nenner in Gl.(6.57) jeweils nur aus einem Faktor besteht.

Zur Illustration dieses Sachverhalts ist in Figur 6.40 a) der Amplitudengang eines BP-Filters inklusive Stempel-Matrizen-Schema dargestellt. Bild 6.40 b) zeigt den Amplitudengang einer Direktform-Struktur, bei der die Koeffizienten-Wortlänge 10 Bit beträgt. In Bild 6.40 unten ist der Amplitudengang einer Kaskaden-Struktur von Blöcken 2. Ordnung gezeichnet, bei der die Koeffizienten mit 5 Bit codiert wurden. Obwohl diese Koeffizienten-Wortlänge deutlich geringer ist, erfüllt die Kaskaden-Struktur das Toleranzschema viel besser als die Direktform-Struktur.

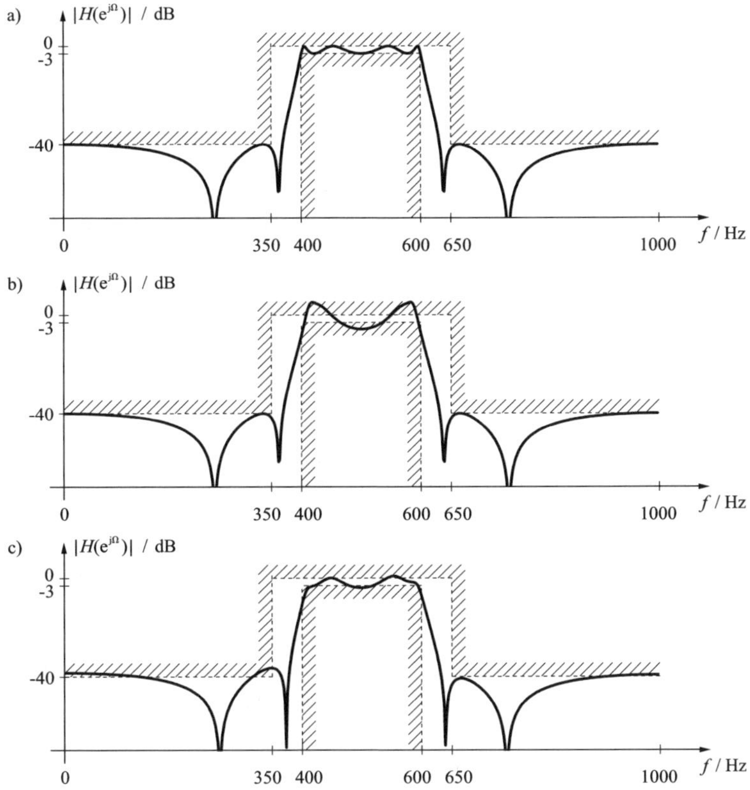

Bild 6.40: Amplitudengänge eines BP-Filters. a) Filter mit genauen Koeffizienten b) Direktform-Struktur: Koeffizienten-Wortlänge 10 Bit c) Kaskaden-Struktur: Koeffizienten-Wortlänge 5 Bit

6.4.4 Überlauf und Quantisierung von Zwischenergebnissen

Ein bedeutender Vorteil des Gleitkomma-Formats ist der grosse Zahlenbereich, der mit diesem Format dargestellt werden kann. Verwendet man die Gleitkomma-Darstellung bei der Realisierung von Digitalfiltern, so kann ein Überlauf, d. h. ein Überschreiten des Zahlenbereichs praktisch ausgeschlossen werden. Anders sieht die Situation bei Digitalfiltern aus, deren interne Zahlendarstellung im Festkomma-Format erfolgt. Üblicherweise werden hier Abtastwerte und Koeffizienten als Fractional-Zahlen dargestellt. Wie früher bereits erwähnt, kann man mit diesem Format Zahlen im Bereich $[-1, +1)$ realisieren[7]. Rein gebrochene Zahlen haben zudem den Vorteil, dass Multiplikations-Ergebnisse ebenfalls in den Bereich $[-1, +1)$ zu liegen kommen und Überläufe so vermieden werden können (Ausnahme: $-1 \times -1 = +1$).

Bei der Addition hingegen ist Vorsicht geboten. Beispielsweise führt die Zweierkomplement-Addition der beiden positiven 4-Bit-Zahlen 0.111 und 0.101 zum Ergebnis 1.100, welches negativ und somit falsch ist. Wird dieses Ergebnis abgespeichert, dann spricht man von einem Zweierkomplement-Überlauf. Speichert man hingegen bei einem Überlauf die grösste positive oder die grösste negative Zahl ab, dann spricht man von Sättigung oder Sättigungs-Überlauf (Bild 6.34). Ist bei einem Digital-Rechner die Sättigung eingeschaltet, dann würde in diesem Beispiel somit die grösste positive Zahl, nämlich 0.111 abgespeichert.

Bei der Multiplikation entstehen die Fehler durch Runden oder Abschneiden. Als Beispiel dazu betrachten wir die Multiplikation der beiden Zahlen 0.101 und 0.011 auf einem 4-Bit-Rechner. Durch Runden und Abspeichern als 4-Bit-Zahl entsteht aus dem exakten Ergebnis 0.001111 der Wert 0.010 und durch Abschneiden und Abspeichern der Wert 0.001. Sowohl beim Runden wie auch beim Abschneiden (engl: rounding und truncation) entstehen also Fehler, die man bekanntlich als Quantisierungsfehler bezeichnet.

Wir wollen am Beispiel eines IIR-Filters 2. Ordnung in Direktform-I-Struktur untersuchen, an welchen Stellen Überlauf- und Quantisierungsfehler auftreten. Wir setzen dabei voraus, dass das dazugehörige Blockdiagramm in Bild 6.41 auf einem Festkomma-Rechner zu implementieren ist.

Zuerst skalieren wir die b-Koeffizienten mit einem Faktor 2^{-L_b} und die a-Koeffizienten mit einem Faktor 2^{-L_a} derart, dass die skalierten Koeffizienten b_i' und a_i' alle in den Bereich $[-1, +1)$ fallen. L_a und L_b sind ganze Zahlen und werden so gewählt, dass der betragsmässig grösste b_i'- respektive a_i'-Koeffizient in den Bereich $[-1, -0.5)$ oder $[0.5, 1)$ zu liegen kommt.

[7]Unter dem Ausdruck $[-1, +1)$ versteht man alle reellen Zahlen, die zwischen -1 und $+1$ liegen. Die eckige Klammer bedeutet, dass die Zahl -1 zum Bereich gehört und die runde Klammer drückt aus, dass die Zahl $+1$ nicht mehr zum Bereich gehört.

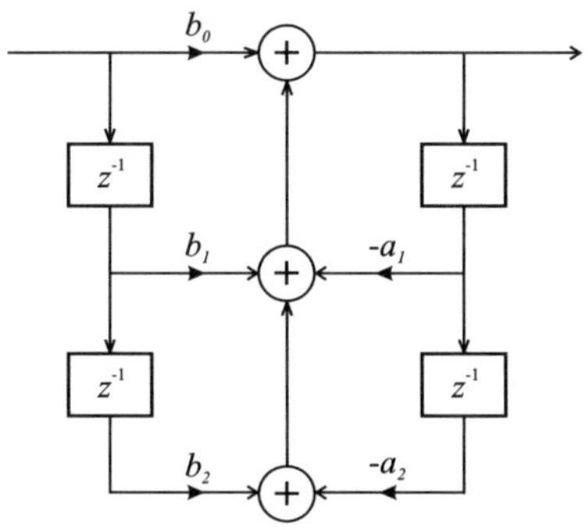

Bild 6.41: Blockdiagramm eines IIR-Filters 2. Ordnung in Direktform-I-Struktur

Beispiel: Skalierung von b- und a-Koeffizienten

$$b_0 = 0.2345,\ b_1 = -0.4,\ b_2 = 0.4987,\quad a_1 = -1.8459,\ a_2 = 0.9076$$
$$\Longrightarrow \quad L_b = -1,\ L_a = 1, \quad \Longrightarrow$$
$$b_0' = 0.4690,\ b_1' = -0.8,\ b_2' = 0.9974,\quad a_1' = -0.9230,\ a_2' = 0.4538.$$

Mit dieser Skalierung kann man die volle Genauigkeit der Fractional-Darstellung ausschöpfen. Allerdings muss sie durch Multiplikation mit den beiden Faktoren 2^{L_b} und 2^{L_a} gemäss Bild 6.42 wieder rückgängig gemacht werden, damit der korrekte Abtastwert am Ausgang erscheint. Da es sich bei diesen Faktoren um Zweierpotenzen handelt, können die Multiplikationen durch einfache arithmetische Schiebeoperationen ersetzt werden.

Wortlängen interner Rechenregister sind normalerweise viel grösser als die Wortlängen der Speicherzellen im RAM. Multiplikations- und Additions-Ergebnisse können deshalb intern sehr genau dargestellt werden. Die Direktform-I-Struktur ist eine Struktur, welche diese hohe Genauigkeit ausnützt, indem sie die Additions- und Multiplikations-Ergebnisse zusammenfasst (Bild 6.42). Nach Abarbeitung der 5 Multiplikationen, der 2 Schiebeoperationen und der 4 Additionen wird der Ausgangsabtastwert quantisiert und im RAM oder im DA-Wandler abgespeichert.

Beispiel einer 4-Bit-Quantisierung eines 8-Bit-Ergebnisses:

```
  0.0101011
+ 1.0000001
= 1.0101100  ==>  Abschneideergebnis:  1.010
                  Rundungsergebnis:    1.011
```

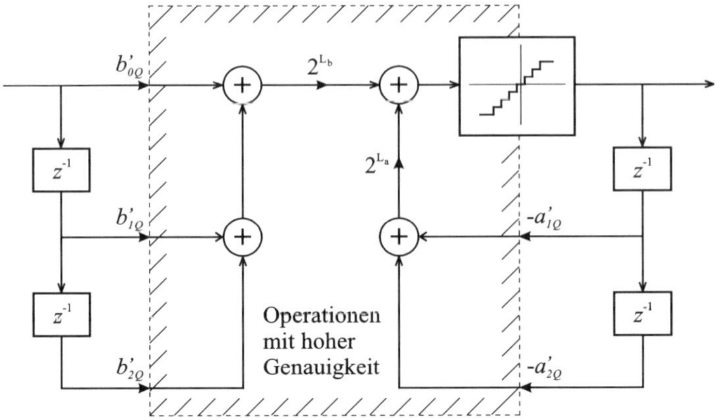

Bild 6.42: Implementation des IIR-Filters in Bild 6.41 auf einem Festkomma-Rechner

Liegt das Ausgangsergebnis nicht im zulässigen Zahlenbereich $[-1, +1)$, dann erfolgt ein Sättigungs- oder ein Zweierkomplement-Überlauf.

Beispiel einer 4-Bit-Quantisierung mit Überlauf:

```
  0.1110101
+ 0.1100001
= 1.1010110
```

$\Longrightarrow$ Ergebnis bei Sättigungs-Überlauf: `0.111`
Ergebnis bei Zweierkomplement-Überlauf: `1.101`

Die Art der Quantisierung und des Überlaufs wird auf einem Festkomma-Rechner per Software eingestellt.

Das Blockdiagramm des idealen IIR-Filters in Bild 6.41 wird schliesslich in das Signalflussdiagramm des untenstehenden Bildes übergeführt. Es berücksichtigt die quantisierten (gerundeten) Koeffizienten und modelliert die Ergebnis-Quantisierung und einen eventuellen Überlauf durch die Fehlerquelle $e[n]$.

6.4.5 Skalierung zur Verhinderung von Überläufen

Additions-Ergebnisse, die im Speicher oder im DA-Wandler abgelegt werden, sollten überlauffrei sein (überlauffrei ist ein Ergebnis im Fractional-Format dann, wenn es in den Bereich $[-1, +1)$ zu liegen kommt). Überläufe verzerren das Signal und können zudem bei IIR-Filtern zu so genannten *Überlaufschwingungen* (engl: large scale limit cycles) führen. Diese sind sehr störend, weil sie erstens eine grosse Amplitude haben und weil sie zweitens je nach Eingangssignal lange andauern können.

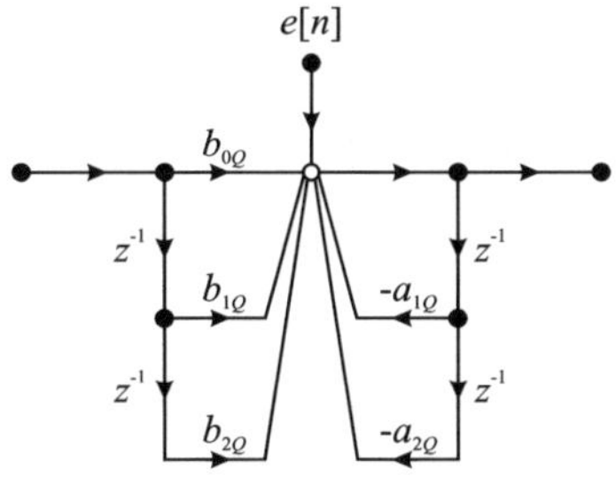

Bild 6.43: Signalflussdiagramm des IIR-Filters 2. Ordnung in Direktform-I-Struktur mit gerundeten Koeffizienten und Fehlerquelle $e[n]$

Um Überläufe zu vermeiden, müssen die Filterkoeffizienten skaliert werden. Welche Arten von Skalierungen existieren und wie sie durchzuführen sind, soll in diesem Unterkapitel dargelegt werden.

Skalierung von FIR-Filtern

Wir beschränken uns auf die Diskussion der klassischen Direktform- oder Transversalfilter-Struktur. Die Summationen sind in Bild 6.44 in *einem* Knoten zusammengefasst, um hervorzuheben, dass nur an diesem Punkt ein Überlauf auftreten kann.

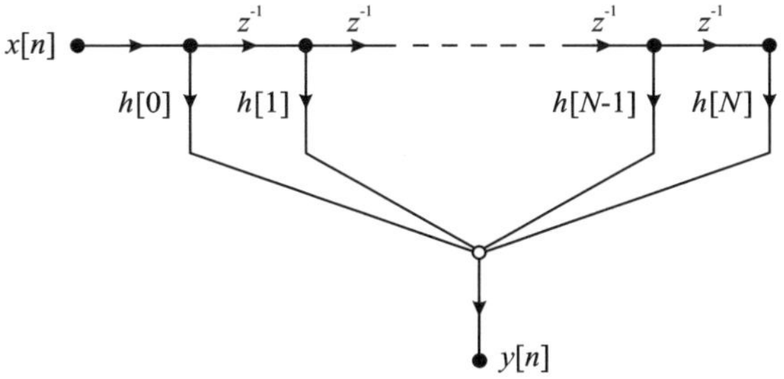

Bild 6.44: FIR-Filter in Direktform- oder Transversalfilter-Struktur

Das Ausgangssignal ist gleich der Impulsantwort gefaltet mit dem Eingangssignal:

$$y[n] = \sum_{i=0}^{N} h[i]x[n-i] \,. \tag{6.58}$$

Daraus folgt, dass der Betrag des Ausgangsignals eingeschränkt ist durch die

Ungleichung

$$|y[n]| \leq \sum_{i-0}^{N} |h[i]||x[n-i]| \,. \tag{6.59}$$

Der Betrag des Eingangssignals $x[n]$ ist kleiner gleich 1, somit:

$$|y[n]| \leq \sum_{i=0}^{N} |h[i]| \,. \tag{6.60}$$

Ist die rechte Seite kleiner als 1, dann ist auch das Ausgangssignal kleiner als 1 und somit überlauffrei.

Die rechte Seite von Ungleichung (6.60) nennt man l_1-Norm des FIR-Filters [PB87]:

$$l_1 = \sum_{i=0}^{N} |h[i]| \,. \tag{6.61}$$

Führen wir nun einen Skalierungsfaktor

$$s = \frac{1}{l_1} \tag{6.62}$$

ein und skalieren wir alle Koeffizienten $h[i]$ entsprechend der Vorschrift

$$\tilde{h}[i] = sh[i] \,, \tag{6.63}$$

dann ist das FIR-Filter mit den skalierten Koeffizienten $\tilde{h}[i]$ überlauffrei.

Durch die obige Skalierung wird das Eingangssignal mit dem Faktor s multipliziert und entsprechend abgeschwächt, falls s kleiner als 1 ist. Das Rauschen hingegen, das durch die Quantisierung der Ausgangsabtastwerte entsteht, bleibt unverändert mit dem Ergebnis, dass das Nutzsignal zu Störsignal-Verhältnis verschlechtert wird. Deswegen sind wir daran interessiert, den Skalierungsfaktor s so gross wie möglich zu machen.

Führt man die Normen [PB87]

$$l_\infty = \max_f |H(e^{j2\pi fT})| \tag{6.64}$$

und

$$l_2 = \sqrt{\sum_{i=0}^{N} h^2[i]} \tag{6.65}$$

ein, dann kann man zwei neue Skalierungsfaktoren

$$s = \frac{1}{l_\infty} \tag{6.66}$$

und

$$s = \frac{1}{l_2} \tag{6.67}$$

definieren und damit die Palette an Auswahlmöglichkeiten erweitern. Die Norm l_∞ heisst Tschebyscheff-Norm und ist definiert als Maximalwert des Amplitudengangs. Die Norm in Gl.(6.65) wird als l_2-Norm bezeichnet und entspricht der Norm, wie wir sie Kap. 3.1.3 eingeführt haben. Man kann zeigen, dass von den drei oben definierten Normen die l_2-Norm die kleinste und die l_1-Norm die grösste ist, das heisst:

$$l_2 \leq l_\infty \leq l_1 \; . \tag{6.68}$$

Wählt man den Skalierungsfaktor s gemäss Gl.(6.66), dann kann man einen Überlauf für ein Sinussignal im eingeschwungenen Zustand verhindern. Trifft man die Wahl nach Gl.(6.67), dann erzielt man das beste *SNR* mit dem Nachteil, dass die Wahrscheinlichkeit eines Überlaufs zunimmt.

Die Wahl des Skalierungsfaktors ist somit ein Kompromiss: Muss ein Überlauf unbedingt vermieden werden, dann wählen wir den Skalierungsfaktor gemäss Gl.(6.62). Wollen wir das *SNR* optimieren, dann fällt die Wahl auf Gl.(6.67) und möchten wir einen Mittelweg wählen, dann entscheiden wir uns für Gl.(6.66).

Skalierung von IIR-Filtern

Ihrer guten Eigenschaften wegen ist die Kaskade von Blöcken 2. Ordnung die häufigste Struktur zur Realisierung von IIR-Filtern. Auf Festkomma-Rechnern hat sich als Block 2. Ordnung die Direktform-I-Struktur in Bild 6.43 besonders bewährt, weil sie pro Block nur einen Knoten aufweist, in dem das Signal quantisiert wird. Aus diesem Grund beschränken wir uns auf die Diskussion der Kaskaden-Struktur in Bild 6.45.

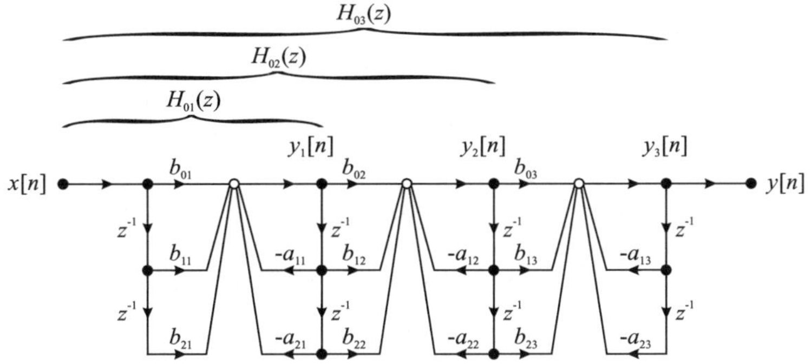

Bild 6.45: IIR-Filter 6. Ordnung in Kaskaden-Struktur mit Blöcken 2. Ordnung in Direktform-I-Struktur

Zur Durchführung der Skalierung benötigen wir wiederum eine der drei Normen. Bei einem IIR-System mit der Übertragungsfunktion $H(z)$ und der Impulsantwort $h[n]$ sind die drei Normen analog zu einem FIR-System definiert:

$$l_2 = \sqrt{\sum_{i=0}^{\infty} h^2[i]} \quad \leq \quad l_\infty = \max_f |H(e^{j2\pi fT})| \quad \leq \quad l_1 = \sum_{i=0}^{\infty} |h[i]| \,. \tag{6.69}$$

Auch hier gilt, dass eine Skalierung mit

$$s = \frac{1}{l_2} \tag{6.70}$$

das grösste *SNR* ergibt und eine Skalierung mit

$$s = \frac{1}{l_1} \tag{6.71}$$

einen Überlauf garantiert verhindert. Eine Skalierung mit

$$s = \frac{1}{l_\infty} \tag{6.72}$$

schliesst einen Überlauf bei sinusförmiger Anregung im eingeschwungenem Zustand aus und stellt einen vernünftigen Kompromiss zwischen den beiden anderen Skalierungen dar.

Die Aufgabe der Skalierung der einzelnen Blöcke besteht darin, Block-Skalierungsfaktoren s_1, s_2 und s_3 derart zu bestimmen, dass einerseits die Aussteuerung in den Knoten $y_1[n]$, $y_2[n]$ und $y_3[n]$ (Bild 6.45) gross wird, andererseits aber ein Überlauf unmöglich oder unwahrscheinlich ist. Haben wir uns für eine der drei Skalierungsarten und damit für eine der drei Normen l_p ($p = 1, 2$ oder ∞) entschieden, dann können wir das Skalierungsprozedere der Kaskaden-Struktur wie folgt durchführen:

1. Norm l_{1p} der Übertragungsfunktion $H_{01}(z)$ berechnen und daraus den ersten Skalierungsfaktor $s_1 = 1/l_{1p}$ bestimmen. Die skalierte Übertragungsfunktion des ersten Blocks ergibt sich dann zu

$$\tilde{H}_1(z) = \frac{s_1 b_{01} + s_1 b_{11} z^{-1} + s_1 b_{21} z^{-2}}{1 + a_{11} z^{-1} + a_{21} z^{-2}} \,. \tag{6.73}$$

2. Norm l_{2p} der Übertragungsfunktion $s_1 H_{02}(z)$ berechnen und daraus den zweiten Skalierungsfaktor $s_2 = 1/l_{2p}$ bestimmen. Die skalierte Übertragungsfunktion des zweiten Blocks ergibt sich dann zu

$$\tilde{H}_2(z) = \frac{s_2 b_{02} + s_2 b_{12} z^{-1} + s_2 b_{22} z^{-2}}{1 + a_{12} z^{-1} + a_{22} z^{-2}} \,. \tag{6.74}$$

3. Norm l_{3p} der Übertragungsfunktion $s_1 s_2 H_{03}(z)$ berechnen und daraus den dritten Skalierungsfaktor $s_3 = 1/l_{3p}$ bestimmen. Die skalierte Übertragungsfunktion des dritten Blocks ergibt sich dann zu

$$\tilde{H}_3(z) = \frac{s_3 b_{03} + s_3 b_{13} z^{-1} + s_3 b_{23} z^{-2}}{1 + a_{13} z^{-1} + a_{23} z^{-2}} \,. \tag{6.75}$$

4. Hat die Kaskade L Blöcke, dann ist so weiterzufahren, bis alle L Blöcke skaliert sind. Die Übertragungsfunktion der skalierten Kaskade lautet dann:

$$\tilde{H}(z) = \tilde{H}_1(z)\tilde{H}_2(z)\cdots\tilde{H}_L(z)\,. \qquad (6.76)$$

5. Wird gefordert, dass die skalierte Übertragungsfunktion die gleiche Verstärkung hat wie die unskalierte, d. h. wird

$$\tilde{H}(z) = H(z) \qquad (6.77)$$

gefordert, dann muss $\tilde{H}(z)$ mit dem Faktor $s_0 = 1/(s_1 s_2 \cdots s_L)$ multipliziert werden. Ist $s_0 > 1$, dann werden die b-Koeffizienten des ersten Blocks mit s_0 multipliziert und ist $s_0 < 1$, dann werden die b-Koeffizienten des letzten Blocks mit s_0 multipliziert.

Die MATLAB-Funktion `tf2sosI` führt das in den Punkten 1. bis 5. beschriebene Skalierungsverfahren automatisch aus (Aufgabe 13).

Eine weitere Möglichkeit IIR-Filter in Kaskaden-Struktur zu realisieren, zeigt Bild 6.46. Die Blöcke 2. Ordnung bestehen hier aus Direktform-II-Strukturen, deren Koeffizienten mit Hilfe der MATLAB-Funktion `tf2sos` bestimmt und skaliert werden können. Diese Struktur hat den Vorteil, dass sie mit einer minimalen Anzahl von Verzögerungselementen implementiert werden kann und daher zwei Speicherelemente weniger benötigt als die Kaskaden-Struktur in Bild 6.45.

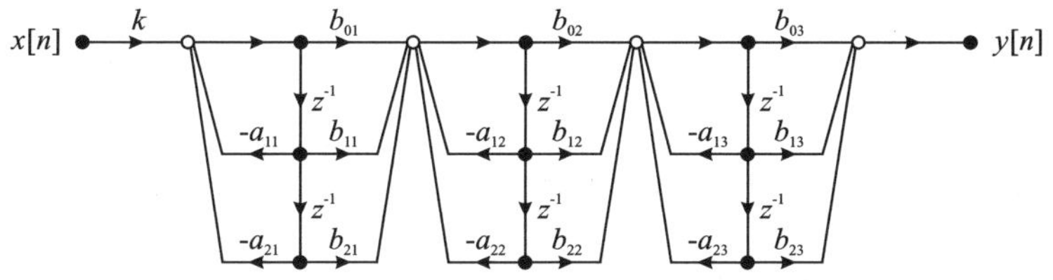

Bild 6.46: IIR-Filter 6. Ordnung in Kaskaden-Struktur mit Blöcken 2. Ordnung in Direktform-II-Struktur

6.4.6 Quantisierungsrauschen

Wir haben gesehen, dass sowohl bei der AD-Wandlung wie auch beim Abspeichern von Zwischenergebnissen, Quantisierungs- und eventuell Überlauffehler auftreten. In diesem Unterkapitel gehen wir davon aus, dass dank einer geeigneten Skalierung die einzelnen Ausgangsknoten überlauffrei sind und nur Quantisierungsfehler auftreten. Diese Quantisierungsfehler in Form von Rundungs- oder Abschneidefehlern sind unabhängig voneinander und dürfen als weisse Rauschquellen $e[n]$ mit einer rechteckförmigen Wahrscheinlichkeitsdichtefunktion $f_e(e)$ modelliert werden [OS95].

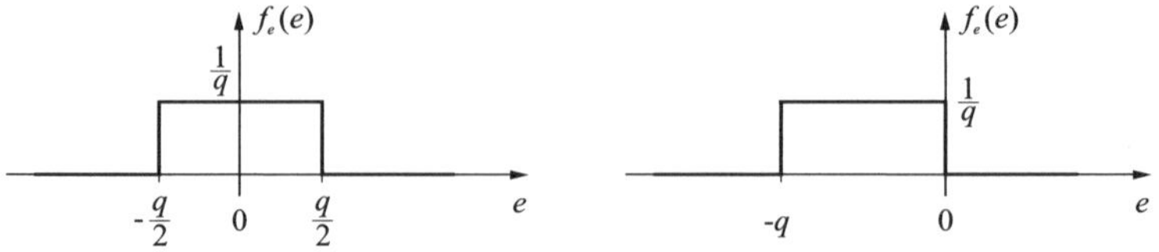

Bild 6.47: Wahrscheinlichkeitsdichtefunktion des Quantisierungsfehlers beim Runden (links) und beim Abschneiden (rechts)

Wie wir in Kap. 6.4.1 gesehen haben, ist q die Quantisierungsstufe und hat den Wert des LSB (engl: Least Significant Bit). Bei einer Fractional-Zahl hat das LSB den Wert

$$q = 2^{-B} . \tag{6.78}$$

$(B+1)$ ist die Wortlänge und B somit die Anzahl Bits nach dem Vorzeichenbit.

Die Wahrscheinlichkeitsdichtefunktionen in Bild 6.47 erlauben, den Mittelwert μ_e und die Varianz σ_e^2 des Quantisierungsrauschens zu berechnen. Als Ergebnis erhalten wir für das Runden (Aufgabe 14):

$$\mu_e = 0 , \qquad \sigma_e^2 = \frac{2^{-2B}}{12} \tag{6.79}$$

und für das Abschneiden

$$\mu_e = -\frac{2^{-B}}{2} , \qquad \sigma_e^2 = \frac{2^{-2B}}{12} . \tag{6.80}$$

Unter dem Mittelwert μ_e können wir uns den DC-Wert (Gleichanteil) und unter der Varianz σ_e^2 die AC-Leistung (Leistung des Wechselanteils) des Rauschens vorstellen. Die Wurzel σ_e der Varianz heisst *Standardabweichung* und gibt den Effektivwert des AC-Anteils an. Vielfach wird als Einheit des Mittelwerts und der Standardabweichung das LSB verwendet. Bei Anwendung von Gl.(6.78) erhalten wir dann für das Runden:

$$\mu_e = 0 , \qquad \sigma_e = \frac{1}{2\sqrt{3}} \,\text{LSB} \tag{6.81}$$

und für das Abschneiden:

$$\mu_e = -\frac{1}{2} \,\text{LSB} , \qquad \sigma_e = \frac{1}{2\sqrt{3}} \,\text{LSB} . \tag{6.82}$$

Wie wir bereits erörtert haben, entstehen bei einem FIR-Filter in Direktform-Struktur die Quantisierungsfehler an zwei Stellen: erstens am Eingang durch die Quantisierung im AD-Wandler und zweitens am Ausgang durch die Quantisierung des Ausgangsergebnisses. Bild 6.48 zeigt das FIR-Filter mit den beiden erwähnten Quantisierungsrauschquellen.

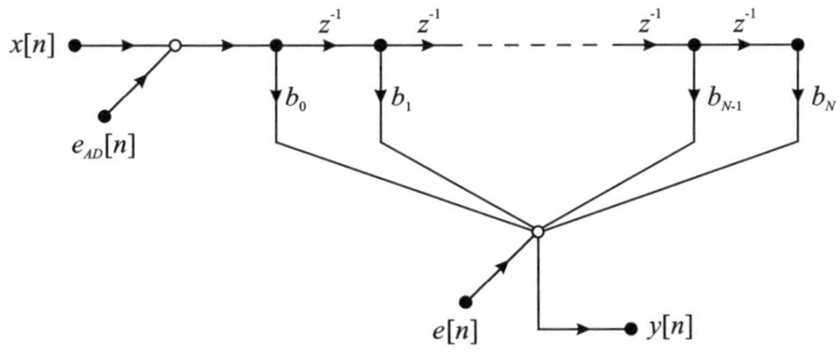

Bild 6.48: FIR-Filter in Direktform-Struktur inklusive Quantisierungsrauschquellen

Analog dazu zeigt Bild 6.49 das IIR-Filters mit den dazugehörigen Quantisierungsrauschquellen.

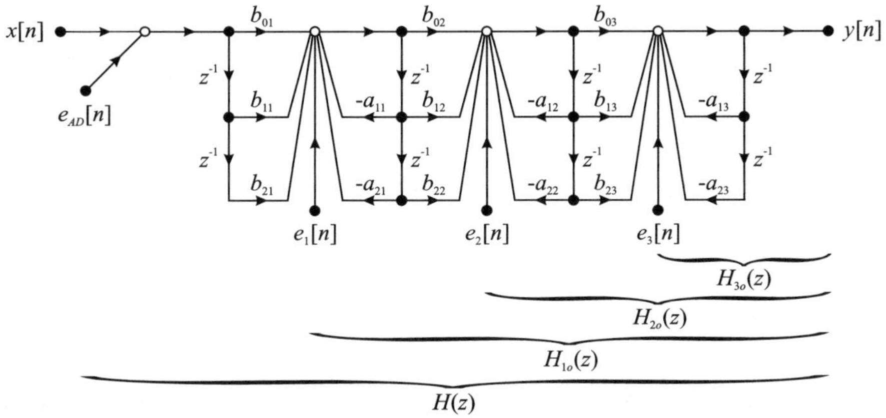

Bild 6.49: IIR-Filter 6. Ordnung in Kaskaden-Struktur inklusive Quantisierungsrauschquellen

Aus Gründen des geringeren Rechenaufwands werden die Zwischenergebnisse in Festkomma-Rechnern vielfach abgeschnitten, wodurch die entsprechenden Quantisierungsrauschquellen mittelwertbehaftet sind. AD-Wandler hingegen runden ihr Ausgangsergebnis, so dass ihr Quantisierungsrauschen mittelwertfrei ist. Andererseits arbeiten AD-Wandler üblicherweise mit einer kleineren Wortbreite als der Festkomma-Rechner des Digitalfilters und verursachen so ein Quantisierungsrauschen grösserer Varianz.

Wir möchten nun natürlich wissen, wie sich diese unerwünschten Rauschquellen auswirken und wie man ihren Einfluss vermindern kann.

Aus Kap. 4.4.2 wissen wir, dass der DC-Wert einer Rauschquelle mit der DC-Verstärkung $H(1)$ zu multiplizieren ist, um den DC-Wert am Ausgang des LTI-Systems zu erhalten:

$$\mu_y = H(1)\mu_e\,, \qquad \text{wobei:} \quad H(1) = H(z)|_{z=e^{j2\pi 0T}}\,. \tag{6.83}$$

Zur Erinnerung: $H(z)$ ist die Übertragungsfunktion zwischen dem Rauschknoten und dem Ausgangsknoten und unter dem DC-Wert eines stationären stochastischen Signals $\mathbf{y}[n]$ versteht man seinen Mittelwert $\mu_y = \mathrm{E}\{\mathbf{y}[n]\}$. Hat ein LTI-System mehrere Rauschquellen, dann überlagern sich am Ausgang des Systems die übertragenen DC-Werte. Für den Mittelwert des Quantisierungsrauschens am Ausgang eines FIR-Filters (Bild 6.48) finden wir daher:

$$\mu_y = H(1)\mu_{e_{AD}} + \mu_e \tag{6.84}$$

und für den Mittelwert des Quantisierungsrauschens am Ausgang eines IIR-Filters (Bild 6.49):

$$\mu_y = H(1)\mu_{e_{AD}} + H_{1o}(1)\mu_{e_1} + H_{2o}(1)\mu_{e_2} + H_{3o}(1)\mu_{e_3}\,. \tag{6.85}$$

In Kap. 4.4.2 haben wir ausserdem gesehen, dass die Varianz der Rauschquelle mit der Rauschverstärkung NG (engl: noise gain) zu multiplizieren ist, um die Varianz des Rauschens am Ausgang des LTI-Systems $H(z)$ zu erhalten:

$$\sigma_y^2 = NG\sigma_e^2\,, \tag{6.86}$$

wobei:

$$NG = \frac{1}{2\pi}\int_{-\pi}^{\pi} |H(e^{j\Omega})|^2\, d\Omega\,, \quad H(e^{j\Omega}) = H(z)|_{z=e^{j\Omega}} \quad \text{und } \Omega = 2\pi fT\,. \tag{6.87}$$

Zur Erinnerung: $H(e^{j\Omega})$ ist der Frequenzgang zwischen dem Rauschknoten und dem Ausgangsknoten und unter der Varianz versteht man die mittlere Leistung des DC-befreiten stochastischen Signals: $\sigma_y^2 = \mathrm{E}\{(\mathbf{y}[n] - \mu_y)^2\}$.

Hat ein LTI-System mehrere unkorrelierte Rauschquellen, dann überlagern sich am Ausgang des Systems die übertragenen Varianzen. Für die Varianz des Quantisierungsrauschens am Ausgang eines FIR-Filters (Bild 6.48) finden wir daher:

$$\sigma_y^2 = NG\sigma_{e_{AD}}^2 + \sigma_e^2 \tag{6.88}$$

und für die Varianz des Quantisierungsrauschens am Ausgang eines IIR-Filters (Bild 6.49):

$$\sigma_y^2 = NG\sigma_{e_{AD}}^2 + NG_{1o}\sigma_{e_1}^2 + NG_{2o}\sigma_{e_2}^2 + NG_{3o}\sigma_{e_3}^2\,. \tag{6.89}$$

Während die DC-Verstärkung bei gegebener Übertragungsfunktion einfach zu berechnen ist, gestaltet sich die Berechnung der Rauschverstärkung komplizierter. Für ein IIR-System 2. Ordnung mit der Übertragungsfunktion

$$H(z) = \frac{1}{1 + a_1 z^{-1} + a_2 z^{-2}} = \frac{1}{(1 - p_1 z^{-1})(1 - p_2 z^{-1})} \tag{6.90}$$

findet man dafür [PB87]:

$$NG = \frac{1 + a_2}{(1 - a_2)[(1 + a_2)^2 - a_1^2]} \,. \tag{6.91}$$

IIR-Filter, die mit einer hohen Abtastfrequenz betrieben werden, haben Pole in der Nähe von $z = 1$, wie aus Bild 6.39 links hervorgeht. Ein Polpaar p_1, p_2 in diesem Bereich hat demnach aufgrund von Gl.(6.90) einen a_2-Koeffizienten von ungefähr 1 zur Folge. Dadurch wird der Term $(1 - a_2)$ sehr klein und verursacht – da er im Nenner von Gl.(6.91) steht – eine hohe Rauschverstärkung und damit ein hohes Quantisierungsrauschen. Die einfachste Massnahme zur Verringerung des Quantisierungsrauschens ist infolgedessen das Herabsetzen der Abtastfrequenz (Aufgabe 15).

Diskussion:

1. Die Formeln (6.85) und (6.89) sind gültig für ein IIR-Kaskaden-Filter 6. Ordnung mit Blöcken 2. Ordnung in Direktform-I-Struktur. Durch Weglassen oder Hinzufügen entsprechender Summenterme können sie einfach für beliebige Kaskaden-Filter angepasst werden.

2. Der Mittelwert des Quantisierungsrauschens ist bei einem AD-Wandler normalerweise Null. Deshalb kann i. Allg. $\mu_{e_{AD}} = 0$ gesetzt werden. Die Varianz $\sigma^2_{e_{AD}}$ berechnet sich analog zu Gl.(6.79) nach der Formel $\sigma^2_{e_{AD}} = 2^{-2B_{AD}}/12$, wobei $(B_{AD}+1)$ die Wortlänge des AD-Wandlers ist.

3. Der AD-Wandler hat meistens die kleinere Wortlänge als der Festkomma-Rechner. Deshalb ist die Varianz $\sigma^2_{e_{AD}}$ i. Allg. grösser als die Varianzen σ^2_e, $\sigma^2_{e_1}$, $\sigma^2_{e_2}$ und $\sigma^2_{e_3}$. Bei einem 12-Bit-AD-Wandler beispielsweise beträgt sie $19.9 \cdot 10^{-9}$ und ist damit 256 mal grösser als die entsprechenden Varianzen in einem 16-Bit-Festkomma-Rechner.

4. Die Rauschverstärkungen können mit Hilfe eines in Lit. [Por97] beschriebenen Verfahrens berechnet werden (siehe MATLAB-Funktion `nsgain`).

5. Ein FIR-Filter rauscht weniger als ein IIR-Filter, weil es nur eine Quantisierungsrauschquelle hat und weil das Rauschen dieser Quelle nicht verstärkt wird.

Bei einem IIR-Filter in Kaskaden-Struktur hat man die Freiheit, die Reihenfolge der Blöcke sowie die Paarung der Pole und Nullstellen zu wählen. Es hat sich nun gezeigt [Mit02], dass sowohl die Überlaufwahrscheinlichkeit wie auch das Quantisierungsrauschen minimiert werden können, wenn für die l_∞-Skalierung bei der Reihenfolge und Paarung wie folgt vorgegangen wird:

1. Der letzte Block der Kaskade enthält das komplexe Polpaar, welches sich am nächsten beim Einheitskreis befindet. Diesem Polpaar wird das ihm am nächsten liegende komplexe Nullstellenpaar zugeordnet.

2. Für die restlichen Blöcke verfährt man nach der Regel 1., bis alle Blöcke in der richtigen Reihenfolge geordnet sind.

Für die l_2-Skalierung wird gerade umgekehrt vorgegangen, d. h. :

1. Der erste Block der Kaskade enthält das komplexe Polpaar, welches sich am nächsten beim Einheitskreis befindet. Diesem Polpaar wird das ihm am nächsten liegende komplexe Nullstellenpaar zugeordnet.

2. Für die restlichen Blöcke verfährt man nach der Regel 1., bis alle Blöcke in der richtigen Reihenfolge geordnet sind.

Bild 6.50 zeigt anhand von drei Beispielen, wie die Pole und Nullstellen gepaart und wie die einzelnen Blöcke in ihrer Reihenfolge geordnet werden. Bei der l_2-Skalierung wird die Reihenfolge der Blöcke gerade umgekehrt gewählt. Die beiden MATLAB-Funktionen `tf2sosI` und `tf2sos` führen die Pol-Nullstellen-Paarung und die Block-Platzierung für die Kaskaden-Filter in Bild 6.45 und 6.46 automatisch durch.

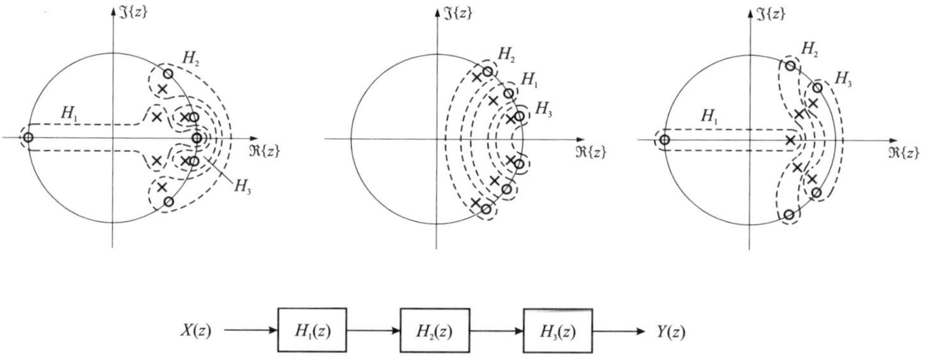

Bild 6.50: Paarung von Polen und Nullstellen sowie Reihenfolge der Blöcke bei einem IIR-Filter in Kaskaden-Struktur

6.4.7 Zusammenfassung

Wegen der endlichen Wortlänge werden Koeffizienten und Abtastwerte auf einem digitalen Rechner nur ungenau dargestellt. Dadurch entstehen bei einem Digitalfilter unerwünschte Effekte, die sich wie folgt zusammenfassen lassen:

1. Die realisierte Übertragungsfunktion weicht von der idealen Übertragungsfunktion ab. Bei grossen Abweichungen kann das Toleranzschema oder sogar die Stabilitätsbedingung verletzt werden.

2. Es können Überläufe auftreten, die im Ausgangssignal zu Verzerrungen führen. Bei einem IIR-Filter können diese Überläufe Oszillationen mit grosser Amplitude (Überlaufgrenzzyklen, engl: large scale limit cycles) anfachen und Sprungphänomene verursachen.

3. Runden und Abschneiden von Zwischenergebnissen führt zu Quantisierungsrauschen. Bei einem IIR-Filter können daraus überdies Quantisierungsgrenzzyklen (engl: small scale limit cycles), d. h. Oszillationen mit kleiner Amplitude entstehen.

Zur Elimination oder Verminderung der oben beschriebenen Nichtidealitäten lassen sich folgende Massnahmen ergreifen:

1. *FIR-Filter anstelle von IIR-Filtern einsetzen.* FIR-Filter sind weniger sensitiv bezüglich ungenauer Filterkoeffizienten, haben ein kleineres Quantisierungsrauschen und sind immer stabil und frei von Grenzzyklen.

2. *Gute Strukturen für IIR-Filter verwenden.* Eine bewährte Struktur ist die Kaskaden-Struktur mit Blöcken zweiter Ordnung. In der Literatur (z. B. [Mit02]) findet man weitere gute Strukturen, wie die Lattice-Struktur, die State-Space-Struktur und die Struktur mit Allpässen.

3. *Block-Reihenfolge richtig wählen und Pole und Nullstellen korrekt paaren.* Bei Verwendung der Kaskaden-Struktur sollen die Blöcke in der richtigen Reihenfolge geordnet und die Pole mit den passenden Nullstellen gepaart werden.

4. *Abtastfrequenz verkleinern.* Bei Verkleinerung der Abtastfrequenz werden Digitalfilter weniger empfindlich bezüglich ungenauer Filterkoeffizienten. Eine kleinere Abtastfrequenz bei IIR-Filtern vermindert zudem das Quantisierungsrauschen und die Tendenz zu Grenzzyklen.

5. *Skalierung verringern.* Bei untolerierbaren Überläufen müssen die Skalierungsfaktoren verringert werden.

6. *Besondere Massnahmen ergreifen.* Zur Verminderung des Quantisierungsrauschens kann der Quantisierungsfehler zurückgekoppelt werden (siehe dazu [Mit02]).

7. *Wortlänge vergrössern.* Eine grössere Wortlänge vermindert das Quantisierungsrauschen und erhöht die Genauigkeit der Übertragungsfunktion.

8. *Fliesskomma-Rechner verwenden.* Diese Massnahme führt zu Digitalfiltern mit genauen Filterkoeffizienten, geringem Quantisierungsrauschen und überlauffreiem Ausgangssignal.

6.5 Realisierung digitaler Filter

6.5.1 Vorgehen zur Realisierung eines Digitalfilters

Wir wollen im Folgenden das Vorgehen zur Realisierung eines Digitalfilters in sieben Punkten zusammenfassen.

1. Betriebsart und Hardware

Zuerst ist abzuklären, ob das Filter in Echtzeit (engl: real time, on-line) oder in Nichtechtzeit (engl: off-line) betrieben werden soll. Im Nichtechtzeit-Betrieb wird das zu verarbeitende Signal abgespeichert. Anschliessend wird es durch einen Digitalfilter-Algorithmus bearbeitet, bei Bedarf in einer Tabelle oder in einer Graphik dargestellt und wenn nötig weiterverarbeitet. Dieser Betrieb, bei dem ein PC, eine Workstation oder ein Mainframe als Hardware dient, kommt vor allem bei Mess- und Simulationsaufgaben in Betracht. Im Echtzeit-Betrieb werden – abgesehen von Filtern mit tiefer Abtastfrequenz – hohe Anforderungen an die Verarbeitungsgeschwindigkeit der Hardware gestellt. In Betracht kommen deshalb Signalprozessoren, spezielle Digitalfilter-ICs oder andere schnelle Rechnerbausteine.

Generell jedoch gilt, dass zur digitalen Filterung jeder Rechner in Frage kommt, sofern er schnell genug ist, ausreichend Speicher zur Verfügung stellt und eine genügend grosse Wortbreite hat.

2. Antialiasingfilter und Abtastfrequenz

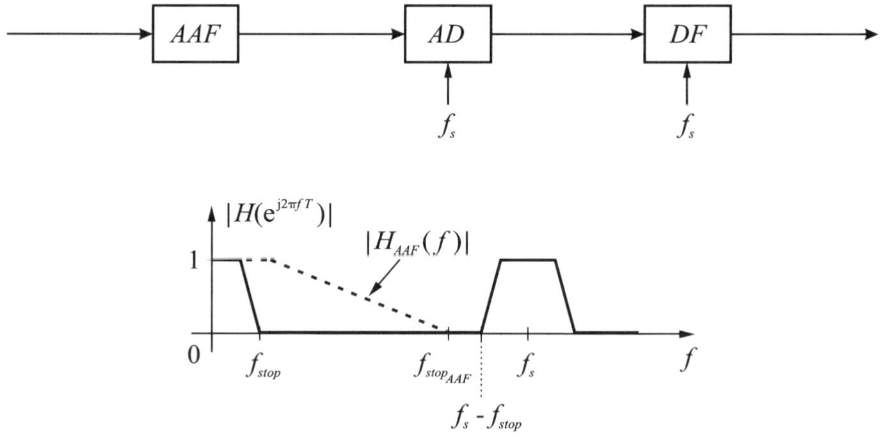

Bild 6.51: Amplitudengang eines Digital- und eines Antialiasingfilters

Bild 6.51 zeigt die schematischen Amplitudengänge eines digitalen Tiefpassfilters und eines zeitkontinuierlichen Antialiasingfilters. Aus Kap. 3.3.3 wissen wir, dass der Frequenzgang eines Digitalfilters f_s-periodisch ist. Um Aliasingfehler zu vermeiden, muss das Antialiasingfilter die höherfrequenten Durchlassbereiche des Digitalfilters unterdrücken, was gemäss Bild 6.51 und Kap. 2.6.3 folgende Ungleichung zur Konsequenz hat:

$$f_{stop_{AAF}} < f_s - f_{stop}\,. \tag{6.92}$$

Der Parameter $f_{stop_{AAF}}$ ist die Sperrfrequenz des Antialiasingfilters, f_s ist die Abtastfrequenz und f_{stop} ist die Sperrfrequenz des Digitalfilters. Aus der obigen Ungleichung ergibt sich somit folgende Bedingung für die Abtastrate:

$$f_s > f_{stop} + f_{stop_{AAF}}\,. \tag{6.93}$$

Die Wahl der Abtastrate ist ein Dilemma. Wählt man f_s tief, dann steigen die Anforderungen an die Flankensteilheit des Antialiasingfilters, wählt man hingegen f_s hoch, dann steigen die Anforderungen an die Verarbeitungsgeschwindigkeit und an die Genauigkeit des Digitalrechners. Das Dilemma wird durch einen Kompromiss gelöst, der von der betreffenden Anwendung abhängt und deshalb von Fall zu Fall entschieden werden muss. Üblich sind Abtastfrequenzen, die um einen Faktor 2.5 bis 20 über der Sperrfrequenz des Digitalfilters liegen.

Um das Dilemma zu entschärfen, kann der AD-Wandler in Bild 6.51 durch einen $\Sigma\Delta$-AD-Wandler (engl: sigma-delta AD converter, oversampling AD converter [Kä92], [Mit02]) gemäss Bild 6.52 oben ersetzt werden. Ein $\Sigma\Delta$-AD-Wandler tastet das Eingangssignal mit einer hohen Abtastfrequenz f_{s_1} ab und liefert das digitale Ausgangssignal mit einer tiefen Abtastfrequenz f_{s_2}. Davon profitieren beide Filter: 1. Das Antialiasingfilter, weil es jetzt einen grossen Übergangsbereich hat (Bild 6.52 unten) und somit beispielsweise mit einem einfachen RC-Glied gemäss Bild 2.23 gebaut werden kann. 2. Das Digitalfilter, weil es jetzt mit einer tiefen Abtastfrequenz betrieben wird.

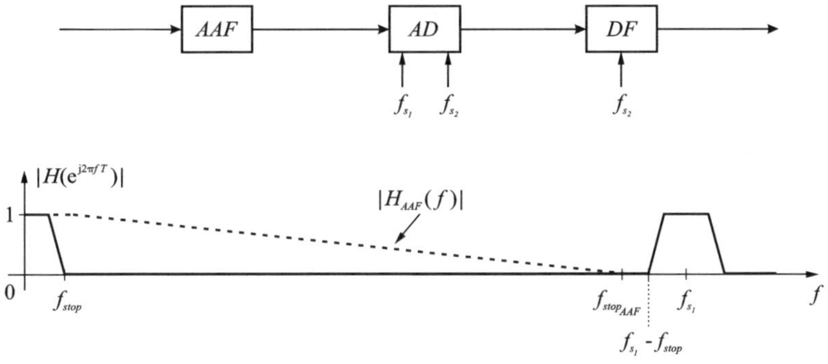

Bild 6.52: Amplitudengang eines Digital- und eines Antialiasingfilters bei Verwendung eines $\Sigma\Delta$-AD-Wandlers

Selbstverständlich ist zu prüfen, ob der Einsatz eines Antialiasingfilters überhaupt notwendig ist. Es gibt viele Anwendungen in der Praxis, wo das zu verarbeitende Signal schon genügend bandbegrenzt ist und so den Einsatz eines Antialiasingfilters überflüssig macht.

3. FIR- oder IIR-Filter?

Der nächste Schritt besteht in der Wahl der Filter-Grundstruktur: nichtrekursiv oder rekursiv, d. h. FIR oder IIR. Um die Wahl zu erleichtern, sind die wichtigsten Eigenschaften in Tabelle 6.5 zusammengefasst.

Eigenschaft	FIR-Filter	IIR-Filter
Stabilität	immer stabil	Instabilität möglich
Gruppenlaufzeit	konstant	frequenzabhängig
Ordnung und Rechenaufwand	hoch	tief
Nichtideale Effekte	klein	gross
Filterfunktionen	TP, BP, HP, BS, Differentiator, Hilbert-Transformator und Multiband-Filter	TP, BP, HP, BS, Allpass, Integrator

Tabelle 6.5: Eigenschaften von FIR- und IIR-Filtern

Die aufgeführten Eigenschaften in der mittleren Kolonne gelten für FIR-Filter mit symmetrischer Impulsantwort, wie sie in Kap. 6.2.1 vorgestellt wurden. Unsymmetrische FIR-Filter sind unüblich und werden nur selten eingesetzt.

Die Qualifikationen „gross“, „klein“, „hoch“ und „tief“ sind nicht absolut, sondern relativ zu verstehen.

4. Spezifikationen

Unter den Spezifikationen des Filters verstehen wir das Toleranzschema mit seinen Durchlass- und Sperrfrequenzen, sowie den zulässigen Rippeln im Durchlass- und Sperrbereich. Die Wahl dieser Parameter erfolgt aufgrund einer konkreten Anwendung und unter Berücksichtigung der Leistungsfähigkeit des vorhandenen Digitalrechners. Aus der Perspektive des Digitalfilters lässt sich folgendes sagen: Je grösser die Ansprüche an das Filter sind, d. h. je enger der zulässige Toleranzbereich ist, desto grösser ist die Ordnung und desto höher sind die Genauigkeitsanforderungen an die Koeffizienten. Eine grosse Ordnung bedeutet eine grosse Anzahl von Koeffizienten und damit eine grosse Anzahl von Multiplikationen. Zur Erinnerung: Ein FIR-Filter N-ter Ordnung in Direktform-Struktur erfordert (N+1)-Multiplikationen pro Abtastintervall und ein IIR-Block 2. Ordnung benötigt 5 bis 7 Multiplikationen pro Abtastintervall (Bild 6.42). Ein IIR-Filter hoher Ordnung in Kaskaden-Struktur hat ausserdem eine grosse Anzahl von Quantisierungsstellen und somit ein hohes Rauschen an seinem Ausgang. Schliesslich steigt mit zunehmender Ordnung sowohl für FIR- wie auch für IIR-Filter die Gruppenlaufzeit an.

Nach diesen Ausführungen ist es offensichtlich, dass die Spezifikationen eines Digitalfilters so tolerant als möglich gewählt werden sollen. Dies gilt insbesondere bei Verwendung eines Festkomma-Rechners und bei hochfrequent abgetasteten Echtzeit-Aufgaben.

5. Filterentwurf

Unter der Tschebyscheff-Approximation versteht man ein Approximationsverfahren, das eine stückweise konstante Welligkeit im Amplitudengang ergibt. Approximiert man einen rechteckförmigen Amplitudengang nach diesem Verfahren, so führt es zu einem Digitalfilter minimaler Ordnung. Dies ist der Grund, weshalb es bevorzugt angewandt wird. Bei FIR-Filtern ist das Verfahren unter verschiedenen Namen bekannt, wie z. B. unter Parks-McClellan- oder Equirippel-Verfahren. Bei IIR-Filtern figuriert es unter den Namen „Cauer-Filter“ oder „elliptisches Filter“. Wenn die Tschebyscheff-Approximation wider Erwarten zu unerwünschten Ergebnissen führt, empfiehlt sich die Anwendung einer anderen Entwurfsmethode, wie sie beispielsweise in Kap. 6.3 beschrieben ist.

6. Struktur

Die übliche Struktur für FIR-Filter ist die nichtrekursive Direktform-Struktur, auch Transversalfilter-Struktur genannt (Bild 6.16) und die häufigste Struktur für IIR-Filter ist die Kaskaden-Struktur mit Blöcken 2. Ordnung (Bild 6.23). Beim Auftreten von Schwierigkeiten können Spezialstrukturen eingesetzt werden, wie sie in Kap. 6.4.7 erwähnt wurden. Zur Erinnerung: Die Struktur ist eine graphische Form des Algorithmus, gemäss dem das Filter auf einem digitalen Rechner programmiert wird.

7. Simulation, Implementation und Kontrolle

Nach der Bestimmung der Abtastfrequenz, der Filterkoeffizienten und der Filterstruktur kann das Digitalfilter – eventuell nach einer Simulation – mit Hilfe von Softwarewerkzeugen auf der bereitgestellten Hardware implementiert werden. Nach der Implementation ist es unbedingt erforderlich, das Digitalfilter unter praxisnahen Bedingungen auszutesten. Falls die Erfolgskontrolle zu einem unbefriedigenden Ergebnis führt, muss der Entwurfprozess neu gestartet und Punkt für Punkt überarbeitet werden.

Hinweis

Im Anhang ist das MATLAB-Tool `spfilt` beschrieben, mit dem man Digitalfilter entwerfen, simulieren und realisieren kann. Es beruht auf dem MATLAB-Programm `sptool` und ist auf der Buch-CD enthalten.

6.5.2 Anwendungsbeispiel

Eine Aufgabe, die in der Praxis hin und wieder vorkommt, ist das Herausfiltern der Grundschwingung aus einem periodischen Signal. Als Beispiel dafür soll aus der Rechteckschwingung der Frequenz f_0 die Cosinusschwingung mit gleicher Frequenz und der Amplitude 1 gemäss Bild 6.53 herausgefiltert werden.

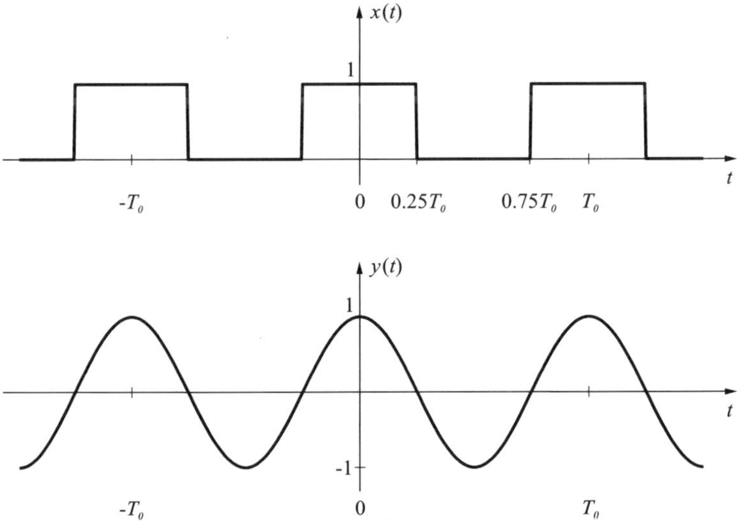

Bild 6.53: Rechteckschwingung mit erster Harmonischen

Gemäss dem Beispiel auf Seite 26 kann man die Rechteckschwingung wie folgt in eine Fourier-Reihe zerlegen:

$$x(t) = \frac{1}{2} + \frac{2}{\pi}\cos(2\pi f_0 t) - \frac{2}{\pi 3}\cos(2\pi 3 f_0 t) + \frac{2}{\pi 5}\cos(2\pi 5 f_0 t) - \cdots ,$$

wobei die Grundfrequenz f_0 durch den Reziprokwert der Periode T_0 gegeben ist. Für $T_0 = 1\,\text{ms}$ ist

$$f_0 = \frac{1}{T_0} = 1\,\text{kHz}\,.$$

Das Rechtecksignal soll mit einem DSP-Kit gefiltert werden, der sich nur mit einer beschränkten Anzahl von Abtastfrequenzen $f_s = 4\,\text{kHz}, 8\,\text{kHz}, 16\,\text{kHz}$, etc. betreiben lässt. Wir möchten die Cosinusschwingung mit acht Abtastwerten pro Periode darstellen und wählen deshalb $f_s = 8\,\text{kHz}$.

Gemäss Aufgabenstellung soll der Scheitelwert der Cosinusschwingung 1 sein. Bezüglich der Unterdrückung des DC-Wertes und der Oberschwingungen sind keine Bedingungen gegeben. Wir setzen deshalb willkürlich einen maximalen DC- und Oberschwingungsanteil von 1 % fest. Daraus ergeben sich folgende Bedingungen an den Amplitudengang $|H(e^{j2\pi fT})|$ des Filters:

$$\begin{aligned} \frac{2}{\pi}|H(e^{j2\pi f_0 T})| &= 1\,, \\ \frac{1}{2}|H(e^{j2\pi 0 T})| &< 0.01\,, \\ \frac{2}{3\pi}|H(e^{j2\pi 3 f_0 T})| &< 0.01\,, \\ \frac{2}{5\pi}|H(e^{j2\pi 5 f_0 T})| &< 0.01\,, \\ &\text{etc.} \end{aligned}$$

Aufgrund dieser Bedingungen zeichnen wir das Toleranzschema in Bild 6.54.

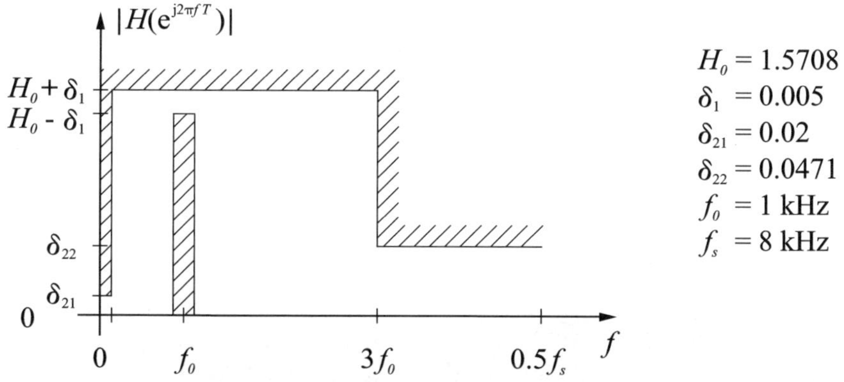

Bild 6.54: Toleranzschema des Bandpassfilters

Um mit dem DSV-Programm `sptool` von MATLAB ein FIR-Filter zu entwerfen, müssen wir das Toleranzschema modifizieren. Das Programm setzt die Verstärkung im Durchlassbereich auf $H_0 = 1$ ($\hat{=} 0\,\text{dB}$) und definiert den Rippel R_p im Durchlassbereich und die Sperrdämpfung R_s wie folgt (Bild 6.55):

$$\begin{aligned} R_p &= 20\log(\tfrac{1+\delta_1}{1-\delta_1})\,, \quad \text{Einheit: dB}\,, \\ R_s &= -20\log(\delta_2)\,, \quad \text{Einheit: dB}\,. \end{aligned} \tag{6.94}$$

Wir berechnen die Werte R_p und R_s, runden sie, setzen die Frequenzgrenzen f_1, f_2, f_3 und f_4 auf 100 Hz, 950 Hz, 1050 Hz und 2000 Hz und erhalten so das Toleranzschema in Bild 6.55. Das Festlegen der Frequenzgrenzen ist meistens nicht eindeutig, deshalb ist eine andere Wahl ebenfalls möglich (Aufgabe 19).

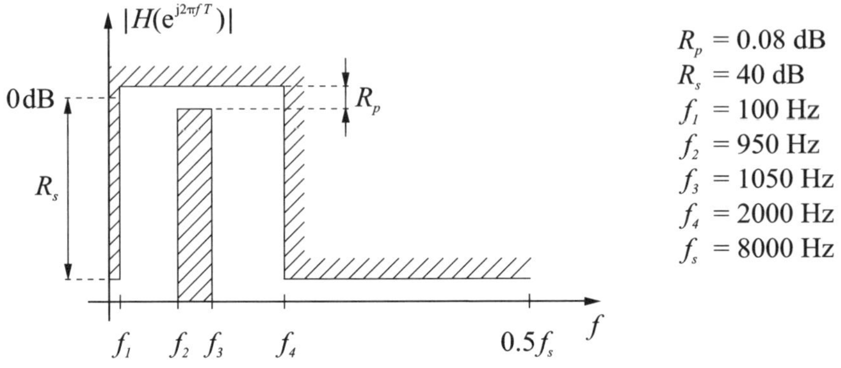

Bild 6.55: Toleranzschema des FIR-Bandpassfilters

Das entworfene Filter hat die Ordnung 20 und besteht somit aus 21 Koeffizienten $b_0, b_1, \ldots, b_{20}$. Bevor wir es implementieren, müssen wir seine Koeffizienten mit dem Faktor H_0 multiplizieren, damit es die Spezifikationen in Bild 6.54 erfüllt. Anschliessend simulieren wir es mit dem Programm `spfilt`, um zu überprüfen, ob es auf einem 16-Bit-Festkomma-Rechner funktioniert. Das Ergebnis der erfolgreichen Simulation ist in Bild 6.56 dargestellt.

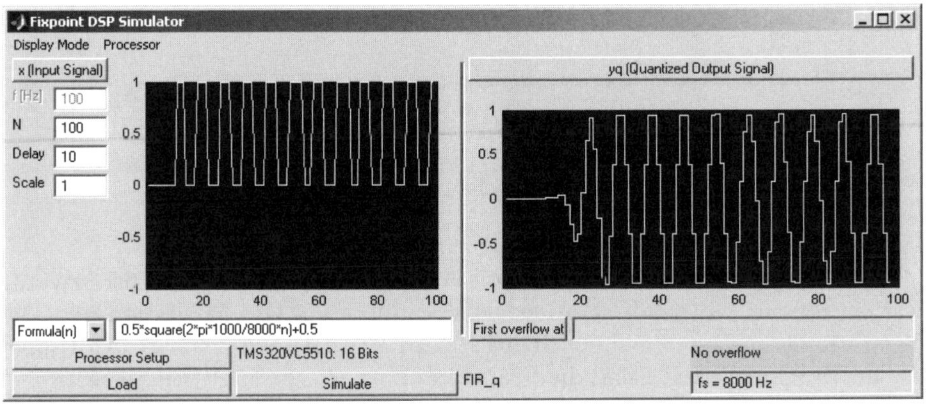

Bild 6.56: Simulation des FIR-Bandpassfilters

Ebenfalls mit den Kenngrössen in Bild 6.55 entwerfen wir ein elliptisches IIR-Filter in Kaskadenstruktur mit Direktform-I-Blöcken 2. Ordnung. Als Skalierung wählen wir die übliche l_∞-Norm. Der Entwurfsprozess liefert die Koeffizienten eines Filters 4. Ordnung, wobei die Koeffizienten b_{01}, b_{11}, b_{21} noch mit dem Faktor H_0 zu multiplizieren sind, damit es die gewünschten Spezifikationen erfüllt. Die Simulation von 100 Abtastwerten in Bild 6.57 zeigt, dass das Ausgangssignal zwei mal überläuft und sein Einschwingvorgang einiges länger dauert.

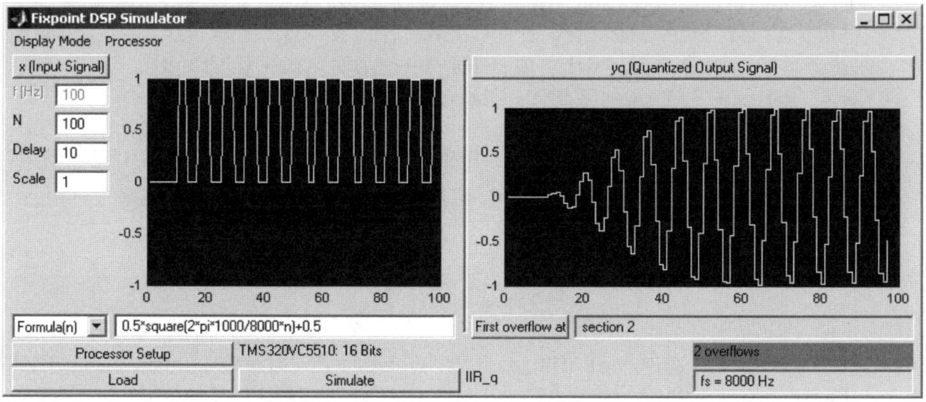

Bild 6.57: Simulation des IIR-Bandpassfilters

Aufgrund der Simulationsergebnisse und der verhältnissmässig kleinen Ordnung entscheiden wir uns für die Realisierung des FIR-Filters. Wir generieren mit Hilfe von `spfilt` den Code für dieses Filter, der anschliessend automatisch auf den DSP-Starterkit TMS320VC5510-DSK von Texas Instruments geladen und gestartet wird. Der DSP-Kit enthält den 16-Bit-Festkomma-DSP TMS320VC5510, einen $\Sigma\Delta$-AD- und DA-Wandler, sowie analoge Eingangs- und Ausgangsfilter gemäss Bild A.1 auf Seite 310. Der AD-Wandler tastet das Eingangssignal mit einer Abtastfrequenz von $f_{s1} = 250 f_s$ ab, liefert die Abtastwerte mit einer Abtastrate von $f_s = 8000\,\text{Hz}$ an den DSP, wo sie mit dem Filteralgorithmus bearbeitet und anschliessend dem DA-Wandler übergeben werden.

Das Programm `spfilt` entwirft und simuliert zeitdiskrete Systeme. Die Verzerrungen der zeitkontinuierlichen Signale am Eingang und Ausgang, verursacht durch die AD- und DA-Wandler sowie durch die analogen Eingangs- und Ausgangsfilter des DSP-Kits, bleiben deshalb unberücksichtigt.

Aufgaben

1. **Grundlegendes Verhalten eines linearen Digitalfilters**

   Mit Hilfe eines M-Files wollen wir das grundlegende Verhalten eines linearen Digitalfilters untersuchen. Starten Sie zu diesem Zweck `A1_6_1`, geben Sie die b- und die a-Koeffizienten eines LTI-Systems Ihrer Wahl ein und generieren Sie ein diskretes Eingangssignal $x[n]$. Das M-File bestimmt folgende Grössen: Frequenzgang, Gruppenlaufzeit, Impulsantwort, PN-Diagramm, Faltung, sowie das Spektrum (DTFT) des Eingangs- und Ausgangssignals. Beispiel: $\boldsymbol{b} = [0.8 \quad -1.7 \quad 1]$, $\boldsymbol{a} = [1 \quad -1.7 \quad 0.8]$, und $\boldsymbol{x} = \sin(2 * \mathrm{pi} * 0.1 * [0:100]) + \sin(2 * \mathrm{pi} * 0.15 * [0:100])$ oder $\boldsymbol{x} = [\mathrm{zeros}(1,11) \quad \mathrm{ones}(1,90)]$. Diskutieren Sie die Ergebnisse.

2. **Signalverzerrung aufgrund einer nichtkonstanten Gruppenlaufzeit**

   Generieren Sie mit MATLAB drei Perioden des Signals

   $$x[n] = \sum_{i=1}^{4} \frac{1}{2i-1} \sin(2\pi 0.005(2i-1)n)$$

   und laden Sie das Mat-File `A1_6_2`, welches die Koeffizienten eines FIR-Tiefpassfilters (Vektoren $\boldsymbol{b}1$ und $\boldsymbol{a}1$) und eines IIR-Tiefpassfilters (Vektoren $\boldsymbol{b}2$ und $\boldsymbol{a}2$) enthält. Beide Tiefpassfilter wurden mit demselben Toleranzschema entworfen und erfüllen somit die gleichen Spezifikationen. Filtern Sie das Signal mit den beiden Digitalfiltern und beachten Sie, wie das IIR-Filter im Gegensatz zum FIR-Filter das Signal verzerrt.

3. **IIR-Filter mit endlicher Impulsantwort**

   (a) Zeichnen Sie ein Signalflussdiagramm zum IIR-Filter mit der Übertragungsfunktion

   $$H(z) = \frac{-0.05 - 0.27z^{-1} + 0.88z^{-2} - 0.72z^{-3} + 0.13z^{-4} + 0.03z^{-5}}{1 - 0.6z^{-1}}.$$

   (b) Dividieren Sie das Zählerpolynom durch das Nennerpolynom und zeigen Sie, dass das obige Digitalfilter eigentlich ein FIR-Filter ist. Überprüfen Sie diese Aussage, indem Sie die Impulsantwort von $H(z)$ durch Anwenden des MATLAB-Befehls `impz` berechnen.

4. **Analyse zweier FIR-Differentiatoren vom Typ 3 und 4**

   (a) Entwerfen Sie mit den Befehlen `b3=remez(22,[0 .8],[0 .4],'differentiator')` und `b4=remez(11,[0 .8],[0 .4],'differentiator')` zwei Differentiatoren und kontrollieren Sie, ob die beiden Koeffizientenvektoren $\boldsymbol{b}3$ und $\boldsymbol{b}4$ tatsächlich die Symmetrie vom Typ 3 und vom Typ 4 aufweisen.

(b) Welchen beiden Frequenzpunkten im Frequenzbereich $[0, 0.5f_s]$ (positiver Nyquistbereich) entsprechen die Werte $z = 1$ und $z = -1$?

(c) Die Übertragungsfunktion von FIR-Typ-3-Filtern ist Null bei $z = 1$ und $z = -1$. Verifizieren Sie die Aussage mit Hilfe des Befehls `freqz`.

(d) Gilt die obige Eigenschaft auch für FIR-Filter vom Typ 1?

(e) Der Amplitudengang eines digitalen Differentiators beschreibt sich durch die Formel

$$|H(f)| = k\frac{|f|}{f_s}\,, \qquad \text{wobei: } |f| < f_u < 0.5f_s\,.$$

Die Parameter k, f_u und f_s sind positive Grössen und bezeichnen die Steigung, die obere Frequenzgrenze und die Abtastfrequenz. Wie gross sind diese Parameter für die beiden Differentiatoren in (4a)?

(f) Erzeugen Sie mit den MATLAB-Funktionen `square` und `chirp` ein Rechteck- und ein Chirp-Eingangssignal und überprüfen Sie das Ausgangssignal der beiden Differenzierer in (4a).

5. **Substitution eines analogen durch einen digitalen Integrator**

Ein analoger Integrator mit der Übertragungsfunktion

$$H(s) = \frac{1}{s\tau}\,, \qquad \text{wobei: } \tau = 1\,\text{ms}\,,$$

soll für einen tiefen Frequenzbereich (d. h. $|f| \ll f_s$) durch einen digitalen Integrator mit der Übertragungsfunktion

$$H(z) = \frac{b_0}{1 - z^{-1}}\,, \qquad \text{wobei: } f_s = 10\,\text{kHz}\,,$$

ersetzt werden. Wie gross ist der Koeffizient b_0 zu wählen? Ist der Integrator stabil?

Hinweis: Setzen Sie $z = e^{j\omega T}$, entwickeln Sie $e^{j\omega T}$ in eine Reihe, vernachlässigen Sie die Terme 2. und höherer Ordnung und führen Sie einen Koeffizientenvergleich durch.

6. **Programmierung des Differenzengleichungssystems einer Kaskaden-Struktur**

(a) Schreiben Sie ein M-File, das die Koeffizienten und das Eingangssignal eines IIR-Filters einliest und den Frequenzgang und das Ausgangssignal dazu zeichnet.

(b) Erweitern Sie das M-File, indem Sie das IIR-Filter mit `tf2sosI` in Blöcke 2. Ordnung zerlegen und das zugehörige Differenzengleichungssystem (6.32) programmieren.

7. **Impulsantwort des idealen BP-Filters**

   Die Impulsantwort des idealen Bandpassfilters mit den beiden normierten Grenzkreisfrequenzen Ω_1 und Ω_2 lautet:

$$h_{BPideal}[n] = \begin{cases} \frac{\Omega_2-\Omega_1}{\pi} & : \quad n=0\,, \\ \frac{\Omega_2}{\pi}\text{sinc}(\frac{n\Omega_2}{\pi}) - \frac{\Omega_1}{\pi}\text{sinc}(\frac{n\Omega_1}{\pi}) & : \quad \text{sonst}\,. \end{cases}$$

   Leiten Sie diese Formel her, indem Sie die Bandpassfunktion in zwei Tiefpassfunktionen zerlegen. Die Formel für die Impulsantwort des idealen Tiefpassfilters mit der Grenzfrequenz Ω_c lautet:

$$h_{TPideal}[n] = \begin{cases} \frac{\Omega_c}{\pi} & : \quad n=0\,, \\ \frac{\Omega_c}{\pi}\text{sinc}(\frac{n\Omega_c}{\pi}) & : \quad \text{sonst}\,. \end{cases}$$

8. **Entwurf von Bandpassfiltern und Analyse der gefilterten Signale**

   In dieser Aufgabe sollen mit dem MATLAB-DSV-Werkzeug `sptool` zwei FIR- und zwei IIR-Bandpassfilter mit folgenden Spezifikationen entworfen werden: Abtastfrequenz 10 kHz, Durchlassfrequenzen 990 Hz und 1010 Hz, Sperrfrequenzen 950 Hz und 1050 Hz, Rippel im Durchlassbereich $Rp = 1$ dB und Sperrdämpfung $Rs = 40$ dB. Die entworfenen Bandpässe werden mit einem Rauschsignal angeregt und ihre Ausgangssignale einer Spektralanalyse unterzogen.

   (a) Generieren Sie ein Rauschsignal `x=randn(1,10000)`, starten Sie `sptool`, importieren Sie `x` als Signal und kreieren Sie das dazugehörige Leistungsdichtespektrum mit den Parametern „Welch, 1024, 256, boxcar und 128“.

   (b) Entwerfen Sie vier Bandpassfilter nach folgenden Entwurfsverfahren: 1. Kaiser-Fenstermethode, 2. Equiripple-Verfahren, 3. Butterworth-IIR und 4. Elliptic-IIR. Beachten Sie die Abnahme der Filter-Ordnungen und betrachten Sie den Amplituden- und Phasengang, die Gruppenlaufzeit, die Impuls- und Schrittantwort sowie das PN-Diagramm.

   (c) Welchen Rippeln δ_1 und δ_2 entsprechen der Rippel Rp und die Sperrdämpfung Rs?

   (d) Mit der `sptool`-Taste „Apply“ kann man das Rauschsignal `x` filtern und mit der Taste „Create“ lässt sich das Leistungsdichtespektrum des gefilterten Rauschsignals schätzen (Hanning-Fenster benutzen). Schauen Sie sich die vier gefilterten Signale im Zeit- und Frequenzbereich an.

   (e) Hören Sie sich das Eingangs- und die Ausgangssignale an, indem Sie den Befehl `sound` starten. Kann man bei den Ausgangssignalen einen Unterschied feststellen?

9. **Entwurf einer Bandsperre 2. Ordnung durch Eingabe der Pole und Nullstellen**

   Digitalfilter kann man auch entwerfen, indem man ihre Pole und Nullstellen geeignet wählt. Für eine Bandsperre 2. Ordnung mit der Abtastfrequenz f_s, der Sperrfrequenz f_N (engl: notch frequency) und der 3dB-Bandbreite BW (engl: 3dB-bandwidth) gelten beispielsweise folgende Entwurfsgleichungen [IJ02]:

$$r_z = 1, \qquad r_p = 1 - \pi\frac{BW}{f_s}, \qquad \theta = 2\pi\frac{f_N}{f_s}.$$

   Dabei ist r_z der Betrag der beiden Nullstellen, r_p der Betrag der beiden Pole und $+\theta$ und $-\theta$ sind die Winkel der zwei Pole und Nullstellen.

   (a) Berechnen Sie die Filterkoeffizienten b_0, b_1, b_2, a_1 und a_2 für eine 50 Hz-Bandsperre mit der Bandbreite 10 Hz und der Abtastfrequenz 500 Hz.

   (b) Starten Sie das MATLAB-DSV-Werkzeug `sptool` und entwerfen Sie mit dem Pole/Zero-Editor die Bandsperre. Kontrollieren Sie, ob die Filterkoeffizienten mit denjenigen von oben übereinstimmen und ob der Amplitudengang den Erwartungen entspricht.

10. **Herleitung der Pol-Sensitivität**

   Gegeben sei die Übertragungsfunktion eines IIR-Filters

$$\begin{aligned} H(z) &= \frac{B(z)}{A(z)}, \\ &= \frac{b_0 + b_1 z^{-1} + \cdots + b_N z^{-N}}{1 + a_1 z^{-1} + \cdots + a_M z^{-M}}, \\ &= \frac{b_0 z^{-N}(z - z_1)(z - z_2)\cdots(z - z_N)}{z^{-M}(z - p_1)(z - p_2)\cdots(z - p_M)}. \end{aligned}$$

   Die Sensitivität $S_{a_k}^{p_i}$ des i-ten Poles bezüglich des k-ten a-Koeffizienten ist definiert als die Ableitung

$$S_{a_k}^{p_i} = \frac{\partial p_i}{\partial a_k}.$$

   Sie berechnet sich nach der Formel (6.57):

$$S_{a_k}^{p_i} = \frac{p_i^{M-k}}{\prod\limits_{j=1;\, j\neq i}^{M} (p_i - p_j)}.$$

Leiten Sie diese Formel her, indem Sie wie folgt vorgehen: Durch Anwenden der Kettenregel $A(z)$ nach a_k ableiten. Die so entstandene Gleichung nach der Sensitivität auflösen. Das Resultat ist ein Bruch. Im Zähler steht eine Ableitung, die einfach zu bestimmen ist und im Nenner steht eine Ableitung, die mit Hilfe der Produkteregel bestimmt werden kann. Die Bestimmung der beiden Ableitungen führt zur obigen Formel (6.57).

11. ***SNR* am Ausgang eines AD-Wandlers**

Bei sinusförmiger Vollaussteuerung hat das *SNR* bei einem AD-Wandler folgenden Wert:

$$SNR \approx 6(B+1) + 1.8\,, \qquad \text{Einheit: dB}\,,$$

wobei $(B+1)$ die Wortlänge ist.

Leiten Sie diese Formel her, indem Sie wie folgt vorgehen: Mittlere Leistung des Sinussignals $\rho_x^2 = \frac{1}{T_0}\int_{-T_0/2}^{T_0/2} \sin^2(2\pi f_0 t)\,dt$ und mittlere Leistung des Rundungsrauschens $\rho_e^2 = E\{e^2\} = \int_{-\infty}^{\infty} e^2 f_e(e)\,de$ berechnen und darauf die Definitionsformel des *SNR* anwenden. Hinweise: Das Rundungsrauschen hat bekanntlich eine rechteckförmige Wahrscheinlichkeitsdichtefunktion $f_e(e)$, die sich von $-q/2$ bis $+q/2$ erstreckt und die Höhe $1/q$ hat. Der Parameter q ist die Quantisierungsstufe und hat den Wert $q = 2^{-B}$.

12. **Skalierung und Rundung von Filterkoeffizienten**

Ein Entwurfsprogramm liefert für ein Digitalfilter folgende Koeffizienten:

$$\begin{aligned} b_0 &= 0.040115\,, & b_1 &= 0.080231\,, & b_2 &= 0.040115\,,\\ & & a_1 &= -1.359009\,, & a_2 &= 0.519470\,. \end{aligned}$$

Berechnen Sie die skalierten und auf 8 Bit gerundeten Koeffizienten $\acute{b}_{0Q}$, $\acute{b}_{1Q}$, $\acute{b}_{2Q}$, $\acute{a}_{1Q}$ und $\acute{a}_{2Q}$. Bestimmen Sie die Skalierungsexponenten L_b und L_a analog zum Beispiel auf Seite 251. Verwenden Sie zur Rundung die Funktion `quantsig`.

13. **Entwurf eines IIR-Tiefpassfilters in Kaskaden-Struktur**

Entwerfen Sie mit dem Befehl `ellip` ein TP-Filter mit folgenden Parametern: Ordnung $N = 6$, Rippel $R_p = 1\,\text{dB}$, Sperrdämpfung $R_s = 40\,\text{dB}$ und normierte Durchlassfrequenz $f_{pass}/f_s = 0.1$. Zerlegen Sie die so gewonnene Übertragungsfunktion $H(z)$ gemäss den Bildern 6.23 und 6.24 in die drei Übertragungsfunktionen $H_1(z)$, $H_2(z)$ und $H_3(z)$. Verwenden Sie dazu den Befehl `tf2sosI` mit der l_∞-Skalierung. Überprüfen Sie, ob die Skalierung korrekt ist, d. h. ob die Amplitudengänge der drei Übertragungsfunktionen $H_{01}(z) = H_1(z)$, $H_{02}(z) = H_1(z)H_2(z)$ und $H_{03}(z) = H_1(z)H_2(z)H_3(z) = H(z)$ alle das gleiche Maximum haben.

14. **Mittelwert und Varianz des Quantisierungsrauschens**

Unter dem Mittelwert μ_e und der Varianz σ_e^2 des Quantisierungsrauschens $e[n]$ versteht man gemäss Kap. 4.3.1 folgende Erwartungswerte:

$$\mu_e[n] = E\{e[n]\} \quad \text{und} \quad \sigma_e^2[n] = E\{(e[n] - \mu_e[n])^2\}\,.$$

Das Quantisierungsrauschen ist ein stationäres Signal, deshalb sind die beiden Erwartungswerte zeitunabhängig und gemäss Gl.(4.7) und Gl.(4.11) wie folgt definiert :

$$\mu_e = \int_{-\infty}^{+\infty} e f_e(e)\, de \quad \text{und} \quad \sigma_e^2 = \int_{-\infty}^{+\infty} (e - \mu_e)^2 f_e(e)\, de\,.$$

Leiten Sie nun die Formeln

$$\mu_e = 0\,, \qquad \sigma_e^2 = \frac{2^{-2B}}{12}$$

für das Rundungsrauschen und die Formeln

$$\mu_e = -\frac{2^{-B}}{2}\,, \qquad \sigma_e^2 = \frac{2^{-2B}}{12}$$

für das Abschneiderauschen her. Die Wahrscheinlichkeitsdichtefunktionen $f_e(e)$ sind durch Bild 6.47 gegeben.

15. **Quantisierungsrauschen bei einem IIR-Filter**

Das Programm `spfilt`, beschrieben im Anhang B, bestimmt den Mittelwert μ_y und die Standardabweichung σ_y des Quantisierungsrauschens am Ausgang eines IIR-Filters, indem es die Formeln (6.85) und (6.89) anwendet. Starten Sie `spfilt` und entwerfen Sie eine 50Hz-Bandsperre zuerst mit der Abtastfrequenz 200 Hz und nachher mit der Abtastfrequenz 2000 Hz. Drücken Sie die Taste „Update list“, stellen Sie das Prozessorfeld auf „General Fixpoint Processor“ und wählen Sie ein IIR-Kaskaden-Filter an. Überprüfen Sie die folgenden Aussagen:

(a) Der Mittelwert μ_y (engl: mean value) und die Standardabweichung σ_y (engl: standard deviation) des Quantisierungsrauschens sind beim Filter mit der tiefen Abtastfrequenz klein und beim Filter mit der hohen Abtastfrequenz gross.

(b) Das Quantisierungsrauschen des IIR-Filters mit der l_2-Skalierung hat eine kleinere Standardabweichung als das Quantisierungsrauschen des IIR-Filters mit der l_∞-Skalierung.

16. **Berechnung des Quantisierungsrauschens**

    In dieser Aufgabe sollen der Mittelwert und die Standardabweichung des Quantisierungsrauschens bei einem IIR-Filter in Direktform-I-Struktur berechnet und mit den Resultaten von `spfilt` verglichen werden.

    (a) Zeichnen Sie analog zu Bild 6.49 die Direktform-I-Struktur eines IIR-Filters inklusive Quantisierungsrauschquellen.

    (b) Bestimmen Sie analog zu den Formeln (6.85) und (6.89) den Mittelwert μ_y und die Varianz σ_y^2 des Quantisierungsrauschens.

    (c) Leiten Sie daraus die Formeln für den Mittelwert μ_y und die Standardabweichung σ_y her, wobei LSB die Einheit ist.

    (d) Berechnen Sie anhand eines konkreten Filters den Mittelwert μ_y und die Standardabweichung σ_y des Quantisierungsrauschens, indem Sie die Funktionen `freqz` und `nsgain` verwenden. Überprüfen Sie Ihre Resultate mit denjenigen von `spfilt`.

17. **Entwurf und Simulation eines Hochpassfilters**

    Approximieren Sie mit `spfilt` ein HP-Filter mit folgenden Spezifikationen: $f_s = 10000\,\text{Hz}$, $f_{pass} = 1000\,\text{Hz}$, $R_p = 0.1\,\text{dB}$, $f_{stop} = 900\,\text{Hz}$ und $R_s = 40\,\text{dB}$. Verwenden Sie die Equiripple- und Elliptic-Approximationen, realisieren Sie das HP-Filter in den Strukturen

    (a) FIR-Direktform,

    (b) IIR-Kaskade mit l_∞-Skalierung,

    (c) IIR-Kaskade mit l_2-Skalierung,

    (d) IIR-Direktform-I

    und runden Sie in `spfilt` die Filterkoeffizienten auf 16 Bit. Transferieren Sie die quantisierten Filter nach `sptool` und schauen Sie deren Amplitudengänge an. Simulieren Sie mit dem Fixpoint DSP Simulator jedes der vier quantisierten Filter, indem Sie den Eingang mit einem Sinus der Amplitude 1 und der Frequenz 1000 Hz anregen und so das zugehörige Ausgangssignal erzeugen.

    Kommentieren Sie den Amplitudengang und das Ausgangssignal der vier quantisierten Filter.

18. **Vergleich von IIR-Filtern unterschiedlicher Abtastfrequenz**

    Starten Sie `spfilt`.

    (a) Entwerfen Sie ein elliptisches TP-Filter mit folgenden Spezifikationen: $f_s = 1000\,\text{Hz}$, $f_{pass} = 10\,\text{Hz}$, $R_p = 1\,\text{dB}$, $f_{stop} = 20\,\text{Hz}$ und $R_s = 40\,\text{dB}$. Quantisieren Sie die Koeffizienten auf 12 Bit und betrachten Sie den Amplitudengang des quantisierten und des unquantisierten Filters. Wie beurteilen Sie den Amplitudengang des quantisierten Filters?

(b) Entwerfen Sie dasselbe TP-Filter, jedoch mit $f_s = 100\,\text{Hz}$. Quantisieren Sie die Koeffizienten ebenfalls auf 12 Bit und vergleichen Sie die Amplitudengänge der quantisierten Filter in (a) und (b). Was stellen Sie fest? Vergleichen Sie die Pol-Nullstellendiagramme der beiden TP-Filter.

(c) Entwerfen Sie ein elliptisches BP-Filter mit folgenden Spezifikationen: $f_s = 1000\,\text{Hz}$, $f_{pass1} = 95\,\text{Hz}$, $f_{pass2} = 105\,\text{Hz}$, $R_p = 1\,\text{dB}$, $f_{stop1} = 85\,\text{Hz}$, $f_{stop2} = 115\,\text{Hz}$ und $R_s = 40\,\text{dB}$. Quantisieren Sie die Koeffizienten auf 12 Bit und betrachten Sie den Amplitudengang des quantisierten BP-Filters und des quantisierten TP-Filters ($f_s = 1000\,\text{Hz}$). Was stellen Sie fest?

19. **Anwendungsbeispiel**

Entwerfen und simulieren Sie mit dem Programm `spfilt` ein FIR- und ein IIR-Filter, das die Bedingungen des Anwendungsbeispiels auf Seite 269 ebenfalls erfüllt.

20. **Experimente mit LabVIEW Vis**

Experimentieren Sie mit folgenden LabVIEW-Vis:

(a) `Filter Design`.
Dieses Vi approximiert ein IIR- und ein FIR-Filter. Es stellt den Amplituden- und Phasengang, sowie die Gruppenlaufzeit dar.

(b) `Digital Filter`.
Auch mit diesem Vi kann man IIR- und FIR-Filter entwerfen und ihren Frequenzgang sowie ihre Gruppenlaufzeit darstellen. Zusätzlich kann man die entworfenen Digitalfilter mit verschiedenen Eingangssignalen testen.

Kapitel 7

Signalgeneratoren

Eine häufige Aufgabe der DSV ist das Erzeugen deterministischer Signale. Ein klassisches Beispiel dafür ist das Generieren einer sinusförmigen Schwingung wählbarer Frequenz. Vielfach wünscht man sich Signale mit Zufallscharakter aber mit einstellbaren Parametern wie Mittelwert und Varianz. Solche Signale werden durch Rauschgeneratoren erzeugt und können beispielsweise zur Identifikation unbekannter Systeme verwendet werden. Signalgeneratoren – ebenfalls als Funktionsgeneratoren bezeichnet – lassen sich auch zur Realisierung nichtlinearer Kennlinien einsetzen. Diese verwendet man unter anderem zur Korrektur von Sensor-Kennlinien mit nichtlinearer Charakteristik.

Im Folgenden wollen wir einige wichtige Signalgeneratoren vorstellen. Diese lassen sich mit Hilfe des im Anhang D beschriebenen Programms `spgen` entwerfen, simulieren und auf einem Festkomma-Rechner implementieren.

7.1 Einfache Signalgeneratoren

Unter einfachen Signalgeneratoren wollen wir Sägezahn-, Rechteck- und Dreieckgeneratoren verstehen. Diese Generatoren erzeugen periodische Signale mit einem Sägezahn, Rechteck oder Dreieck als Grundmuster und sind – wie wir gleich sehen werden – einfach zu realisieren.

7.1.1 Sägezahngenerator

Unter der Sägezahnfunktion sawtooth(x) versteht man eine Funktion mit folgenden Eigenschaften:

$$\text{sawtooth}(x) = -1 + \frac{x}{\pi}, \quad \text{für } 0 \le x < 2\pi, \tag{7.1}$$

$$\text{sawtooth}(x) = \text{sawtooth}(x + 2\pi). \tag{7.2}$$

Die Sägezahnfunktion ist eine sägezahnförmige, 2π-periodische Funktion.

Will man mit der Sägezahnfunktion ein Sägezahnsignal $y(t)$ mit der Frequenz f_0 erzeugen, dann muss man – wie bei der Sinusfunktion – das Argument x durch den Ausdruck $2\pi f_0 t$ ersetzen:

$$y(t) = \text{sawtooth}(2\pi f_0 t). \tag{7.3}$$

Ein solches Signal ist für $f_0 = 50\,\text{Hz}$ in Bild 7.1 oben dargestellt.

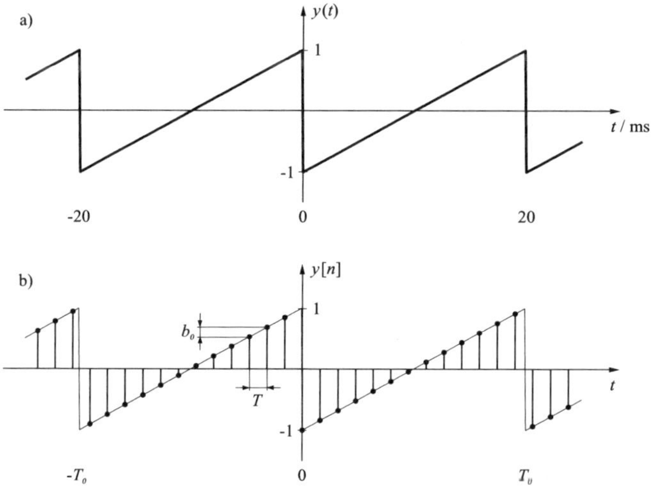

Bild 7.1: Kontinuierliches und diskretes Sägezahnsignal mit der Frequenz $f_0 = 1/T_0 = 50\,\text{Hz}$

Durch Auswerten an den Stellen $t = nT$ wird das zeitkontinuierliche Sägezahnsignal $y(t)$ zu einem zeitdiskreten Sägezahnsignal $y[n]$:

$$y[n] = \text{sawtooth}(2\pi f_0 nT). \tag{7.4}$$

Dabei bedeutet n die diskrete Zeitvariable und T das Abtastintervall. In Bild 7.1 unten ist zur Illustration eine zeitdiskrete Sägezahnschwingung mit der Frequenz $f_0 = 1/T_0 = 50\,\text{Hz}$ und der Abtastfrequenz $f_s = 1/T = 630\,\text{Hz}$ abgebildet.

Einen diskreten Sägezahngenerator kann man mit Hilfe eines diskreten Integrators realisieren, der folgende Übertragungsfunktion hat:

$$H(z) = \frac{b_0 z^{-1}}{1 - z^{-1}} \,. \tag{7.5}$$

Daraus folgt für das Ausgangssignal im Bild- und Zeitbereich:

$$Y(z) = \frac{b_0 z^{-1}}{1 - z^{-1}} X(z) \quad \bullet\!\!-\!\!\circ \quad y[n] = y[n-1] + b_0 x[n-1] \,. \tag{7.6}$$

Legen wir an den Eingang einen Einheitsschritt $x[n] = u[n]$ (in der Praxis einfach zu realiseren, indem $x[n-1] = 1$ gesetzt wird) und wählen wir die Anfangsbedingungung $y[0] = -1$, so erhalten wir für $n \geq 0$ das rampenförmige Signal:

$$\{y[n]\} = \{-1, \quad -1 + b_0, \quad -1 + 2b_0, \quad -1 + 3b_0, \quad \ldots\} \,. \tag{7.7}$$

Das Ausgangssignal steigt kontinuierlich mit der Stufenhöhe b_0 an (siehe Bild 7.1 b), bis der Rechner den zulässigen Zahlenbereich überschreitet. Im Fractional-Format ist dies beim Erreichen oder Überschreiten der Zahl +1 der Fall. Das Ausgangssignal springt dann – wie das Bild 7.2 anhand einer 4-Bit-Zahl zeigt – auf einen negativen Wert und nimmt anschliessend wiederum rampenförmig zu.

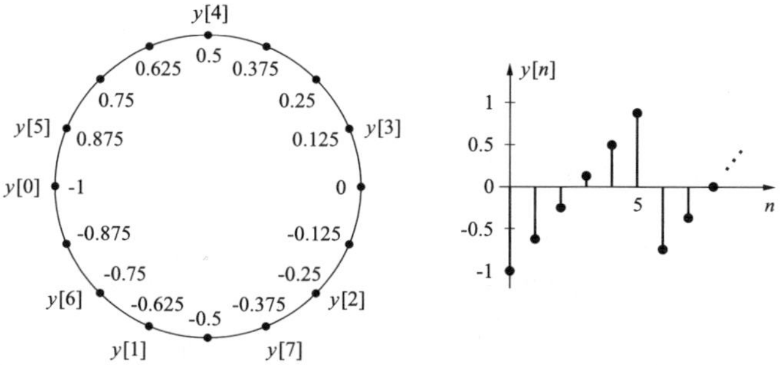

Bild 7.2: Zahlenkreis und Sägezahnsignal mit einer Stufenhöhe $b_0 = 0.375$

Mit den Sägezahn-Parametern:

$$\text{Stufenhöhe } b_0 \,, \quad \text{Periodendauer } T_0 \,, \quad \text{Abtastintervall } T \,, \quad \text{Frequenz } f_0 = 1/T_0 \,, \quad \text{Abtastfrequenz } f_s = 1/T \tag{7.8}$$

und der aufgrund von Bild 7.1 b) hergeleiteten Gleichung

$$\frac{b_0}{T} = \frac{2}{T_0} \,,$$

erhalten wir folgende Bestimmungsgleichung für die Stufenhöhe des Sägezahngenerators:

$$b_0 = 2\frac{f_0}{f_s} . \tag{7.9}$$

Die Stufenhöhe des Sägezahngenerators ist proportional zu seiner Frequenz f_0. Will man pro Periode viele Abtastwerte haben, was üblicherweise der Fall ist, dann muss die Frequenz f_0 viel kleiner als die Abtastfrequenz f_s sein.

Aus der obigen Gleichung folgt für die Frequenz des Sägezahngenerators:

$$f_0 = \frac{b_0}{2} f_s . \tag{7.10}$$

Auf einem Digitalrechner kann b_0 nur als quantisierter (gerundeter) Wert b_{0Q} dargestellt werden. Infolgedessen wird auch die Frequenz des Sägezahngenerators quantisiert:

$$f_{0Q} = \frac{b_{0Q}}{2} f_s . \tag{7.11}$$

Beispiel: Es sei ein Sägezahngenerator mit der Frequenz $f_0 = 100\,\text{Hz}$ und und der Abtastfrequenz $f_s = 8000\,\text{Hz}$ auf einem 16-Bit-Festkommarechner zu realisieren. Für b_0 und b_{0Q} finden wir 0.025 und 0.02499389648438. Daraus ergibt sich für die effektive Frequenz des Sägezahngenerators $f_{0Q} = 99.9755859375\,\text{Hz}$.

In MATLAB wird die Sägezahn-Schwingung mittels der Funktion `sawtooth` generiert.

7.1.2 Rechteckgenerator

Unter der Rechteckfunktion square(x, D) mit dem Argument x und dem Tastverhältnis D versteht man eine Funktion mit folgenden Eigenschaften:

$$\text{square}(x, D) = \begin{cases} -1 & : \ 0 \le x < 2\pi(1-D) \\ +1 & : \ 2\pi(1-D) \le x < 2\pi \end{cases} , \tag{7.12}$$

$$\text{square}(x, D) = \text{square}(x + 2\pi, D) . \tag{7.13}$$

Die Rechteckfunktion ist eine rechteckförmige, 2π-periodische Funktion mit dem Parameter D, der zwischen 0 und 1 liegen muss.

Will man mit der Rechteckfunktion ein Rechtecksignal $y(t)$ mit der Frequenz f_0 erzeugen, dann muss man – wie bei der Sägezahnfunktion – das Argument x durch den Ausdruck $2\pi f_0 t$ ersetzen:

$$y(t) = \text{square}(2\pi f_0 t, D) . \tag{7.14}$$

Ein solches Signal ist für $f_0 = 50\,\text{Hz}$ und $D = 0.25$ in Bild 7.3 unten dargestellt.

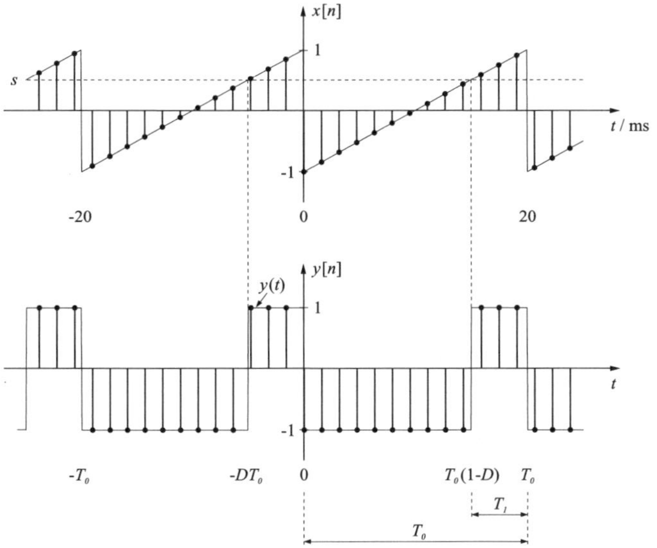

Bild 7.3: Sägezahnsignal mit der Schwelle S und dazugehöriges Rechtecksignal mit dem Tastverhältnis D

Das zeitkontinuierliche Rechtecksignal $y(t)$ lässt sich durch die Substitution $t = nT$ in das zeitdiskrete Rechtecksignal $y[n]$ überführen:

$$y[n] = \text{square}(2\pi f_0 nT, D)\,. \tag{7.15}$$

Als Beispiel zeigt Bild 7.3 unten eine zeitdiskrete Rechteckschwingung mit der Frequenz $f_0 = 1/T_0 = 50\,\text{Hz}$ und der Abtastrate $f_s = 1/T = 630\,\text{Hz}$. In diesem Bild ist auch ersichtlich, was man sich unter dem Tastverhältnis D (engl: duty cycle) vorzustellen hat: Es ist das Verhältnis zwischen der positiven Pulslänge T_1 und der Periodendauer T_0:

$$D = \frac{T_1}{T_0}\,. \tag{7.16}$$

Das diskrete Rechtecksignal $y[n] = \text{square}(2\pi f_0 nT, D)$ kann man aus dem diskreten Sägezahnsignal $x[n] = \text{sawtooth}(2\pi f_0 nT)$ über folgende zwei Vorschriften gewinnen:

$$y[n] = \begin{cases} -1 & : \quad x[n] < S \\ 1 & : \quad x[n] \geq S \end{cases}\,. \tag{7.17}$$

In Worten: Ist das Sägezahnsignal kleiner als die Schwelle S (engl: threshold), dann legt der Digitalrechner eine -1 an den Ausgang, ist es gleich oder grösser als S, dann legt er eine $+1$ an den Ausgang. Die Schwelle S kann man aus der Steigung des Sägezahns (Bild 7.3 oben) bestimmen:

$$\frac{S-(-1)}{T_0 - T_1} = \frac{1-(-1)}{T_0} \quad \Longrightarrow \quad \frac{S+1}{T_0 - DT_0} = \frac{2}{T_0} \quad \Longrightarrow \quad \frac{S+1}{1-D} = 2\,.$$

Daraus folgt schliesslich:

$$S = 1 - 2D\,. \tag{7.18}$$

Die Schwelle S lässt sich aus dem Tastverhältnis D somit sehr einfach berechnen.

Eine klassische Anwendung des Rechteckgenerators ist der Pulsdauermodulator. Darunter versteht man einen Rechteckgenerator, dessen Tastverhältnis linear von einem Signal $x[m]$ abhängt:

$$D[m] = D_0 + kx[m]\,. \tag{7.19}$$

D_0 und k sind zwei Parameter, die so gewählt werden müssen, dass $D[m]$ in den Bereich zwischen 0 und 1 zu liegen kommt. Unter $x[m]$ versteht man das modulierende zeitdiskrete Signal, das T_0 als Abtastperiode hat. Weil $y[n]$ und $x[m]$ unterschiedliche Abtastintervalle haben, wurde für die zeitdiskrete Variable der Buchstabe m und nicht n gewählt. Aus Gl.(7.18) folgt dann für die Schwelle:

$$S[m] = 1 - 2(D_0 + kx[m])\,. \tag{7.20}$$

Die Modulation ist umso genauer, je kleiner das Abtastintervall T ist. Die Abtastfrequenz $f_s = 1/T$ muss deshalb viel grösser als die Frequenz $f_0 = 1/T_0$ der Rechteckschwingung sein.

In MATLAB wird die Rechteck-Schwingung mit Hilfe der Funktion `square` generiert.

7.1.3 Dreieckgenerator

Unter der Dreieckfunktion triangle(x) versteht man eine Funktion mit folgenden Eigenschaften:

$$\text{triangle}(x) = \begin{cases} \frac{2}{\pi}x & : \; 0 \le x < \pi/2 \\ 2 - \frac{2}{\pi}x & : \; \pi/2 \le x < 3\pi/2 \\ -4 + \frac{2}{\pi}x & : \; 3\pi/2 \le x < 2\pi \end{cases}, \tag{7.21}$$

$$\text{triangle}(x) = \text{triangle}(x + 2\pi)\,. \tag{7.22}$$

Die Dreieckfunktion ist eine dreieckförmige, 2π-periodische Funktion.

Will man mit der Dreieckfunktion ein Dreiecksignal $y(t)$ mit der Frequenz f_0 erzeugen, dann muss man wie bei der Sägezahn- und Rechteckfunktion das Argument x durch den Ausdruck $2\pi f_0 t$ ersetzen:

$$y(t) = \text{triangle}(2\pi f_0 t)\,. \tag{7.23}$$

Tasten wir es mit der Abtastperiode T ab, dann ergibt sich das zeitdiskrete Dreiecksignal:

$$y[n] = \text{triangle}(2\pi f_0 nT)\,. \tag{7.24}$$

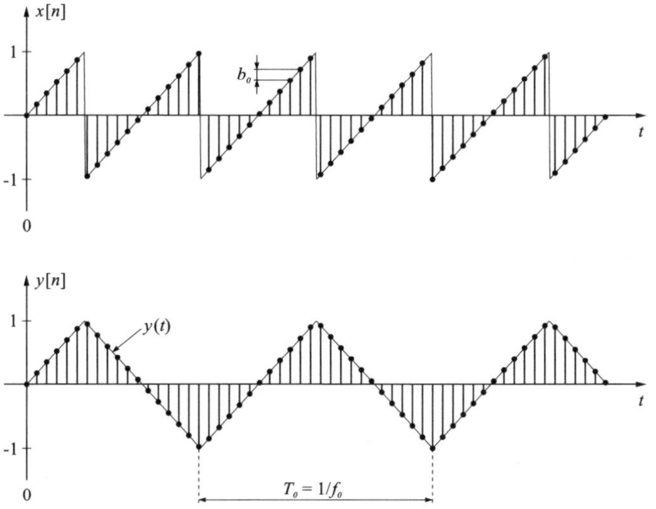

Bild 7.4: Sägezahn- und Dreieck-Schwingung

In Bild 7.4 unten ist ein zeitkontinuierliches und ein zeitdiskretes Dreiecksignal mit $f_0 = 1/T_0 = 350\,\text{Hz}$ und $f_s = 1/T = 8000\,\text{Hz}$ dargestellt.

Einen Dreieckgenerator baut man mit Hilfe eines Sägezahngenerators, indem man den Integrator in Gl.(7.6) mit der Anfangsbedingung $y[-1] = 0$ startet und jede zweite Periode mit -1 multipliziert. Bei einem DSP kann man den Anfang einer neuen Periode durch das Testen des Überlaufflags detektieren. Da die Periode $T_0 = 1/f_0$ der Dreieckschwingung doppelt so gross ist wie die Periode der Sägezahnschwingung, erhält man aus Gl.(7.9) für die Stufenhöhe b_0 des Integrators:

$$b_0 = 4\frac{f_0}{f_s}\,. \tag{7.25}$$

Beispiel: Überführung der Dreieck- in eine Sinus-Schwingung

Ein Dreieck-Signal $y[n]$ mit der normierten Kreisfrequenz $\Omega_0 = 2\pi f_0 T$ kann man wie folgt in eine Fourier-Reihe zerlegen [BSMM93]:

$$y[n] = \frac{8}{\pi^2}\left(\sin(n\Omega_0) - \frac{\sin(3n\Omega_0)}{3^2} + \frac{\sin(5n\Omega_0)}{5^2} - \cdots\right)\,. \tag{7.26}$$

Führt man das Dreieck-Signal mit dem Betrags-Spektrum $|Y(e^{j\Omega})|$ auf ein Tiefpassfilter $H_{TP}(e^{j\Omega})$ mit $\Omega_{pass} = \Omega_0$ und $\Omega_{stop} = 3\Omega_0$, dann erhält man als Ausgangssignal eine Sinus-Schwingung mit der normierten Kreisfrequenz Ω_0 (Aufgabe 3).

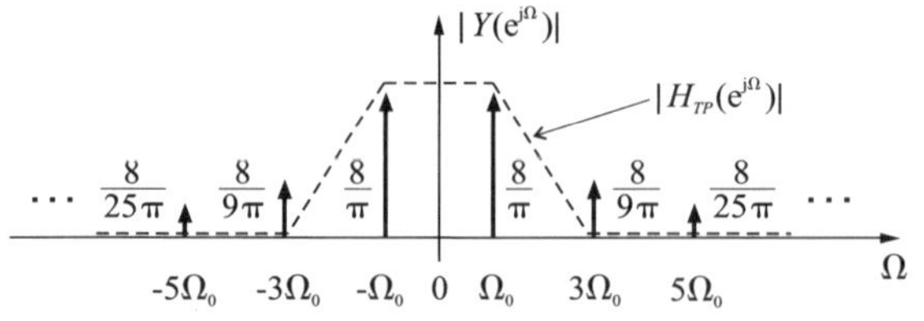

Bild 7.5: Betrags-Spektrum der Dreieck-Schwingung und Amplitudengang eines Tiefpassfilters

7.2 Direkte digitale Synthese

Die direkte digitale Synthese, abgekürzt DDS, ist ein Verfahren zur Erzeugung einer Funktion, deren Funktionswerte in einem Speicher (Tabelle, engl: lookup table) abgelegt sind.

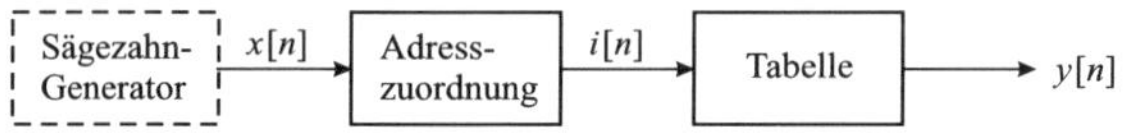

Bild 7.6: Blockdiagramm der direkten digitalen Synthese

Zu jedem einzelnen Funktionswert y_i gehört ein Intervall Δx_i und eine Adresse i, wie das Beispiel Bild 7.7 zeigt.

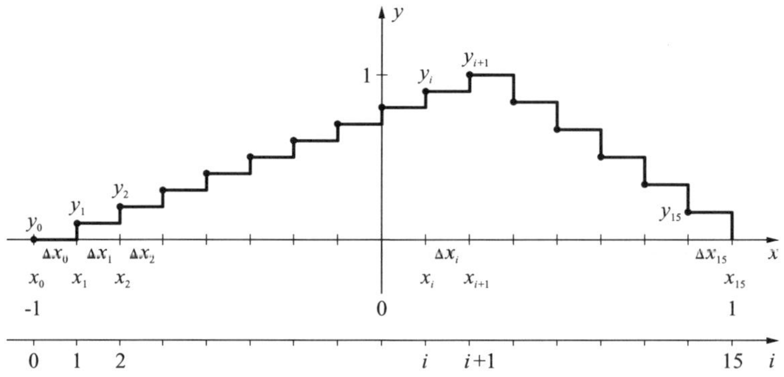

Bild 7.7: Funktionswerte einer asymmetrischen Dreieckfunktion mit dazugehörigen Intervallen und Adressen

Zum diskreten Zeitpunkt n generiert der Block „Adresszuordnung“ eine Adresse $i[n]$, die angibt, welcher Funktionswert $y_i[n]$ an den Ausgang zu legen ist. Die Adresse $i[n]$ ihrerseits wird durch die Bestimmung des Intervallindexes $_i$ ermittelt. Das Intervall Δx_i ist der Bereich auf der x-Achse, in dem sich der Wert $x[n]$ des Ansteuersignals befindet.

Eine einfache Methode die Adresse i zu bestimmen, ist das Abschneiden von $x[n]$ auf W Stellen:

$$i[n] = \mathbb{Q}_W\left(2^{W-1}x[n]\right) + i_0 \,. \tag{7.27}$$

$\mathbb{Q}_W(\,\cdot\,)$ ist eine Quantisierungsfunktion, welche das Argument auf W Stellen vor dem Komma abschneidet. $x[n]$ ist ein Abtastwert im Fractional-Format und i_0 ist ein Offset, dessen Wert davon abhängt, in welchem Adressbereich die Funktionswerte abzuspeichern sind. Um das obige Adressverfahren anwenden zu dürfen, müssen alle Intervalle Δx_i wie in Bild 7.7 gleich gross sein.

Beispiel: $W = 4$, $x[n] = 0.0010110$ und $i_0 = 00001000$.
$i[n] = 0001. + 00001000. = 00001001.$
In Dezimalform: $i[n] = 1 + 8 = 9$. (Siehe dazu auch Bild 7.7.)

Mit dem System in Bild 7.6, bestehend aus den beiden Blöcken „Adresszuordnung“ und „Tabelle“, kann man Funktionswerte generieren und damit beispielsweise eine nichtlineare Kennlinie[1] realisieren. Ein solches System kann z. B. zur Kennlinienkorrektur nichtlinearer Sensoren eingesetzt werden.

Schliesst man wie in Bild 7.6 angedeutet einen Sägezahn-Generator an den Block „Adresszuordnung“, so erhält man einen Generator zur Erzeugung eines periodischen Signals. Die Periodendauer T_0 des Ausgangssignals $y[n]$ ist durch die Periodendauer des Sägezahngenerators gegeben und die Kurvenform von $y[n]$ wird durch die Funktionswerte in der Tabelle bestimmt. Beispielsweise könnte man mit der Tabelle in Bild 7.7 eine asymmetrische Dreieckschwingung erzeugen.

Wünscht man sich ein Ausgangssignal mit hoher Auflösung, d. h. eine Kurve mit kleinen Treppenstufen, dann muss eine grosse Anzahl von Funktionswerten abgespeichert werden. Dies kann dazu führen, dass der vorhandene Speicherplatz nicht genügt. Um den Speicherbedarf klein zu halten, bieten sich zwei Vorgehen an: 1. Eventuell vorhandene Symmetrien ausnützen und 2. Funktionswerte interpolieren.

Am Beispiel der Sinusfunktion wollen wir erläutern, wie die Symmetrie einer Funktion zur Speicherplatz-Minimierung ausgenützt werden kann. Für die Sinusfunktion gilt nämlich:

$$\sin(x) = \sin(x + 2\pi)\,, \quad \sin(x) = -\sin(-x)\,, \quad \sin(x) = \sin(\pi - x)\,. \tag{7.28}$$

[1] Bei Verwendung einer nichtlinearen Kennlinie entstehen neue Frequenzkomponenten und es ist deshalb zu überprüfen, ob die eingestellte Abtastfrequenz hoch genug ist. Damit kein Aliasing entsteht, muss die höchste Frequenzkomponente mit mindestens zwei Abtastwerten pro Periode dargestellt werden.

Daraus folgt:

1. Die Sinusfunktion ist periodisch. Es brauchen deshalb höchstens die Funktionswerte für eine Periode, d. h. für $-\pi \leq x < \pi$ abgespeichert zu werden.
2. Die Sinusfunktion ist ungerade. Die Funktionswerte für das Intervall $-\pi \leq x < 0$ können durch Vorzeichenumkehr aus den Funktionswerten für das Intervall $0 < x \leq \pi$ gewonnen werden.
3. Die Sinusfunktion ist spiegelsymmetrisch bezüglich $x = \pi/2$. Die Funktionswerte für das Intervall $\pi/2 \leq x \leq \pi$ können folglich durch die Funktionswerte aus dem Intervall $\pi/2 \geq x \geq 0$ ersetzt werden.

Demnach müssen nur die Funktionswerte für das Intervall $0 \leq x \leq \pi/2$ abgespeichert werden. Die restlichen Funktionswerte lassen sich durch Ausnützung der obigen Symmetrien aus den abgespeicherten Funktionswerten bestimmen.

Die Interpolationsmethode funktioniert wie folgt (Bild 7.7):

1. Für einen gegebenen x-Wert sucht man – beispielsweise mit Hilfe von Gl.(7.27) – das Intervall Δx_i, in dem sich der x-Wert befindet. Daraus ergeben sich die beiden Punkte x_i und x_{i+1}.
2. Anschliessend bestimmt man aus der Tabelle die Funktionswerte y_i und y_{i+1}.
3. Durch lineare Interpolation, d. h. durch Auswerten der Formel

$$y = y_i + \frac{y_{i+1} - y_i}{x_{i+1} - x_i}(x - x_i) \,, \tag{7.29}$$

erhält man schliesslich den interpolierten Wert y (Aufgabe 4b).

7.3 Polynomapproximation

Viele Funktionen, wie beispielsweise die Sinusfunktion und die Quadratwurzel, kann man sehr gut durch Polynome approximieren. Polynome ihrerseits lassen sich mit einem einfachen Algorithmus, dem sogenannten Horner-Schema [Knu98], effizient auswerten. Diese beiden Tatsachen machen die Polynomapproximation für DSV-Aufgaben attraktiv.

Unter einem Polynom N-ten Grades mit reellen Koeffizienten a_i und einer reellen unabhängigen Variablen x, versteht man folgende Funktion:

$$y = a_N x^N + a_{N-1} x^{N-1} + \cdots + a_1 x + a_0 \,. \tag{7.30}$$

Das Polynom kann man wie folgt anordnen:

$$y = (((a_N x + a_{N-1})x + a_{N-2})x + \cdots)\, x + a_0 \,. \tag{7.31}$$

Aus dieser Anordnung lässt sich nach der Initialisierung mit $y = 0$ der unten stehende Algorithmus ableiten:

$$\begin{aligned}&\textsf{for}\ \ i = N\ \ \textsf{down to}\ \ i = 0\ \ \textsf{do:}\\ &\quad y = a_i + x \cdot y\end{aligned} \tag{7.32}$$

Auf einem digitalen Rechner ist die Instruktion (7.32) sehr einfach abzuarbeiten; ein DSP beispielsweise benötigt dafür nur einen Zyklus. Da die Ordnung der Approximationspolynome i. Allg. klein ist und im Bereich von etwa $N = 10$ liegt, ist die Anzahl Schleifendurchgänge ebenfalls klein. Der Funktionswert eines Polynoms lässt sich daher mit diesem Algorithmus – Horner-Schema genannt – sehr schnell berechnen.

Ist das Horner-Schema auf einem Digitalrechner zu implementieren, der mit Fractional-Zahlen rechnet, dann müssen alle a_i-Koeffizienten vorher mit einem Faktor 2^{-L} skaliert werden. Dieser Faktor ist so zu wählen, dass für jeden Schleifendurchgang sowohl das Produkt, wie auch die Summe in Gl.(7.32) nie überläuft, d. h. den Bereich $[-1, +1)$ nie überschreitet. Nach Abarbeitung des Horner-Schemas muss die Skalierung rückgängig gemacht werden, indem das Resultat mit 2^L multipliziert wird. Die Zweierpotenz als Skalierungsfaktor wird gewählt, weil so die Multiplikation durch eine Schiebeoperation ersetzt werden kann.

Zur Bestimmung der Polynom-Koeffizienten stellen Mathematikprogramme Befehle wie beispielsweise den MATLAB-Befehl `polyfit` zur Verfügung. Diese Befehle verlangen als Eingabe eine in Form von x- und y-Punkten beschriebene Funktion und berechnen daraus die Koeffizienten des Polynoms, das die Funktion am besten approximiert.

Nach dieser Einführung lässt sich der Entwurf eines Funktionsgenerators in sieben Punkten wie folgt beschreiben:

1. **Datenvektor $\boldsymbol{x}$ generieren.**

   Der Datenvektor $\boldsymbol{x}$ enthält die x-Punkte der Funktion. Die Punkte müssen im Definitionsbereich des Digitalrechners liegen, auf dem die Polynomfunktion zu implementieren ist, also beispielsweise zwischen -1 und $+1$, falls der Computer Fractional-Zahlen verarbeitet. Da jeder Computer nur mit Zahlen endlicher Wortlänge rechnet, muss der Datenvektor quantisierte Zahlenwerte enthalten (diese kann man beispielsweise mit der MATLAB-Funktion `quantsig` erzeugen).

   Beispiel für einen 4-Bit-Rechner:
   $$\boldsymbol{x} = [-1.000, -0.625, -0.250, 0.250, 0.625]^T.$$

   Meistens ist es sinnvoll, möglichst viele x-Punkte zu nehmen, weil dadurch die Genauigkeit der Funktionsapproximation besser wird.

2. **Den Funktionsvektor $\boldsymbol{y}$ zum Datenvektor $\boldsymbol{x}$ berechnen.**

   Beispiel Exponentialfunktion: $y = 0.5e^x$.
   Daraus folgt für den Funktionsvektor:
   $$\boldsymbol{y} = [0.183939, 0.267630, 0.389400, 0.642012, 0.934122]^T.$$

3. **Die Funktion mit einem Polynom approximieren.**

   Polynomapproximations-Befehle verlangen als Eingabe den Datenvektor $\boldsymbol{x}$ und den Funktionsvektor $\boldsymbol{y}$. Die Polynomkoeffizienten a_i können mit dem MATLAB-Befehl `polyfit` berechnet und im Koeffizientenvektor $\boldsymbol{a} = [a_N, \ldots, a_1, a_0]^T$ abgespeichert werden.

   Beispiel für ein Polynom 3. Ordnung:
   $$\boldsymbol{a} = [0.072625, 0.261172, 0.504007, 0.499175]^T.$$

4. **Das Polynom für den Datenvektor $\boldsymbol{x}$ auswerten und die Funktionswerte im Vektor $\boldsymbol{y}_1$ abspeichern.**

   Hier kann beispielsweise der Befehl `polyval` verwendet werden.

   Beispiel: $\boldsymbol{y}_1 = [0.183716, 0.268461, 0.388362, 0.642635, 0.933931]^T$.

5. **Die Fehlervektoren $\boldsymbol{e}_1$ und $\boldsymbol{e}_2$ berechnen.**

   Der Fehlervektor $\boldsymbol{e}_1$ ist wie folgt definiert: $\boldsymbol{e}_1 = \boldsymbol{y}_1 - \boldsymbol{y}$.

   Beispiel: $\boldsymbol{e}_1 = [-0.000223, 0.000830, -0.001037, 0.000622, -0.000191]^T$.

   Sind die Fehler in einem tolerierbaren Bereich, dann wird das Horner-Schema mit den Eigenschaften des Prozessors simuliert und die resultierenden Funktionswerte im Vektor $\boldsymbol{y}_2$ abgespeichert.

   Der Fehlervektor $\boldsymbol{e}_2$ wird wie folgt berechnet: $\boldsymbol{e}_2 = \boldsymbol{y}_2 - \boldsymbol{y}$.

   Beispiel: $\boldsymbol{e}_2 = [0.066060, 0.107369, -0.014400, -0.017012, -0.059122]^T$.

   Bei tolerierbaren Fehlern kann der Horner-Algorithmus auf dem Digitalrechner implementiert werden, andernfalls ist der Entwurf zu überarbeiten.

6. **Entwurf falls nötig überarbeiten.**

   Mögliche Überarbeitungsmassnahmen sind:

   (a) Funktion skalieren, damit die Funktionswerte in den Zahlenbereich des Digitalrechners zu liegen kommen.

   (b) Polynom-Ordnung grösser oder kleiner machen.

   (c) Neuer Datenvektor wählen.

   (d) Analog zu Gl.(7.28) vorhandene Symmetrien oder andere Gesetzmässigkeiten der Funktion ausnützen (siehe beispielsweise Gl.(7.36)).

   (e) Die Wortbreite der dargestellten Zahlen erhöhen, etc.

Beispiel 1: Approximation der Sinusfunktion

In der DSV ist häufig die Sinusfunktion

$$y = \sin(\pi x) \qquad \text{für} \quad x \in [-1, +1) \tag{7.33}$$

zu approximieren. (Der Ausdruck $x \in [-1, +1)$ bedeutet, dass der Definitionsbereich der Funktion aus allen reellen Zahlen besteht, die zwischen -1 und $+1$ liegen. Dabei gehört die Zahl -1 zum Definitionsbereich, nicht hingegen die Zahl $+1$.)

Gemäss dem Entwurfsverfahren gehen wir wie folgt vor:

1. Wir wählen einen Datenvektor mit 1000 Elementen. Die Sinusfunktion sei auf einem 16-Bit-Digitalrechner mit Fractional-Format zu implementieren, deshalb runden wir auf eine Wortlänge von 16 Bit und erhalten dann:

   $\boldsymbol{x} = [-1, -0.997985, -0.996002, \ldots, 0.997985]^T.$

2. Durch Anwenden der Sinusfunktion auf die Elemente von $\boldsymbol{x}$ finden wir den Vektor $\boldsymbol{y}$:

   $\boldsymbol{y} = [0, -0.006327, -0.012559, \ldots, 0.006327]^T.$

3. Mit dem MATLAB-Befehl `polyfit` bestimmen wir für die Ordnung $N = 7$ folgenden Polynomkoeffizientenvektor:

   $\boldsymbol{a} = [-0.446222, -0.000124, 2.447725, \ldots, 0.000001]^T.$

4. Zum Datenvektor $\boldsymbol{x}$ berechnen wir die Polynomfunktionswerte (in MATLAB mit der Funktion `polyval`) und speichern sie in den Vektor $\boldsymbol{y}_1$ ab:

   $\boldsymbol{y}_1 = [0.000646, -0.005738, -0.012024, \ldots, 0.005702]^T.$

5. Daraus berechnen wir den Fehlervektor $\boldsymbol{e}_1 = \boldsymbol{y}_1 - \boldsymbol{y}$ und stellen ihn in Bild 7.8 oben links dar.

   Wir simulieren das Horner-Schema mit dem Prozessor TMS320VC5510 und speichern die Funktionswerte in den Vektor $\boldsymbol{y}_2$ ab. Daraus berechnen wir den zweiten Fehlervektor $\boldsymbol{e}_2 = \boldsymbol{y}_2 - \boldsymbol{y}$ und stellen ihn in Bild 7.8 oben rechts dar.

Sind die Approximationsfehler nicht tolerierbar, dann kann man als einfachste Massnahme die Ordnung des Approximationspolynoms erhöhen. Die Erhöhung der Ordnung auf $N = 11$ führt zu folgendem Approximationspolynom:

$$\begin{aligned}\boldsymbol{a} = [&-0.006041, -0.000001, 0.080605, 0.000002, -0.598398, -0.000002,\\ &2.549927, 0.000001, -5.167685, -0.000000, 3.141592, 0.000000]^T.\end{aligned}$$

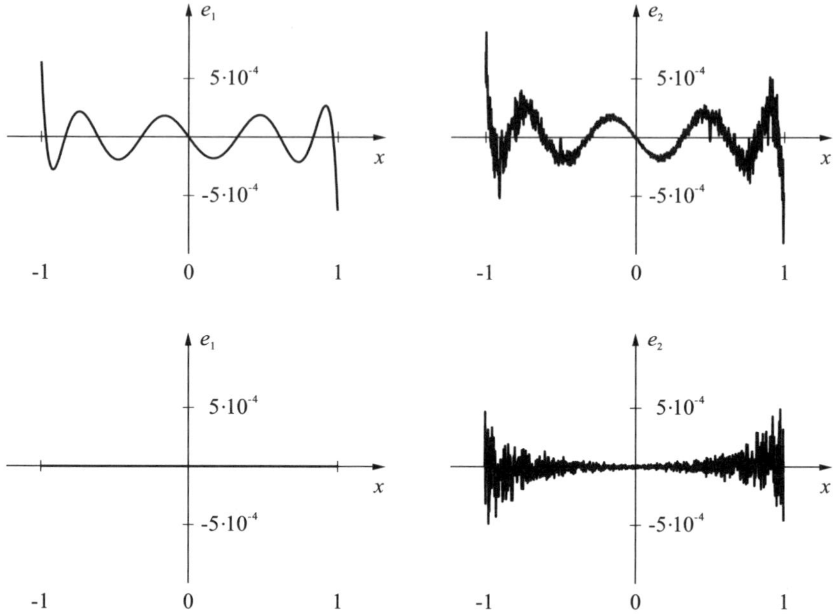

Bild 7.8: Approximationsfehler der Sinusfunktion.
Oben: Ordnung des Approximationspolynoms $N = 7$.
Unten: Ordnung des Approximationspolynoms $N = 11$.

Die dazugehörigen Approximationsfehler sind im Bild 7.8 unten ersichtlich. Die Approximation kann nun nicht mehr verbessert werden, weil der Fehler e_2 ungefähr dem Quantisierungsrauschen entspricht. Um den Fehler weiter zu vermindern, müsste ein Rechner mit einer grösseren Wortlänge als 16 gewählt werden.

Die Koeffizienten $a_{11}, \ldots, a_1, a_0$ des Approximationspolynom sind jetzt bekannt und somit kann das Horner-Schema (7.32) auf einem Digitalrechner implementiert werden (siehe dazu auch Aufgabe 5).

Erzeugt man die x-Werte mit einem Sägezahngenerator, dann kann man mit dem oben beschriebenen Funktionsgenerator einen Sinus-Oszillator bauen.

Beispiel 2: Approximation der Quadratwurzel

Das Berechnen des Betrags einer komplexen Zahl ist eine relativ häufige Operation in der DSV. Zur Betragsberechung im Fractional-Zahlenbereich muss die Wurzelfunktion

$$y = \sqrt{x} \qquad \text{für} \quad x \in [0, 1) \tag{7.34}$$

berechnet werden.

Führen wir die Schritte 1. bis 5. analog zum vorhergehenden Beispiel 1 aus, dann erhalten wir für ein Approximationspolynom der Ordnung $N=5$ die Approximationsfehler e_1 und e_2 gemäss Bild 7.9 oben.

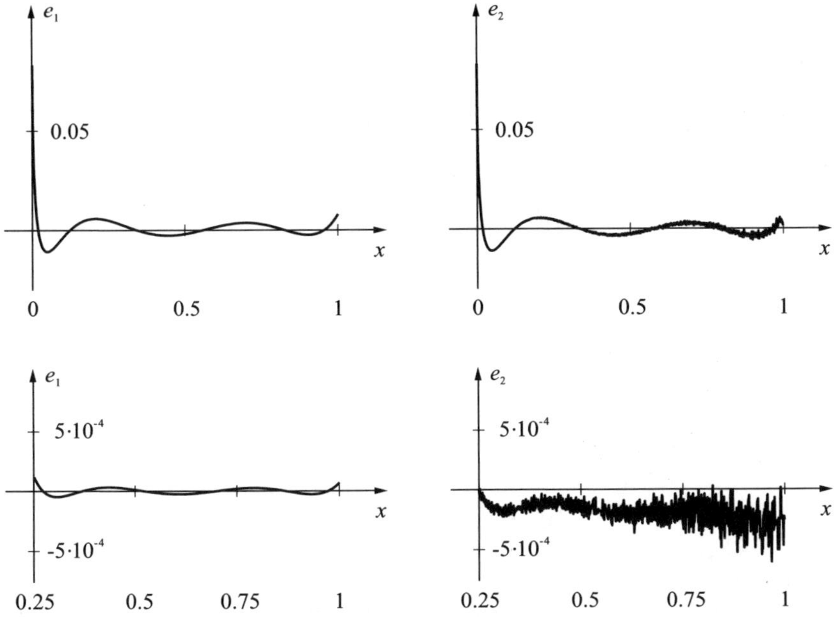

Bild 7.9: Approximationsfehler der Wurzelfunktion. Oben: Definitionsbereich $x \in [0, 1)$. Unten: Definitionsbereich $x \in [0.25, 1)$

Die approximierte Funktion weicht beträchtlich von der Originalfunktion ab und kann auch mit einer Approximation höherer Ordnung nicht wesentlich verbessert werden. Eine substantielle Verbesserung erreichen wir, indem wir die Funktion

$$y = \sqrt{x} \qquad \text{für} \quad x \in [0.25, 1) \tag{7.35}$$

approximieren. Für ein Approximationspolynom der Ordnung $N = 5$ erhalten wir folgenden Koeffizientenvektor:

$$\boldsymbol{a} = [0.337251, -1.325907, 2.191833, -2.074862, 1.695139, 0.176614]^T$$

Die Fehlerfunktion e_2, dargestellt in Bild 7.9 rechts unten, ist ungefähr gleich dem Quantisierungsrauschen und kann deshalb nicht weiter minimiert werden.

Liegt die Variable x nicht im Definitionsbereich $[0.25, 1)$, dann muss sie gemäss der Formel (7.36)

$$\begin{aligned} y &= \sqrt{x}\,, \\ &= 2^{-L}\sqrt{2^{2L}x} \end{aligned} \tag{7.36}$$

mit einem Faktor 2^{2L} derart multipliziert werden, dass der Radikand zwischen 0.25 und 1 zu liegen kommt. Nach dem Ziehen der Wurzel muss das Resultat mit dem Faktor 2^{-L} zurückskaliert werden. Die beiden Multiplikationen können auf einem Rechner durch einfache Schiebeoperationen bewerkstelligt werden: Ein arithmetischer Shift um $2L$ Binärstellen nach links bewirkt ein Multiplikation mit 2^{2L} und ein arithmetischer Shift um L Binärstellen nach rechts entspricht einer Multiplikation mit 2^{-L}.

7.4 Impulsantwort-Generatoren

Beim Anregen mit einem Einheitspuls generiert ein System ein Ausgangssignal, das man Impulsantwort nennt. Dieses Systemverhalten nützen wir aus, um Signalgeneratoren mit bestimmten Eigenschaften zu bauen.

7.4.1 Das stabile Digitalfilter als Signalgenerator

Eine Aufgabe, die hin und wieder in der DSV vorkommt, ist das Erzeugen eines Signals $y[n]$ mit vorgegebenem Betragsspektrum $|Y(e^{j\Omega})|$. Die Lösung dieser Aufgabe besteht darin, ein Digitalfilter mit dem Amplitudengang

$$|H(e^{j\Omega})| = |Y(e^{j\Omega})| \tag{7.37}$$

zu entwerfen und das Filter mit dem Einheitspuls $x[n] = \delta[n]$ anzuregen. Als Ausgangssignal erhält man dann:

$$y[n] = h[n]\,. \tag{7.38}$$

Das heisst, das Ausgangssignal $y[n]$ mit dem gewünschten Betragsspektrum $|Y(e^{j\Omega})|$ ist gleich der Impulsantwort $h[n]$ des Filters. Die Betragsfunktion $|Y(e^{j\Omega})|$ approximieren wir mit dem Amplitudengang eines FIR- oder eines IIR-Filters, je nachdem ob wir eine endlich oder eine (theoretisch) unendlich lange Impulsantwort wünschen.

Beispiel: Mit der Impulsantwort eines FIR-Filters der Ordnung $N = 40$ soll ein Signal erzeugt werden, das ein stückweise lineares Betragsspektrum gemäss Bild 7.10 oben hat ($f_s = 2\,\text{kHz}$).

Mit dem MATLAB-Befehl `remez` entwerfen wir ein FIR-Filter, dessen Amplitudengang $|H(e^{j2\pi fT})|$ das gewünschte Spektrum $|Y(e^{j2\pi fT})|$ gut approximiert. Die Impulsantwort $h[n]$ dieses Filters ist in Bild 7.10 unten dargestellt.

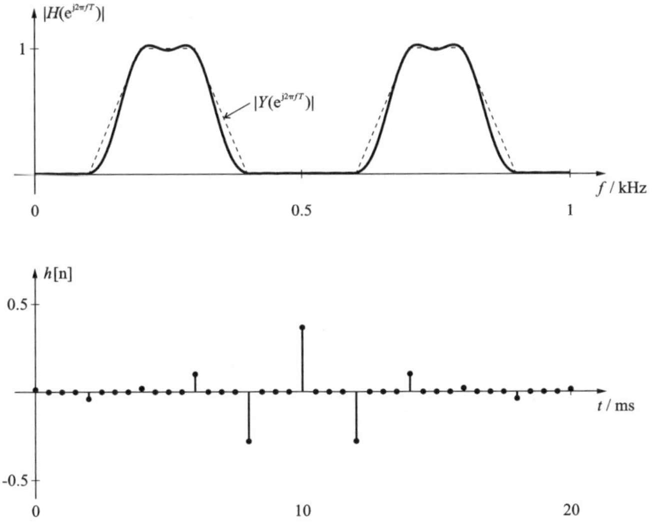

Bild 7.10: Signal mit einem annähernd stückweisen Betragsspektrum

7.4.2 Das instabile Digitalfilter als Sinusoszillator

Ein IIR-Filter mit der Übertragungsfunktion

$$H(z) = \frac{b_0 + b_1 z^{-1}}{1 + a_1 z^{-1} + z^{-2}}, \tag{7.39}$$
$$\text{wobei: } b_0 = \sin(\varphi),\ b_1 = \sin(\Omega_0 - \varphi),\ a_1 = -2\cos(\Omega_0)$$

hat zwei Pole mit den Beträgen 1 und den Argumenten $+\Omega_0$ und $-\Omega_0$ gemäss Bild 7.11:

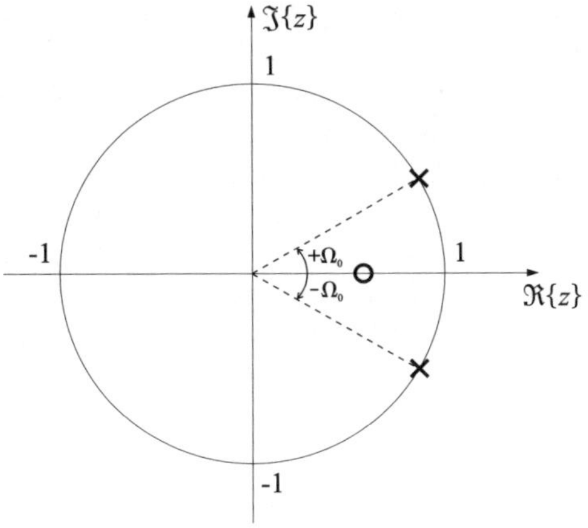

Bild 7.11: Pol-Nullstellendiagramm des instabilen IIR-Filters

Das LTI-System mit den zwei konjugiert komplexen Polen auf dem Einheitskreis ist instabil und schwingt bei diracpulsförmiger Anregung gemäss der Impulsantwort[2]

$$h[n] = \sin(\Omega_0 n + \varphi)u[n]\,. \tag{7.40}$$

Die Impulsantwort des IIR-Filters ist demnach ein kausales Sinussignal mit der normierten Kreisfrequenz Ω_0 und dem Anfangsphasenwinkel φ. Das IIR-Filter hat die Übertragungsfunktion (7.39) und kann folglich als Blockdiagramm gemäss Bild 7.12 realisiert werden.

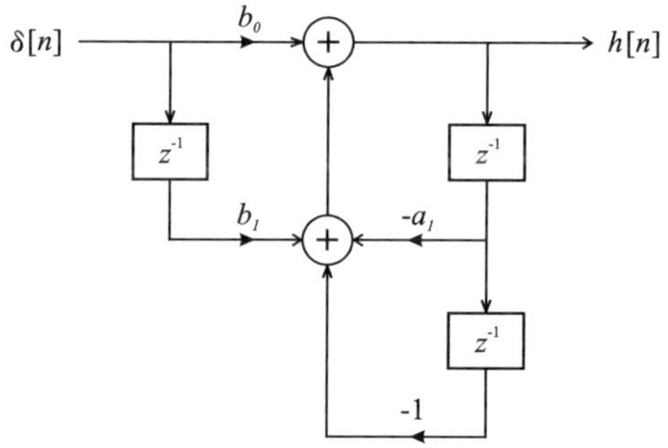

Bild 7.12: Blockdiagramm des instabilen IIR-Filters

Zur Implementation auf einem Festkomma-DSP müssen alle Koeffizienten gerundet werden und betragsmässig gleich oder kleiner als 1 sein. Die beiden Koeffizienten b_0 und b_1 sind betragsmässig kleiner als 1 und müssen daher nur gerundet werden, was zu den Koeffizienten b_{0Q} und b_{1Q} führt. Die Koeffizienten a_1 und a_2 dagegen müssen skaliert und gerundet werden, weil der Koeffizient a_1 normalerweise im Bereich zwischen -2 und -1 liegt. Durch das Skalieren und Runden werden die Koeffizienten a_1 und a_2 in die Koeffizienten $\acute{a}_{1Q}$ und $\acute{a}_{2Q}$ übergeführt (Bild 7.13). Aus Genauigkeitsgründen sollte der Skalierungsfaktor 2^{-L} derart gewählt werden, dass der Koeffizient $\acute{a}_{1Q}$ in den Bereich zwischen -1 und -0.5 zu liegen kommt.

[2]Die Impulsantwort ist die inverse z-Transformierte von $H(z)$ und kann beispielsweise mit dem MATLAB-Befehl `iztrans` bestimmt werden.

Ersetzen wir den nichtrekursiven Teil des Blockdiagramms durch eine Summe von zwei gewichteten Einheitspulsen, dann kann man das Blockdiagramm zum Signalflussdiagramm in Bild 7.13 vereinfachen, welches sich nun auf einem DSP implementieren lässt.

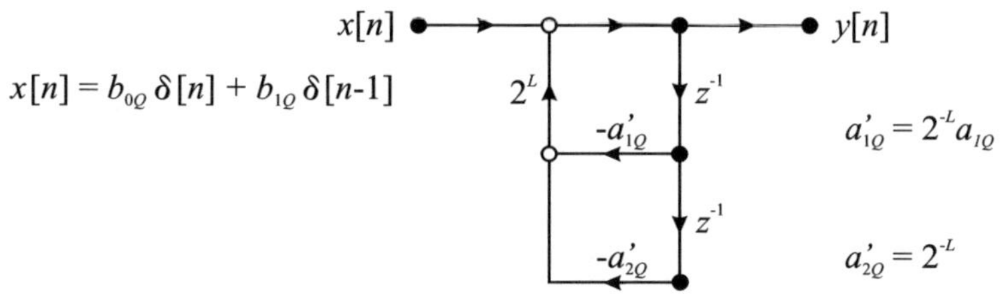

Bild 7.13: Signalflussdiagramm des modifizierten instabilen IIR-Filters

Die zu programmierenden Differenzengleichungen lauten:

$$y[0] = b_{0Q} \tag{7.41}$$
$$y[1] = b_{1Q} - 2^L \acute{a}_{1Q} y[0] \tag{7.42}$$
$$y[n] = 2^L(-\acute{a}_{1Q} y[n-1] - 2^{-L} y[n-2])\,, \quad \text{für } n \geq 2\,. \tag{7.43}$$

Die Frequenz f_0 des Sinusoszillators ist einzig vom a_1-Koeffizienten abhängig. Sie berechnet sich aufgrund von Gl.(7.39) wie folgt:

$$f_0 = f_s \frac{\arccos(-a_{1Q}/2)}{2\pi}\,. \tag{7.44}$$

Um einen Zweierkomplement-Überlauf zu verhindern, muss auf dem Digitalrechner die Sättigungskennlinie eingeschaltet sein. Wegen der eingeschalteten Sättigungskennlinie ist das instabile IIR-Filter ein nichtlineares System und die effektive Oszillatorfrequenz weicht geringfügig von derjenigen in Gl.(7.44) ab.

7.4.3 Kombinierter Sinus-Cosinus-Oszillator

Die gekoppelte Struktur in Bild 7.14, beschrieben durch das Differenzengleichungssystem

$$\begin{aligned} y_1[n] &= a y_1[n-1] - b y_2[n-1] + x[n] \\ y_2[n] &= b y_1[n-1] + a y_2[n-1]\,. \end{aligned} \tag{7.45}$$

stellt ein IIR-Filter mit zwei Ausgängen dar.

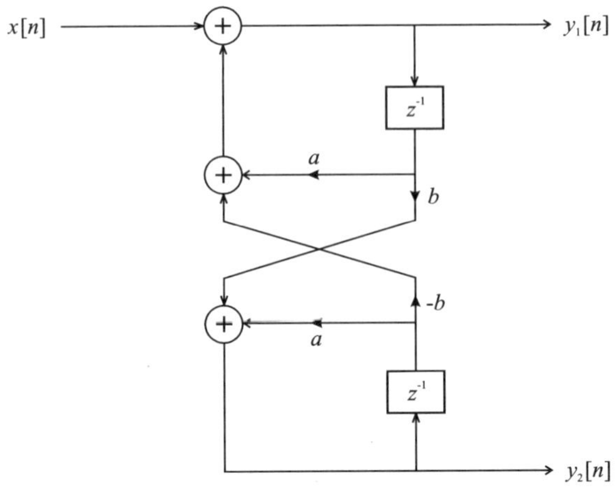

Bild 7.14: Blockdiagramm des kombinierten Sinus-Cosinus-Oszillators

Wählt man das Eingangssignal und die Parameter gemäss den Gleichungen

$$x[n] = \delta[n] \,, \qquad a = \cos(\Omega_0) \,, \quad b = \sin(\Omega_0) \,, \tag{7.46}$$

dann kann man einen kombinierten Sinus-Cosinus-Oszillator realisieren, der folgende Signale generiert (Herleitung siehe Aufgabe 7):

$$y_1[n] = \cos(\Omega_0 n)u[n] \,, \quad y_2[n] = \sin(\Omega_0 n)u[n] \,. \tag{7.47}$$

Der Einheitspuls $x[n] = \delta[n]$ bewirkt gemäss Gl.(7.45) eine Initialisierung der Ausgangswerte zu $y_1[0] = 1$ und $y_2[0] = 0$. Zur Implementation auf einem DSP muss daher für $n \geq 1$ nur folgendes Differenzengleichungssystem programmiert werden:

$$\begin{aligned} y_1[n] &= a_Q y_1[n-1] - b_Q y_2[n-1] \\ y_2[n] &= b_Q y_1[n-1] + a_Q y_2[n-1] \,, \end{aligned} \tag{7.48}$$

Die Koeffizienten a_Q und b_Q sind die gerundeten Werte der Koeffizienten a und b. Wiederum muss bei der Implementation auf einem Digitalrechner die Sättigungskennlinie eingeschaltet werden, damit der Oszillator nicht instabil wird (siehe dazu Aufgabe 8).

Der wesentliche Nutzen des kombinierten oder gekoppelten Oszillators ist die simultane Erzeugung von zwei um 90° verschobenen Sinusschwingungen. Solche Signale heissen in der Nachrichtentechnik Quadratursignale und werden beispielsweise für Modulations- und Demodulations-Aufgaben benötigt [GK97].

Es ist zu beachten, dass rekursive Digitalfilter mit Sättigungsarithmetik nichtlineare Systeme sind und demzufolge vom idealen Verhalten – beispielsweise in Form abklingender Amplituden – abweichen können. Solche Systeme müssen vor ihrem Einsatz deshalb simuliert und bezüglich ihrer korrekten Funktionsweise gründlich überprüft werden.

7.5 Rauschgeneratoren

Rauschgeneratoren kommen in einer Vielzahl von DSV-Anwendungen zum Einsatz, beispielsweise zur Simulation von Störungen, bei der Identifikation von Systemen, etc. Um echte Rauschsignale zu erzeugen, müsste man einen echten Zufallsprozess wie z. B. das Rauschen einer Diode abtasten. Viel praktischer ist es jedoch, einen Rauschprozess mit Hilfe eines Algorithmus auf dem Computer zu generieren. Rauschgeneratoren, welche einen echten Rauschprozess gut nachbilden, nennt man Pseudozufallszahl-Generatoren.

7.5.1 Rauschgenerator mit gleichverteilten Abtastwerten

Der bekannteste Zufallszahl-Generator ist der lineare Kongruenz-Generator (engl: linear congruential generator LCG). Dieser Generator erzeugt gleichverteilte Zufallszahlen nach folgender Rekursionsgleichung [Knu98]:

$$x[n] = (ax[n-1] + c) \bmod m\,. \tag{7.49}$$

Das Operationszeichen mod m steht für Modulo m. Die Modulo-Operation berechnet den Rest der Division durch m.

Beispiel: $14 = 3 \cdot 4 + 2 \quad \Longrightarrow \quad 14 \bmod 4 = 2\,.$

Alle Zahlenwerte in Gl.(7.49) sind natürliche Zahlen und können daher auf einem DSP einfach dargestellt werden. Der Anfangswert $x[0]$ heisst seed und kann beliebig, z. B. 0, gesetzt werden. Bei einer guten Wahl der Parameter a und c erzeugt der LCG m verschiedene Zahlenwerte, bevor er sich wiederholt. Mit anderen Worten: Der lineare Kongruenz-Generator generiert ein zeitdiskretes Ausgangssignal mit der Periode m, wobei die Zahlenwerte innerhalb einer Periode statistisch gut verteilt sind. Macht man den sogenannten Modulus m sehr gross, was in der Praxis der Fall ist, dann wird die Periodendauer sehr lang, so dass die Folge $x[n]$ angenähert als Rauschsignal betrachtet werden darf.

Die Modulo-Funktion in Gl.(7.49) kann man auf einem Festkomma-Rechner sehr einfach realisieren, wenn man den Modulus als Zweierpotenz $m = 2^i$ wählt. Wir wollen dies anhand einer 32-Bit-Festkommazahl x und dem Modulus $m = 2^{16}$ erklären:

$$\begin{aligned} x &= b_0 b_1 \cdots b_{15} b_{16} b_{17} \cdots b_{31}\,, \\ &= \underbrace{(b_0 b_1 \cdots b_{15})}_{x_H} 2^{16} + \underbrace{b_{16} b_{17} \cdots b_{31}}_{x_L}\,, \\ &= x_H 2^{16} + x_L \qquad \Longrightarrow \qquad x \bmod 2^{16} = x_L\,. \end{aligned} \tag{7.50}$$

In Worten: Die Modulo-Funktion $x \bmod 2^i$ bildet man durch Weglassen (Maskieren) der ersten i Bits in der Zahl x. Die Zahl, die daraus entsteht, ist das niederwertige Wort x_L der Zahl x. Der LCG-Algorithmus (7.49) ist auf einem Fixkomma-Rechner somit sehr einfach zu implementieren.

Vor der Implementation ist die Wahl der beiden Parameter a und c abzuklären. Diese Wahl ist sehr wichtig, wenn man Pseudorauschsignale mit maximaler Periodenlänge und guten statistischen Eigenschaften erzeugen will. In [Knu98] sind Bedingungen und Testverfahren angegeben, um eine gute Wahl zu treffen. Zur Simulation von gleichverteiltem, weissem Rauschen können wir für $m = 2^{16}$ [BS00] und $m = 2^{32}$ [Dev90] folgende Wahl treffen:

$$m = 2^{16}\,, \quad a = 42041\,, \quad c = 1617\,, \tag{7.51}$$

$$m = 2^{32}\,, \quad a = 1664525\,, \quad c = 32767\,. \tag{7.52}$$

Interpretiert man die Festkommazahlen, die durch den LCG-Algorithmus (7.49) generiert werden, als Fractional-Zahlen, dann erhält man ein mittelwertfreies, zwischen -1 und $+1$ gleichverteiltes Rauschen mit der Varianz (Leistung) $\sigma_x^2 = \frac{1}{3}$ und einem annähernd weissen, d. h. konstanten Leistungsdichtespektrum gemäss Bild 7.15.

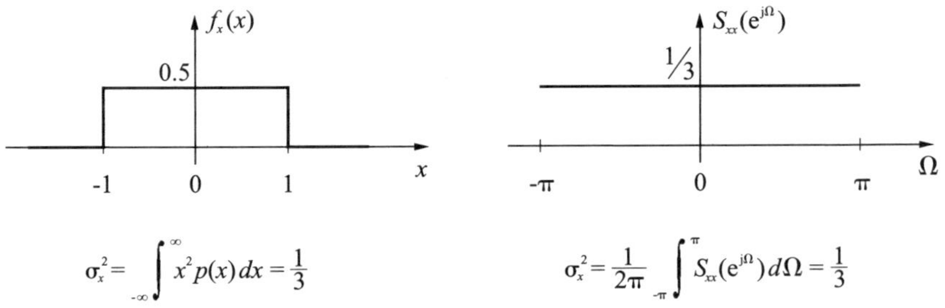

Bild 7.15: Wahrscheinlichkeitsdichtefunktion und Leistungsdichtespektrum der LCG-Rauschquelle

7.5.2 Rauschgenerator mit gaussverteilten Abtastwerten

Das Rauschen in physikalischen Systemen ist vielfach gaussverteilt. Der Grund dafür liegt im zentralen Grenzwertsatz, welcher besagt, dass die Linearkombination

$$\mathbf{x} = \sum_{i=1}^{I} k_i \mathbf{x}_i \tag{7.53}$$

von statistisch unabhängigen Zufalssvariablen $\mathbf{x}_i$ umso besser gaussverteilt (normalverteilt) ist, je grösser die Anzahl I von Zufallsvariablen ist.

Für den Mittelwert μ_x und die Varianz σ_x^2 der zusammengesetzten Zufallsvariablen $\mathbf{x}$ erhalten wir dann aufgrund der Theorie in Kap. 4.2:

$$\mu_x = \sum_{i=1}^{I} k_i \mu_{x_i} \qquad \text{und} \qquad \sigma_x^2 = \sum_{i=1}^{I} k_i^2 \sigma_{x_i}^2 \,. \tag{7.54}$$

Der zentrale Grenzwertsatz (7.53) liefert uns einen Hinweis, wie ein Rauschgenerator mit annähernd normalverteilten Abtastwerten gebaut werden kann. Man nimmt den LCG-Generator, ruft diesen pro Abtastintervall I-mal auf, skaliert – um einen Überlauf im Fractional-Format zu verhindern – die Abtastwerte mit $\frac{1}{I}$ und zählt die skalierten Abtastwerte zusammen:

$$x[n] = \sum_{i=1}^{I} \frac{1}{I} x_i[n] \,. \tag{7.55}$$

Mit dieser Methode erhalten wir einen weissen Rauschgenerator, dessen Abtastwerte umso besser normalverteilt sind, je grösser die Anzahl I von Summanden ist. Für den Mittelwert und die Varianz finden wir unter Anwendung von Gl.(7.54):

$$\mu_x = 0 \qquad \text{und} \qquad \sigma_x^2 = \frac{1}{3I} \,. \tag{7.56}$$

Bild 7.16 zeigt Wahrscheinlichkeitsdichtefunktionen eines aus mehreren LCG-Rauschquellen aufgebauten Rauschgenerators. Tatsächlich zeigt sich, dass auf Kosten einer kleineren Varianz die Gaussverteilung umso besser approximiert wird, je höher die Anzahl I der gleichverteilten Rauschquellen ist (siehe dazu Aufgabe 9).

7.5.3 Generator für farbiges Rauschen

Der Bau eines Generators zur Erzeugung von farbigem Rauschen ist eine einfache Aufgabe. Man schliesst an einen gleich- oder normalverteilten, weissen Rauschgenerator mit der Varianz σ_x^2 ein lineares Digitalfilter mit dem Frequenzgang $H(e^{j\Omega})$. Der Ausgang des Filters liefert dann ein Rauschsignal $\mathbf{y}[n]$ mit dem Leistungsdichtespektrum

$$S_{yy}(e^{j\Omega}) = |H(e^{j\Omega})|^2 \sigma_x^2 \tag{7.57}$$

und der Varianz

$$\sigma_y^2 = \sigma_x^2 \frac{1}{2\pi} \int_{-\pi}^{\pi} |H(e^{j\Omega})|^2 \, d\Omega \,. \tag{7.58}$$

Unter der Voraussetzung, dass $H(e^{j\Omega})$ keine Allpasscharakteristik hat, ist das Leistungsdichtespektrum $S_{yy}(e^{j\Omega})$ des Ausgangssignals nicht mehr konstant (weiss) und wird deshalb farbig genannt. Die Gaussverteilung der Ausgangsabtastwerte hingegen bleibt erhalten, falls das lineare Digitalfilter mit gaussverteiltem Rauschen angesteuert wird.

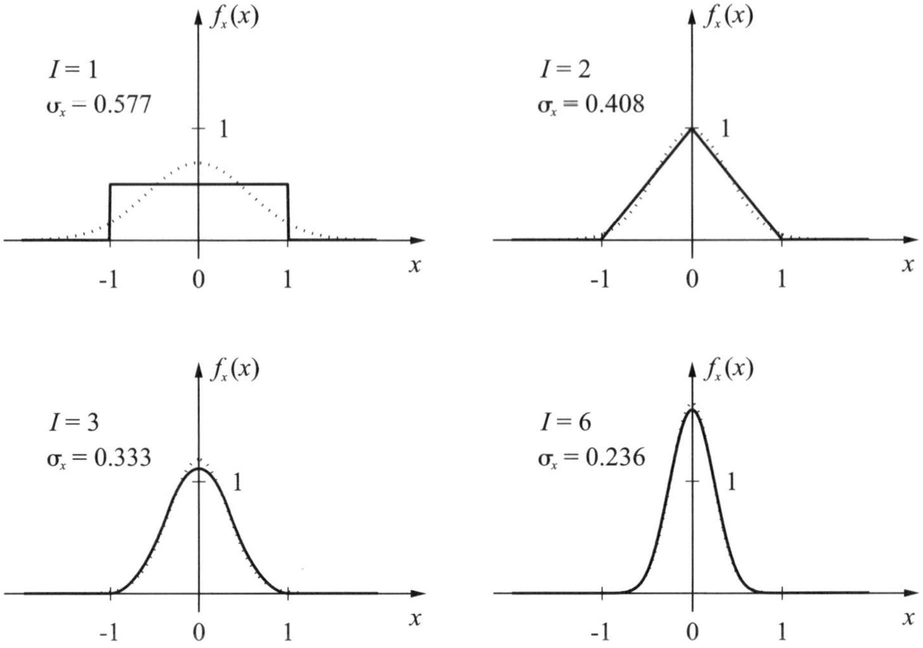

Bild 7.16: Wahrscheinlichkeitsdichtefunktionen des annähernd gaussverteilten Rauschgenerators. I : Anzahl LCG-Rauschquellen, punktierte Kurven: Wahrscheinlichkeitsdichtefunktionen des ideal gaussverteilten Rauschgenerators

Aufgaben

1. **Frequenzgenauigkeit eines Sägezahngenerators**

   (a) Innerhalb welcher Grenzen f_{0low} und f_{0high} kann die Frequenz f_0 eines Sägezahngenerators eingestellt werden, wenn die Stufenhöhe b_0 auf die Wortlänge $(B+1)$ gerundet wird?

   (b) Gewünscht ist ein Sägezahn-Generator mit der Frequenz $f_0 = 60\,\text{Hz}$, wobei die Abtastfrequenz $f_s = 8000\,\text{Hz}$ und die Wortlänge 16 Bit betragen. Wie gross ist die tatsächliche Frequenz f_{0Q}? Liegt sie innerhalb der in 1a) berechneten Grenzen?

2. **Simulation eines Pulsdauermodulators**

   Generieren Sie mit der MATLAB-Funktion `sawtooth` eine Sägezahnschwingung hoher Frequenz und mit `sin` eine Sinusschwingung tiefer Frequenz. Erzeugen Sie aus diesen beiden Signalen aufgrund der Theorie in Kap. 7.1.2 eine pulsmodulierte Rechteckschwingungung und filtern Sie die Rechteckschwingung mit einem Tiefpassfilter. Was stellen Sie fest?

3. **Überführung einer Dreieck- in eine Sinusschwingung**

   Erzeugen Sie mit MATLAB eine Dreieckschwingung mit $f_0 = 10\,\text{Hz}$ und speisen Sie damit ein Tiefpassfilter mit variabler Durchlassfrequenz ($f_s = 1000\,\text{Hz}$). Beobachten Sie, wie sich die Dreieckform der Sinusform nähert, wenn Sie die Durchlassfrequenz von $f_{pass} = 200\,\text{Hz}$ kontinuierlich auf $f_{pass} = 10\,\text{Hz}$ verkleinern.

4. **Direkte digitale Synthese (DDS)**

   (a) Simulieren Sie mit MATLAB einen periodischen DDS-Generator, dessen Tabelle aus 16 Funktionswerten besteht. Erzeugen Sie die Sägezahnschwingung mit der Funktion `sawtooth` und verwenden Sie als Quantisierungsfunktion `floor`. Lesen Sie die Tabellenwerte innerhalb einer Schleife aus.

   (b) Dito wie oben, aber mit zusätzlicher Interpolation.

5. **Polynomapproximation**

   (a) Starten Sie in MATLAB das Programm `spgen` und approximieren Sie die Sinusfunktion gemäss Beispiel 1 auf Seite 293. Überprüfen Sie, ob Sie dasselbe Resultat für den Koeffizientenvektor $\boldsymbol{a}$ erhalten, wie auf Seite 293. Warum sind die geraden Polynomkoeffizienten annähernd Null?

   (b) Generieren Sie den Code, falls Sie im Besitz eines DSP-Starterkits TMS320VC5510-DSK von Texas Instruments sind, und stellen Sie die Sinusschwingung auf einem Oszilloskop dar.

   (c) Approximieren Sie die Logarithmusfunktion zur Basis 10. Überlegen Sie, in welchem Bereich zwischen -1 und $+1$ das Argument x liegen darf, damit der Funktionswert eine Fractional-Zahl ist.

6. **Instabiles IIR-Filter als Sinusoszillator**

   Experimentieren Sie mit dem M-File `A1_7_6`, das den Sinusoszillator in Bild 7.13 simuliert.

7. **Herleitung des Sinus-Cosinus-Oszillators**

   Der kombinierte Sinus-Cosinus-Oszillators wird durch folgendes Differenzengleichungssystem beschrieben:

$$y_1[n] = ay_1[n-1] - by_2[n-1] + x[n]$$
$$y_2[n] = by_1[n-1] + ay_2[n-1]\,,$$

   wobei:

$$x[n] = \delta[n]\,, \qquad a = \cos(\Omega_0) \quad \text{und} \quad b = \sin(\Omega_0)\,.$$

   Zeigen Sie durch Anwendung der z-Transformation, dass das Ausgangssignal $y_1[n]$ eine Cosinusschwingung und das Ausgangssignal $y_2[n]$ eine Sinusschwingung ist:

$$y_1[n] = \cos(\Omega_0 n)u[n]\,, \quad y_2[n] = \sin(\Omega_0 n)u[n]\,.$$

8. **Kombinierter Sinus-Cosinus-Oszillator**

   Schreiben Sie analog zum M-File `A1_7_6` einen Simulator für den kombinierten Sinus-Cosinus-Oszillator, indem Sie das Differenzengleichungssystem (7.48) programmieren. Die Ausgangswerte sollen nur gerundet und nicht abgeschnitten werden. Experimentieren Sie mit dem Simulator.

9. **Zufallszahl-Generatoren**

   Die M-Files `A1_7_9a`, `A1_7_9b` und `A1_7_9c` simulieren Zufallszahl-Generatoren. Sie erzeugen je ein Rauschsignal der Länge $512 \cdot M$, wobei nur die letzten 512 Abtastwerte dargestellt werden. Ein Histogramm zeigt, wie die Zufallszahlen verteilt sind und die Wahrscheinlichkeitsdichtefunktion gibt an, wie sie idealerweise verteilt sein sollten. Das Rauschsignal wird in M Blöcke der Länge 512 unterteilt, von jedem Block wird das Leistungsdichtespektrum berechnet, am Schluss wird über die M Leistungsdichtespektren gemittelt und mit dem idealen Leistungsdichtespektrum verglichen.

   (a) Testen Sie den LCG-Generator `A1_7_9a` mit verschiedenen Anfangswerten $x[0]$, Modi m und LCG-Parametern a und c. Überprüfen Sie insbesondere die Werte in Gl.(7.51) und Gl.(7.52).

   (b) Experimentieren Sie mit dem annähernd normalverteilten Rauschgenerator `A1_7_9b` und zeigen Sie, dass die Gaussverteilung umso besser approximiert wird, je mehr gleichverteilte Rauschsignale addiert werden.

   (c) Das M-File `A1_7_9c` entwirft ein elliptisches Bandpassfilter 8. Ordnung mit den normierten Kreisfrequenzen Ω_1 und Ω_2. Ω_1 ist die untere und Ω_2 die obere normierte Durchlasskreisfrequenz. Der Rippel R_p im Durchlassbereich beträgt 0.1 dB und die Sperrdämpfung 40 dB. Wird Ω_1 Null gewählt, dann entwirft das M-File ein elliptisches Tiefpassfilter 4. Ordnung mit der normierten Durchlasskreisfrequenz Ω_2. Das Filter wird mit einem normalverteilten, weissen Rauschgenerator der Varianz $\sigma_x^2 = 1$ angeregt und das Ausgangssignal wird im ersten Grafikfenster aufgezeichnet. Aufgrund der Theorie in Kap. 7.5.3 berechnet sich die ungefähre Varianz des gefilterten Rauschsignals nach der Formel

   $$\sigma_y^2 = \frac{\Omega_2 - \Omega_1}{\pi}\sigma_x^2\,, \qquad \text{wobei:} \quad \sigma_x^2 = 1\,.$$

   Leiten Sie diese Formel her, überprüfen Sie experimentell ihre Gültigkeit und verifizieren Sie die Aussage, dass die Gaussverteilung im Ausgangssignal erhalten bleibt.

   Zeigen Sie, dass die Messungen (Schätzungen) umso genauer sind, je grösser Sie die Blockanzahl M wählen.

Anhang A

Inhalt der CD-ROM

Autor: Ivo Oesch

A.1 Inhaltsverzeichnis der CD-ROM

Aufgaben Dieses Verzeichnis enthält die Lösungen zu den Aufgaben. Die Lösungen können mit Hilfe eines Internet-Browsers betrachtet werden.

DSK In diesem Verzeichnis befinden sich die technischen Unterlagen in PDF-Form zum Signalprozessor-Starterkit TMS320VC5510-DSK (engl: *D*igital *S*ignal Processor Starter *K*it), zum DSP (engl: *D*igital *S*ignal *P*rocessor) TMS320VC5510 und zum CODEC (engl: *co*der *dec*oder) TLV320AIC23.

DSPtools Das Verzeichnis 'DSPtools' umfasst die MATLAB-Programme zum Entwurf und zur Simulation von Digitalfiltern und Signalgeneratoren. Zudem enthält es einen Code-Generator zur Erzeugung der zugehörigen Assemblerprogramme. Diese lassen sich auf den Signalprozessor-Starterkit TMS320VC5510-DSK von Texas Instruments herunterladen. Die Installation dieser Programmsammlung – zusammengefasst unter dem Namen 'dsptools' – wird im übernächsten Abschnitt beschrieben.

LabVIEW In diesem Verzeichnis sind die Dateien zur Lösung der LabVIEW-Aufgaben abgespeichert.

MatDSV1 Hier befinden sich sämtliche M-, Mat- und Spt-Files zur Lösung der MATLAB-Aufgaben.

A.2 Voraussetzungen

Die Programme in den Verzeichnissen 'DSPtools' und 'MatDSV1' erfordern die Studenten- oder Vollversion von MATLAB 5.1 oder höher inklusive der Signal Processing Toolbox.[1] Für das Ausführen des DSP-Codes ist der Signalprozessor-Starterkit TMS320VC5510-DSK von Texas Instruments erforderlich.[2] Das automatische Erzeugen von Code ist unter Windows 98, Windows 2000 und Windows XP möglich. Zur Erzeugung des Eingangsignals ist ein Signalgenerator empfehlenswert und zur Kontrolle der Ausgangssignale sollte ein Zweikanal-Oszilloskop zur Verfügung stehen.

Wer LabVIEW-Aufgaben lösen möchte, benötigt die Studentenversion 5.0 oder die Vollversion 4.1 oder höher von LabVIEW.[3] Für einige Experimente sollte zudem eine Datenerfassungskarte (DAQ-Board) installiert sein.

A.3 Installation

A.3.1 Installation des 'Code-Composers'

Der Code-Composer ist ein Programmpaket zum Entwickeln von DSP-Code, das inklusive Installationsanleitung zum Lieferumfang des DSP-Kits 'TMS320VC5510-DSK' gehört. Das nachfolgend beschriebene Programmpaket 'dsptools' funktioniert auch ohne Code-Composer, allerdings ist dann die Erzeugung und Ausführung von DSP-Code nicht möglich.

A.3.2 Installation des Programmpakets 'dsptools'

Um das Programmpaket 'dsptools' zu installieren, muss das Verzeichnis `DSPtools` auf die Festplatte kopiert werden. Am besten wird das Verzeichnis direkt in ein Stammverzeichnis c:\, d:\, oder e:\ kopiert. Zusätzliche Unterverzeichnisse können Probleme bereiten, insbesondere wenn der Pfad zu lang wird oder ein Verzeichnisname mehr als 8 Buchstaben hat (zudem darf ein Verzeichnisname weder Sonderzeichen noch Leerschläge enthalten). Für das automatische Hinunterladen von Code auf den DSP muss zudem unbedingt das Verzeichnis c:\work mit Lese- und Schreiberechten für den Anwender existieren. Anschliessend muss in MATLAB das neue Verzeichnis 'DSPtools' z. B. mit Set Path in den Suchpfad aufgenommen werden. Die Installation wird mit dem Aufruf `spfilt('install')` in MATLAB vervollständigt. Beim Installieren wird nach dem Betriebssystem gefragt, wobei hier in den meisten Fällen 'Autodetect' angewählt werden kann.

---

[1] http://www.mathworks.com
[2] http://www.ti.com
[3] http://www.ni.com

Um automatisch Code zu erzeugen, benötigt das Programmpaket 'dsptools' den Installationsort des Code-Composers. In der Dateiauswahlbox 'Localize the batchfile', die nach dem Starten des Befehls `spfilt('install')` erscheint, muss die Datei '···\ti\dosrun.bat' ausgewählt werden (das Verzeichnis 'ti' wird bei der Installation des Code-Composers normalerweise unter `c:` angelegt). Falls der Code-Composer nicht installiert wurde, ist die Taste 'Abbrechen' zu drücken. Die Programmsammlung 'dsptools' wird korrekt installiert, das automatische Erzeugen von Code hingegen steht nicht zur Verfügung.

Nach diesen Schritten ist das Programmpaket 'dsptools' installiert und kann umgehend benutzt werden.

Falls Schwierigkeiten beim automatischen Erzeugen von Code auftreten, kann bei der Auswahl des Betriebssystems versuchsweise eine andere Variante gewählt werden, beispielsweise WinNT auf einem Win98-System.

Die Programme merken sich jeweils die letzten Eingaben des Benutzers, indem diese in einer .mat Datei im Verzeichnis 'DSPtools' abgelegt werden. Wenn man wieder die ursprünglichen Defaultwerte verwenden möchte, muss der Befehl `spfilt('install')` neu gestartet werden.

A.3.3 Installation des Verzeichnisses 'MatDSV1'

Im Gegensatz zu den Verzeichnissen 'Aufgaben', 'DSK' und 'LabVIEW' sollte das Verzeichnis 'MatDSV1' auf die Festplatte kopiert werden. Dieses Verzeichnis enthält neun Unterverzeichnisse, die nach dem Kopieren alle in den Suchpfad von MATLAB aufgenommen werden müssen.

Im Unterverzeichnis 'MatDSV1\Work' befinden sich zwei Dateien, welche geeignete Grundeinstellungen des MATLAB-Programms `sptool` enthalten. Da dieses Programm sowohl beim Entwurf von Digitalfiltern wie auch von Signalgeneratoren eingesetzt wird, sollte '...\MatDSV1\Work' zum MATLAB-Arbeitsverzeichnis (engl: current directory) gemacht werden.

Die Programme und Daten in den Verzeichnissen 'DSPtools' und 'MatDSV1' beanspruchen etwa 15 MByte und 3 MByte freien Platz auf der Festplatte.

A.4 Das DSV-System TMS320VC5510-DSK

Das DSV-System TMS320VC5510-DSK – als Signalprozessor-Starterkit, DSP-Kit oder kurz DSK (engl: *D*igital *S*ignal Processor Starter *K*it) bezeichnet – ist ein mit 5 Volt Speisespannung betriebenes Evaluationsboard mit dem 16-Bit-Festkomma-Signalprozessor TMS320VC5510 von Texas Instruments gemäss Bild 1.4. Es eignet sich zur Verarbeitung von Audiosignalen, d. h. für Signale im Frequenzbereich von ca. 20 Hz bis 20 kHz.

Der DSP TMS320VC5510 arbeitet mit einer Taktfrequenz von 200 MHz, was eine Befehlszykluszeit von 5 ns ergibt. Nebst dem DSP, der das Herz des DSK's bildet, ist der Kit mit einem CODEC, externen Speicher und einem JTAG-Emulator bestückt.

Der CODEC (engl: *co*der *dec*oder) hat einen Stereo- und einen Mikrofon-Eingang (engl: stereo-line and microphone input), die mit einstellbaren Verstärkern ausgerüstet sind. Als CODEC-Ausgänge stehen ein Stereo-Ausgang (engl: stereo-line output) und ein mit einem einstellbaren Verstärker versehenen Kopfhörer-Ausgang (engl: headphone output) zur Verfügung. Der CODEC enthält zwei ΣΔ-AD- und ΣΔ-DA-Wandler, die mit Wortlängen von 16 Bit arbeiten. In den AD- und DA-Wandlern sind FIR-Tiefpassfilter eingebaut, die mit einer Abtastfrequenz von $M_{in} f_s$ an ihrem Eingang, respektive mit $M_{out} f_s$ an ihrem Ausgang betrieben werden. Der Dezimationsfaktor M_{in} und der Interpolationsfaktor M_{out} können die Werte 250 oder 272 annehmen. Der DSP verarbeitet die Abtastwerte mit der Abtastrate f_s, die zwischen 4 kHz und 96 kHz einstellbar ist.

Die FIR-Tiefpassfilter haben einen Durchlassbereich von 0 bis ca. $0.4 f_s$ und einen Sperrbereich von ca. $0.6 f_s$ bis ca. $M_{in} f_s$ respektive $M_{out} f_s$. Ganz tiefe Frequenzen (< 20 Hz) und ganz hohe Frequenzen (> 1 MHz) werden mit passiven RC-Bandpassfiltern am Eingang und Ausgang gesperrt (Bild A.1). Diese Filter dienen als Antialiasing- und Glättungsfilter.

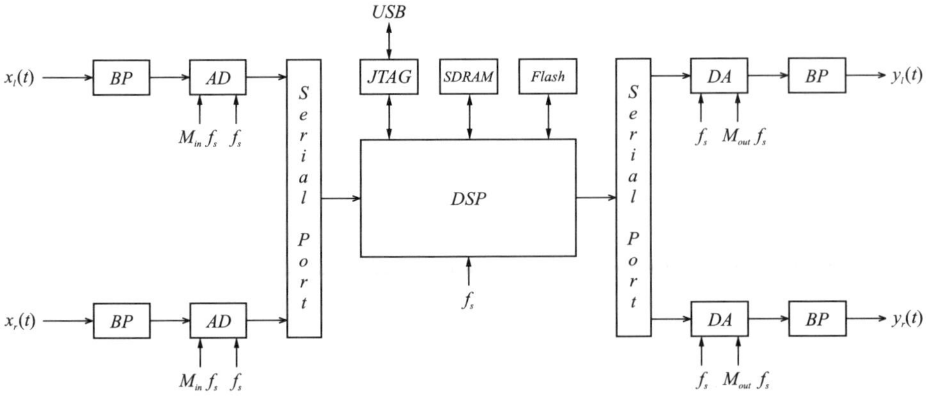

Bild A.1: Vereinfachtes Blockdiagramm des Signalprozessor-Kits 'TMS320VC5510-DSK' von Texas Instruments

Der interne 320 kByte-Speicher des DSP's wird durch ein externes SDRAM (engl: *S*ynchronous *D*ynamic *R*andom *A*ccess *M*emory) von 8 MByte und durch einen externen, nichtflüchtigen Flash-Speicher von 512 kByte ergänzt.

Zum Debuggen und Hinunterladen von Code ist auf dem DSP ein JTAG-Emulator (engl: *J*oint *T*est *A*ction *G*roup) integriert, der via USB mit dem PC kommuniziert und über die JTAG-Boundry-Scan-Schnittstelle Zugriff auf den Prozessor hat.

Die Entwurfprogramme `spfilt` und `spgen` ermöglichen folgende Abtastfrequenzen in kHz: $f_s = 4,\ 8,\ 16,\ 24, 32,\ 44.117,\ 48$ und 96. Die zugehörigen Dezimations- und Interpolationsfaktoren M_{in} und M_{out} betragen 250, mit Ausnahme der Abtastfrequenz $f_s = 44.117\,\text{kHz}$, die die Werte von 272 benutzt.

Die Stereo-Eingangsverstärker haben bezüglich ihrer Ausgangsspannung einen Aussteuerbereich von $\pm\sqrt{2}\,$Volt. Da ihnen auf dem DSP-Kit ein Spannungsteiler vorgeschaltet ist, der die Eingangsspannung um Faktor 2 abschwächt, stellt das Entwurfsprogramm `spfilt` die Verstärkung auf 2 ein. Der Aussteuerbereich der Stereo-Ausgangsverstärker bezüglich ihrer Ausgangsspannung beträgt ebenfalls $\pm\sqrt{2}\,$Volt.

Mehr zu zum DSK, zum DSP und zum CODEC ist aus den drei PDF-Dateien zu erfahren, die im Verzeichnis 'DSK' abgespeichert sind. Weitere Informationen, wie z. B. das Schaltschema der CODEC-Beschaltung, sind auf der CD zum DSP-Kit 'TMS320VC5510-DSK' zu finden.

Anhang B

Das Programm `spfilt`

Autor: Ivo Oesch

Das Programm `spfilt` ergänzt das Programm `sptool`, das in MATLAB 5.1 und in neueren Versionen implementiert ist. Mit `sptool` kann man Signale analysieren und Digitalfilter entwerfen. Das Werkzeug `spfilt` konvertiert die entworfenen Digitalfilter in Filter mit quantisierten Koeffizienten. Es enthält überdies einen Code-Generator zur Realisierung von digitalen Filtern auf dem Signalprozessor-Kit 'TMS320VC5510-DSK' von Texas Instruments und einen Simulator zur Untersuchung der quantisierten Signale.

Das Programm `spfilt` berechnet und simuliert Digitalfilter, welche auf dem DSP implementierbar sind. Es vernachlässigt den Einfluss der analogen Zusatzfilter und der FIR-Tiefpassfilter in den AD- und DA-Wandlern. Simulations- und Messresultate unterscheiden sich deshalb vor allem im Phasengang und in der Gruppenlaufzeit. Zudem sind auch Unterschiede im Amplitudengang zu erwarten, für das TMS320VC5510-DSK vorallem unterhalb von etwa 20 Hz.

B.1 Starten

Das Programm wird über die Kommandozeile von MATLAB mit dem Befehl `spfilt` gestartet. Falls `sptool` noch nicht aktiv ist, wird es von `spfilt` automatisch gestartet. Wünscht der Anwender das Digitalfilter auf dem TMS320VC5510 zu implementieren, dann empfiehlt es sich, vorgängig den Code-Composer zu starten.

B.2 Bedienung

B.2.1 Grundlagen

Das Werkzeug `spfilt` ist das Verbindungs-Programm zwischen `sptool`, dem TMS320VC5510-DSK und dem Simulator `simdsp` (Bild B.1). Mit `spfilt` können die von sptool generierten Digitalfilter in Filterstrukturen mit quantisierten Koeffizienten umgewandelt werden. Folgende Filterstrukturen stehen zur Auswahl: FIR-Direktform-Struktur, Kaskade aus IIR-Direktform-I-Strukturen 2. Ordnung und IIR-Direktform-I-Struktur. Die quantisierten Filter können anschliessend zur Analyse wieder an sptool übergeben werden. Sie können auch zur Untersuchung der Ausgangssignale an den Simulator weitergeleitet werden (siehe Anhang C), oder es kann ausführbarer Code erzeugt und auf den DSP TMS320VC5510 geladen werden.

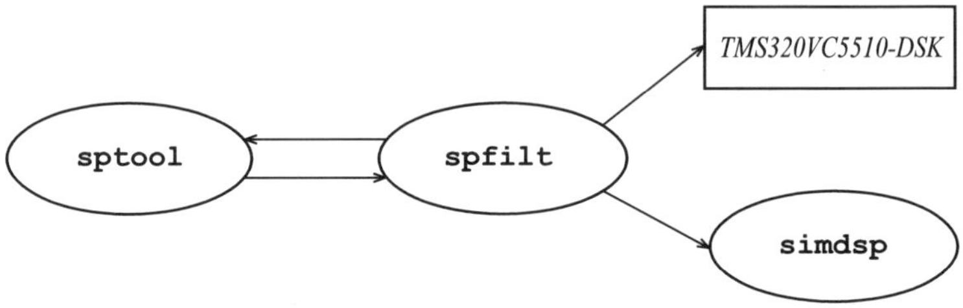

Bild B.1: spfilt als Verbindungs-Programm zwischen dem MATLAB-Werkzeug sptool, dem TMS320VC5510-DSK und dem Simulator simdsp

B.2.2 Benutzeroberfläche

Nach dem Start von spfilt wird die Benutzeroberfläche (Bild B.2) mit folgenden Elementen aufgebaut:

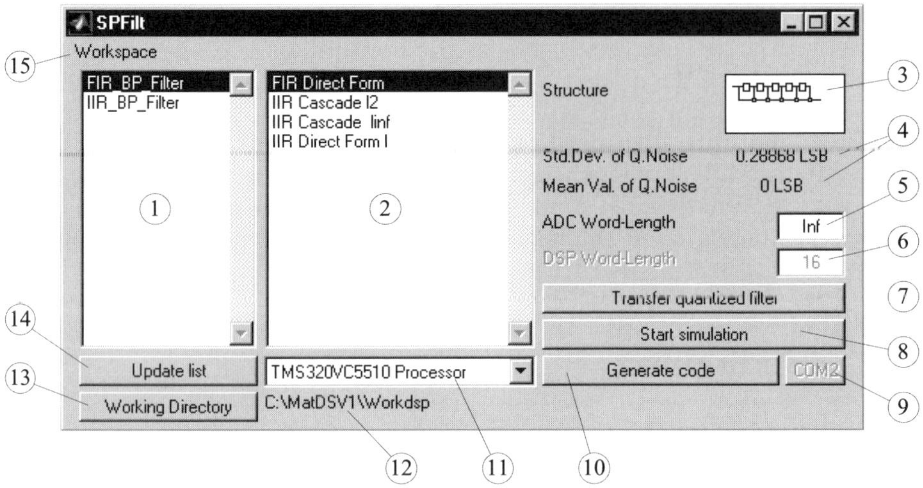

Bild B.2: Benutzeroberfläche von spfilt

(1) In dieser Liste werden alle in `sptool` vorhandenen Filter angezeigt. Das jeweils ausgewählte Filter wird hervorgehoben. (Die Liste wird nicht automatisch aktualisiert, wenn in `sptool` Änderungen stattfinden. Siehe dazu Punkt 14.)

(2) Hier werden alle Filterstrukturen aufgelistet, welche für den gewählten Prozessor verfügbar sind. Die ausgewählte Filterstruktur wird hervorgehoben und in Feld (3) graphisch dargestellt.

(3) Die aktuelle Filterstruktur wird in diesem Feld graphisch dargestellt.

(4) Hier wird die Standardabweichung σ_y und der Mittelwert μ_y des Quantisierungsrauschens in LSB angegeben. Die Einheit LSB des Quantisierungsrauschens bezieht sich auf das 'Least Significant Bit' des Signalprozessors. Falls die beiden Werte für die gewählte Filterstruktur nicht bestimmt werden können, bleibt das Feld schattiert. Bei instabilen Filtern werden die Werte nicht ermittelt und es erscheint eine entsprechende Anzeige.

(5) In diesem Feld kann die Wortlänge des AD-Wandlers eingegeben werden. Diese Eingabe hat nur Einfluss auf die Berechnung des Quantisierungsrauschens. Mit der Eingabe `inf` liefert der AD-Wandler genaue Ausgangsabtastwerte und sein Anteil am Quantisierungsrauschen ist demnach Null.

(6) Dieses Feld verlangt die Wortlänge des allgemeinen Festkomma-Rechners, der in Position (10) angewählt werden kann. Beim TMS320VC5510 ist die Wortlänge fest auf 16 eingestellt. Dieser Parameter ist einerseits massgebend für die Quantisierung der Filter-Koeffizienten und andererseits für die Berechnung des Quantisierungsrauschens.

(7) Beim Drücken dieses Knopfes werden die Koeffizienten des aktuellen Filters gerundet und nach `sptool` zurückgeladen, wobei dem Filternamen ein '_quant_' angehängt wird. Dadurch können die Auswirkungen der Rundung auf die Übertragungsfunktion des Filters untersucht werden. ACHTUNG, der Filter-Designer von `sptool` muss geschlossen sein, sonst wird das Filter neu berechnet und die Quantisierung rückgängig gemacht.

(8) Mit diesem Knopf wird das Filter mit der ausgewählten Struktur und Wortlänge in den Simulator geladen. Der Simulator wird in Anhang C näher beschrieben.

(9) Mit dieser Taste wird die Schnittstelle ausgewählt, an der das DSP-Kit 'ADSP2181 EZ-KIT Lite' von Analog Devices angeschlossen wird (die dazugehörigen Details sind in Lit.[vG02] dokumentiert).

(10) Durch Drücken dieses Knopfes wird Code für das aktuelle Filter erzeugt, auf das DSK geladen und gestartet. ACHTUNG: Beim TMS320VC5510-DSK muss der Dip-Schalter 3 gedrückt sein, damit das implementierte Digitalfilter aktiv wird. Ist der Dip-Schalter 3 in der oberen Position, dann verbindet der DSP die Eingangskanäle direkt mit den Ausgangskanälen.

(11) Hier kann der gewünschte Prozessor ausgewählt werden. Wählbar sind die beiden 16-Bit-Festkomma-Prozessoren TMS320VC5510 von Texas Instruments und ADSP2181 von Analog Devices, sowie ein allgemeiner Festkomma-Prozessor mit einer wählbaren Wortlänge. Die beiden 16-Bit-Festkomma-Prozessoren runden ihre Ergebnisse und beim allgemeinen Festkomma-Prozessor wird angenommen, dass er seine Ergebnisse abschneidet. Dies ist der Grund, weshalb der Mittelwert des Quantisierungsrauschens bei den beiden 16-Bit-Festkomma-Prozessoren immer Null ist, nicht hingegen beim allgemeinen Festkomma-Prozessor. Code kann sowohl für den TMS320VC5510 wie auch für den ADSP2181 erzeugt werden.

(12) Zeigt das aktuelle Arbeitsverzeichnis (siehe auch Punkt 13).

(13) Das Arbeitsverzeichnis von `spfilt` wird hier eingestellt. In diesem Verzeichnis werden sämtliche temporären Dateien und der Sourcecode der automatisch generierten Filter abgelegt (siehe dazu Anhang B.2.4). Es wird empfohlen, das vorbereitete Verzeichnis 'MatDSV1\Workdsp' zu verwenden.

(14) Diese Taste aktualisiert die Filterliste (1), d. h. es werden alle Filtereinträge in `sptool` neu gelesen.

(15) Über dieses Menu können quantisierte Filter exportiert und eigene Filter importiert werden. Siehe dazu Anhang B.2.3.

Alle Knöpfe sind nur aktiv, wenn die entsprechende Funktion möglich ist. Wenn beispielsweise die Übertragungsfunktion nicht zur Filterstruktur passt, sind die Knöpfe inaktiv.

B.2.3 Export und Import von Filtern

Mit dem Menupunkt 'Workspace\Export quantized filter' werden die quantisierten Koeffizienten des aktuellen Filters als Variable in den Arbeitsspeicher von MATLAB exportiert. Umgekehrt können aus dem MATLAB-Arbeitsspeicher auch Filter importiert werden. Dazu wird der Menupunkt 'Workspace\Import filter in sos form' oder der Menupunkt 'Workspace\Import filter in tf form' angewählt. Die Variablen im Arbeitsspeicher müssen vom Datentyp 'Structure' sein und einer der drei Formen entsprechen, die im Folgenden beschrieben werden.

FIR-Direktform-Filter

Die Structure muss mindestens aus den Feldern `Fs` und `tf` bestehen. `Fs` muss einen numerischen Wert enthalten, der gleich der Abtastfrequenz des Filters in Hz ist. `tf` selbst ist wiederum eine Structure mit den Feldern `num` und `den`, die wie folgt eingegeben werden müssen:

```
tf.num = [ b0 b1 b2 ... bN ]
tf.den = 1
```

Die Namen `tf`, `num` und `den` stehen für transfer function, numerator und denominator. Der Zeilenvektor `tf.num` muss demzufolge die Koeffizienten des FIR-Filters enthalten.

Beispiel:

```
firfilt.Fs = 8000;
firfilt.tf.num = [0.033 0.093 0.160 0.189 0.160 0.093 0.033];
firfilt.tf.den = 1;
```

IIR-Kaskaden-Filter

Die Structure muss mindestens aus den Feldern `Fs` und `sos` bestehen, wobei `Fs` gleich der Abtastfrequenz des Filters in Hz ist. `sos` muss eine $L \times 6$-Matrix sein in der Form:

```
sos = [ b01 b11 b21  1 a11 a21
        b02 b12 b22  1 a12 a22
            ...
        b0L b1L b2L  1 a1L a2L ]
```

Der Name `sos` steht für second order sections. Jede Zeile von `sos` enthält die Filterkoeffizienten eines Blocks 2. Ordnung gemäss Gl.(6.31) und Bild 6.23. Die erste Zeile umfasst die Filterkoeffizienten des ersten Blocks, die zweite Zeile diejenigen des zweiten Blocks und die L-te Zeile diejenigen des L-ten Blocks.

Beispiel:

```
iirfilt.Fs = 8000;
iirfilt.sos = [ 0.0464  -0.0035  0.0464  1  -1.5758  0.6675
                0.4373  -0.6074  0.4373  1  -1.5831  0.8672
                0.7909  -1.2154  0.7909  1  -1.5959  0.9724 ];
```

Mit dem MATLAB-DSV-Werkzeug `sptool` oder dem MATLAB-Befehl `ellip` kann man eine Übertragungsfunktion erzeugen. Die Matrix `iirfilt.sos` bekommt man, indem man auf die Übertragungsfunktion den Befehl `tf2sosI` anwendet.

IIR-Direktform-I-Filter

Die Eingabe erfolgt analog zum FIR-Direktform-Filter, nur dass jetzt der Zeilenvektor `tf.den` die Koeffizienten des Nennerpolynoms enthält:

```
tf.num = [ b0 b1 b2 ... bN ]
tf.den = [ 1  a1 a2 ... aM ]
```

Das Importieren und Exportieren von Filterkoeffizienten ist auch direkt von MATLAB aus möglich. Zum Exportieren des aktuellen Filters wird der Befehl `coeffs = spfilt('get')` zur Verfügung gestellt. Die folgenden vier Befehle `spfilt('load',num,den,fs,name)`, `spfilt('load',sos,fs,name)`, `spfilt('load',tfobj)` und `spfilt('load',secord)` dienen zum Importieren von benutzerdefinierten Filtern. Informationen dazu können mit `help spfilt` im MATLAB Command Window abgerufen werden.

B.2.4 Code-Generator

In `spfilt` kann man einen Code-Generator starten, der ausführbaren Filtercode für den TMS320VC5510 erzeugt und diesen Code auf das TMS320VC5510-DSK hinunter lädt. Beim Entwurf eines Filters für diesen DSP-Kit muss die Abtastfrequenz einen der folgenden Werte haben:

$$f_s = 4, \quad 8, \quad 16, \quad 24, \quad 32, \quad 44.117, \quad 48, \quad 96, \quad \text{Einheit: kHz}.$$

Falls eine andere Abtastfrequenz gewählt wird, erscheint eine Warnung. Der Code-Generator wählt dann die am nächsten liegende Abtastfrequenz und generiert ein Filter, das nicht genau mit dem Entworfenen übereinstimmt.

Der Code-Generator erzeugt entsprechend der gewählten Filterstruktur ein Assembler-Source-File mit dem Namen `fir_filter.asm`, `iir_bq_filter.asm` oder `iir_filter.asm`. Diese Dateien enthalten den Assemblercode für eine Struktur vom Typ 'FIR-Direktform', 'IIR-Kaskade' oder 'IIR-Direktform-I' und sie binden die Koeffizientendatei `filtername.inc` ein, welche die Koeffizienten des aktuellen Filters enthält und die ebenfalls vom Code-Generator berechnet wird. Zusammen mit den restlichen Files wird daraus die Datei `filtername.out` erzeugt, die anschliessend auf den TMS320VC5510 geladen und ausgeführt wird. Die erfolgreiche Übertragung des Codes wird durch das Blinken der LEDs DS3 und DS4 angezeigt. Zum Stoppen des Programms muss im Code-Composer der Knopf 'halt' gedrückt werden, ein Reset des DSK's hingegen kann den Code-Composer zum Absturz bringen.

B.2.5 Hilfe bei Problemen mit `spfilt`

Probleme bei der Übertragung des Filtercodes zum DSP

Falls die Übertragung des Filtercodes zum DSP misslingt und/oder das entworfene Filter nicht funktioniert, kann dies folgende Ursachen haben:

1. Der Code-Composer ist nicht aktiv. Abhilfe: Nochmals die Taste 'Generate code' drücken und eventuell vorher den Code-Composer neu starten.
2. Der Code-Composer hat sich aufgehängt. Abhilfe: Mit 'ctrl alt del' den Task-Manager aufrufen, den Prozess `cc_app.exe` beenden und den Code-Composer und Code-Generator neu starten.
3. Gelingt die automatische Übertragung immer noch nicht, dann kann der Filtercode mit Hilfe des Code-Composers hinunter geladen und gestartet werden: Im Code-Composer mit 'File, Load Program' die Datei `filtername.out` anwählen und anschliessend den Knopf 'run' drücken. Die Datei `filtername.out` befindet sich im Arbeitsverzeichnis von `spfilt` (siehe Punkt (13) auf Seite 316).
4. Dip-Schalter 3 des TMS320VC5510-DSK ist nicht in der unteren Position. Abhilfe: Dip-Schalter 3 drücken.
5. Die USB-Schnittstelle ist blockiert. Abhilfe: USB-Kabel und Kit-Speisung entfernen und anschliessend wieder einstecken.
6. Alle Verkabelungen überprüfen und darauf achten, dass LED DS7 leuchtet.

Probleme mit dem GUI (Graphical User Interface)

Falls das GUI nicht mehr auf Benutzereingaben reagiert, kann dies an einer offenen, aber durch ein anderes Fenster verdeckte Dialogbox liegen, die auf eine Bestätigung durch den Benutzer wartet. Abhilfe: Alle offenen Fenster zur Seite schieben und die Dialogbox suchen, oder im MATLAB-Command-Fenster 'ctrl c' eingeben.

B.2.6 Zusammenfassung

Um ein Filter zu entwerfen, zu analysieren und auf dem TMS320VC5510-DSK zu implementieren, sind folgende Schritte auszuführen:

1. Input-, Output-, Stromversorgungs- und USB-Kabel an das DSK anschliessen und den DIP-Schalter 3 drücken.
2. Den Code-Composer starten und in MATLAB den Befehl `spfilt` eingeben.

3. Im DSV-Werkzeug `sptool` das gewünschte Filter entwerfen.
4. In `spfilt` ‘Update List’ anklicken.
5. In der Filterliste das gewünschte Filter auswählen.
6. Den TMS320VC5510-Prozessor anwählen.
7. Die gewünschte Filterstruktur auswählen (das dazugehörige Quantisierungsrauschen wird berechnet und angezeigt).
8. Zur Analyse im Zeitbereich den Simulator mit der Taste ‘Start simulation’ starten. Mit dem Simulator kann man die Zeitantwort des Filters für verschiedene Eingangssignale untersuchen, wobei die Arithmethik des angewählten Prozessors exakt nachgebildet wird.
9. Zur Analyse im Frequenzbereich den Knopf ‘Transfer quantized filter’ drücken. Die Übertragungsfunktion des quantisierten Filters wird in das Programm `sptool` zurückgeladen. Hier kann mit ‘View’ die Übertragungsfunktion analysiert werden. ACHTUNG: Das Filterentwurfs-Fenster von `sptool` muss geschlossen sein, sonst macht das Entwurfsprogramm die Quantisierung automatisch wieder rückgängig.
10. Den Code-Generator durch Anwählen von ‘Generate Code’ starten. Der Code-Generator erzeugt Code für das angewählte Filter, lädt den Code auf das TMS320VC5510-DSK und startet die Filterroutine auf dem TMS320VC5510. Am linken Stereo-Ausgang (engl: stereo-line output) wird das ungefilterte und am rechten Stereo-Ausgang das gefilterte Signal ausgegeben. Ist der DIP-Schalter 3 in der oberen Position, dann liefert auch der rechte Stereo-Ausgang das ungefilterte Signal.

Anhang C

Der Simulator `simdsp`

Autor: Ivo Oesch

Das Programm `simdsp` ist eine Ergänzung zum Programm `spfilt`. Es dient zur Simulation von Digitalfiltern und Signalgeneratoren, welche auf einem Festkomma-DSP implementiert werden können. Die Recheneigenschaften des zu simulierenden Prozessors können dabei in weiten Grenzen eingestellt werden.

C.1 Starten

Der Simulator wird innerhalb der Programme `spfilt` und `spgen` durch Anwählen von 'Start simulation' automatisch gestartet und mit dem gewünschten Filter, respektive Signalgenerator, geladen.

C.2 Bedienung

C.2.1 Grundlagen

Dem Simulator wird ein Function-M-File übergeben, welches ein Digitalfilter oder einen Funktionsgenerator nachbildet (Bild C.1). Der Benutzer kann in den Eingabefeldern Daten eingeben und diese durch das Function-M-File auswerten lassen. Im Falle der Digitalfilter-Simulation bestehen die Daten aus einem Eingangssignal und seinen Parametern. Der Simulator berechnet daraus das quantisierte Eingangssignal und das gefilterte quantisierte Ausgangssignal. Das Function-M-File benutzt einen Prozessorsimulator, der die Recheneigenschaften eines DSP's nachbildet. Dieser Prozessorsimulator kann durch Klicken auf den Knopf 'Prozessor-Setup' konfiguriert werden. Seinen Zustand, d. h. die Anzahl Überläufe gibt er im Prozessorstatusfeld aus.

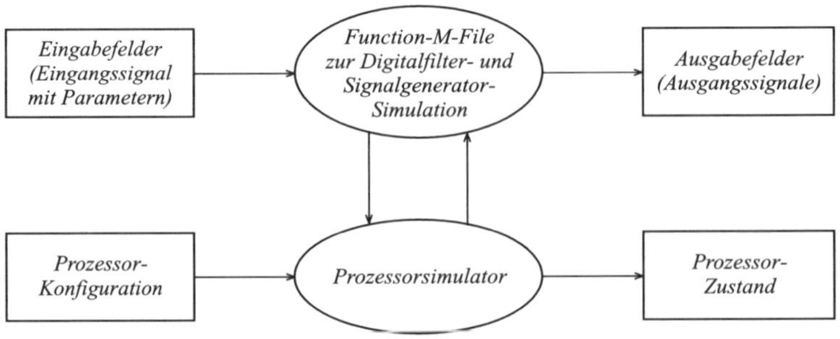

Bild C.1: Blockschaltbild des Simulators `simdsp`

C.2.2 Benutzeroberfläche

Nach dem Start von `simdsp` wird die Benutzeroberfläche in Bild C.2 aufgebaut.

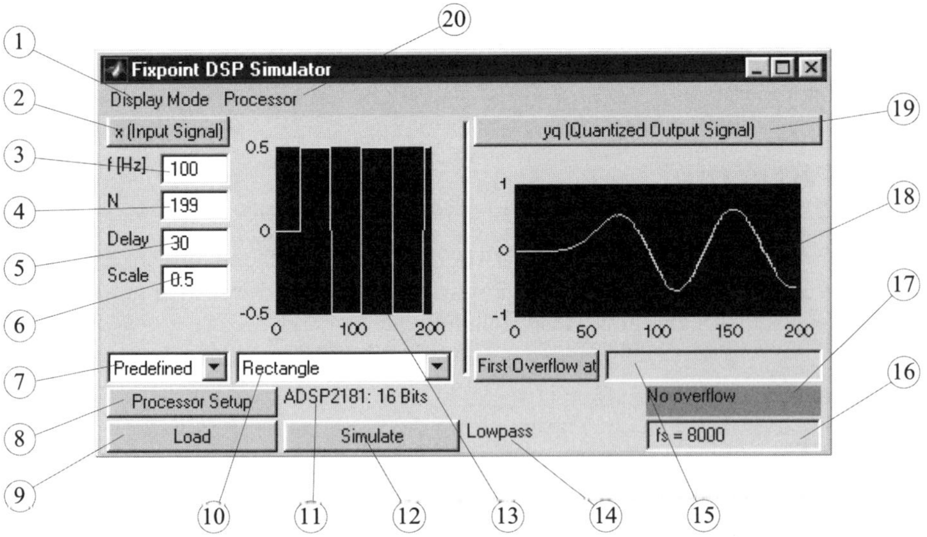

Bild C.2: Benutzeroberfläche des Simulators

(1) Mit dem Menupunkt 'Display Mode' können die Ein- und Ausgabefelder individuell ein- oder ausgeschaltet werden. Dargestellt werden das Eingangssignal $x[n]$ in (13), das quantisierte Eingangssignal $x_Q[n]$, das Ausgangssignal $y_Q[n]$ in (18) und eine Überlaufangabe in (17). Das quantisierte Eingangssignal $x_Q[n]$ ist das vom AD-Wandler gelieferte Signal und wird normalerweise nicht dargestellt.

Mit 'Restore Default' können die Eingabefelder auf ihre ursprünglichen Vorgabewerte gesetzt werden.

(2) Name des Eingangssignals. Ein Druck auf diesen Knopf öffnet ein Einstellungsfenster, mit dem die Eigenschaften des Eingangsfeldes definiert werden können. Diese Eigenschaften werden üblicherweise nicht verändert.

(3) Für vordefinierte oder benutzerdefinierte periodische Eingangssignale kann hier deren Frequenz eingegeben werden.
Für importierte Signale in Form einer Variablen oder einer Datei gemäss Punkt (7), kann hier die ursprüngliche Abtastfrequenz eingegeben werden, falls sie nicht mit der aktuellen Abtastfrequenz (16) übereinstimmt. Das Signal wird anschliessend durch Anwendung der MATLAB-Funktion `resample` mit der aktuellen Abtastfrequenz neu abgetastet.

(4) N ist die Anzahl der dargestellten Abtastwerte des Eingangssignals. Besteht ein importiertes Signal aus weniger als N Abtastwerten, dann wird das Signal periodisch erweitert bis es die Länge N erreicht.

(5) Hier kann die Anzahl Abtastpunkte eingegeben werden, während denen der Signalanfang Null sein soll. Bei Eingabe einer negativen Zahl wird der Signalanfang um die entsprechende Anzahl Abtastpunkte nach links verschoben.

(6) Zahlenwert mit dem das Eingangssignal skaliert wird.

(7) Dieses Fenster dient zur Definition von Eingangssignalen.

Predefined:	In Feld (10) kann ein vordefiniertes Eingangssignal ausgewählt werden.
Formula(n):	In Feld (10) kann ein Eingangssignal als Funktion von `n` mit `n=0:N-1` definiert werden. Beispiel: `sawtooth(2*pi*0.01*n)`.
Formula(Omegan):	In Feld (10) kann ein Signal als Funktion von `Omegan` mit `Omegan=2*pi*f/fs*[0:N-1]` definiert werden. Beispiel: `sawtooth(Omegan)`. Formula(Omegan) erlaubt die einfache Erzeugung eines periodischen Eingangssignals, dessen Frequenz durch Feld (3) gegeben ist.
Workspace:	Als Eingangssignal kann der Inhalt einer MATLAB-Variablen importiert werden.
mat-File:	Als Eingangssignal kann der Inhalt einer mat-Datei importiert werden. Falls mehrere Variablen im mat-File abgespeichert sind, wird die erste Variable benutzt.
ASCII-File:	Als Eingangssignal kann eine ASCII-Datei mit Komma separierten Werten importiert werden.

(8) Öffnet ein Fenster, in dem die Eigenschaften des zu simulierenden Prozessors eingestellt werden können (siehe Anhang C.2.3).

(9) Mit diesem Knopf kann ein neues Function-M-File geladen werden (wird für Filter- und Signalgenerator-Simulationen nicht verwendet).

(10) Wie in Punkt (7) beschrieben, kann hier ein Eingangssignal ausgewählt, definiert oder geladen werden.

(11) Diese Bezeichnung steht für den ausgewählten Prozessor-Typ.

(12) Startet die Simulation.

(13) In diesem Feld wird das aktuelle Filter-Eingangssignal graphisch dargestellt. Mit einem Klick der rechten Maustaste auf die Graphikfläche erscheint ein Kontextmenu, das die Abspeicherung des Signals in eine Datei oder in eine Variable ermöglicht. Als Dateiformate stehen ASCII und MAT zur Auswahl. Im Modus MAT wird eine Matlab-Datei mit der Endung .mat erstellt und im Modus ASCII entsteht eine kommaseparierte Datei (Endung .csv), welche von vielen Programmen gelesen werden kann.

(14) Hier wird der Name des simulierten Filters angezeigt.

(15) Diese Nummer bezeichnet den ersten Summationsknoten, an dem ein Überlauf aufgetreten ist.

(16) Das Feld zeigt die Abtastrate an, mit der das Digitalfilter entworfen wurde.

(17) Dieser Text gibt die Anzahl Überläufe an, die während der Simulation aufgetreten sind. (Der Wert 1 wird auf den Wert $1 - q$ gesättigt, wobei q die Quantisierungsstufe ist. Dieser Fall wird nicht als Überlauf gezählt.)

(18) In diesem Feld wird das Ausgangssignal der Filtersimulation graphisch dargestellt. Mit einem Klick der rechten Maustaste auf die Graphikfläche kann auch dieses Signal wie bei (13) abgespeichert werden.

(19) Name des Ausgangssignals. Ein Druck auf diesen Knopf öffnet ein Einstellungsfenster, mit dem die Eigenschaften des Ausgangsfeldes definiert werden können. Diese Eigenschaften werden üblicherweise nicht verändert.

(20) Mit dem Menupunkt 'Processor' können wie in (8) die Eigenschaften des simulierenden Prozessors eingestellt werden. Zusätzlich kann man hier Einträge wiederum löschen oder die Default-Einstellungen aktivieren.

C.2.3 Prozessor-Einstellungen

Bild C.3 zeigt das Blockschaltbild eines DSP-Rechenwerks ohne Barell-Shifter. Es besteht aus einer ALU (Arithmetic Logic Unit) und einem MAC (Multiplier Accumulator).

Die ALU kann aus dem Speicher und dem AD-Wandler zwei Worte der Länge WL holen und anschliessend addieren oder subtrahieren. Liegt das Ergebnis der Addition oder Subtraktion ausserhalb des erlaubten Zahlenbereichs, dann ist das Resultat überlaufbehaftet. Das Resultat wird auf die Wortlänge WL quantisiert und im Resultatregister abgelegt, von wo aus es wiederum zum Speicher oder zum DA-Wandler transportiert wird.

Der MAC multipliziert zwei Wörter (meistens handelt es sich um einen Koeffizienten und einen Abtastwert) und addiert das Produkt zum Wort im Ergebnisregister. Die Länge dieses Registers beträgt *MAC-WL*, ein Wert, der i. Allg. mehr als doppelt so gross ist wie die Wortlänge *WL*. Trotz der grossen Wortlänge kann es im Ergebnisregister ebenfalls zu einem Überlauf kommen. Nach dem Abschluss einer Reihe von MAC-Operationen (z. B. nach der Berechnung eines neuen Ausgangsabtastwertes) wird das Wort auf die Länge *WL* quantisiert und in das Resultatregister ausserhalb des MACs geschrieben. Wegen der kürzeren Wortlänge kann hier ebenfalls ein Überlauf auftreten. Anschliessend kann das Wort der Länge *WL* in den Speicher oder in den DA-Wandler geschrieben werden.

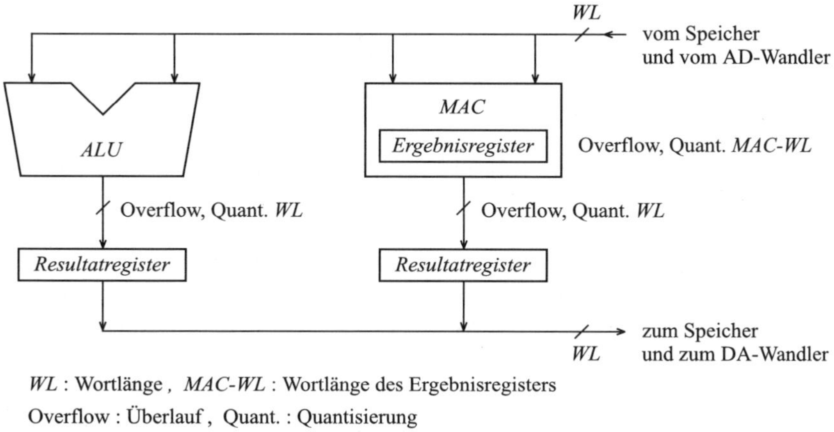

Bild C.3: Vereinfachtes Blockschaltbild eines DSP-Rechenwerks

Mit dem Prozessorsimulator lassen sich Überlauf- und Quantisierungsarten, sowie die verschieden Wortlängen weitgehend einstellen (Bild C.4), wobei die einzelnen Einstellungen folgende Bedeutung haben (die Default-Einstellungen entsprechen denjenigen des TMS320VC5510):

List of Processors: Mit diesem Feld können Prozessoren mit vordefinierten Einstellungen gewählt werden (die Default-Einstellung entspricht dem TMS320VC5510).

Name of Processor: Verändert man die Prozessor-Einstellungen, dann kann man in diesem Feld dem Prozessor einen neuen Namen geben und die Einstellungen mit 'Save' unter diesem Namen abspeichern.

Word-Length: Dies ist die Standardwortlänge *WL* des Prozessors. Mit dieser Wortlänge werden Speicherzugriffe, sowie ALU-Operationen durchgeführt.

Extended Word-Length: Durch Vervielfachung des Rechenaufwands kann der Rechner Operationen mit der grösseren Wortlänge von 'Extended Word-Length' durchführen.

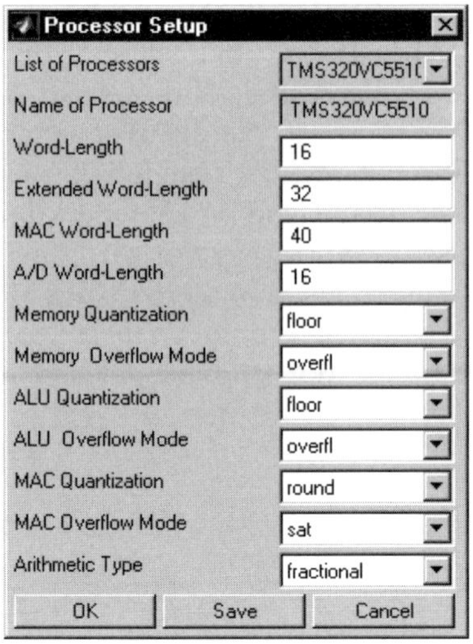

Bild C.4: Benutzeroberfläche zur Prozessor-Einstellung

MAC Word-Length: Wortlänge des MAC-Ergebnisregisters.

A/D Word-Length: Die Abtastwerte am Eingang des AD-Wandlers werden auf diese Wortlänge gerundet.

Memory Quantization: Quantisierungsart, nach der Abtastwerte aus dem AD-Wandler in den Speicher abgelegt werden. Ist nur aktiv, falls die AD-Wortlänge grösser als die Standard-Wortlänge WL ist. Zur Verfügung stehen folgende Quantisierungsarten: 1. 'round' rundet zur nächsten Zahl mit der Wortlänge WL, 2. 'floor' rundet gegen $-\infty$, 3. 'ceil' rundet gegen $+\infty$ und 4. 'fix' rundet gegen 0.

Memory Overflow Mode: Bestimmt die Behandlung von Zahlen, die in den Speicher abgelegt werden und die ausserhalb des zulässigen Zahlenbereichs liegen. Zur Verfügung stehen die Überlaufarten 'sat' und 'overfl' bei einer Zahlenbereichsüberschreitung: 'sat' verursacht einen Sättigungsüberlauf und 'overfl' erzeugt einen Zweierkomplement-Überlauf.

ALU Quantization: Quantisierungsart, nach der das Additionsergebnis in das Resultatregister abgelegt wird. Zur Verfügung stehen die vier oben beschriebenen Quantisierungsarten 'round', 'floor', 'ceil' und 'fix'.

ALU Overflow Mode: Bestimmt die Behandlung von Additionsergebnissen, die in das Resultatregister abgelegt werden und die ausserhalb des zulässigen Zahlenbereichs liegen. Zur Verfügung stehen die Überlaufarten 'sat' und 'overfl' (siehe oben).

MAC Quantization: Quantisierungsart, nach der das MAC-Ergebnis in das MAC-Ergebnisregister abgelegt wird. Zur Verfügung stehen die vier schon beschriebenen Quantisierungsarten 'round', 'floor', 'ceil' und 'fix'.

MAC Overflow Mode: Bestimmt die Behandlung von MAC-Ergebnissen, die in das MAC-Ergebnisregister abgelegt werden und die ausserhalb des zulässigen Zahlenbereichs liegen. Zur Verfügung stehen die Überlaufarten 'sat' und 'overfl' (siehe weiter oben).

Arithmetic Type: Hier kann man eines von zwei Zahlenformaten einstellen: Fractional und Integer.

C.2.4 Bedeutung der Prozessor-Einstellungen bei der Digitalfilter-Simulation

Alle Filter:

- Als Zahlenformat muss in 'Arithmetic-Type' 'fractional' eingestellt werden.
- Die Abtastwerte des Eingangssignals werden auf die Wortlänge 'A/D Word-Length' gerundet. Für Abtastwerte ausserhalb des Zahlenbereichs $[-1, +1)$ ist die Sättigungskennlinie wirksam.
- Nach der AD-Wandlung werden die Abtastwerte auf die Wortlänge 'Word-Length' gebracht. Die Option 'Memory Overflow Mode' ist für die AD-gewandelten Werte wirkungslos.
- Alle Operationen werden im MAC durchgeführt, deshalb sind die Einstellungen 'Extended Word-Length', 'ALU Quantization' und 'ALU Overflow Mode' ebenfalls wirkungslos.

FIR Direct Form Filter:

- Der Filterkoeffizientenvektor wird auf die Wortlänge 'Word-Length' gerundet.
- Die Faltung – sie beinhaltet gemäss Gl.(3.80) die skalare Multiplikation des Filter-Koeffizientenvektors mit dem Datenvektor – wird im MAC durchgeführt, dessen Einstellungen in 'MAC Word-Length', 'MAC Quantization' und 'MAC Overflow Mode' gewählt werden können.
- Das Ergebnis der Faltung wird vom MAC in das Resultatregister mit der Wortlänge 'Word-Length' geschrieben. Das Resultat wird dabei quantisiert gemäss der Einstellung in 'Memory Quantization' und ein allfälliger Überlauf wird gemäss der Einstellung in 'Memory Overflow Mode' behandelt. Die Gesamtheit der so berechneten Abtastwerte bildet das Ausgangssignal yq des FIR-Direktform-Filters.

IIR Direct Form I Filter:

- Der Koeffizientenvektor des Zählerpolynoms und der Koeffizientenvektor des Nennerpolynoms werden je auf die Wortlänge 'Word-Length' gerundet.
- Das Auswerten der Differenzengleichung führt auf die Berechnung von zwei Summenprodukten aus Filterkoeffizienten und Abtastwerten. Die Auswertung der beiden Summenprodukte und deren Addition wird im MAC durchgeführt, dessen Einstellungen in 'MAC Word-Length', 'MAC Quantization' und 'MAC Overflow Mode' gewählt werden können.
- Das Ergebnis der Auswertung wird vom MAC in das Resultatregister mit der Wortlänge 'Word-Length' geschrieben. Das Resultat wird dabei gemäss der Einstellung in 'Memory Quantization' quantisiert und ein allfälliger Überlauf wird gemäss der Einstellung in 'Memory Overflow Mode' behandelt. Die Gesamtheit der so berechneten Abtastwerte bildet das Ausgangssignal yq des IIR-Direktform-I-Filters.

IIR Cascade Filter:

- Für jeden Block wird der Koeffizientenvektor des Zählerpolynoms und der Koeffizientenvektor des Nennerpolynoms je auf die Wortlänge 'Word-Length' gerundet.
- Für jeden Block wird die Differenzengleichung im MAC ausgewertet, dessen Einstellungen in 'MAC Word-Length', 'MAC Quantization' und 'MAC Overflow Mode' gewählt werden können.
- Das Ergebnis der Auswertung wird vom MAC in das Resultatregister mit der Wortlänge 'Word-Length' geschrieben und als Eingangs-Abtastwert dem nächsten Block zugeführt, und so weiter bis alle Blöcke abgearbeitet sind. Das Resultat wird dabei jeweils quantisiert gemäss der Einstellung in 'Memory Quantization' und ein allfälliger Überlauf wird gemäss der Einstellung in 'Memory Overflow Mode' behandelt. Die Gesamtheit der so berechneten Abtastwerte am Ausgang des letzten Blocks bildet das Ausgangssignal yq des IIR-Kaskaden-Filters.

Anhang D

Das Programm spgen

Autor: Ivo Oesch

Mit Hilfe des Programms `spgen` kann man digitale Signalgeneratoren entwerfen und simulieren. Zudem enthält es einen Code-Generator zur Realisierung der Signalgeneratoren auf dem Signalprozessor-Starterkit TMS320VC5510-DSK von Texas Instruments.

D.1 Starten

Das Programm wird über die Kommandozeile von MATLAB mit dem Befehl `spgen` gestartet. Wünscht der Anwender den Signalgenerator auf dem TMS320VC5510 zu implementieren, dann empfiehlt es sich, vorgängig den Code-Composer zu starten.

D.2 Bedienung

D.2.1 Grundlagen

Das Werkzeug `spgen` ist das Verbindungs-Programm zum TMS320VC5510-DSK und zu den beiden Programmen `simdsp` und `spfilt` (Bild D.1). Mit dem Programm `spgen` können alle in Kap. 7 beschriebenen Signalgeneratoren entworfen, simuliert und realisiert werden:

- Einfache Signalgeneratoren: Sägezahngenerator, Rechteckgenerator, Dreieckgenerator, Sinusgenerator.
- Direkte digitale Synthese mit und ohne Interpolation.
- Funktionsgeneratoren mit Polynom-Approximation.
- Impulsantwort-Generatoren: Impulsantwort eines stabilen Digitalfilters, instabiles Digitalfilter als Sinusoszillator, kombinierter Sinus-Cosinus-Oszillator.

- Rauschgeneratoren mit gleichverteilten, normalverteilten und gefilterten Abtastwerten.

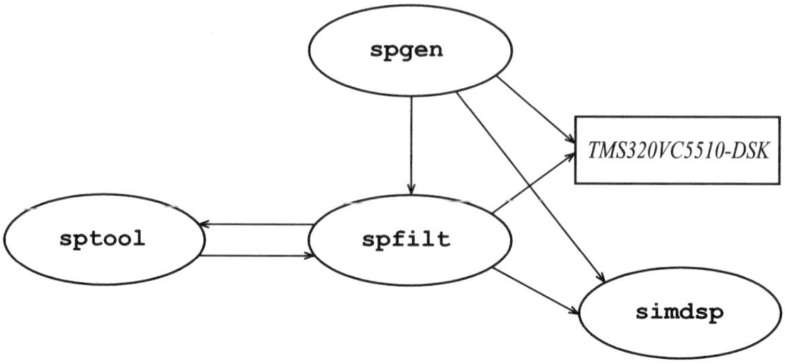

Bild D.1: **spgen** als Verbindungs-Programm zum TMS320VC5510-DSK und den beiden Programmen **simdsp** (Simulator) und **spfilt** (Digitalfilter-Entwurf)

D.2.2 Benutzeroberfläche

Nach dem Start von **spgen** und der Wahl des Funktionsgenerators 'Polynom Approximation' wird die Benutzeroberfläche in Bild D.2 aufgebaut.

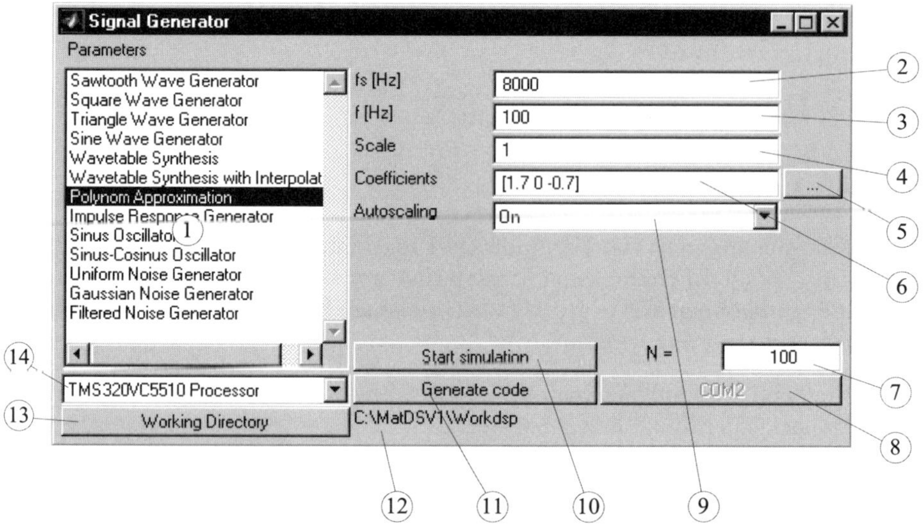

Bild D.2: Benutzeroberfläche von **spgen**

(1) In dieser Liste werden alle vorhandenen Signalgeneratoren aufgeführt. Der jeweils ausgewählte Generator wird hervorgehoben.

Beim Impulsantwort- und Filtered Noise Generator wird durch das Anklicken von 'Go' ein modifiziertes `spfilt` gestartet, dessen Bedienung ab Seite 315 beschrieben ist.

(2) Hier kann die gewünschte Abtastfrequenz eingestellt werden. Zur Code-Generation muss darauf geachtet werden, dass die gewählte Abtastfrequenz auch vom DSP unterstützt wird (siehe Anhang B.2.4).

(3) Mit Ausnahme des Impulsantwort- und der Rauschgeneratoren erzeugen alle Signalgeneratoren periodische Signale, deren Frequenz in diesem Feld eingestellt werden kann.

(4) Dieses Feld verlangt entweder die Eingabe eines Skalierungsfaktors oder der Amplitude. Mit beiden Werten kann die Stärke des Ausgangssignals eingestellt werden. Sowohl der Skalierungsfaktor wie auch die Amplitude müssen — von zwei Ausnahmen bei den Rauschgeneratoren abgesehen — betragsmässig gleich oder kleiner als 1 sein (einer Amplitude von 1 entspricht am Stereo-Ausgang (engl: stereo-line output) des TMS320VC5510-DSK eine Spannung von $\sqrt{2}\,\mathrm{V}$).

(5) Mit dem Knopf '...' wird ein Import-Menu geöffnet. Bei der DDS (Wavetable Synthesis) kann ein Zeilenvektor aus dem Arbeitsspeicher importiert werden, dessen Elemente die Funktionswerte darstellen und die deshalb betragsmässig nicht grösser als 1 sein dürfen. Bei der Polynom-Approximation kann ebenfalls ein Vektor importiert werden. Seine Elemente repräsentieren die Koeffizienten des Approximationspolynoms, geordnet in absteigender Reihenfolge der Potenzen. Dieser Vektor kann auch durch das Drücken der Schaltfläche 'Approximate' erzeugt werden. Beim Drücken der Schaltfläche öffnet sich ein Menu, das die Eingabe einer zu approximierenden Funktion erlaubt. Die einzelnen Schritte der Approximation und die Bedeutung der zugehörigen Parameter sind Kap.7.3 und in der Lösung zu Aufgabe 5 beschrieben.

(6) In diesem Feld kann der oben beschriebene Zeilenvektor manuell eingegeben werden.

(7) N gibt die Anzahl Abtastpunkte an, für welche die Simulation durchzuführen ist.

(8) Mit dieser Taste wird die Schnittstelle ausgewählt, an der das DSK 'ADSP2181 EZ-KIT Lite' von Analog Devices angeschlossen wird (die Details dazu sind in Lit.[vG02] dokumentiert).

(9) Autoscaling ist nur bei der Polynomapproximation aktiv. Ist das Autoscaling eingeschaltet, dann werden die Polynomkoeffizienten so skaliert, dass bei der Abarbeitung des Horner-Schemas auf dem Digitalrechner kein Überlauf eintritt.

(10) Mit diesem Knopf wird der ausgewählte Signalgenerator in den Simulator geladen, der im Anhang C näher beschrieben ist.

(11) Durch Drücken dieses Knopfes wird der Code für den aktuellen Signalgenerator erzeugt, auf das DSK geladen und gestartet.

(12) Dieses Feld zeigt das aktuelle Arbeitsverzeichnis.

(13) Das Arbeitsverzeichnis von `spgen` wird hier eingestellt. In diesem Verzeichnis werden sämtliche temporären Dateien und der Sourcecode der automatisch erzeugten Signalgeneratoren abgelegt (siehe dazu Anhang B.2.4). Es wird empfohlen, das vorbereitete Verzeichnis 'MatDSV1\Workdsp' zu verwenden.

(14) Hier kann der gewünschte Prozessor ausgewählt werden. Wählbar sind die beiden 16-Bit-Festkomma-Prozessoren TMS320VC5510 von Texas Instruments und ADSP2181 von Analog Devices, sowie ein allgemeiner Festkomma-Prozessor mit einer wählbaren Wortlänge. Code kann sowohl für den TMS320VC5510 wie auch für den ADSP2181 erzeugt werden.

Alle Knöpfe sind nur aktiv, wenn die entsprechende Funktion möglich ist. Wenn beispielsweise ein Signalgenerator nicht simuliert werden kann, dann ist der Knopf 'Start Simulation' inaktiv.

D.2.3 Code-Generator

In `spgen` kann man einen Code-Generator starten, der ausführbaren Signalgeneratorcode für den TMS320VC5510 erzeugt und diesen Code auf das TMS320VC5510-DSK hinunter lädt. Beim Entwurf eines Signalgenerators für diesen DSP-Kit muss die Abtastfrequenz einen der folgenden Werte haben:

$$f_s = 4\,, \quad 8\,, \quad 16\,, \quad 24\,, \; 32\,, \quad 44.117\,, \quad 48\,, \quad 96\,, \quad \text{Einheit: kHz}\,.$$

Falls eine andere Abtastfrequenz gewählt wird, erscheint eine Warnung. Der Code-Generator wählt dann die am nächsten liegende Abtastfrequenz. In diesem Fall stimmt die Frequenz des erzeugten periodischen Signals nicht mit der eingestellten Frequenz überein.

Der Code-Generator erzeugt entsprechend dem gewählten Signalgenerator ein Assembler-Source-File mit einem dem Generatortyp entsprechenden Namen. Diese Datei enthält den Assemblercode für den gewählten Signalgenerator und bindet eine Koeffizientendatei `functiongeneratorname.inc` ein, welche die Parameter des aktuellen Signalgenerators enthält und die ebenfalls vom Code-Generator erzeugt wird. Zusammen mit den restlichen Files wird daraus die Datei `functiongeneratorname.out` erzeugt, die anschliessend auf den TMS320VC5510 geladen und ausgeführt wird. Die erfolgreiche Übertragung des Codes wird durch das Blinken der LEDs DS3 und DS4 angezeigt. Zum Stoppen des Programms muss im Code-Composer der Knopf 'halt' gedrückt werden, ein Reset des DSK's hingegen kann den Code-Composer zum Absturz bringen.

D.2.4 Hilfe bei Problemen mit spgen

Probleme bei der Übertragung des Signalgeneratorcodes zum DSP

Falls die Übertragung des Signalgeneratorcodes zum DSP misslingt und/oder der entworfene Signalgenerator nicht funktioniert, kann dies folgende Ursachen haben:

1. Der Code-Composer ist nicht aktiv. Abhilfe: Nochmals die Taste 'Generate code' drücken und eventuell vorher den Code-Composer neu starten.
2. Der Code-Composer hat sich aufgehängt. Abhilfe: Mit 'ctrl alt del' den Task-Manager aufrufen, den Prozess `cc_app.exe` beenden und den Code-Composer und Code-Generator neu starten.
3. Gelingt die automatische Übertragung immer noch nicht, dann kann der Signalgeneratorcode mit Hilfe des Code-Composers hinunter geladen und gestartet werden: Im Code-Composer mit 'File, Load Program' die Datei `signalgeneratorname.out` anwählen und anschliessend den Knopf 'run' drücken. Die Datei `signalgeneratorname.out` befindet sich im Arbeitsverzeichnis von `spgen` (siehe Punkt (13) auf Seite 332).
4. Dip-Schalter 3 des TMS320VC5510-DSK ist nicht in der unteren Position. Abhilfe: Dip-Schalter 3 drücken.
5. Die USB-Schnittstelle ist blockiert. Abhilfe: USB-Kabel und Kit-Speisung entfernen und anschliessend wieder einstecken.
6. Alle Verkabelungen überprüfen und darauf achten, dass LED DS7 leuchtet.

Probleme mit dem GUI (Graphical User Interface)

Falls das GUI nicht mehr auf Benutzereingaben reagiert, kann dies an einer offenen, aber durch ein anderes Fenster verdeckte Dialogbox liegen, die auf eine Bestätigung durch den Benutzer wartet. Abhilfe: Alle offenen Fenster zur Seite schieben und die Dialogbox suchen, oder im MATLAB-Command-Fenster 'ctrl c' eingeben.

D.2.5 Zusammenfassung

Um einen Signalgenerator zu entwerfen, zu analysieren und auf dem TMS320VC5510-DSK zu implementieren, sind folgende Schritte auszuführen:

1. Output-, Stromversorgungs- und USB-Kabel an das DSK anschliessen und den DIP-Schalter 3 drücken.
2. Den Code-Composer starten und in MATLAB den Befehl `spgen` eingeben.

3. In der Generatorliste den gewünschten Signalgenerator auswählen.
4. Die Parameter eingeben.
5. Den TMS320VC5510-Prozessor anwählen.
6. Zur Analyse den Simulator mit der Taste 'Start simulation' starten. Mit dem Simulator kann man das Verhalten des Signalgenerators im Zeitbereich untersuchen, wobei die Arithmethik des angewählten Prozessors exakt nachgebildet wird.
7. Den Code-Generator durch Anwählen von 'Generate Code' starten. Der Code-Generator erzeugt Code für den angewählte Signalgenerator, lädt den Code auf das TMS320VC5510-DSK und startet die Signalgeneratorroutine auf dem TMS320VC5510. Der Signalgenerator erzeugt nun auf dem rechten Audiokanal (engl: stereo-line output) das gewünschte Signal und auf dem linken Audiokanal das zugehörige Sägezahnsignal. Ausnahmen dazu sind die DDS mit Interpolation (Wavetable Synthesis with Interpolation), der Impulsantwort-, der Sinus-, der Sinus-Cosinus- und die Rauschgeneratoren, die auf dem linken Kanal folgende Signale liefern: nicht interpoliertes Signal, Diracpulse, unverschobene Sinusschwingung, Cosinussignal und gleichverteiltes Rauschsignal.

Literaturverzeichnis

[BB99] Sergio Benedetto and Ezio Biglieri. *Principles of Digital Transmission.* Kluwer, 1999.

[BE93] B.Eppinger and E.Herter. *Sprachverarbeitung.* Hanser, München, 1993.

[BGG98] C. Sidney Burrus, Ramesh A. Gopinath, and Haitao Guo. *Introduction to Wavelets and Wavelet Transforms.* Prentice-Hall Inc., 1998.

[Bla98] Ch. Blatter. *Wavelets, Eine Einführung.* Vieweg, Braunschweig/Wiesbaden, 1998.

[Bri88] E. Oran Brigham. *The Fast Fourier Transform and its Applications.* Prentice-Hall Inc., 1988.

[Bri95] E. Oran Brigham. *FFT, Schnelle Fourier-Transformation.* R. Oldenbourg Verlag, 1995.

[BS00] F. Bachmann and J. Schmid. Private communication, 2000.

[BSMM93] I.N. Bronstein, K.A. Semendjajew, G. Musiol, and H. Mühlig. *Taschenbuch der Mathematik.* Verlag Harri Deutsch, 1993.

[Car75] A.B. Carlson. *Communication Systems.* Mc Graw Hill, 1975.

[Cha02] Rulph Chassaing. *DSP Applications Using C and the TMS320C6x DSK.* John Wiley & Sons, 2002.

[Cla93] Peter M. Clarkson. *Optimal and Adaptive Signal Processing.* CRC Press, London, 1993.

[CSC98] M.L. Chugani, A.R. Samant, and M. Cerna. *LabVIEW Signal Processing.* Prentice-Hall Inc., 1998.

[CT65] J.W. Cooley and J.W. Tukey. An algorithm for the machine calculation of complex fourier series. *Math. Computation*, 19:297–301, April 1965.

[Dan74] R.W. Daniels. *Approximation Methods for Electronic Filter Design.* Mc Graw Hill, 1974.

[Dev90] Analog Devices. *Digital Signal Processing Applications, Using the ADSP-2100 Family.* Prentice-Hall Inc., 1990.

[DFD96] Atlanta Signal Processors, Inc., www.aspi.com. *DFDP4-plus, Digital Filter Design Package, (Manual)*, 1996.

[Dob00] G. Doblinger. *Signalprozessoren.* Schlembach, 2000.

[Dob01] G. Doblinger. *MATLAB-Programmierung in der digitalen Signalverarbeitung.* Schlembach, 2001.

[Far03] B. Farhang. *Adaptive Filters.* John Wiley & Sons, 2003.

[FHN03a] Arnold Führer, Klaus Heidemann, and Wolfgang Nerreter. *Grundgebiete der Elektrotechnik, Band 1: Stationäre Vorgänge.* Carl Hanser Verlag, 2003.

[FHN03b] Arnold Führer, Klaus Heidemann, and Wolfgang Nerreter. *Grundgebiete der Elektrotechnik, Band 1: Zeitabhängige Vorgänge.* Carl Hanser Verlag, 2003.

[Fli91] Norbert Fliege. *Systemtheorie.* B.G. Teubner Stuttgart, 1991.

[Fli93] Norbert Fliege. *Multiraten-Signalverarbeitung.* B.G. Teubner Stuttgart, 1993.

[Fre94] Marvin E. Frerking. *Digital Signal Processing in Communication Systems.* Kluver, 1994.

[Fri85] G. Fritzsche. *Signale und Funktionaltransformationen.* VEB Verlag Technik Berlin, 1985.

[GK97] Peter Gerdsen and Peter Kroeger. *Digitale Signalverarbeitung in der Nachrichtentechnik.* Springer, 1997.

[Goe68] G. Goertzel. An algorithm for the evaluation of finite trigonometric series. *Am. Math. Monthly*, 65:34–35, January 1968.

[GvL96] G.H. Golub and C.F. van Loan. *Matrix Computations.* John Hopkins University Press, 1996.

[Har78] F.J. Harris. On the use of windows for harmonic analysis with the discrete fourier transform. *Proceedings of the IEEE*, 66:51–83, January 1978.

[Hay99] Monson H. Hayes. *Digital Signal Processing.* Schaum, McGraw-Hill, 1999.

[Hei99] W. Heinrich. *Signalprozessor Praktikum.* Franzis, 1999.

[Hof98] R. Hoffmann. *Signalanalyse und -erkennung.* Springer Verlag, 1998.

[Hof99] Josef Hoffmann. *Matlab und Simulink in Signalverarbeitung und Kommunikationstechnik.* Addison-Wesley Publishing Co., 1999.

[Hub97] Barbara B. Hubbard. *Wavelets, die Mathematik der kleinen Wellen.* Birkhäuser Verlag, Basel, 1997.

[HvV99] S. Haykin and B. van Veen. *Signals and Systems.* John Wiley & Sons, 1999.

[IJ02] E.C. Ifeachor and B.W. Jervis. *Digital Signal Processing.* Prentice-Hall Inc., 2002.

[Jae01] Bernd Jaehne. *Digitale Bildverarbeitung.* Springer, 2001.

[Kä92] U. Kästli. AD- und DA-Wandler mit Oversampling und Noise-Shaping. *Bulletin SEV*, 1992.

[Kie98] U. Kienke. *Signale und Systeme.* R. Oldenbourg Verlag, 1998.

[KK01] Nasser Kehtarnavaz and Mansour Keramat. *DSP System Design Using the TMS320C6000.* Prentice Hall, 2001.

[KK02] K.D. Kammeyer and K. Kroschel. *Digitale Signalverarbeitung.* B.G. Teubner Stuttgart, 2002.

[KL01] Sen M. Kuo and Bob H. Lee. *Real-Time Digital Signal Processing.* John Wiley & Sons, 2001.

[Knu98] Donald E. Knuth. *The Art of Computer Programming, Seminumerical Algorithms.* Addison-Wesley Publishing Co., 1998.

[Kro91] H. Kronmüller. *Digitale Signalverarbeitung.* Springer Verlag, 1991.

[LBSL97] Phil Lapsley, Jeff Bier, Amit Shoham, and Edward Lee. *DSP Processor Fundamentals.* IEEE Press, 1997.

[LO88] Jae S. Lim and Alan V. Oppenheim. *Advanced Topics in Signal Processing.* Prentice-Hall Inc., 1988.

[Loc95] Dietmar Lochmann. *Digitale Nachrichtentechnik.* Verlag Technik GmbH, Berlin, 1995.

[Lue99] H.D. Luecke. *Signalübertragung.* Springer Verlag, 1999.

[Lyo97] Richard G. Lyons. *Understanding Digital Signal Processing.* Wellesley-Cambridge Press, 1997.

[Man02] Mrinal Kr Mandal. *Multimedia Signals and Systems.* Kluwer Academic Publishers, 2002.

[Mar87] S.L. Marple. *Digital Spectral Analysis.* Prentice-Hall Inc., 1987.

[Mer96] Alfred Mertins. *Signaltheorie.* B.G. Teubner Stuttgart, 1996.

[Mey98] Martin Meyer. *Signalverarbeitung. Analoge und digitale Signale, Systeme und Filter.* Vieweg, Braunschweig/Wiesbaden, 1998.

[MFLM96] F. Moeller, H. Frohne, K.H. Löcherer, and H. Müller. *Grundlagen der Elektrotechnik.* B.G. Teubner Stuttgart, 1996.

[MH83] G.S. Moschytz and P. Horn. *Handbuch zum Entwurf aktiver Filter.* R. Oldenbourg Verlag, 1983.

[Mit02] Sanjit K. Mitra. *Digital Signal Processing.* Mc Graw Hill, 2002.

[MSY98] James H. McClellan, Ronald W. Schafer, and Mark A. Yoder. *DSP First.* Prentice Hall, 1998.

[MW98] Vijay K. Madisetti and Douglas B. Williams. *The Digital Signal Processing Handbook.* CRC Press, 1998.

[Nai01] Prabhakar S. Naidu. *Sensor Array Signal Processing.* CRC Press, 2001.

[Nol97] Peter Noll. Mpeg digital audio coding. *IEEE Signal Proc. Magazine,* 14(5):59–81, September 1997.

[Orf96] Sophocles J. Orfanidis. *Introduction to Signal Processing.* Prentice-Hall Inc., 1996.

[OS95] Alan V. Oppenheim and Ronald W. Schafer. *Zeitdiskrete Signalverarbeitung.* R. Oldenbourg Verlag, 1995.

[OS99] Alan V. Oppenheim and Ronald W. Schafer. *Zeitdiskrete Signalverarbeitung.* R. Oldenbourg Verlag, 1999.

[OSB99] Alan V. Oppenheim, Ronald W. Schafer, and John R. Buck. *Discrete-Time Signal Processing.* Signal Processing Series. Prentice Hall, 1999.

[OSB04] Alan V. Oppenheim, Ronald W. Schafer, and John R. Buck. *Zeitdiskrete Signalverarbeitung.* Pearson Studium, 2004.

[OW97] Alan V. Oppenheim and Alan S. Willsky. *Signals and Systems.* Prentice-Hall Inc., 1997.

[Pap84] Athansios Papoulis. *Signal Analysis.* Mc Graw Hill, 1984.

[PB87] T.W. Parks and C.S. Burrus. *Digital Filter Design.* John Wiley & Sons, 1987.

[PM96] John G. Proakis and Dimitris G. Manolakis. *Digital Signal Processing.* Prentice-Hall Inc., 1996.

[Por97] Boaz Porat. *A Course in Digital Signal Processing.* John Wiley & Sons, 1997.

[QC96] Shie Qian and Dapang Chen. *Joint Time-Frequency Analysis.* Prentice-Hall Inc., 1996.

[QH01] B.G. Quinn and E.J. Hannan. *The Estimation and Tracking of Frequency.* Cambridge University Press, 2001.

[RM87] Richard A. Roberts and Clifford T. Mullis. *Digital Signal Processing.* Addison-Wesley Publishing Co., 1987.

[Say01] Khalid Sayood. *Introduction to Data Compression.* Morgan Kaufmann Publishers, 2001.

[Sch92] E. Schrüfer. *Signalverarbeitung.* Hanser, München, 1992.

[SH94] Samuel D. Stearns and Don R. Hush. *Digitale Verarbeitung analoger Signale.* R. Oldenbourg Verlag, 1994.

[Skl01] Bernard Sklar. *Digital Communications.* Prentice-Hall Inc., 2001.

[SN96] G. Strang and T. Nguyen. *Wavelets and Filter Banks.* Wellesley-Cambridge Press, 1996.

[SPT98] The MathWorks, Inc, www.mathworks.com. *Signal Processing Toolbox, For Use with MATLAB, (Manual)*, 1998.

[SS95] W.W. Smith and J.M. Smith. *Handbook of Real-Time Fast Fourier Transforms.* IEEE Press, 1995.

[Ste96] Ken Steiglitz. *A Digital Signal Processing Primer with Applications to Digital Audio and Computer Music.* Addison-Wesley Publishing Co., 1996.

[The92] Charles W. Therrien. *Discrete Random Signals and Statistical Signal Processing.* Prentice-Hall Inc., 1992.

[Tom93] Willis J. Tompkins. *Biomedical Digital Signal Processing.* Prentice-Hall Inc., 1993.

[Tre03] Steven A. Tretter. *Communication System Design Using DSP Algorithms.* Kluwer Academic Publishers, 2003.

[TSG02] Ulrich Tietze, Christoph Schenk, and Eberhard Gamm. *Halbleiter-Schaltungstechnik.* Springer, 2002.

[Vai93] P.P. Vaidyanathan. *Multirate Systems and Filter Banks.* Prentice Hall, 1993.

[vG85] Daniel Ch. von Grünigen. Eine Einführung in die Schalter-Kondensator-Filter. *SEV-Zeitschrift*, 5, 1985.

[vG93] Daniel Ch. von Grünigen. *Digitale Signalverarbeitung*. AT Verlag, 1993.

[vG02] Daniel Ch. von Grünigen. *Digitale Signalverarbeitung*. Fachbuchverlag Leipzig im Carl Hanser Verlag, 2. erweiterte und überarbeitete Auflage, 2002.

[vG06] Daniel Ch. von Grünigen. *Digitale Signalverarbeitung, Band 2 (Arbeitstitel)*. Fachbuchverlag Leipzig im Carl Hanser Verlag, 2006. (Voraussichtliches Erscheinungsjahr).

[vGRM86] D.Ch. von Grünigen, D. Ramseier, and G.S. Moschytz. Simulation of floating impedances for low-frequency active filter design. *Proc. IEEE*, 74(2), February 1986.

[VHH98] P. Vary, U. Heute, and W. Hess. *Digitale Sprachverarbeitung*. B.G. Teubner Stuttgart, 1998.

[VK95] Martin Vetterli and Jelena Kovacevic. *Wavelets and Subband Coding*. Prentice-Hall Inc., 1995.

[Wal99] R.H. Walden. Performance trends for analog-to-digital converters. *IEEE Communications Magazine*, 1999.

[Weh80] W. Wehrmann. *Korrelationstechnik, ein neuer Zweig der Betriebsmesstechnik*. Expert Verlag, Grafenaus, 1980.

[Wer01] Martin Werner. *Digitale Signalverarbeitung mit MATLAB*. Vieweg, Braunschweig/Wiesbaden, 2001.

[WH91] H. Weinrichter and F. Hlawatsch. *Stochastische Grundlagen nachrichtentechnischer Signale*. Springer Verlag, 1991.

[Wis99] S. Wischner. *Alles über MP3*. Markt und Technik, 1999.

[WT97] Lisa Wells and Jeffrey Travis. *Das LabVIEW-Buch*. Prentice-Hall Inc., 1997.

[Zö02] Udo Zölzer. *DAFX Digital Audio Effects*. John Wiley & Sons, 2002.

[ZT94] Glenn Zelniker and Fred J. Taylor. *Advanced Digital Signal Processing*. Dekker, 1994.

Index